Guatemala

Hannelore Rudisch-Gissenwehrer

Guatemala

"Dritte Welt" Reisehandbuch

edition aragon

Ich danke allen Lesern, die sich die Mühe (und mir die Freude) gemacht haben, ihre Meinung zu diesem Buch zu schreiben. Ihre Anregungen und Tips haben dazu beigetragen, die zweite Auflage zu verbessern. Mein Dank gilt besonders Maria-Regina Zersch, Antigua-Guatemala, Dkfm. Dr. Heinz Reeh, Ciudad de Guatemala-Wien, Christina Waschkowitz, Mainz, Dkfm. Elisabeth und Livio Diana, Wien, Elisabeth Rieger, Matrei, Martin Zinkler, München, Marianne Wenger, Frankfurt, Jörg Nasty und Susanne Maier, München.

Verlag und Autor freuen sich über weitere Kritik und Tips und bedanken sich bei verwertbaren Hinweisen mit einem Freiexemplar der neuen Auflage.

© 1992 2. Auflage
edition aragon
homberger str. 30
4130 moers 1
lektorat: willi klauke
satz: s&es sankt augustin
druck: basis druck gmbh, duisburg
ISBN: 3-924690-37-5

Inhaltsverzeichnis

An Stelle einer Einleitung: "Ixoc" - Theater über Kleine für Kleine 9
Vorbereitungen für eine Reise in ein unbekanntes Land 17

REISEN IN DER GRUPPE 22
Ciudad de Guatemala 22
Austriaco: Wo wohlhabende Guatemalteken Walzertanzen lernen . . . 22

Provinz Petén 31
Tikal: Geschichtsträchtiger Boden in einem botanischen Garten 31

Provinz Sacatepequez 47
Antigua: Eine fast perfekte Idylle 47

Provinz Chimaltenango 56
Chimaltenango: Ein Markt auf freiem Feld 56

Provinz Quiché 67
Chichicastenango: Ein heiliger Ort 67

Provinz Sololá 82
Panajachèl: Mit Engelszungen predigen sie... 82
Santiago Atitlán: Der idyllische Schein trügt 89

Richtung Karibik - Provinz Izabal 100
Bananera: Wo das Mißtrauen Lateinamerikas gegenüber
den USA entstand 100
Quirigua: Die bewunderten Erfinder der Null
und ihre mißachteten Nachfahren 116

Richtung Pazifik-Küste - Provinz Escuintla 126
Auf der Staatsfinca Santo Tomas: Ein zuversichtlicher Präsident
in schwieriger Lage 126
Schatten der Vergangenheit: Kein Handlungsspielraum
für eine christdemokratische Zivilregierung 135

REISEN AUF EIGENE FAUST 139
Ciudad de Guatemala: 139
Landkarten gibt es nur beim Militär 139

Provinz Quetzaltenango 150
Xelajú: Wo Alvaredo das Blut Tecúm Umáns vergoß 150
Ein Sonntag in Quetzaltenango - ausgerechnet! 156

Provinz Huehuetenango 173
Huehuetenango: Provinznest im Guerillagebiet 173

Todos Santos Chuchumatanes: Wo Fuchs und Has.... 183
Zaculeu: Wie eine geschminkte Großmutter 198

Provinzen Totonicapán, Quiché, Sololá, Sacate Pequez 208
Momostenango: Eine Fiesta wird geprobt 208
Totonicapán und Quiché: Guerilla gegen Militär 220
Cumarcáah: Ciudad Simbolica 227
Sacapulas: Aus der Kirche wird ein Lagerhaus 231
Santa Cruz del Quiché: Hitler war ein starker Mann 236
Am Atitlán-See: Ein buntes Völkchen 241
Chichicastenango: Gleich tritt der Tenor aus den Kulissen 245
Antigua: Das koloniale Guatemala 251

Die Karibik – Provinz Izabal 259
Puerto Barrios 259
Livingston: Karibische Lebensart ohne Palmenstrand 261
Rio Dulce: Mit dem Einbaum durch den Urwald 267

Abschied von Guatemala: 272
Die Friedenshoffnungen von Esquipulas II. 272

REISETIPS 280
Allgemeines über Guatemala 280
Allgemeine Reisetips 283
Ciudad de Guatemala 293
Tikal und Provinz Petén 303
Antigua und die Provinzen Sacatepequez und Chimaltenango 307
Ausflüge von Antigua aus 309
Chichicastenango 311
Atitlán-See und die Provinzen Sololá und Panajachél 313
Provinzen El Progreso, Jalapa, Baja Verapáz und Zacapa 317
Quetzaltenango und die Provinzen Quetzaltenango,
San Marcos, Retalhuleu
und Suchitepequez 320
Provinzen Huehuetenango und Alta Verapáz 326
Momostenango: Fiestas, Tänze, Sehenswürdigkeiten 332
Provinz Totonicapan 335
Provinz Santa Cruz del Quiché 336
Nach Copán in Honduras - ein Abstecher durch
die Provinzen Chiquimula und Jutiapa 337
Die Karibik - Provinz Izabal 341

Literatur 344

Über die Autorin 346

Index 347

MEXICO

MEXICO
(CHIAPAS)

PETÉN

BELICE

K A R I B I K

ALTA
VERAPAZ

IZABAL

HUEHUETENANGO

QUICHÉ

BAJA
VERAPAZ

ZACAPA

SAN
MARCOS

TOTO-
NICAPAN

EL
PROGRESO

CHIQUIMULA

HONDURAS

QUEZALTENANGO

SOLOLA

CHIMAL-
TENANGO

GUATE-
MALA

JALAPA

RETAL-
HULEU

SUCHI-
TEPEQUEZ

SACA-
TEPEQUEZ

ESCUINTLA

SANTA
ROSA

JUTIAPA

EL SALVADOR

PAZIFISCHER   OZEAN

REPUBLICA DE GUATEMALA
DIAGRAMA DE KILOMETRAJES SELECTOS
Y TIEMPOS PROMEDIO DE RECORRIDO

MEXICO

HONDURAS

BELICE

TIKAL (RUINAS)

BELMOPÁN

ITZA-SEE
FLORES

SAYANCHÉ

PUERTO SANTO
TOMÁS DE CASTILLA

LIVINGSTON

PUERTO
BARRIOS

LUCTZUL

MODESTO MÉNDEZ

PLAYA GRANDE

CHISEC

FORT
SAN FELIPE

RIO
DULCE

BARILLAS

LA MESILLA
TODOS
SANTOS

EL ESTOR

IZABAL-SEE

SACAPULAS

HUEHUETENANGO

MOMOST.

COBÁN

MORALES

LOS AMATES

QUETZALTENANGO
SAN MARCOS

TOTONICAPÁN

SALAMÁ

SANTA CRUZ DEL QUICHÉ

ARMEN

CHICHICASTENANGO

ZACAPA

COPAN

EL PROGRESO

CHIQUIMULA

COATEPEQUE

ATITLÁN
SEE

PANA-
JACHEL

CHIMALTENANGO

TECUN UMÁN

RETALHULEU

ANTIGUA

GUATEMALA

SANTA
TOMAS

JALAPA

ESQUIPULAS

AGUA CALIENTE

ANGUIATÚ

MAZATENANGO

SIQUINALA

JUTIAPA

TIQUISATE

ESCUINTLA

CUILAPA

SAN CRISTOBAL
FRONTERA

VALLE NUEVO

SIPACATE

PUERTO SAN JOSÉ

PEDRO DE ALVARADO

An Stelle einer Einleitung:

"Ixoc" - Theater über Kleine für Kleine

Lassen sich Hunger, Leid, Schmerz, Erniedrigung, Tod, Verfolgung und Flucht so darstellen, daß man darüber lachen kann? – Nicht schadenfroh, hämisch und böse lachen, sondern herzlich, verständnisvoll lachen? Carmen Samayoa kann es. Carmen Samayoa ist eine "Ixoc" – das heißt in der Sprache der Quiché "Frau".

Ixoc ist eine kleine Indigena in einem Dorf in Guatemala. Als kleines Mädchen hat sie geschworen, niemals zu heiraten, denn sie sah das Elend ihrer Mutter, die dem ewig betrunkenen Vater aufs Wort gehorchen mußte. Und wieviele Kinder machte er im Rausch der Mutter? - Waren es 15? Und wieviele blieben am Leben? Wieviele starben aus Hunger und Erschöpfung, noch bevor sie stehen und gehen konnten? Mutter und Vater rackerten von früh bis spät und nie gab es genug zu essen. Nein, heiraten wollte Ixoc niemals!

Ixoc war ein zierliches Mädchen mit schwarzen Zöpfen und blitzenden Augen. Die vielen Verehrer schickte sie alle weg, bis sie eines Tages Lencho trifft. Lencho schwört Liebe, niemals will er trinken. Lencho und Ixoc werden ein Paar und fortan wird Ixoc wie alle anderen Indio-Frauen ein lebendes, warmes Bündel auf dem Rücken tragen, wohin sie auch geht. Zum Beispiel, wenn sie eingekeilt zwischen all den anderen Männern und Frauen, Säuglingen und Kindern, Hunden, Katzen, Hühnern und Schweinen auf der Ladefläche eines Lastwagens zur Saisonarbeit auf die Finca fährt. Denn wo sollen die Indios Kinder und Tiere lassen, während sie monatelang von zu Hause fort sind?

Die Fahrt mit dem "Camion" dauert zwei Tage oder mehr, und es geht bergauf und bergab über holprige und steinige Wege. Der Lastwagen rattert und rattert, niemals bleibt er stehen. Ixoc schämt sich, aber sie muß, so wie die anderen in diesem Pferch, ihre Notdurft auf den Boden verrichten. Es stinkt vom Kot und Urin der Menschen und Tiere. Ixoc wird übel, und sie muß sich übergeben. Den Weg, den das Camion nimmt, kennen Ixoc und die anderen nicht, obwohl sie ihn oft schon gefahren sind. Die Menschen auf der Ladefläche des Lasters werden mit einer Plane abgedeckt, wie eine Ladung Mais oder Vieh.

Auf der Finca arbeitet Ixoc vom Morgengrauen bis zum Abend bei der Ernte, immer mit dem lebendigen warmen Bündel auf dem Rücken. Das elende Essen, die schwüle Hitze, den Schmutz, die Insektenvertilgungsmittel gegen die Pflanzenschädlinge halten nur die Zähen und Starken aus. Zwei kleine Söhne von Ixoc und Lencho gehören nicht zu den Starken, sie sind noch zu klein und zu unterernährt: Ixoc muß sie auf der Finca begraben.

Als der Zahltag kommt, will Ixoc den Lohn für ihre Arbeit haben. Aber der Aufseher gibt ihren Verdienst, der nur die Hälfte eines Männerlohnes beträgt, an Lencho. Mit soviel Geld in der Hand verschwindet Lencho in der Schenke. Ixoc weint und zetert, doch Lencho weiß nicht mehr, was er Ixoc versprochen hat, als er um sie warb.

Ixoc glaubt ohne Lencho ginge es ihr besser und macht sich auf in die Stadt. Bei einem Bürgerhaus klopft sie an: Sie will waschen, bügeln, kochen - alles, was die Señora will. Doch die Señora sieht das lebende warme Bündel auf Ixocs Rücken und schlägt die Türe zu. Ixoc hat müde Füße vom vielen Anklopfen und ein trauriges Herz. Endlich findet sie ein Haus, wo sie von früh bis spät arbeiten darf, wenn sie verspricht, daß das Kind ruhig ist. Die Señora liegt den ganzen Tag auf der faulen Haut, und immer heißt es:

"Ixoc - tu dies! Ixoc - tu das! Ixoc - warum hast du noch nicht? Ixoc - wie oft soll ich dir noch sagen? Ixoc, du faules Luder!..."

Eines Tages kommt Lencho wieder, voller Schuldbewußtsein. Niemals wieder will er trinken, wenn nur Ixoc zu ihm zurückkehrt. Und Ixoc glaubt ihm noch einmal.

Im Dorf taucht der Gedanke auf, wie schön es doch wäre, wenn man eigenes Land hätte und nicht mehr auf die Finca fahren müßte. Alle zusammen beschließen, eine Kooperative zu bilden. Sie ziehen in die Wälder und schlagen riesige Bäume um. Sie reißen das Unkraut aus und bohren mit Stöcken Löcher in den Boden. Und dann legt Ixoc das erste Maiskorn in die Erde - welch heiliger Augenblick!

Wochen darauf geschieht das Wunder: Winzige grüne Spitzen durchstechen den Boden: Der Mais! Er wächst, bis er hüfthoch ist, bis er Ixoc zu den Schultern reicht, er wächst über ihren Kopf, so hoch, daß das Häuschen von Ixoc und Lencho nicht mehr zu sehen ist. Dann die Ernte: Mais, Mais, Mais - genug für alle! Was wird das für ein Leben!

In Versammlungen diskutieren die Bauern, was als nächstes zu tun sei. Die Männer palavern und die Frauen hören zu, schweigen scheu. Es kommt ihnen nicht zu, das große Wort zu führen. Aber Ixoc nimmt allen Mut zusammen und erhebt die Stimme, obwohl sie eine Frau ist: Für die Gemeinschaft im Dorf will sie arbeiten. Eine Schule brauchen wir, ein Gesundheitszentrum ... Freilich - sie haben keine Papiere, daß dieses Land nun ihnen gehört - aber war es nicht Wildnis, bevor sie kamen? War es nicht der verlassenste Winkel der Welt, an dem niemand Interesse zu haben schien? Wir haben den Urwald gerodet, wir haben den Boden fruchtbar gemacht. Das Land ist unser, muß unser sein!

Am anderen Tag waschen die Frauen am Fluß die Wäsche, Huipiles, Fajas, Cortes, Perrajes, Camisas und breiten sie zum Trocknen ins Gras.

Ganz plötzlich - welch ein Lärm?! Rasseln, Klappern, Schüsse, Grölen - die Soldaten kommen, die Soldaten kommen!

Maisstroh - Symbol für das Leben der Maya

Die Frauen laufen davon, wollen sich im Wald verstecken, Aber die Soldaten sind mehr, sie sind stärker und sie haben Waffen. Sie umzingeln die Frauen, schleudern sie zu Boden und vergewaltigen Ixoc und ihre Freundinnen und Schwestern.

Blutig, besudelt und voller Scham schleppt Ixoc sich ins Dorf und sieht, wie die Soldaten Lencho und die anderen Männer vor sich hertreiben. Die Soldaten werden die Männer zu Soldaten oder Zivilpatrouillen machen; die Männer werden gezwungen sein, die eigenen Leute zu bespitzeln, zu verraten und zu töten, und wenn sie sich weigern, wird man sie selbst foltern und umbringen.

Ixoc ruft die gedemütigten und geschundenen Frauen zusammen und sie schleppen sich heran, mit bloßen Händen attackieren sie die Soldaten, damit sie die Männer loslassen. Aber die Soldaten lachen nur über die kleinen, schwachen Frauen in ihren zerfetzten Kleidern: Einer wendet sich kurz um, und mit einer Gewehrsalve streckt er alle Frauen nieder, kein Seufzer regt sich mehr. Als Ixoc aus der Ohnmacht erwacht, sind alle um sie herum tot, nur das kleine Bündel auf ihrem Rücken ist warm und lebt noch immer als ewige Bürde der Indio-Frauen, und das Einzige, was Ixoc noch bleibt.

Zwei ihrer Freundinnen haben die Soldaten verkehrt mit gespreizten Beinen an einem Baum aufgehängt und ihnen die Köpfe ihrer erstochenen Säuglinge in die Vagina gesteckt. Blut mischt sich mit Blut. Diesem Schicksal will Ixoc entkommen. Ixoc wartet, bis es Nacht ist, um zu fliehen, damit die Soldaten sie nicht finden, sie nicht noch einmal vergewaltigen und ihr dann den Garaus machen.

Ixoc schleicht durch den dichten Urwald. Sie hat unendliche Angst. Das Holz knackt. Vögel und wilde Tiere schreien, der Dschungel ist voll unheimlicher Geräusche. Ein näherkommendes Knattern und Rattern versetzt sie in Panik: Über den Wipfeln der Bäume sucht ein Hubschrauber nach versprengten Flüchtlingen der Kooperative. Denn wer sich mit anderen zusammenschließt, weil er sich allein nicht helfen kann, ist ein Kommunist, ein Guerillero - auch Frauen und Säuglinge tragen dieses gefährliche Gift des Aufruhrs in sich. Keiner von ihnen soll überleben.

Außerdem ist das Land rund um das Dorf jetzt fruchtbar – da erinnert sich auf einmal sein Besitzer auf dem Papier, daß es ihm gehört. Wie könnte man die Indios einfacher vertreiben? Wer wagt es, aufzustehen im Land und zu sagen, das sei unchristlich? Und es ist auch besser, wenn niemand überlebt und erzählen kann, was hier geschah. So sucht der Hubschrauber mit grellen Scheinwerfern den Dschungel ab, fast streifen die Rotorblätter die Wipfel der Bäume, so niedrig fliegt er, damit den Soldaten in der Kanzel nichts entgeht. Sie schießen auf alles was sich regt.

Ixoc drückt dem kleinen, warmen, lebenden Bündel die Hand auf den Mund, damit es nicht schreit, und sie wirft sich zu Boden. Sie hat Glück, kann unbemerkt bleiben und schleppt sich weiter. Hunger quält sie, aber noch mehr der Durst in dieser Schwüle. Welch ein Geräusch? Muß Ixoc wieder Angst haben? Aber nein! Es ist das Rieseln einer Quelle! Überglücklich stürzt Ixoc darauf zu, sie schlürft in gierigen Zügen das klare Wasser und netzt dem Kleinen die Lippen. Nun kann sie endlich das Blut abwaschen und mit neuem Mut zieht sie weiter, in die Stadt.

Wenn ihr jemand begegnet, kramt sie in ihrem Bündel, das sie mit ein paar Habseligkeiten immer auf dem Kopf trägt, nach einem Foto: "Lencho! Das ist Lencho, mein Mann! Habt ihr ihn gesehen, habt ihr von ihm gehört?" Nicht jeder Indio, den sie fragt - den Ladinos weicht sie lieber aus - kann ihre Frage verstehen, denn viele sprechen eine andere Sprache. Aber sie sehen das zerknitterte Bild und sie verstehen dennoch: Viele von ihnen sind unterwegs und haben auch ein Foto in ihrem Bündel. Doch jeder, den sie fragt, schüttelt den Kopf. Aber Ixoc gibt nicht auf, sie fragt und fragt, wer immer ihr auch begegnet - ob sie Lencho jemals wiedersieht?

Lassen sich Elend, Hunger, Leid, Schmerz, Erniedrigung, Tod, Verfolgung und Flucht so darstellen, daß man darüber lachen kann? - Nicht schadenfroh, hämisch oder böse lachen, sondern herzlich, verständnisvoll lachen? Carmen Samayoa kann es. Carmen Samayoa ist eine "Ixoc" - das heißt in der Sprache der Quiché "Frau".

Carmen Samayoa spricht Quiché, aber sie gilt als Ladina, denn sie spricht auch Spanisch. Weil sie Geschichten wie die von Ixoc erfindet und spielt, lebt sie nicht mehr in Guatemala, sondern auf der Flucht. In diesem Land ist es gefährlich, die Wahrheit zu sagen und zu zeigen. Carmen gehört dem Theater-Kollektiv "Teatro Vivo" (lebendes Theater) an, zu dem sich 1977 ein paar junge Leute in Guatemala zusammengeschlossen haben.

"Teatro Vivo" trat nicht auf großen Bühnen auf, sondern in den Vororten von Ciudad de Guatemala, in Krankenhäusern und Gefängnissen, auf Dorffesten und bei Demonstrationen vor dem einfachen Volk.

Die Indios in Guatemala lieben seit jeher das Straßentheater, es ist ein fixer Bestandteil ihrer zahlreichen Fiestas, bei denen das ganze Dorf mitmacht. Immer wieder die gleichen Geschichten werden bei einer Fiesta aufgeführt. Auch in diesen alten Tanzdramen arbeiten die Indios schmerzliche Ereignisse aus dem Leben ihres Volkes auf: Wie die Spanier vor vielen hundert Jahren die Vorfahren der heute lebenden Mayas unterjochten und ihre edelsten Fürsten hinterhältig ermordeten. Auch das sind böse und blutige Geschichten, und auch dabei wird viel Spaß getrieben und gelacht. Was im Herzen weh tut, ist leichter zu ertragen, wenn man darüber lachen kann.

"Teatro Vivo" ist nichts Neues in Guatemala, es knüpft an eine alte Tradition an. Neu sind nur die Geschichten, in denen sich das Leid der Menschen, die heute leben, abbildet. In diesen Geschichten können die Indios in den Dörfern sich selbst wiedererkennen und über ihre eigenen Schwächen, aber auch über ihr Schicksal lachen - und gleich ist es ein wenig leichter zu ertragen.

Wie ein Sauerteig wirkte "Teatro Vivo", indem die Mitglieder des Theaterkollektivs auch andere Menschen in verschiedenen Stadtvierteln und im Landesinneren zur Bildung eigener Theatergruppen anregten. Sie lehrten, wie man Theater für die Menschen macht. Sie lehrten, wie man mit dem Theater den Rechtlosen Gehör verschafft, indem man ihre tragische Geschichte so komisch interpretiert, daß die Herzen der Zuschauer mehr bewegt sind, als wenn man sie zu Tränen rührte. Die Stücke sind immer von der Wirklichkeit in Guatemala inspiriert, und so einfach, daß jeder sie verstehen kann, der sie verstehen soll.

1968 mußte "Teatro Vivo" ins Exil nach Mexico gehen, das Leben der Truppe wurde in Guatemala zu gefährlich. Die Abschlachtung der Menschen in den Dörfern durfte stattfinden, aber wer davon berichtete, mußte um sein Leben fürchten. Seit damals ist "Teatro Vivo" unterwegs, in Amerika zuerst, dann auch in Europa, mit verschiedenen Stücken. "Ixoc - Frauen" entstand 1987. Alles daran ist wahr - die Wahrheit, die viele hunderttausend Indios erlebt haben.

Carmen Samayoa trägt den um die Hüfte gebundenen gestreiften Rock einer Indio-Frau von Guatemala, dazu einen Huipil, die mit viel Geschick gewebte Bluse, an der man erkennt, aus welchem Dorf die Trägerin stammt. Mit hoher Stimme erzählt, zwitschert, klagt, schimpft Carmen als Ixoc - mit tiefem Baß antwortet Carmen als Lencho.

Carmen spricht Spanisch und ein paar Wörter Deutsch, was sie so auf der Tournee aufgeschnappt hat. Meist aber läßt Carmen Ixoc und Lencho ihre eigene Muttersprache, Quiché, sprechen, die wichtigste von den 22 Indio-Sprachen Guatemalas. Ein paar Zuschauer verstehen Spanisch, es wäre ein Zufall, wenn auch jemand Quiché verstünde. Wohl wenige im Publikum des kleinen Theaters in Innsbruck haben jemals vor dem Gastspiel von "Teatro Vivo" gehört, daß eine derartige Sprache überhaupt existiert. Aber alle verstehen Carmens Sprache. Die Sprache ihres Gesichts und ihres Körpers, sie geht zu Herzen, mehr als alle detailreichen Dokumentarfilme, die man je über Massaker in Guatemala gesehen hat, mehr als die entsetzlichen Reportagen und Nachrichten über hunderte und tausende Indios, die in einem von vielen Dörfern in Guatemala oder anderen mittelamerikanischen Länder abgeschlachtet wurden.

Das Publikum ist wahrscheinlich in allen Ländern, wo "Teatro Vivo" auftritt, ähnlich zusammengesetzt wie bei der Aufführung im Frühjahr 1988 in Innsbruck: Wer sich überhaupt für Lateinamerika interessiert, ist meist relativ jung, politisch aufmerksam und zur persönlichen Betroffenheit fähig. Manche Zuschauer sind selbst in Aktionsgruppen für die dritte Welt engagiert. Wer sich aber gegen das Unrecht in der 3. Welt einsetzt, hat mit vielen Vorurteilen zu rechnen, besonders auch in einer Gesellschaft, die sich selbst als sehr "christlich" empfindet. Die Informationen, die via Medien aus diesen Ländern verbreitet werden, geben oft nur die halbe Wahrheit wieder, so daß es aus der Ferne viel Interesse erfordert und Mühe macht, die Situation in der 3. Welt einigermaßen zu verstehen. Vorurteile weiterhin zu pflegen, ist jedenfalls einfacher und belastet weniger.

Das Publikum, das bereit ist, sich der eigenen Betroffenheit durch Besuch einer Aufführung wie "Ixoc" zu stellen, ist zwar vielfach auch bereit, Geld zu sammeln, Briefe zu schreiben und mit eigenem Wissen und Können konkrete Hilfe zu leisten, aber es ist leider wenig einflußreich, um mehr als im Kleinen helfen zu können. Jene, die Möglichkeit hätten, wirklich Einfluß auf die unmenschliche Politik dieser Länder zu nehmen, setzen sich einer derartigen Betroffenheit kaum aus. Carmen-Ixoc wird nicht von hochrangigen Militärs, Außenpolitikern, Entwicklungsministern oder Wirtschaftsfachleuten in den USA, in der Europäischen Gemeinschaft oder auch nur in Österreich eingeladen, um vor ihnen zu spielen. - Kleinkunst ist nicht repräsentativ und ernsthafte politische Probleme werden nicht unter dem Einfluß von humanitären Emotionen, sondern unter abstrakt-sachlichen Erwägungen "gelöst".

"Ixoc" von "Teatro Vivo" ist nur Kleinkunst, von Machtlosen über Machtlose für Machtlose gemacht.

Vorbereitungen für eine Reise
in ein unbekanntes Land

Als ich im Mai 1987 überraschend zu einer Journalistenreise nach Guatemala eingeladen wurde, wußte ich noch sehr wenig über dieses Land. In den eineinhalb Monaten bis zur Abreise versuchte ich, so viel Informationen wie möglich zusammenzutragen. Nun erst fiel mir auf, daß es unter den lateinamerikanischen Ländern "Medienlieblinge" gibt, die fast täglich in den Zeitungen stehen und über die im Rundfunk berichtet, Bücher geschrieben und Filme gedreht werden, wie beispielsweise Nicaragua, El Salvador und Chile, während andere Länder in den Medien und auf dem Büchermarkt fast nicht existieren. Zu dieser zweiten Gruppe gehört Guatemala ebenso wie sein Nachbarland Honduras.

Diese Entdeckung machte mich erst richtig neugierig auf Guatemala. - Bei meinen Vorbereitungen erfuhr ich nun, daß Guatemala kulturell, historisch und ethnographisch wohl das interessanteste Land der Region ist (und vielleicht sogar eines der interessantesten Länder der Welt) und einen ungeheuren Reichtum an Naturschönheit vorweisen kann. Die Nähe zu Mexico und zu den Vereinigten Staaten würden Guatemala daher zum Reiseland prädestinieren.

Noch erstaunlicher aber war für mich, daß Guatemala in der politischen Berichterstattung im Vergleich zu anderen dritte Welt-Ländern so stiefmütterlich behandelt wird. Denn in Guatemala sind die politischen Verhältnisse auch gegenwärtig mindestens so brutal wie beispielsweise in El Salvador. Guatemala war zudem in der Vergangenheit die Probebühne für die skrupellose Einmischungspolitik des "häßlichen Amerikaners" aus den Kulissen. Hier wurde alles durchgespielt, was später in vielen lateinamerikanischen Ländern als üble Reprise erlebt werden sollte.

In Guatemala brachte der amerikanische Geheimdienst CIA in Verbindung mit der hohen Politik und dem amerikanischen Großkapital zum ersten Mal nach einer großangelegten und werbewirksam perfekt geplanten Destabilisierungskampagne mit militärischer Intervention eine eigenständige Entwicklung zur Demokratie zu Fall und bereitete damit für die folgenden

Militärregimes den Boden. - Seither haben die "Gringos" aus dem Norden einen schlechten Namen in ganz Lateinamerika, denn ähnliche Rezepte wie in Guatemala wurden später auch in anderen Staaten befolgt.

Mitte der Siebzigerjahre war Guatemala auch eines der ersten Länder, in denen die katholische Befreiungstheologie durch massive Missionierungskampagnen evangelikaler Sekten aus den USA beantwortet wurde. Die von konservativen Geldgebern unterstützten Sekten verlangten von den Armen, ihr Elend als Gottes Wille zu respektieren. Wer aufbegehrte, empörte sich entsprechend dieser Logik gegen Gott, und es war daher rechtens, diese "Subversivos" zu vernichten, wie es der Sektenprediger Rios Montt in den eineinhalb Jahren seiner Präsidentschaft in Guatemala in großem Stil auch tat.

Auch bei einer der übelsten Formen der Menschenrechtsverletzung, dem Verschwindenlassen von politisch unerwünschten Personen, war Guatemala in Lateinamerika unrühmlicher Pionier. In dem kleinen Guatemala verschwanden sogar mehr Menschen, als in dem großen Staat Argentinien - und es geschieht heute noch täglich. Doch über die Mütter der "Plaza de Mayo", die eine Aufklärung über das Los der Verschwundenen in Argentinien forderten, weiß jeder an Politik Interessierte Bescheid, während die GAM, die guatemaltekische Schwesterorganisation, nur wenige kennen.

Nichts schien für mich dieses merkwürdige Medien-Schweigen über Guatemala zu rechtfertigen oder auch nur zu erklären. - Und da ich so wenig von hier aus über Guatemala erfahren konnte, beschloß ich, diese Journalistenreise zum Anlaß zu nehmen, jenes Buch zu schreiben, das ich als Vorbereitung für diese Reise selbst gerne gelesen hätte: Ein Reisetagebuch, welches Guatemala in seiner großen kulturellen Vergangenheit wie auch in seiner problematischen politischen und sozialen Gegenwart gleichermaßen gerecht zu werden versucht, und das überdies praktische Tips für das Reisen in Guatemala gibt.

Es war mir klar, selbst mit ausgezeichneten Spanischkenntnissen würde es nicht möglich sein, in die Geheimnisse Guatemalas tief einzudringen. Denn der Großteil der Bevölkerung versteht und spricht weniger Spanisch als ich - der größere Teil der acht Millionen Einwohner sind Indios und gehören verschiedenen Stämmen an: 22 Indio-Sprachen werden in diesem Land gesprochen, mehr als die Hälfte der Indios verstehen aber die Amtssprache des eigenen Landes, nämlich Spanisch, nicht, und die Angehörigen verschiedener Stämme können sich untereinander kaum verständigen. Doch gerade von diesen Menschen, deren Sprachen und Wohngebiete schwer zugänglich sind, wäre wohl das Interessanteste über das Sprachenbabel Guatemala zu erfahren. Sie sind die Träger einer alten Kultur, die sich bis heute durch mündliche Überlieferung erhalten hat und sie sind jene, die wirklich zu beurteilen verstünden, ob die neue Politik einer versuchten Demokratisierung auch den Bedürfnissen der Mehrheit im Lande entspricht und ob Gewalt und sinnloses, brutales Blutvergießen wirklich der Vergangenheit angehören.

Ich mußte mich darauf verlassen, daß dort, wohin öffentliche Verkehrsmittel führen, mit denen ich zu reisen gedachte, auch jemand zu finden sei, der Spanisch versteht. Und da angesichts der spanischunkundigen Mehrheit der Bevölkerung man wohl gewohnt ist, sich mit Menschen zu verständigen, die nur ein geringes Sprachniveau in der Amtssprache besitzen, durfte ich mich wohl darauf verlassen, daß man auch mich verstehen würde.

Was aber die Informationen betraf, die ich zu finden erhoffte, würde ich wohl weitgehend auf das angewiesen sein, was sich mit meinen Augen sehen und wahrnehmen ließe. Doch die Augen lassen sich auch schärfen durch Informationen, die man auf die Reise mitbringt. Und nicht nur Schilderungen über die politische Entwicklung in Guatemala sind für die Schärfung des Blickes nützlich, sondern zum Beispiel auch das dichterische Werk des weltberühmten guatemaltekischen Dichters Miguel Angel Asturias ist eine der wertvollsten Quellen zum Verständnis der eingeborenen Bevölkerung Guatemalas, wenn man deren Sprachen nicht beherrscht.

Asturias schrieb als Student in den zwanziger Jahren seine Dissertation über die sozialen Probleme der Indianer. Er war 1920 Mitbegründer des Vereins der Universitätsstudenten (AEU), der bis in die Gegenwart in vorderster Linie gegen die Diktatur in Guatemala angetreten ist.

Später, in seinem dichterischen Werk, setzte sich Asturias mit allen Formen des Widerstandes auseinander. Er schildert in "Die Maismänner" den Widerstand der Indios gegen das an ihnen begangene Unrecht, den aufkeimenden Widerstand in der Stadt unter Fabrikarbeitern und Studenten in "Der Präsident", wobei das Terrorregime Estrada Cabreras angeprangert wird, und behandelt ebenso den Widerstand in den Plantagen der berüchtigten "United Fruit Company", die in der Geschichte Guatemalas eine so unheilvolle Rolle gespielt hat, in der "Bananen-Trilogie".

Asturias gehörte zwar einer der vornehmen Familien Guatemalas an - die Familie seines Vater stammt von spanischen Herrschern ab - seine Mutter war jedoch indianischen Ursprungs und Miguel wuchs in Salama, der Hauptstadt von Baja Verapáz auf, einem Departement, das hauptsächlich von Indios bewohnt wird. In Paris, wo er sein Rechtsstudium fortsetzte, machte er sich unter Anleitung des Ethnologen Georges Raynaud, eines hervorragenden Kenners der Mayakultur, der auch mehrere Mayasprachen beherrschte und alte Mayaschriften ins Französische übertragen hatte, an die Übersetzung des "Popol Vuh", des heiligen Buches der Maya-Quiché-Überlieferung, ins Spanische (aus dem Französischen).

Durch seine intensive Beschäftigung mit der Kultur der Indios seines Heimatlandes war es ihm gelungen, ihre Ausdrucks- und Vorstellungsformen und den mythischen Gehalt der Mayakultur in sein dichterisches Werk einfließen zu lassen, so daß er als die "große Zunge" galt, womit die Indianer den Sprecher ihres Stammes bezeichnen. Er wurde auch international anerkannt - 1966 erhielt er in Moskau den Leninpreis, 1967 den Nobelpreis.

Eine Sprecherin ihres Stammes, wenn auch nicht auf so hohem literarischem Niveau wie Miguel Angel Asturias, ist Rigoberta Menchú, eine Quichéfrau, die sich dem katholischen Widerstand verpflichtet fühlt. Mit Hilfe von Elisabeth Burgos wurden die "Memoiren" Rigoberta Menchús aufgezeichnet, die in ihrer Ursprünglichkeit tief ergreifen.

Rigoberta erzählt über das Leben der Quiché in den Bergen im nördlichen Teil des Departements El Quiché, wo die Todesschwadrone in den frühen Achtzigerjahren besonders grausam wüteten. An einigen Stellen des Buches möchte man vor Entsetzen am liebsten nicht mehr weiterlesen, dennoch bleiben die Schilderungen aber in ihrer Gesamtheit fast rührend und kindlich. Man beginnt zu verstehen, daß besonders der Widerstand in Guatemala nicht aggressiv geführt wird, sondern der tiefen Not einer großen Bevölkerungsgruppe entspringt, die in ihrer Grundstruktur außerordentlich friedfertig ist.

Für die Vorbereitung auf die Guatemala-Reise sehr informativ und wertvoll ist auch "Bananen-Krieg", verfaßt von dem amerikanischen Demokraten und ehemaligen Chefredakteur des "Time-Magazins" Stephen Schlesinger zusammen mit dem Lateinamerika-Korrespondenten des renommierten "Boston-Globe", Stephan Kinzer. Das Buch schildert, auf welche Weise der CIA, das US-Außenministerium und die United-Fruit-Company die Reform-Regierung von Guatemala 1954 mit brutalsten Mitteln zum Aufgeben zwangen. Die Verfasser hatten Einblick in bis dahin geheimes Aktenmaterial in Washington. Die "Operation Success", wie der nicht erklärte Krieg des CIA gegen Guatemala genannt wurde, erfolgte vor allem im Interesse des amerikanischen Bananenimperiums in Guatemala, "United-Fruit-Company", an dem auch amerikanische Spitzenpolitiker mitverdienten. Obwohl die "Operation Success" das Vertrauen in die USA als moralische Instanz vernichtete, wurden und werden ähnliche Versuche der Einmischung weiterhin im "Hinterhof der USA" gemacht – man denke nur an El Salvador, Nicaragua, Grenada und Panama.

Um mich in der knappen Zeit, die mir bis zur Abreise blieb, darüber zu informieren, was mich in Guatemala erwarten würde, setzte ich mich auch mit einer Solidaritätsgruppe für Guatemala in Verbindung, der auch ehemalige Entwicklungshelfer angehören, die über Erfahrungen aus dem Land berichten konnten.

So vorbereitet trat ich die Reise nach Guatemala an, in ein Land, das für mich vor wenigen Wochen noch fast ein weißer Fleck auf der Landkarte gewesen war. Mir war klar, daß meine Informationen über Guatemala lückenhaft waren und ich daher kaum alles begreifen konnte, was ich sehen und erleben würde. Ich versuchte, auf der Reise viele Eindrücke zu sammeln – vielfach konnte ich diese Erlebnisse erst nach meiner Rückkehr und einer weiteren Beschäftigung mit diesem Thema zu einem Puzzle zusammenfügen.

Reisen in der Gruppe

Ciudad de Guatemala

Austriaco: Wo wohlhabende Guatemalteken Walzertanzen lernen

Unser Reiseleiter, der uns die ganze Woche durch Guatemala begleiten und die vielen Fragen, die wir stellen, beantworten wird, heißt Leif - es war ein norwegischer Name, seine Mutter ist Skandinavierin, sein Vater Deutscher. Leif selbst ist gebürtiger Guatemalteke, ein älterer drahtiger Herr, der früher im Denkmalschutz beschäftigt war und daher besonders viel über die Maya-Kultur Guatemalas zu erzählen weiß. Auch politischen Fragen weicht er nicht aus und nur wenn man aufmerksam hinhört, scheint es, daß er manchen neueren sozialen Bestrebungen wenig Sympathie entgegenbringt. Er ist es vermutlich gewohnt, von ausländischen Journalisten immer dieselben Fragen gestellt zu erhalten.

Leif dirigiert unseren Bus durch einen Villenort zum Haus des österreichischen Konsuls Ibisch. Die österreichische Botschaft in Guatemala ist seit mehreren Jahren nicht besetzt, Guatemala wird von der Botschaft in Mexico aus betreut.

Im Garten der Villa hat sich bereits eine große Gesellschaft zu unserem Empfang versammelt. Wie durch eine gläserne Wand höre ich Namen und Funktionen, die man mir nennt, so erschöpft bin ich von dem langen Flug. Sogar der Bürgermeister von Ciudad de Guatemala, Alvaro Arzú, hat sich eingefunden. Journalisten, die über Guatemala als Reiseland berichten werden, sind hochwillkommen, aber die Ehre, die man uns zuteil werden läßt, hat wohl auch mit einer österreichischen Spezialität zu tun, die man zu allerletzt hier in diesem fernen Land vermuten würde: Es handelt sich um das "Colegio Austriaco", eine österreichische Schule, in der kleine Guatemalteken vom Kindergarten bis zur Matura in deutscher Sprache und in österreichischer Lebensart (zum Beispiel Walzertanzen) unterrichtet werden.

Um uns seine Herzensangelegenheit, die österreichische Schule, nahezubringen, hat Konsul Ibisch auch einen Teil des österreichischen Lehrkörpers der Schule eingeladen. Alle versuchen, uns ihre Begeisterung für diese Enklave Österreichs in Guatemala mitzuteilen, damit wir zu Hause ihr Anliegen unterstützen und darüber schreiben, wie notwendig und wichtig es ist, daß wohlhabende Guatemalteken Deutsch mit österreichischem Akzent sprechen. Unsere Begeisterung wiederum hält sich in Grenzen - und dies nur zum Teil aufgrund unserer großen Müdigkeit, die sich hier in der Hitze des späten Vormittags besonders bemerkbar macht.

Würde es sich um eine Schule handeln, in der Indio-Kindern Spanisch, Lesen und Schreiben beigebracht wird, fände das jeder angesichts des Analphabenrate um die 80 Prozent zweifellos lobenswert. Aber das "Austriaco" besuchen Kinder, deren Eltern sich ein Schulgeld von 45 Quetzales leisten können - das sind immerhin etwa zehn Prozent eines Lehrergehaltes in Guatemala. Wer noch mehr bezahlen kann, schickt sein Kind in eine amerikanische, eine deutsche, eine französische oder italienische Schule.

Die Staaten, welche die Kinder der Reichen in einer fremden Sprache unterrichten, anstatt die Armen die Landessprache zu lehren, rechtfertigen dies damit, daß auf diese Weise der künftigen Führungsschicht westliche Vorstellungen von Demokratie vermittelt würden, die letztlich dann auch den Armen zugute kämen.

Die Hoffnung, Demokratie in einem autoritären Staat über den Umweg Bildung einzuführen, dürfte sich allerdings kaum erfüllen: Gibt es nicht in allen Staaten der dritten Welt Missionsschulen, die christliche Nächstenliebe lehren - und werden diese Schulen nicht vor allen von den später einflußreichen Leuten besucht, die, kaum an der Macht, ihre eigenen skurrilen Vorstellungen von Brüderlichkeit verwirklichen? Auch in Guatemala müßten der Oberschicht die Prinzipien westlicher Demokratievorstellungen längst in Fleisch und Blut übergegangen sein, wenn es nach der Schulbildung ginge. Denn reiche Leute lassen im westlichen Ausland studieren, also in den USA, in Großbritannien, in Paris und auch in Österreich, wo sie diese Demokratien hautnah erleben können. Dennoch gibt es unter diesen hervorragend gebildeten Reichen und

Einflußreichen so viele, denen Menschenrechte und Demokratie sch...egal sind.

Wenn auch die österreichische Schule selbst keine Entwicklungshilfe leistet, so engagieren sich doch einige Lehrer außerhalb der Schule in einer Form, die als Entwicklungsarbeit gelten kann. Nach dem großen Erdbeben von 1976, als an die 30 000 Menschen ums Leben kamen und über eine Million obdachlos wurden, halfen Lehrer des "Austriaco" 33 Häuser aufzubauen. Eine andere Gruppe versorgt Hochland-Indios mit Medikamenten, denn diese sind für die Armen nahezu unerschwinglich. Wieder andere organisieren in Quetzaltenango, einer fast ausschließlich von Indios bewohnten Provinz, eine SOS-Jugendgruppe. Auf jeden Fall aber müssen auch Ausländer vorsichtig bei ihrem Engagement sein, wenn sie nicht sich selbst oder auch den Bestand der Schule gefährden wollen. Eine Sympathieerklärung für die Anliegen der Guerilleros beispielsweise darf man nur Leuten gegenüber äußern, die man gut kennt. In der Schule gibt es mehrere Halbwaisen wie beispielsweise die kleine Inez: Ihr Vater, ein Arzt, ist einer der Verschwundenen, die wahrscheinlich nicht mehr lebend zurückkommen werden. Ihm wurde wohl zur Last gelegt, daß er Verwundete ärztlich versorgte, die gegen das Regime Widerstand geleistet hatten.

Die Lehrer des "Austriaco" gehören mit ihren österreichischen Lehrergehältern plus einer beachtlichen Aufwandsentschädigung zu den Wohlhabenden. Dementsprechend sind sie auch gefährdet. Ihre Häuser sind hermetisch gegen unerwartete Besucher abgeschirmt und in der Rocktasche tragen sie eine Pistole, wenn sie das Haus verlassen. Die Zugehörigkeit zur Oberschicht hat es aber andererseits Alfred Herzig ermöglicht, auch einflußreiche Mitglieder für die von ihm initiierte Organisation "Amigos de bosque" zu gewinnen. Diese rund 2000 "Waldfreunde" setzen sich für die Erhaltung des Tropenwaldes ein. In Guatemala, dessen Name in einer Maya-Sprache "bewaldetes Land" bedeutet und das immer noch zur Hälfte Wald bedeckt, ist der Urwald nämlich wie in vielen anderen Tropengebieten in tödlicher Gefahr.

Kaum durchdringbarer, artenreicher Urwald bedeckt di^e tiefergelegenen Landesteile, die an Mexico grenzende Nordprovinz Petén und die Provinz Izabal. Am Nord- und Osthang der höchsten Gebirgskette, den Altos Chuchumatanes, und in den Vulkangebirgen am Rand der pazifischen Küste gedeihen wertvollste Nutzhölzer wie Mahagoni, das für die Herstellung von Geigenbögen verwendete Blauholz und der Sapotill- (Kaugummi-)Baum. Auf den Hochflächen mit rauherem Klima breiten sich mit Eichen durchsetzte Bergkiefern-Wälder aus und in den Trockenwäldern beeindrucken die Kapokbäume (Ceiba) durch ihren gigantischen Wuchs.

Was geschieht, wenn in einem Tropengebiet der Wald vernichtet wird, ist zu sehen, wenn man die Hauptstadt auf der Straße Richtung Karibik-Küste verläßt: Hier haben die Spanier vor ein paar hundert Jahren die Gebirge radikal abgeholzt, und nie wieder konnte sich die Vegetation erholen. Die Berge blieben für immer kahl, karg und unbewohnbar. Rund um die Hauptstadt ist der Wald bereits irreparabel vernichtet, sie liegt eingerahmt von verkarsteten Bergen; der Grundwasserspiegel ist infolgedessen stark gesunken. Zwar wurden die Geldmittel für Aufforstungsmaßnahmen aufgestockt, doch fehlt vielfach noch das Verständnis dafür, wie gefährlich die Entwicklung werden kann.

Selbstverständlich sind es in Guatemala nicht Luftverschmutzer wie Industrie, Straßen- und Flugverkehr, die den Wald bedro-

Die Vegetation des Urwaldes ist in tödlicher Gefahr

hen, sondern Profitgier und die traditionelle Brandrodung durch die Bauern.

Die 36.000 Quadratkilometer große Provinz Petén ist noch fast zur Gänze mit Urwald bedeckt; hier werden jedes Jahr durchschnittlich 2.000 Mahagonibäume und Zedern gefällt. Jeder Straßenbau, der dieses unzugängliche Gebiet erschließt, ist gleichzeitig ein Anreiz für Holzbewirtschaftung und Rodung und bringt den Bestand des Tropenwaldes in Gefahr. Die derzeitige Regierung will zwar keine weiteren Konzessionen für forst- und landwirtschaftliche Nutzung in dieser größten und am dünnsten besiedelten Provinz von 22 Departements mehr vergeben, doch die kostbaren Hölzer sind ein einträgliches Exportprodukt und Verbote nützen gar nichts. Wie sollte deren Einhaltung im tiefen Urwald überprüft werden? Die Stämme werden über die Grenze nach Mexico geschafft und finden jederzeit Abnehmer. Denn der Bedarf in der ganzen Welt nach Furnier- und Edelhölzern ist enorm – allein für die Nachfrage aus der Bundesrepublik Deutschland wird jedes Jahr ein Dschungelgebiet etwa von der Größe Hamburgs gerodet, beziehungsweise beim Einschlag verwüstet. Die Planierraupen und Transporter zerstören beim Herausholen der wertvollen Stämme über die Hälfte der sonstigen Vegetation, verdichten die Böden und zerreißen die schützende Baumkronendecke.

Der Regenwald ist 100 Millionen Jahre alt. Er ist das empfindlichste Ökosystem der Erde. Auf einem Hektar wachsen mehr als hundert verschiedene Baumarten. Der Artenreichtum ist so groß, daß vermutlich mehrere Millionen Arten noch gar nicht entdeckt sind und durch die Rodungen auch unentdeckt aussterben werden. Denn wenn ein bestimmter Baum herausgeschlagen wird, so findet sich ein zweites Exemplar derselben Sorte oft erst hunderte Kilometer weiter.

Doch noch schlimmer sind die ökologischen Folgen, wenn Waldgebiete des tropischen Regenwaldes großflächig zerstört werden. Der Urwald hat keine Chance, sich wieder neu zu entwickeln. Die üppige Vegetation täuscht - der Boden in den tropischen Waldgebieten ist nicht sehr fruchtbar und nur von einer 15 cm dünnen Humusschicht bedeckt. Nur infolge des Klimas und nicht durch Nahrungszufuhr aus dem Boden können die Pflanzen im Urwald so üppig wachsen. Die dauergrünen Bäume zehren den Boden aus, ohne ihn durch Laubabwurf wieder zu regenerieren. Wird also die schützende Pflanzendecke entfernt, dann kann der Humus bei schweren Regengüssen weggeschwemmt werden und das ehemalige Waldgebiet verkarstet.

Auf den Wegen und Schneisen, die für den Holztransport durch das Forstgebiet geschlagen werden, folgen Bauern auf der Suche nach neuem Land, denn oft werden sie von ihren kultivierten Feldern vertrieben, sobald diese Ertrag abwerfen. Mühsam roden sie ein Stück Urwald, um ihren Mais und ihre Bohnen anzupflanzen. Wie in allen Ländern der 3. Welt geschieht dies durch Brandrodung, denn anders wäre dieser Vegetation auch gar nicht beizukommen. In den ersten Jahren wirkt die Holzasche noch als Dünger, nach vielmaliger Nutzung ist das Land aber ausgezehrt, und wenn die Bauern nicht ohnehin vertrieben werden, müssen sie oft weiterziehen und aufs neue Felder anlegen. Nicht immer läßt sich aber das Feuer kontrollieren.

"Fast 2.000 Quadratkilometer Urwald wurden dieses Jahr durch einen gewaltigen Waldbrand vernichtet," berichtet Alfred Herzig. "Und hätte nicht rechtzeitig die Regenzeit eingesetzt, so wären die Folgen unabsehbar gewesen."

Der hauptsächlich von Ladinos, der armen Mischbevölkerung, besiedelte Osten Guatemalas ist praktisch zur Gänze abgeholzt. Ohne die naturverbundene Indio-Kultur geht das Verständnis für einen behutsamen Umgang mit der Natur verloren, sie wird nur mehr benützt und ausgebeutet.

Etwas günstiger ist die Situation noch im vor allen von Indios bewohnten Hochland. Selbstverständlich bleibt auch den Indios nichts anderes übrig, als Bäume zu fällen, um Ackerland urbar zu machen; noch mehr aber benötigen sie Holz als Brennstoff. Die Hauptnahrungsmittel Mais und Bohnen müssen bis zu 12 Stunden auf dem Feuer stehen, um genießbar zu werden. Ein anderer Brennstoff als Holz ist für die Bewohner des Hochlandes undenkbar. Kohle wäre zwar in den Bergen zu finden, wird aber nicht abgebaut. Doch wenn Indios Brennholz schlagen, tun sie es meist so, daß der Baum weiterleben kann. Sie entfernen nur die unteren Äste der Kiefern und lassen den hohen Stämmen oben einen kleinen grünen Schopf stehen. Gleichzeitig wird damit auch eine Beschattung der Kaffeekulturen erreicht.

Unter dem Präsidenten General Kjell (Ende der Siebzigerjahre) wurde INAFOR, eine Institution, die Holz und Bäume bewachte, gegründet. Wer beabsichtigte, einen Baum zu fällen, mußte die Genehmigung dafür bei INAFOR einholen und pro Baum fünf Quetzales bezahlen - fünf Quezales, mehr als ein Tagelohn, war für die armen Landbewohner eine beachtliche Summe. Wer ohne Genehmigung einen Baum abholzte, kam ins Gefängnis. So wurde das Überleben immer schwieriger. Wer sich keinen Baum leisten konnte, war vom Hungertod bedroht. Doch offenbar ging es bei diesen Maßnahmen nicht so sehr um den Schutz des Waldes, sondern um andere Ziele. Die arme Landbevölkerung war gezwungen, um Überleben zu können, auf den Fincas im Tiefland zu arbeiten, wo die Verpflegung inbegriffen war und sie also selbst keinen Brennstoff benötigten. In großen Scharen kamen sie als ausbeutbare Arbeitskräfte ins Tiefland. Und während die Armen nicht einmal Brennholz zur Verfügung hatten, konnten Händler ungehindert große Bestände für den Export abholzen.

"Amigos de Bosque" leisten wichtige Aufklärungsarbeit, doch besteht die Gefahr, daß es erst dann zu großangelegten Maßnahmen gegen die Waldvernichtung in den Tropengebieten der ganzen Welt kommt, wenn es bereits zu spät ist. Solange in den reichen Ländern immer größere Nachfrage nach Edelhölzern besteht und die Entwicklungsländer damit die so notwendigen Devisen erwirtschaften können, bleiben die Maßnahmen gegen das Abholzen der Urwälder nur halbherzig.

Im Garten der Villa von Konsul Ibisch hören wir noch von weiteren Problemen Guatemalas, die dieses Land mit anderen Entwicklungsländern teilt: Als besorgniserregend wird beispielsweise auch die hohe Geburtenrate eingestuft, wonach sich, wenn die bisherige Entwicklung anhält, die Bevölkerung Guatemalas in dreißig Jahren verdoppeln würde. Denn vor einem halben Jahrhundert hatte Guatemala nur so viele Einwohner wie heute die Hauptstadt, nämlich zwei Millionen. Doch nicht diesen Bevölkerungszuwachs halte ich für besorgniserregend, sondern besorgniserregend sind die Lebensbedingungen in diesem Land, die der Grund für die geringe Lebenserwartung der Indios sind und vor allem für die hohe Kinder- und Säuglingssterblichkeit.

Ein klimatisch so begünstigtes Land wie Guatemala müßte ein Vielfaches seiner derzeitigen Bevölkerung ernähren können, wenn nur der landwirtschaftlich nutzbare Boden einigermaßen gerechter verteilt wäre. In der Bundesrepublik Deutschland können pro Quadratkilometer beispielsweise fast viermal so viel und in den Niederlanden mehr als sechsmal so viel Menschen ausgezeichnet leben und immer noch beklagt man nicht die Übervölkerung dieser Länder, sondern ihr stagnierendes Bevölkerungswachstum, obwohl die Menschen der Industrieländer mit ihren hohen Ansprüchen ein Vielfaches an Ressourcen und Energie gegenüber Völkern mit natürlicherer Lebensweise aber höheren Reproduktionsraten verbrauchen.

Nicht das Bevölkerungswachstum Guatemalas also ist es, worum man sich Sorgen machen müßte, da sich überdies immer wieder auf der ganzen Welt beweist, daß bessere Lebensbedingungen das Bevölkerungswachstum viel wirksamer regulieren als alle Pillen, Kondome und Zwangssterilisationen. Das wirklich Besorgniserregende sind eben diese Lebensbedingungen, die schuld daran sind, daß die Menschen auf dem Land im Durchschnitt nicht älter als 41 Jahre werden, zehn Prozent der Babys ihren ersten Geburtstag und ein Viertel der Kinder den fünften nicht erleben. Sie sterben an Hunger (80 Prozent der Kinder sind unterernährt) - in einem Land, wo all das im Überfluß wächst, was es bei uns nur in teuren Delikatessenläden zu kaufen gibt, in einem Land, wo Felder zwei Ernten pro Jahr erlauben und das Hauptnahrungsmittel Mais an Stauden wächst, die die Dächer der Häuser überragen.

Nein, zu viele Menschen hat Guatemala noch lange nicht, sondern es hat zu viele arme Menschen. Dies ist auch der Grund für eine weitere Fehlentwicklung, die Verstädterung. 88.000 ziehen pro Jahr auf der Suche nach Arbeit und Brot vom Land in die Stadt. In den vergangenen Jahren war dieser Zug noch aus einem weiteren Grund besonders groß: Als das Militärregime im Hochland gnadenlos Dörfer bombadierte, um den Rechtlosen Mut und Möglichkeit zu nehmen, Rechte zu begehren, versteckten sich viele der Verfolgten in der Stadt; so sind auch in Ciudad de Guatemala Slums entstanden.

Guatemala, so erfahren wir in den Gesprächen an diesem Vormittag, hat alle Probleme, die ein Entwicklungsland haben kann. Aber aufgrund einer ganz besonderen Bevölkerungsstruktur und seiner strategischen Lage im sogenannten "Hinterhof" der Vereinigten Staaten hat es noch ein paar Probleme mehr als andere Länder in ähnlicher Situation.

Aber man möchte mit uns weniger von Problemen sprechen, als uns die Schule zeigen, das "Instituto Austriaco" und das "Colegio Viena", eine neugegründete Nachmittagsschule mit reduziertem Schulgeld im Villenvorort "Vista Hermosa". Auf dem Platz vor der Schule parken über 30 gelbe Schulbusse, um die Schüler in ihren eleganten Blazern und mit ihren Aktenköfferchen nach Hause zu bringen.

Der Unterschied zwischen der österreichischen Schule in Guatemala und einer österreichischen Schule zu Hause, die von Jungen und Mädchen in abgewetzten Jeans und Turnschuhen besucht wird, ist in jeder Hinsicht augenfällig. Hier gibt es einen Tennisplatz und Swimming-Pool; die Gebäude für insgesamt 1.500 Schüler haben keine langen Gänge und muffigen Klassenräume, sondern niedrige luftige Pavillions um kühle Höfe verschwinden unter den riesigen blühenden Hibiscusbüschen und wuchernden violetten Bougainvilleen.

Wenn wir eine der Klassen betreten, begrüßen uns die Kinder, so wie wir das noch gelernt haben, mit einem gedehnten "Grüüüß Gott!". Merkwürdiger als dieser österreichische Gruß auf der anderen Hälfte der Weltkugel berührt aber noch jener Kinderreim, den die Kleinen im Kindergarten uns zum Beweis ihrer Deutsch- und Zählkenntnisse aufsagen:

"Eins, zwei - Polizei. Drei - vier Offizier...": Ein harmloser Kinderreim zu Hause, aber in einem Staat wie Guatemala unverzeihbare Gedankenlosigkeit, als erste Deutsch-Vokabel gerade diese zu vermitteln, auch wenn sie durchaus zur Lebenswirklichkeit der Kinder gehören.

Provinz Petén

Tikal: Geschichtsträchtiger Boden in einem botanischen Garten

Um vier Uhr läutet das Telefon neben meinem Bett, denn das Flugzeug nach Tikal, zur größten Maya-Ausgrabungsstätte Guatemalas und wahrscheinlich zur schönsten überhaupt, geht um sieben und man muß rechtzeitig am Flughafen sein.

Beim guatemaltekischen Frühstück - Kaffee, dunkelviolette Bohnenpaste, Eier, weißer Käse, Tortillas und tropischen Früchten – erzählen wir einander die Gags des Nachtfilmes, der im Hotel-Fernsehen lief.

Es wird langsam hell über Ciudad de Guatemala. Um diese frühe Morgenstunde sind die Konturen der drei Vulkane im Süden der Stadt noch klar und scharf, später werden sie im Smog verschwinden. Während wir auf dem "Domestic Airport" hinter dem internationalen Flughafen "La Aurora" auf unsere Maschine warten, erzählt Leif uns ihre Geschichte.

Mehrere hundert Jahre gab der Pacaya Ruhe und ließ die Bevölkerung in der trügerischen Hoffnung, er wäre erloschen. Doch 1961 erwachte er mit einer gewaltigen Explosion zum Leben. Der Druck des kochenden Gesteins im Inneren der Erde war so ungeheuer, daß die glühende Lava sich in alle Richtungen den Weg ins Freie suchen mußte. Der Pacaya ist seither zerrissen und hat vier Spitzen.Der Vulkan in der Mitte trägt den merkwürdigen Namen "Agua" (Wasser). Dieser Name gibt jedoch eine Erklärung für die Entstehung seiner perfekten Kegelform: Die Lavaschichten, die lose übereinander am Steilhang aufgetürmt liegen, saugen sich bei Regen mit Wasser voll, bis sie zu schwer werden und abwärts donnern. So wird der Abhang immer wieder aufs Neue poliert.

Ein derartiger folgenschwerer Erdrutsch vernichtete auch am 10. Dezember 1541 die zweite Hauptstadt Guatemalas, "Santiago de los Caballeros de Almolonga", heute ein kleines Nest namens "Ciudad Vieja", die erst vierzehn Tage zuvor von den spanischen Conquistadoren am Abhang des Agua als Verwaltungszentrum gegründet worden war. Nach lang andauernden Regenfällen versank die ganze Stadt im Ascheschlamm, von 1.400 Einwohnern kamen 1.300 um, darunter auch die Frau des spanischen Eroberers Alvaredo, Doña Beatriz.

Hier war nach dieser Katastrophe kein Bleiben mehr. Deshalb errichteten die Spanier unweit von Almolonga die neue Hauptstadt Antigua[1]. Im Jahre 1773 legte jedoch ein katastrophales Erdbeben die "Muy Noble y Muy Leal Ciudad de Santiago de Los Caballeros de Guatemala" (die sehr vornehme und sehr loyale Stadt Santiago der Ritter von Guatemala) - so lautete der bombastische Titel der heutigen Stadt Antigua - in Trümmer und wieder wanderte die Verwaltung aus. Zwei Jahre später, 1775, begannen die Eroberer dann mit dem Bau der nunmehr letzten Hauptstadt Guatemalas unter dem Namen "Nueva Guatemala de la Asunción" (Neu-Guatemala Christi-Himmelfahrt), 45 Kilometer weiter ostwärts im Valle de las Vacas (Tal der Kühe). Die heutige Hauptstadt liegt also auf 1.500 Meter Seehöhe auf einer weiten Hochebene. Obwohl weiter abseits von den Vulkanen, muß auch Ciudad de Guatemala mit der ständigen Bedrohung durch die Naturgewalten rechnen. Die Erdbeben am ersten Weihnachtstag des Jahres 1917 und im darauf folgenden Jahr legten fast die ganze Stadt in Schutt und Asche. Die kolonialzeitlichen Bauten, die zu einem großen Teil aus Lehm gebaut waren, zerfielen innerhalb weniger Minuten zu Staub. Die von dem Italienischen Baukünstler Andrea Pedretti entworfenen Türme der Kathedrale und die Kuppel stürzten ein und zerschmetterten den in Frankreich aus weißem Marmor gefertigten Hochaltar. Die Kathedrale wurde danach, wie auch andere Gebäude, fast originalgetreu wieder aufgebaut.

1976 erlebte die Hauptstadt Guatemalas die bisher letzte Erdbebenkatastrophe. Die gewaltigen Zerstörungen, die das Beben anrichtete, gaben Impuls zur Erneuerung. In den südlichen Stadtvierteln entstand eine moderne Stadt mit breiten Avenueen und Hochhäusern. Auch das kommerzielle Zentrum verlagerte sich in

---

1   Die erste Hauptstadt der Spanier in Guatemala war Yximché, die damalige Hauptstadt der Cackchiqueles. Yximché, 92 Kilometer nordwestlich von Ciudad de Guatemala in der Provinz Chimaltenango bei der Stadt Tecpán, blieb nur drei Jahre Verwaltungszentrum.

die Zonen 4, 9 und 13 südlich der Altstadt-Zone 1, wo noch immer ein Großteil der Verwaltung angesiedelt ist.

Südlich eines Feuergürtels von 33 Vulkanen, den der höchste, der 4.009 Meter hohe Tacaná nach Mexico hin beschließt, liegt das 80 Kilometer lange Küstengebiet mit dem fruchtbarsten Ackerbauland; bei der Anlage der großen Plantagen kamen unzählige archäologische Fundstücke der Olmeken- und Cozumalhuapa-Kultur zutage, die mit der Maya-Kultur nichts zu tun haben und über die man noch relativ wenig weiß.

An der Südküste gibt es Badestrände mit schwarzem vulkanischem Sand. Doch Guatemala ist nicht ein Land, das man für einen Badeurlaub wählt, sondern hierher kommt man wegen der außerordentlichen Naturschönheit des Landes und den einzigartigen historischen Stätten. Doch etwas ganz Besonderes ist der Indiostaat Guatemala, weil die angestammte Bevölkerung bis in unsere Tage zutiefst vom Geist der alten Mayas durchdrungen ist und nicht nur aus Armut, sondern vor allem aus kulturellem Selbstbewußtsein der kulturzerstörenden Zivilisation widersteht.

Zum Faulenzerurlaub reist man also kaum nach Guatemala, dazu ist das Land zu interessant. Deshalb gibt es auch in unserer Gruppe kein Murren über den zeitigen Aufbruch nach dem anstrengenden Flug und dem langen Tag der Anreise. (Die Rechnung für die Überanstrengung wird uns allerdings bald in Form aller möglichen Unpäßlichkeiten präsentiert.) Über dem "Domestic Airport" kreisen bereits kleine und größere Privatmaschinen, eine Notwendigkeit in dem gebirgigen Guatemala, wo es wenige gute Verkehrswege gibt.

Reichtum und Armut leben auf diesem Flughafen dicht beieinander: Im Hangar der "Helikopters Guatemala", einer hohen Wellblechhalle, die sich an das Hauptgebäude lehnt, logiert eine vielköpfige Familie, Hühner laufen gackernd zwischen dem Gerümpel und den Maschinen herum.

Flach steigt die Maschine über den weißgetünchten kapellenartigen Grabdenkmälern des an die Rollbahn angrenzenden Friedhofes auf. Ciudad Guatemala liegt wie ein bunt bestickter Teppich unter uns. Nur wenig Smog kennzeichnet die Hauptgeschäftsviertel, über den Armenvierteln am Rand der Stadt ist die Luft so klar wie bei uns im Gebirge nach dem Regen. Tiefe bewaldete Schluchten durchfurchen das Stadtgebiet. Smaragdgrün heben sich im

Hintergrund die Vulkankegel scharf vom Himmel ab. Kaum haben wir die Stadt hinter uns, sind aus der Luft nur mehr wenige Siedlungen wahrzunehmen, die Hütten der Landbewohner verbergen sich so gut zwischen den Bäumen und hohem Mais, daß man sie aus der Luft kaum sehen kann. Auf den stark zerklüfteten Graten der Gebirgskette der Chuchumatanes hängen wie Wattebäusche dicke weiße Wolken. Hin und wieder glänzt das runde blaue Wasserauge eines kleinen Kratersees herauf. Wäre ich nicht gestern durch die Gespräche im Garten des Konsuls aufmerksam geworden, dann würden mir wahrscheinlich die gelbroten, durch Brand gerodeten Gevierte in der dichten grünen Walddecke gar nicht besonders auffallen. Über dem Urwald des Petén, der nach den Chuchumatanes beginnt, lastet schwer eine undurchdringliche graue Wolkendecke.

Aus Neugier über die Tauglichkeit meiner so rasch angelernten Spanischkenntnisse habe ich mir vor dem Abflug eine Tageszeitung gekauft. Die "Prensa libre" ist mit einer Auflage von 68.000 die größte der acht in Guatemala Ciudad erscheinenden Tageszeitungen. Ihr Name trügt, sie ist nicht liberal, sondern ein konservatives Blatt.

Die Außenpolitische Berichterstattung hat zur Zeit ein beherrschendes Thema: In einem Monat sollen in der guatemaltekischen Stadt Esquipulas zum zweiten Mal Verhandlungen der fünf mittelamerikanischen Staaten Costa Rica, El Salvador, Guatemala, Honduras und Nicaragua stattfinden, in denen es um den Frieden zwischen den jeweiligen Regierungen und den sie bekämpfenden Guerillaverbänden geht, was auch eine Entspannung in den Beziehungen der fünf Staaten zueinander bringen soll.

Allein die Tatsache, daß alle fünf Staaten bereit sind, an einem Tisch über diese Probleme zu verhandeln, ist Sensation genug, denn das Mißtrauen zwischen Nicaragua und den anderen Staaten ist groß und die Einbeziehung von Daniel Ortega in die Verhandlungen ist in rechtsgerichteten Kreisen und vor allem beim Militär sehr umstritten. Immerhin gestatten Honduras und El Salvador offen den von den USA finanzierten Contras von ihrem Staatsgebiet aus militärische Aktionen gegen Nicaragua, und auch aus Guatemala erhalten die Contras Unterstützung und Waffen. Noch mißtrauischer aber beobachten die USA die Vorbereitungen für Esquipulas II, weil die fünf Staaten diesmal ohne amerikanische Gängelung ihren eigenen Frieden aushandeln wollen. Bis zum letzten Tag sollen daher die Störversuche Ronald Reagans das Zustandekommen eines Friedensvertrages in Frage stellen.

Eingestreut in die große Berichterstattung finden sich kleine unscheinbare Notizen in der "Prensa libre": Drei junge Männer, die auf ihren Feldern beim Vulkan Pacaya arbeiteten, wurden von Bewaffneten in einen Lastwagen ohne Kennzeichen gezerrt, seither fehlt jede Spur von ihnen. An der Straße Richtung El Salvador fand man eine nackte Frauenleiche mit Folterspuren; in einem kleinen Dorf verschleppten Angehörige der Polizei einen Bauern - als seine Frau und seine Schwiegermutter die Suche nach ihm aufnahmen, verschwanden sie ebenfalls - später fand man sie erstochen auf. Die Opfer dieser ungesetzlichen Aktionen sind meist einfache Leute, Bauern, Landarbeiter, Studenten, Lehrer und sogar Kinder.

In der "Prensa libre" werde ich während meines Aufenthaltes in Guatemala oft über die Menschenrechtsgruppe GAM, "Grupo de apoyo mutuo" (Vereinigung für gegenseitige Hilfe) lesen. Ihre Gründerin, Nineth Montenegro de Garcia, deren Mann 1984 von einer Spezialeinheit der nationalen Polizei verschleppt wurde, schreibt die Namen aller Verschwundenen in einem dicken grünen Buch auf - 40.000 Namen sind es bereits. Vergebens appelliert Nineth Garcia an den christdemokratischen Präsidenten Vinicio Cerezo, die für diese Greueltaten Verantwortlichen auszuforschen und bestrafen zu lassen - er wagt nicht einmal, sie zu einem Gespräch einzuladen, denn unmittelbar nach seinem Amtsantritt vor zwei Jahren nach Jahrzehnten der Militärdiktatur mußte er eine Generalamnestie für die Untaten unter seinen Vorgängern erlassen. Seit unter internationaler Aufsicht diese Zivilregierung gewählt wurde, versucht der neue Präsident in der Welt Guatemala als Rechtsstaat darzustellen, um das Land wieder kreditwürdig zu machen. Doch auch unter christdemokratischer Regierung gehen Verschleppung, Folterung und Mord weiter. Nineth de Garcia geht nur in Begleitung von Ausländern aus dem Haus, weil sie befürchten muß, wegen ihres Engagements ein ähnliches Schicksal zu erleiden, und sie hofft, daß man es doch nicht wagen würde, ihr dies vor den Augen eines Ausländers anzutun.

Doch die GAM ist nicht die einzige Gruppe, die guten Grund hat, den Versprechungen des Präsidenten Cerezo nicht zu glauben. Auf einer Good-Will-Tour durch Europa im vergangenen Jahr ließ Cerezo überall verlauten, daß die neue Verfassung Guatemalas sogar die Einbeziehung von Kommunisten in den demokratischen Prozeß erlaube. Doch in einem Staat, in dem jeder als Kommunist verdächtigt und verfolgt wird, der Unrecht beim Namen nennt, haben die echten Kommunisten natürlich wenig Vertrauen in solche Versprechen.

An diesem 10. Juli ist in der "Prensa libre" ein offener Brief der PGT-N, einer Fraktion der kommunistischen Arbeiterpartei abgedruckt, in dem diese Cerezos Angebot, den Untergrund zu verlassen, ablehnt. Die PGT-N befürchtet nicht ganz zu Unrecht, das Versprechen, auch die Kommunisten am legalen öffentlichen Leben teilhaben zu lassen, sei nur eine Finte des Militärs, um den Volkswiderstand zu zersplittern und zu zerschlagen. Es gibt genügend Beispiele aus der Geschichte des eigenen Landes und jener der Nachbarländer, wo derartige honigsüßen Friedensangebote nur zu oft dazu mißbraucht wurden, um den Widerstand gegen ein autoritäres Regime zu vernichten. Wenn Cerezo der GAM, einer friedlichen Gruppe, jedes Gespräch versagt, an bewaffnete Gruppen jedoch Verhandlungsangebote richtet, ist Vorsicht durchaus angebracht. Mag sein, daß Cerezo ehrliche Absichten hätte, in Guatemala demokratische Verhältnisse zu schaffen - aber das Militär ist immer noch der eigentliche Souverän und der Handlungsspielraum Cerezos ist außerordentlich gering.

So genau steht es selbstverständlich nicht in der "Prensa libre", man muß sich aus den veröffentlichten Fakten schon aufgrund anderer Informationen einen Reim machen.

Eine dreiviertel Stunde nachdem die kleine Maschine in der Hauptstadt gestartet ist, verliert sie nun allmählich an Höhe, schon durchstößt sie die dicke Wolkendecke. Während wir sinken, steigen in dem nicht klimatisierten Passagierraum fast plötzlich die Temperaturen und die Luftfeuchtigkeit. Salzige Flüssigkeit dringt aus allen Poren, im Nu ist das Gesicht mit Schweiß bedeckt und die Kleidung naß.

Schon fliegen wir direkt über den Wipfeln. Große verkohlte Flächen geben Zeugnis von den schweren Bränden, von denen man uns erzählt hat. Flores, ein schachbrettartig auf einer Insel des riesigen Urwaldsees Lago Itza angelegtes Städtchen, liegt direkt unter uns. Der Wasserspiegel dieses Sees steigt beständig, so daß in manchen am Ufer gelegenen Gebäuden die untersten Geschoße bereits unbenutzbar geworden sind.

Wir sind angelangt, das Flugzeug setzt auf der Rollbahn von St. Helena unweit des Sees auf. Aus den Baracken am Rand des Flugplatzes tönt, uns zu Ehren, viel zu laute Marimba-Musik. Sechs "Marimberos" bearbeiten mit kleinen Hämmerchen das Instrument, eine Art Xylophon aus dunklem Holz, das oft Klänge erzeugt, die wie aus Blasinstrumenten tönen. In ganz Mittelamerika gilt die Marimba als einheimisches Volksinstrument, aber sie stammt in Wirklichkeit aus Afrika. Sie kam mit den Negersklaven Anfang des 16. Jahrhunderts über die Karibik hierher und wurde allmählich das Instrument der Indios. Die afrikanische Marimba hatte ausgehöhlte Kürbisse als Klangkörper. In unserem Jahrhundert wurde die guatemaltekische Marimba mehrfach abgewandelt und sie wird nun zur Gänze aus besonderen Hölzern gefertigt, die ihr den charakteristischen melodiösen Ton verleihen.

Während wir die erste Bekanntschaft mit guatemaltekischer Volksmusik machen, wird unser Gepäck gründlich von ein paar Uniformierten durchsucht. Man wühlt in unseren Taschen nicht nach irgendwelchem Schmuggelgut, Drogen oder Waffen, sondern nach Äpfeln, Bananen oder sonstigen Früchten. Denn seit vor Jahren ganze Bananenplantagen durch die Mittelmeerfruchtfliege vernichtet worden waren, muß man unterwegs zwischen dem Hochland und dem Tiefland immer wieder derartige Kontrollen über sich ergehen lassen.

Die einstündige Bus-Fahrt vom Flughafen St. Helena zu den Ruinen von Tikal, der einstigen Hauptstadt des Maya-Reiches und der größten aller je gefundenen Maya-Stätten, gibt mir einen Vorgeschmack, was mich erwartet, wenn ich nach der Abreise meiner Kollegen allein durchs Land reisen werde. Die Straße durch den Urwald ist nur gestampft und von Schlaglöchern durchsetzt. Jetzt, in der Regenzeit ist sie überdies noch aufgeweicht und von Rinnsalen durchzogen. Dennoch rast der Bus mit der höchst möglichen Geschwindigkeit durch den Busch. Es rumpelt und poltert, als hätte der Wagen weder Federn noch Stoßdämpfer und einigemale stoße ich bei dieser Ralleyfahrt mit dem Kopf an die blecherne Decke des Busses.

Die Straße verläuft auf einem niedrigen Damm, denn rechts und links davon ist besonders jetzt zur Regenzeit der Dschungelboden morastig und bisweilen überflutet. Diese Straße durch den Petén wurde erst in den Sechzigerjahren gebaut. Zuvor konnten die damals noch weitgehend überwucherten Ruinen von Tikal nur per Flugzeug erreicht werden, wie noch heute viele historische Stätten.

Das Klima hier im Tiefland bedeutet für uns Mitteleuropäer, deren Körper noch keine Gelegenheit hatte, sich an die geänderten Bedingungen zu gewöhnen, einen mörderischen Streß. Der Schweiß strömt aus allen Poren, kühlt aber nicht. Die Haut fühlt sich klebrig an, denn die dunstige Dschungelluft kann keine Feuchtigkeit mehr aufnehmen. Auch die Kleidung ist naß und klebt an den Gliedern. Wegen des großen Flüssigkeitsverlustes möchte man immerzu trinken. Gegen den Durst haben die Siedler im Urwald nur das brackige Wasser zur Verfügung - Darmparasiten und schwere Verdauungsstörungen zehren an den Kräften der ohnehin schlecht ernährten Menschen und ihre Lebenserwartung ist daher hier im Petén noch geringer als in den anderen ländlichen Gebieten.

Dickes Buschwerk, unterbrochen von Maisfeldern, durchsetzt von Bananenstauden und Palmen und überschattet von gewaltigen Baumriesen, begleitet unseren Weg. Weiße knochige Kühe weiden in den Lichtungen. Manchmal ragen aus dem niederen Bewuchs verkohlte Baumskelette heraus als Anklage, was hier der Urwald erleiden muß.

Geschlossenen Siedlungen begegnen wir entlang dieser Straße nicht, sondern nur kleinen Behausungen aus Holz, Lehm und Palmstroh. Manchmal ist die Hütte kaum mehr als eine Art Pergola, schuppenförmig gedeckt mit halbierten Palmwedeln - ein Unterstand gegen den Regen, nichts weiter. Auf den Zäunen ist bunte Wäsche zum Trocknen ausgebreitet. Die Hütten liegen verlassen da, Männer und Frauen arbeiten tagsüber irgendwo in den Wäldern und auf ihren Feldern. Nur kleine Kinder kauern manchmal im Eingang einer Hütte und an einem See waschen drei Mädchen die verrußten Tontöpfe, in denen Mais und Frijoles - Bohnen - gekocht werden.

Junge Burschen in grünen Tarnanzügen, fast noch Kinder, bilden die Besatzung einer Militärsperre mit der Aufschrift "COBRAS

ZDO BAT". Die Befestigung des Wachpostens wurde aus großen Steinen gefügt, dahinter befindet sich der unerläßliche Hubschrauberlandeplatz. Den Hubschrauber kennt und fürchtet in Guatemala jedes Kind, besonders im tiefsten Dschungel und im entferntesten Hochland. Die eisernen Vögel suchen unzugängliches Land und Wälder knapp über den Baumwipfeln fliegend nach Guerilleros ab. Mit Verdächtigen wird kurzer Prozeß gemacht.

Auch US-Kampfhubschrauber vom Typ CH-47 Chinade beteiligen sich an diesen Suchaktionen. der derzeitige Präsident Vinicio Cerezo hat es zwar zum erklärten Ziel gemacht, den Einfluß der Amerikaner in seinem Land zu verringern, doch soll er selbst amerikanische Hilfe angefordert haben. Die amerikanische Besatzung der Hubschrauber bestünde lediglich aus Ausbildnern für den Umgang mit den Helikoptern, wurde beschwichtigt.

Tatsächlich eignen sich die Urwaldgebiete wegen ihrer Unzugänglichkeit besonders zum Versteck für Widerstandskämpfer gegen die herrschenden Zustände. Die Grenze zu Mexico ist schwer zu überwachen, deshalb wurden und werden politische Aktivisten hier nach Guatemala eingeschleust. Auch die in Guatemala politisch Verfolgten flüchteten über die grüne Urwaldgrenze in die mexikanische Dschungelprovinz Chiapas. Mindestens 100.000 Flüchtlinge sollen trotz versprochener Demokratisierung bisher die Rückkehr nach Guatemala noch nicht gewagt haben. Als kaum zu kontrollierendes Gebiet wird der Dschungel von Miltärhubschraubern aus besonders intensiv überwacht.

In diesem Sommer 1987 häufen sich Meldungen über Giftsprühaktionen der amerikanischen Rauschgiftbehörde DEA über dem unwegsamen Petén und der Nachbarprovinz San Marcos. Niemand glaubte so recht, daß das Versprühen von Entlaubungsmittel, wie sie im Vietnam-Krieg eingesetzt worden waren, wirklich heimlich im Urwald angelegten Rauschgift-Plantagen galt, weil die Amerikaner ihren "Drogenfeldzug" vor allem dort führten, wo Widerstandskämpfer vermutet wurden. Daß dabei auch Nahrungspflanzen und das Trinkwasser vergiftet wurden und Tiere wie Menschen zu Schaden kamen, nahmen offenbar die Amerikaner, wie auch die guatemaltekischen Behörden, die diese Sprühaktionen gestatteten, in Kauf.

Die Siedler im Petén müssen das Leben nehmen, wie es ihnen zugestanden wird. Wer hierher kommt, macht sich auf harte Arbeit gefaßt. Hier wäre noch Platz für Viele, sofern sie das mörderische Klima aushalten, denn in der größten Provinz Guatemalas leben im Durchschnitt nur 13 Menschen auf dem Quadratkilometer. Doch zu allen anderen Erschwernissen kommt hier die Malaria-Gefahr hinzu, die im kühlen Hochland nicht besteht. Als die alten Mayas hier ihre prächtigsten und bedeutendsten Städte bauten, viele kleinere Verwaltungszentren und Dörfer anlegten und sogar die Sümpfe kultivierten, war Malaria noch unbekannt. Neben anderen Übeln schleppten erst die spanischen Eroberer das Sumpffieber auf die tiefergelegene Halbinsel Yukatan ein, auf der die Provinz Petén liegt.

Das Maya-Gebiet umfaßte die heute mexikanischen Provinzen Chiapas, Tabasco, Campeche, Yukatán und Quintana Roo auf Yukatan, ganz Guatemala und Belize sowie den Norden von Honduras. Als ältestes schriftliches Dokument, das eine genaue Datierung der Mayakultur zuließ, galt lange Zeit die 1864 in Puerto Barrios aufgefundene "Leydener Platte", die vermutlich aus Tikal stammt und in der niederländischen Stadt Leyden aufbewahrt wird. Das Kunstwerk aus Jadeit zeigt auf der Vorderseite eine menschliche Figur, die Rückseite trägt die Jahreszahl 320 n.Chr. Fast hundert Jahre später machten Arbeiter beim Aufräumen von Schutt in einem Tempel einen noch sensationelleren Fund: auf einer zerbrochenen Stele (Stele 29), konnte die Jahreszahl 292 n.Chr. entziffert werden - dies ist also das bis jetzt älteste Datum in Maya-Hieroglyphen. Tikal beherbergt aber nicht nur das älteste datierbare Maya-Kunstwerk, sondern auch die Stele mit dem längsten Hieroglyphen-Text (Stele 31). Der künstlerische Wert der Stelen von Tikal ist jedoch nicht mit jenem von Quirigua und Copán in Honduras vergleichbar.

In Tikal gibt es noch wesentlich ältere undatierte Tempelreste und Keramiken, die aus dem siebenten vorchristlichen Jahrhundert stammen dürften. Mindestens 1.700 Jahre spielte Tikal im Mayareich eine wichtige Rolle, es war die bedeutendste Stadt der klassischen Periode. Wie viele andere große Zentren dieses Volkes wurde Tikal Ende des ersten nachchristlichen Jahrtausends aufgegeben und verlassen, ohne daß man die Gründe für diesen Exodus kennt. Man hat errechnet, daß in Tikal auf einer Fläche von 16 Quadratkilometern 3.000 Gebäude - Sakralbauten und profane Paläste - errichtet waren und die Stadt in der Spätklassik von über 10.000 Menschen bewohnt gewesen war.

Tikal ist, wie alle wichtigen Maya-Städte, erst sehr spät entdeckt worden: 1848 führte der Gouverneur des Petén, Oberst Don Modesto Méndez, eine Erkundungsexpedition in diesem Gebiet durch und stieß dabei auf die Tempelstadt. Allerdings hatte schon 1696 der Franziskanermönch Antonio de Avendaño bei seinen Missionierungstouren hier seltsame verfallene Bauwerke entdeckt und davon berichtet. Die kulturhistorische Bedeutung dieses Ortes erkannte man aber erst, als 1937 die ersten Luftaufnahmen des Geländes veröffentlicht wurden. Amerikanische Wissenschaftler der Universität von Pennsylvania machten sich daraufhin an die ungeheure Arbeit, die Stadt freizulegen und zu restaurieren. Die guatemaltekische Regierung erklärte auf Betreiben der UNESCO das Areal um Tikal, eine Fläche von 576 Quadratkilometern, zum Nationalpark, denn Tikal ist nicht nur eine der bedeutendsten archäologischen Stätten der Welt, sondern wegen seiner eigenartigen Pflanzen- und Tierwelt ebenso interessant für viele Sparten der Naturwissenschaft. Der Nationalpark um Tikal ist größer als die kleinste Provinz Guatemalas, Sacatepequez.

Der Maskentempel

41

Man sollte meinen, daß ein Kulturdenkmal ersten Ranges wie Tikal von Touristen überrannt wird, zumal die großen Ausgrabungsstätten Yukatans auf mexikanischer Seite, Uxmal, Kabah, Chichén Itzá und Palenque nicht weit entfernt sind. Doch auf dem riesigen Gelände treffen wir nur wenige Menschen. Die wilden Truthühner, die am Eingang zu den Ausgrabungen nach Futter scharren, sind die paar Besucher offenbar gewöhnt und lassen sich beinahe fangen.

Viel mehr als 50, 60 Menschen kommen pro Tag kaum nach Tikal. Es gibt nur wenige Verkehrsmittel mit geringer Kapazität hierher, die Plätze in den kleinen Maschinen der AVIATECA, TAPSA und AEROVIAS sind immer schon lange im voraus ausgebucht. Abenteuerlustige, die mit der Zeit nicht geizen müssen, können die Anfahrt auch mit dem Bus wagen. Dieser benötigt aber für die 550 Kilometer von der Hauptstadt mindestens 14 Stunden auf allerschlechtesten Straßen, während der Regenzeit dauert die strapaziöse Reise durch den dampfenden Dschungel oft erheblich länger.Eine Übernachtungsmöglichkeit gibt es nur auf halbem Weg, in Poptún.

Leider müssen wir wegen unseres vollgestopften Programms am Nachmittag mit dem Flugzeug um 16 Uhr wieder zurück nach "Guate". Doch kann man in einem Rundgang von vier Stunden das Wesentlichste von Tikal sehen. Mittags wird es ohnehin unerträglich heiß und danach kommt der große Regen. Ich habe mir erzählen lassen, daß es ein überwältigendes Erlebnis sei, die Ruinen bei Vollmond zu besuchen oder den Sonnenaufgang von der höchsten Pyramide aus, der Pyramide Nummer vier, zu erleben.

Was Tikal vor anderen Mayastätten, die ich kenne, auszeichnet, ist der Zusammenklang von imposantem Menschenwerk und überwältigender Naturschönheit. Tikal ist wie ein botanischer Garten, der auch ohne Ruinen schon einen Besuch wert wäre.

Hier wächst wie überall im Land die riesige Ceiba (Kapokbaum), der Nationalbaum Guatemalas, dessen oft übermannshohe "Brett-Wurzeln" mit scharfem Grad oberirdische Ausläufer bilden. 50 Meter und mehr wird dieser Baum hoch, der Stamm kann einige Meter Durchmesser erreichen. Das Holz der majestätischen Ceiba ist jedoch nahezu wertlos, nur für die Erzeugung von Kisten, Kinderspielzeug und billigen Möbeln zu gebrauchen. Gleich nach dem Eingang zu den Ruinen steht so ein Prachtexemplar. Die

Krone dieses Urwaldgiganten ist bis ins kleinste Ästchen dicht an dicht mit Orchideen, Tillandsien und Bromelien besetzt. Rund um die Ceiba sind derartige kleine stachelige Igel von den Zweigen gefallen und warten darauf, daß der Wind sie fortträgt. Diese vielgestaltigen Pflanzen benötigen zum Gedeihen keine Erde, sondern sie holen sich die Feuchtigkeit aus der Luft. Eine besondere Bromelienart, die "Judenbärte", hängen in mehrere Meter langen lamettaartigen graugrünen Gebilden von den Zweigen. Mit ihren Wurzeln halten sich die Bromelien an der Unterlage fest, wobei es fast gleichgültig ist, ob es sich dabei um einen Baum oder auch nur um Telegrafendrähte handelt. Wenn diese vielen tausend roten, violetten und graugrünen Aufsitzer, welche die Äste der Riesenceiba wie ein dichter stacheliger Pelz einhüllen, in Blüte stehen, muß es ein unbeschreiblicher Anblick sein!

Hier wächst auch der Sapotillbaum (Chico zapote), der 1.000 Jahre alt werden kann; durch Rindeneinschnitte gewinnt man Chicle, einen milchigen Saft, aus dem Kaugummi erzeugt wird. Sein Holz ist außergewöhnlich widerstandsfähig, hart und feuchtigkeitsbeständig. Aus diesem Holz wurden reichgeschnitzte Überlager und Balken gefertigt - die schönsten Schnitzereien, die man je im Mayagebiet gefunden hat. Doch wie viele andere Schätze aus Tikal wanderten diese Schnitzereien in die großen Museen der Welt. So ist auch das Überlager des Großen JaguarTempels leider nicht das Original, sondern nur eine Kopie. Das Kunstwerk selbst befindet sich in einem Baseler Museum.

Auf der Plaza Mayor reicht mir Leif das lanzettenartige Blatt von einem anderen Baum und heißt mich, es zwischen den Fingern zu reiben: Es entfaltet sich ein Duft, der mir bekannt vorkommt, ein Duft, der aus vielen Gewürzen zu bestehen scheint, die man in Süßspeisen verwendet: Meine Finger, die das Blatt zerrieben haben, riechen zugleich nach Zimt, Kardamom, Nelken, Muskat: "Allspice" - "Alle Gewürze" - nennen die Amerikaner deshalb das Pulver aus den Blättern des Piamente de Chiapas.

Kaum einer dieser Baumriesen steht alleine für sich da. Um seinen Stamm schlingen sich Lianen, Philodendren mit schildgroßen Fensterblättern, mit ihren violetten Hochblättern überschäumte Bougainvilleen und allerlei andere Schlinger, oft viele Arten um einen einzigen Stamm. Bisweilen werden die Baumwürger stärker als der Gigant, an dem sie Halt suchten. Jeder einzelne Baum in diesem Urwald hat ein ganzes System von vielen kleinen und großen Pflanzenparasiten zu stützen und zu ernähren. Diese vielartigen Ökosysteme geben der Stammgesellschaft ein gefasertes, gedrehtes, gerilltes, stachlig-genadeltes Aussehen.

Ich kann der Versuchung nicht wiederstehen, ein paar kleine Bromelien und Rindenstückchen mit Orchideenbulben einzustecken. Zwar fürchte ich, daß ich sie kaum lebend nach Hause bringen werde, denn ich stehe erst am Anfang meiner Reise. Doch in einem Nylonsack eingepackt und im Koffer verstaut, bleiben sie überraschenderweise vollkommen frisch. Doch wieder zu Hause, als ich die empfindlichen Exoten an die ungewohnte Luft setze, gehen zu meinem Leidwesen trotz sorgfältiger Pflege die meisten davon ein.

Meine kostenlosen, aber liebsten Souveniers von fernen Reisen sind seltene Pflänzchen oder Samen von interessanten Gewächsen. Zwar kommt meist nur ein Bruchteil der Mitbringsel zum Keimen, aber jede dieser Pflanzen, die ich zum Blühen bringe, ruft in mir immer wieder jenen Ort ins Gedächtnis zurück, wo ich den Samen gesammelt habe.

Auf dem Zugangsweg zur Plaza Mayor des Ruinenfeldes von Tikal weist Leif mit dem Zeigefinger zu Boden: Fast einen Zentimeter lange dunkelbraune Riesenameisen rennen unaufhörlich, wie von einer Schnur gezogen, auf einer von ihnen angelegten, etwa zehn Zentimeter breiten Straße, die quer über den Weg verläuft: "Blattschneider-Ameisen", erklärt Leif.

Auf landwirtschaftlich genutzten Flächen können diese unermüdlich und emsig tätigen Ameisen erheblichen Schaden anrichten, wenn sie die Kulturpflanzen für den geeigneten Untergrund ihrer Pilzgärten erwählen.

Während ich meine Vegetarischen Mitbringsel gesammelt habe, führte Leif unsere Gruppe an einzelnen Stelen und zum Teil noch überwachsenen Pyramiden vorbei auf die fast einen Hektar große "Plaza Mayor". Ich steige über die "Nordakropolis" hinunter. Sie ist einer der kompliziertesten und dennoch am besten erforschten Baukomplexe des gesamten Mayalandes. Dieses verschachtelte System aus einer Unzahl von Pyramiden, Terrassen, Treppenfluchten, Stelen und Grabkammern wurde im Lauf der Jahrhunderte immer wieder aufs Neue überbaut. 17 Gebäude sind zu unterscheiden, darunter sollen aber noch an die hundert von den später gebauten Strukturen zugedeckt sein.

Direkt gegenüber erhebt sich das Steingebirge der "Zentralakropolis", das so groß ist wie der Palast von Knossos. Eine Unzahl langgestreckter und flacher Bauten mit den typischen spitz zulaufenden Mayagewölben um zahlreiche Höfe trugen diesem Gebäudesystem den Namen "Palast"ein, obwohl man nicht genau weiß, wozu er eigentlich diente. Der doppelstöckige Bau auf der Rückseite des zweiten Hofes wird "Malers Palast" genannt, denn in einem der Räume hat der österreichische k.u.k. Hauptmann Teobert Maler aus dem Gefolge des Kaisers Maximilian neun Jahre lang, von 1895 bis 1904 gewohnt und seinen Namen eingeritzt.

Als Maximilian 1867 in Queretaro erschossen wurde, flüchtete Maler nach dem Süden. Was den Mexikanern nicht geglückt war, gelang den Geistern der alten Mayas: Er ließ sich von ihrer Welt gefangennehmen. Maler fotografierte, beschrieb, fertigte den ersten Gesamtplan der riesigen Anlage an und publizierte, was er in Tikal entdeckt hatte, doch fand er nicht die erhoffte Anerkennung. Außer "Malers Palast" ist auch eine Dammstraße nach dem Hobbyforscher benannt.

Doch zurück zur "Plaza Mayor": Im Osten ragt der "Maskentempel" auf, so benannt nach einem Maskenfries und den heute kaum noch erkennbaren Masken rechts und links der steilen Treppe. Ihm gegenüber im Westen steht der große Jaguartempel, so hoch wie ein zwanzigstöckiges Gebäude. Die ungeheuer steile Treppe zur "Cresteria", einem kronenartigen Sims, kann man nur ersteigen, indem man sich an einem in der Mitte gespannten Eisenseil hochzieht. 25.000 Mann-Stunden sollen notwendig gewesen sein, um die Grundstruktur eines dieser Tempel zu errichten. Die Steinblöcke sind mit Mörtel aus gelöschtem und geriebenen Kalk zusammengefügt. Die Wände der Gebäude waren zum Teil verputzt und bemalt, mit den vorherrschenden Farben Rot und Blau. An den Innenwänden befanden sich Frescos in allen Farben, in realistischem Stil und in einer Perfektion, wie sie kaum von einer anderen alten Zivilisation der beiden Amerikas erreicht wurde. Aus den Wandmalereien gewann die Wissenschaft Aufschluß über das tägliche Leben der alten Mayas. Die berühmtesten noch erhaltenen Wandgemälde befinden sich in Bonampak jenseits des Rio Usumacinta in Mexico.

Ein zwei Kilometer langer Weg führt zum Platz der sieben Tempel durch die Urwaldvegetation, vorbei an dem mächtigen 58

Meter hohen Tempel Nr. 5. Auf dem gewaltigen Pyramidenstumpf befindet sich nur eine einzige, winzige Tempelkammer. Einen der sieben dicht aneinander geschmiegten Tempel nennen die Einheimischen "Die mexikanische Botschaft", weil er mit den querbetonten Absätzen und der aus der Front herausragenden Treppe an Teotihuacan bei Ciudad de Mexico erinnert, das viel später als Tikal entstanden ist.

Mitten im Wald erwartet uns auf einem großen, mit Palmblättern gedeckten Platz ein "almuerzo campestre", ein Picknick. Wir sind aber vor allem durstig, denn es ist Mittag vorbei, die heißeste Zeit, und wir fühlen uns von dem Marsch durch den Urwald und vom Besteigen der Pyramiden und Paläste erschöpft und ausgetrocknet. Trotz der großen Ermüdung ist es aber undenkbar, auf dem Rückweg das größte vorspanische Gebäude in Amerika, den Tempel Nr. 4 nicht zu ersteigen - um 20 m überragt diese gewaltige, zum Teil von der Urwaldvegetation umklammerte Pyramide die 50 Meter hohen Mahagoni-Baumriesen. Den Transport der für den Bau dieses Steinberges erforderlichen Erd- und Felsmassen besorgten Menschen, die zur Erleichterung ihrer Arbeit nicht einmal das Rad kannten. Der Aufstieg ist mühsam, es geht über steile Leitern und glitschige Pfade zwischen den Baumkronen nach oben. Der Blick von der Spitze lohnt allerdings die Mühe: In dem unendlichen grünen Meer des Dschungels schwimmen gleichsam die weit voneinander entfernten weißen Spitzen der anderen hohen Bauten.

Doch nun geht es im Laufschritt zum Bus, der uns zum Flugplatz bringt: Der große Regen kann jede Minute einsetzen. Aber wir haben gerade noch Glück, in jenem Moment, als der letzte von uns in den Bus gesprungen ist, bricht die Sintflut los, kaum kann man noch die Hütten am Rand der Straße durch den Regenvorhang erkennen.

Provinz Sacatepequez

Antigua: Eine fast perfekte Idylle

Auf dem Weg zum großen Relief im Zentralpark am Nordende der 6. Avenida begegnen wir einer Herde brauner Ziegen. Die Bauern treiben die Tiere in die Wohnviertel der Stadt und melken die Ziegenmilch frisch ins Glas der Konsumenten.

Das Relief ist eine etwas eigenartige Nachbildung Guatemalas auf einer Fläche von fünfzig Metern im Quadrat. Damit die Vulkane und Gebirgskämme imposant und beeindruckend genug erscheinen, wurde die Fläche des Landes und die Höhen der Berge nicht im gleichen Maßstab verkleinert, sondern die Berge wurden fünfmal höher aus Beton geformt, als sie eigentlich sein sollten. Das Relief wurde nach den Plänen des Ingenieurs Francisco Vela angefertigt, der 1905 Guatemala zu Fuß zur Vermessung durchquerte.

Das Staatsgebiet des kleinen nordwestlichen Nachbarstaates Belize hat Vela kurzerhand miteinbezogen - ebenso auch wie der Kartograph, der die vom INGUAT verteilten Landkarten für Touristen produzierte: Auf der Karte sind die Nachbarstaaten Guatemalas grün, Guatemala und Belize aber im gleichen Gelb, als gehörten sie zusammen; die Grenze zwischen der Provinz Petén und Belize ist so wie die anderen Provinzgrenzen innerhalb Guatemalas markiert. Hartnäckig vertreten alle offiziellen Prospekte den Standpunkt, daß das Staatsgebiet Guatemalas 138.800 Quadratkilometer umfasse und nicht nur rund 109.000, wie die offizielle internationale Version lautet. - Denn das britische Protektorat Belize wird standhaft als ein Teil Guatemalas reklamiert.

Als Mexico und Guatemala 1821 ihre Unabhängigkeit von den Spaniern erreichten, beanspruchten beide Staaten das Gebiet von Belize. Während Mexico später diese Ansprüche aufgab, schloß Guatemala mit den Engländern einen Vertrag. Danach wollte Guatemala Belize als eigenen Staat anerkennen, wenn die Engländer dafür eine Verkehrslinie von Guatemala Ciudad bis zur Küste bei Belize City mitfinanzieren würden. Da Guatemala auf die Einhaltung dieses Vertrages seitens der Engländer immer noch vergebens wartet, meldet es von Zeit zu Zeit, wenn es innenpolitisch gerade opportun erscheint, wieder seine alten Ansprüche auf das Territorium von Belize an. Großbritannien hätte eigentlich nichts dagegen, diesen Außenposten aufzugeben, aber diesbezügliche Geheimverhandlungen mit Guatemala sind am heftigen Widerstand der Bevölkerung von Belize gescheitert.

1964 erhielt die ehemalige Kronkolonie British Honduras von der Kolonialmacht Großbritannien das Recht zur Selbstverwaltung und den neuen Namen "Belize". Doch die Selbstverwaltung haben die Belizaner bisher nicht beansprucht. Lieber stehen sie unter britischem Schutz, als unter der Fuchtel des guatemaltekischen Militärs, um nicht zu riskieren, bei einem Anschluß zu Menschen zweiter Klasse degradiert zu werden, weil die Bevölkerung Belizes noch bunter und gemischter ist als jene des großen Nachbarstaates. Fast 60 Prozent der Belizaner sind Neger, Mulatten und Creoles (Mischlinge zwischen Negern und Indios), weiter leben hier Mestizen, Indios und Asiaten und nur wenig mehr als 10 Prozent sind Weiße.

Vom Relief am Südrand der Stadt bringt uns der Bus durch die 6. Avenida, die alte Haupteinkaufsstraße in der Zona 1 und die breite Avenida De la Reforma in der eleganten Zona 9 stadtauswärts. Ende des vorigen Jahrhunderts ließ der damalige Präsident José Maria Reyna Barrios diese Prachtstraße anlegen, denn er wollte Guatemala zu einem zweiten Paris machen. Zahlreiche ausländische Künstler wurden damals ins Land geholt. An der Avenida de la Reforma und in ihren Parallelstraßen haben internationale Gesellschaften, Fluglinien und Botschaften ihren Sitz. Hier im Umkreis befinden sich auch die großen Hotels der internationalen Hotelketten, gute Restaurants, elegante Geschäfte und Einkaufszentren. Von der Kreuzung der Reforma mit der 3. Calle sieht man den "kleinen Eiffelturm" auf einer großen Parallelstraße. Der eiserne Turm stammt allerdings nicht aus Paris, sondern wurde auf der Weltausstellung in Chicago 1893 erworben und hier aufgestellt.

Guatemala Ciudad wurde zwar erst 1775 von den Spaniern als Hauptstadt gegründet, gilt aber dennoch als die "älteste Stadt Amerikas", als die Stadt mit dem am längsten ununterbrochen besiedelten Stadtgebiet. In einem westlichen Stadtbezirk befindet sich nämlich die Ausgrabungsstätte der Maya-Siedlung Kaminal

Durch den Katharinenbogen überquerten die Nonnen die Straße

Straße in Antigua

Juyú, die etwa von 1.000 v.Chr. bis 900 n.Chr. bestand. Fundgegen-stände aus Kaminal Juyú sind im Archäologisch-ethnologischen Museum in der Nähe des Flughafens La Aurora mit anderen sehr sehenswerten Objekten aufbewahrt.

Wir verlassen die Hauptstadt westwärts über eine vierspurige Autobahn, die sich in weiten Kurven bergwärts windet. Sie ist gesäumt von farbenprächtig blühenden Büschen. Mein Lieblings-strauch, der Hibiscus, wächst in diesem Klima drei bis vier Meter hoch und die gelben, orangen, roten und pinkfarbenen Blüten erreichen bisweilen Tellergröße.

Nach der Abzweigung von der Hauptstraße fällt die Straße wieder steil ab. Die Fahrt nach Antigua dauert kaum eine Stunde. Graugrün belaubte Bäume spenden den großen Kaffeeplantagen neben der Straße Schatten.

Unvermittelt geht die asphaltierte Straße in die engen steinge-pflasterten Gassen von Antigua über, die das Regenwasser zur Mitte hin mit einem Gefälle ableiten. Die Häuser sind kaum höher als unser Bus. Obwohl hier nur rund 14.000 Menschen leben, erscheint Antigua weitläufig und großzügig, denn die prachtvollen Gehöfte der Reichen nehmen bisweilen einen ganzen Block ein. Diese Paläste wirken nach außen abweisend und streng. Lange weiße Mauern ohne Öffnungen begrenzen den Besitz, nur einige Fenster mit bauchigen schmiedeeisernen Gittern, die so weit her-abreichen, daß man sich im Vorbeigehen leicht den Kopf anstößt, markieren den Wohntrakt. Alle Räume sind von der Straße weg zum Hof orientiert.

Vom Dach des Kapuzinerklosters aus überblickt man eine der-artige weitläufige Anlage; die flachen Wohn- und Wirtschaftsge-bäude sind um mehrere gepflasterte oder gärtnerisch gestaltete Innenhöfe gruppiert; da gibt es einen Swimming-Pool und Tennis-plätze und in einem hinteren Teil sogar Maisfelder und eine kleine Kaffeeplantage, alles umschlossen von den weißgetünchten Mau-ern, wie eine Welt für sich. Nichts davon ist von der Straße aus zu sehen, wenn man durch die Gassen der vornehmen Wohnviertel an diesen Mauern vorbei schlendert. Die geschnitzten Sparren aus dunklen Hölzern unter den weitausladenden Dächern, der sparsa-me aber edle Zierat an den Toren und die kunstvoll geschmiedeten Fenstergitter lassen nur wenig von jener verfeinerten Wohnkultur ahnen, die sich nur nach Innen entfaltet - prachtvolle Käfige für die

Frauen aus dieser Gesellschaftsschicht, die ihre Wohnhallen und Höfe kaum jemals unbegleitet verlassen.

Selten bin ich einem Ort begegnet, der so perfekt und wie aus einem Guß erschien wie Antigua, als handle es sich um eine Kulisse für einen Film, der in einer vornehmen Stadt Spaniens vor 200 Jahren spielen soll. Dieser Eindruck ist durchaus berechtigt - denn Antigua ist tatsächlich als ganzes ein "Museum" aus der Conquistadorenzeit - so erhalten und konserviert, wie die Stadt nach dem großen Erdbeben von 1773 per königlicher und päpstlicher Anordnung verlassen worden war. Die gepflasterten Straßen, die weitläufigen Gebäude und die unzähligen Klöster und Kirchen - seit dem Erdbeben nur mehr imposante Ruinen - machten Antigua schon während seiner Glanzzeit zu einem bewunderten Juwel in der neuen Welt. Noch sind wir zu kurz in Guatemala unterwegs, als daß ich die Gepflegtheit Antiguas als etwas ganz Außerordentliches im Vergleich zur Ärmlichkeit und Schäbigkeit anderer ebenfalls bedeutender Städte im Land empfinden könnte.

Antigua war immer schon etwas Besonderes: In einem Dekret vom 10. März 1556 verlieh der spanische König Phillip II. der Stadt den imposanten Titel "Muy Noble Y Muy Leal Ciudad de Santiago De Los Caballeros De Guatemala", nachdem Antigua vierzehn Jahre zuvor nach einer Idee vom ersten Bischof Guatemalas, von Bischof Maroquin, und nach den Plänen des spanischen Baumeisters Juan Bautista Antonelli auf einem Areal von 78 Quadratkilometern großzügig geplant und innerhalb kurzer Zeit prächtig aufgebaut worden war. 70.000 Menschen beherbergte in ihrer Blütezeit diese neue Hauptstadt; 18 Klöster und Konvente, 32 Kirchen und 10 Kapellen standen den Gläubigen zur Verfügung; es existierten 6.000 Privathäuser in Antigua, 15 Herbergen, 7 Schulen, 5 Krankenhäuser, 1 Waisenhaus, verschiedene Verwaltungspaläste und 25 öffentliche Brunnen.

Als eines von wenigen Gebäuden blieb die Universität San Carlos de Borromäo von dem großen Erdbeben unzerstört. Nach der Universität von Lima war dies die zweitälteste Hohe Schule in der neuen Welt. Sie hatte sechs Fakultäten und bestand einhundert Jahre. Heute ist die Universität mit ihrem arkadengesäumten Innenhof ein Museum, das eine Sammlung kolonialer Kunstschätze und eine bedeutende Bibliothek beherbergt. Stolz ist Antigua auch auf die im Rathaus aufbewahrte Druckerpresse, die hier 1660 als erste in Guatemala und als dritte in der neuen Welt aufgestellt wurde.

Auf dem Spaziergang trifft man beinahe in jedem Block der schachbrettartig angelegten Stadt auf die Ruine einer der riesigen Kirchen und Klöster, die die katholischen spanischen Könige großzügig bauen ließen, um den Indios den vermeintlich rechten Glauben zu bringen. Während die übrigen Gebäude allmählich wieder restauriert und besiedelt wurden, blieben die Trümmer dieser Sakralgebäude liegen, so wie sie waren. - Zu riesig waren diese Gesteinsblöcke und Mauerbrocken, die zerbrochenen Marmorbögen, geborstenen Säulen und herabgefallenen Kapitelle, als daß es möglich gewesen wäre, sie wieder an die alte Stelle zu setzen. Wie durch ein Wunder blieben an mancher Stelle ein zarter Bogen, ein Teil eines Gewölbes stehen, während ringsum alles in Trümmer ging. Heute sind die Ruinen mit gepflegten Rasenflächen umgeben und überwuchert von der in Guatemala allgegenwärtigen üppig blühenden Vegetation und als Ruinen noch beeindruckender, als es die Kirchen je gewesen sein können.

Antigua wurde fachkundig und behutsam konserviert, denn 1965 erklärte das Panamerikanische Institut für Geographie und Geschichte die Stadt zum "Denkmal Amerikas", eine eigene Körperschaft wurde mit der authentischen Erhaltung der Stadt betraut; vor einigen Jahren stellte die UNESCO Antigua in Luxor als eines der Denkmäler der Menschheit in Schutz, als eine Stadt, die ihre Charakteristik aus der spanischen Kolonialzeit vollkommen erhalten hat.

Was Antigua noch gegenüber anderen alten kolonialen Städten der neuen Welt auszeichnet, ist seine außergewöhnlich malerische Lage im Panchoy-Tal. Zwei Vulkane, die ich schon vom Balkon meines Hotelzimmers in Guatemala Ciudad aus gesehen habe, der Agua und der Fuego, sind die "Hausberge" und gleichzeitig die naturgewaltigen Feinde Antiguas; weiter im Westen wird der Acatenango sichtbar.

Wir sind am Rande von Antigua in einem landsitzartigen Hotelkomplex der amerikanischen Gruppe "Ramada Inn" untergebracht. Im Hof neben dem Swimming-Pool spielt laute Marimba-Musik, es wird getanzt und ein riesiger Grill ist aufgebaut. Soviel ich verstehe, feiert hier eine große amerikanische Firma ihre verdienten Mitarbeiter, das Ganze macht den Eindruck einer Gartenparty im Stile der Fernsehserie "Dallas", elegant gekleidete Leute beladen ihre Teller mit Grillsteaks. Nach dem offiziellen Ende des Festes dreht sich einfaches Volk nach den Marimba-Klängen. Ihrer Kleidung nach kann man sich schwer vorstellen, daß diese Menschen sich auch nur einen einzigen Drink hier in diesem teuren Hotel leisten können.

Zum Mittagessen wird uns grüner Veltliner aus Österreich vom Jahrgang 1976 serviert, denn einer der Köche stammt aus Graz. Ihm gefällt es hier so gut, daß er die Absicht hat, in Guatemala ein österreichisches Spezialitätenrestaurant aufzumachen. Der Chef des Hauses und die Managerin sitzen mit dem Koch an unserem Tisch und sie sind längst nicht so steif und perfekt amerikanisch wie ihre Kollegen in der Hauptstadt, die wir kennengelernt haben. Die Unterhaltung verläuft so herzlich, daß wir den rechtzeitigen Aufbruch zum Sightseeing versäumen - am frühen Nachmittag fängt es nämlich pünktlich an, in Strömen zu regnen und so erleben wir Antigua nur mehr oder weniger vom Bus aus.

Fast alle von uns sind von dem fast pausenlosen Programm, in das wir vom frühesten Morgen bis spätnachts eingespannt sind schon ziemlich erschöpft. Auch die ersten Magenverstimmungen, Darmbeschwerden, Schnupfen und Kopfschmerzen wegen des ungewohnten Klimas werden gemeldet. Medikamente, die totsicher helfen, werden eingekauft, empfohlen und ausgetauscht - das übliche auf einer Reise in die Tropen. Zurückgekehrt ins Hotel, als ich mich vor dem Abendessen nur kurz aufs Bett legen will, schlafe ich sofort und tief ein. Nicht einmal der Weckdienst des Hotels, der mich zum Abendessen einladen will, schafft es, mich zu wecken.

Am nächsten Tag bin ich dann als Einzige wirklich ausgeschlafen und vielleicht ist dies der Grund, daß mir die Reiseunpäßlichkeiten, die nach und nach jeden der Gruppe erfassen, zunächst erspart bleiben - doch leider nicht für die Dauer der ganzen Reise. Vor allen anderen bin ich daher in der Früh schon in der Halle und kann die Umgebung ein wenig in Augenschein nehmen, bis es weiter geht.

Die beiden MP-bewaffneten Soldaten und der Militärjeep vor dem Eingang zum Hotel wecken mein Interesse. Auch vor unserem Hotel in Guatemala Ciudad gab es solche Posten, aber da dachte ich, sie würden nur die gerade tagenden Außenminister der mittelamerikanischen Länder bewachen. Doch offenbar müssen auch normale Gäste, die hier zu den "Reichen" zählen, bewacht werden.

Wir haben noch nicht viel vom Land gesehen, wir haben aber bereits viel Militär gesehen, denn das ist in Guatemala allgegenwärtig. Viele Greuelgeschichten habe ich über das Militär in Guatemala gehört und gelesen, doch diese zarten Bürschchen in Tarnanzügen, die nicht älter als sechzehn aussehen, machen gar nicht diesen kriegerischen und brutalen Eindruck. Seit ich selber einen Sohn habe, der etwa gleich alt ist wie diese Männer in Uniform, spüre ich immerzu großes Bedauern für diese kleinen Soldaten auf der ganzen Welt, die nicht wissen, was sie tun und was man ihnen antut. Hier werden sie zwangsrekrutiert und durch brutale Behandlung selbst brutalisiert. Sie werden gezwungen, gegen ihre eigenen Stammesangehörigen und Dorfmitbewohner mit Gewalt vorzugehen, sie zu foltern, zu töten.

- Wieviel Blut klebt wohl schon an den Händen dieses kleinen Mannes in Uniform da, der am Eingang zum Hotel mit einem Indio-Mädchen schäkert? Sie hält, sorgsam in einen bunten Schal eingewickelt, ein kleines schwarzes Hündchen im Arm. Sie scherzt und lacht mit dem Soldaten - hat sie keine Angst?

Dies ist eine überraschende Erfahrung, die ich in Guatemala mache: Militär ist allgegenwärtig, in jeder Stadt, in jedem Dorf, auf jedem Markt, immer bis auf die Zähne bewaffnet, aber die Indios scheinen keine besondere Notiz von ihnen zu nehmen, während mir angesichts dieser scharfen Waffen immerzu unbehaglich ist. Leif erzählt uns unterwegs immer wieder von der "Violenzia" zwischen 1982 und 1984, als die "Todesschwadrone" ganze Indio-Dörfer ausrotteten und regelrechten Genozid betrieben. Tausende haben sie umgebracht, sagt er, grundlos. Das Militär sei hier nicht geachtet.

"In Chimaltenango - da habe ich ein kleines Landgut - war ein Polizist, der rühmte sich immer, daß er schon so und so viele Indios getötet hätte. - Er sagte: 'Das sind ja keine Menschen, das sind ja Tiere, die können nicht einmal spanisch.'! Den Polizisten hat es dann aber auch ereilt: Man hat ihn eines Tages erstochen auf der Straße gefunden. Jetzt tun seine Angehörigen bei seinem Grab, als wäre er ein Märtyrer gewesen, den die Guerilla umgebracht hat."

Diese "Violenzia" - immer wieder betont es Leif - die sei jetzt vorbei. Nun bemühe man sich um Demokratisierung. Natürlich, wir sind ja ausländische Journalisten, die Touristen dieses Land schmackhaft machen sollen, und er ist Angestellter des staatlichen Reisebüros. Es ist seine Pflicht...

Ich frage: "Wurden die Militärs denn für das, was sie während der "Violenzia" angerichtet haben, später zur Rechenschaft gezogen?" - und erhalte die Antwort, die ich ohnehin kenne: "Nein!"

"Es sind also noch immer dieselben Männer in ihren Ämtern? Und woher weiß man dann, daß sie es nicht weiterhin so treiben, wie zwischen 1982 und 1984?"

"Ein bissiger Hund wird immer bissig bleiben," sagt Leif. "Es sei denn, man erschießt ihn..."

Mittlerweile sind auch meine Kollegen reisefertig und wir warten vor dem Hotel auf unseren Bus. Mitten in diese beschauliche frische Morgenstunde krachen Schüsse und am Abhang des Agua sieht man kleine Rauchwölkchen aufsteigen. Wir schauen Leif fragend an.

"Das ist gar nichts Besonderes," beruhigt er uns. "Die Indios knallen bei jeder Gelegenheit. Wenn ein Kind geboren wurde, bei einer Fiesta oder bei einer Hochzeit, wenn sich herausgestellt hat, daß die Braut noch Jungfrau war..."

Provinz Chimaltenango

Chimaltenango: Ein Markt auf freiem Feld

"Benvenido Señor Presidente, el pueblo es contigo" (Willkommen Herr Präsident, das Dorf ist auf deiner Seite) steht auf einem Tranparent am Beginn des Provinzortes Chimaltenango, an der "Panamerikana", der gut ausgebauten Straße durch das Landesinnere, die die festländischen Staaten Lateinamerikas untereinander und mit dem Straßennetz der USA verbindet. "Platz der Schilder" ist die Bedeutung des Namens Chimaltenango.

Chimaltenango hat guten Grund, auf den gewählten Präsidenten Cerezo seine Hoffnungen zu setzen. Denn diese nahe der Hauptstadt gelegene Provinz war unter dem vorhergehenden Präsidenten Schauplatz besonders grausamer Gemetzel des Militärs.

"Vor drei, vier Jahren," sagt Leif, "war die Gegend hier herum menschenleer. Die Leute sind aus panischer Angst in die Berge geflüchtet, dort sind viele von ihnen verhungert oder erfroren, denn da oben kann es ziemlich kalt werden. Jetzt kommen die, die überlebt haben, langsam wieder zurück."

An diesem Sonntag, an dem wir unterwegs nach Chichicastenango sind, ist die Gegend um Chimaltenango alles andere als menschenleer. Von allen Seiten strömen buntgekleidete Indio-Familien zum Platz um eine Kirche auf dem Paß, der Wasserschneide zwischen Atlantik und Pazifik, denn dort ist jeden Sonntag Markt.

In kleinen Gruppen bringen die Indios alles heran, was sich auf dem Markt in ein paar Quetzales umsetzen läßt. Voran schleppt eine kleiner zäher Mann, das verwitterte braune Gesicht mit einem abenteuerlich hohen Hut aus Strohgeflecht gegen die Sonne geschützt, weit vorgebeugt ein schweres Bündel mit Marktware auf dem Rücken - die Last hängt an zwei starken Seilen am "Mecapal", einem geflochtenen Stirnband. Es ist fast unvorstellbar, daß so zart gebaute und nur unzureichend ernährte Menschen auf diese Weise über weite Strecken Lasten bergwärts befördern, die sportlich trainierte Europäer wahrscheinlich kaum vom Boden aufzuheben vermöchten. Aber schon früh wird begonnen, den Nacken und die Schultern eines künftigen Mannes zu stärken.

Kleine Jungen, fünf, sechs Jahre alt, müssen schon ihr Bündel schleppen, das kaum leichter ist als sie selbst.

In den Bündeln der Männer sind die Webarbeiten eingeschlagen, die die Frauen gefertigt haben; Salzsteine, Äpfel und Bananen, Bohnen, was eben ein Indio-Haushalt erzeugen und ein anderer gebrauchen kann. Manche Männer müssen den Oberkörper fast waagrecht halten, damit die beiden 50-Kilosäcke Mais auf dem Rücken sie nicht nach hinten ziehen. Andere haben sich mit hölzernen Kraxen beladen, auf die bis zu zwanzig Tontöpfe aufgesteckt sind.

Kaum weniger umfangreiche Lasten balancieren die Frauen anmutig auf dem Kopf. Davon wird ihr Gang gerade und geschmeidig, nicht einmal alte Frauen sieht man mit krummen Rücken. Das große handgewebte Tuch, in das die Marktware der Frauen eingeschlagen ist, paßt in Muster und Farbe genau zur Tracht. Auch ein ausladender Korb mit acht lebenden Truthühnern verursacht kein besonderes Transportproblem und mehrere hölzerne Stühle können auf diese Weise übereinander getragen werden. Die Trägerin hat während des Gehens so die Hände frei für eine kleine Flechtarbeit, die ein paar Centavos zusätzlich einbringt. Der hohe Aufbau scheint die Frauen überhaupt nicht daran zu hindern, den Kopf in alle Richtungen zu drehen, das Bündel dreht sich dabei mit, ohne je auch nur ins Schwanken zu geraten oder gar herunterzufallen. Die Fertigkeit, mit dem Bündel geschickt umzugehen, lernen schon ganz kleine Mädchen, kaum daß sie ordentlich laufen können, ebenso wie ihre Brüder das Bündeltragen auf dem Rücken.

Noch ein zweites Bündel auf dem Rücken belastet fast alle Frauen zusätzlich. In einen bunten Schal eingewickelt schläft darin, eng an den warmen Körper der Mutter geschmiegt, ein schwarzhaariges Baby. Manchmal gucken dunkle Knopfäuglein neugierig in die Welt, die für diesen kleinen Menschen wenig Angenehmes in Bereitschaft hat. Die Neugeborenen sind ganz zugedeckt und so winzig, daß ich mir bisweilen nicht ganz sicher bin, ob die Frau Marktware oder ein Kind auf dem Rücken trägt. Erst wenn das Bündel sich regt, weiß ich es genauer. Dieses lebende Bündel werden die Frauen hier meist ihr ganzes Leben nicht los. Schon als kleine Mädchen schleppen sie ihre noch kleineren Geschwister. Das Kind ist auf Schritt und Tritt dabei, bei jeder schweren Arbeit.

Wenn das Baby weint, zieht die Mutter es mit dem Schal unter dem Arm nach vorne und gibt ihm die Brust. Die Ärmel der Huipiles, der Blusen, sind für dieses Manöver meist weit genug, so daß die Indio-Frauen überall, ob im Bus, auf dem Marktplatz oder in der Kirche ihr Kind diskret stillen können. Kaum jemals habe ich ein Kind in Guatemala wirklich länger weinen hören. Vielleicht ist die Geborgenheit, die ganz kleine Kinder erleben dürfen, ein Grund für das auffallend friedliche und sanfte Wesen der Indios.

Zu einer Indio-Familie auf dem Weg zum Markt gehört auch oft ein Hund, der munter um die Gruppe springt oder ein paar junge Schweinchen, die friedlich grunzend an einer Schnur gehalten mit zum Markt laufen. Immer wieder wird mir auffallen, wie liebevoll die Indios mit Tieren umgehen. Wenn ein Huhn schon für den Suppentopf verkauft werden muß, so ist das noch lange kein Grund, es auch vorher schon rauh zu behandeln. Auf den Märkten sehe ich Frauen auf dem Boden kauern mit ein paar Hühnern auf dem Schoß; zärtlich und besänftigend kraulen sie den aufgeregten Tieren den Kopf.

Wie zur Natur im Allgemeinen, haben die Mayas eine besonders innige Beziehung zu ihren Tieren. Das hängt vor allem auch damit zusammen, daß nach ihrem Glauben jeder Mensch mit einem "Nahual" oder "Nagual" zur Welt kommt. Dieses ist ein Wesen, das ihm besonders nahe steht. Der Tag der Geburt bestimmt das Nagual, das den Menschen wie ein Schatten begleitet und für ihn die Verbindung zum Kosmos herstellt. Der Mensch und sein Nagual haben ähnliche Eigenschaften: Ist das Nagual ein Stier, ist der Mensch aufbrausend und zornig. Kinder, die eine Katze als Nagual haben, raufen gerne. Obwohl jedes Kind sich von Geburt an zu seinem Nagual hingezogen fühlt, wird es erst darüber aufgeklärt, daß es zu ihm gehört, wenn sein Charakter gefestigt ist - sonst könnte es nämlich negative Eigenschaften des Naguals für eigene Charakterschwächen verantwortlich machen.

Die Indios in Chiapas und Guatemala führen fast alle hinter ihrem spanischen Namen auch jenen ihres Naguals. Diesen Drittnamen verbergen sie jedoch ängstlich vor Außenstehenden, denn es würde genügen, das Geisttier eines Feindes zu fangen und rituell zu quälen, um ihm selbst Krankheit und Tod zu bringen. Auch Kindern wird aus diesem Grund beigebracht, kein Tier zu töten, denn man könnte damit auch das Nagual eines Menschen töten. Auch essen sie aus diesem Grund fast kein Fleisch und töten wilde Tiere nicht, selbst wenn sie auf den Feldern Schaden anrichten.

Vor einer Hochzeit kommen die Schwiegereltern zusammen, um zu prüfen, ob nicht vielleicht zwei gleiche Naguals im Begriff sind, eine inzestuöse Verbindung einzugehen.

Das Nagual spielte auch bei den Opferriten der alten Mayas eine wichtige Rolle. Da die Weltauffassung der Mayas von der Polarität zwischen Himmel und Erde beherrscht wird, gibt es eine Himmel-Sonnen-Reihe der Naguals (Adler, Quetzal, Truthahn, Papagei, Falke und Guacamaya, der Sonnenvogel) und eine Erdreihe (Affen, Schlangen, Frösche, Fische, Schildkröten, Fledermäuse, Bienen). Die Opferkulte verlangten, daß einer Gottheit die Tiere der Gegenreihe geopfert wurden, da man ja nicht das eigene Nagual des Gottes opfern konnte. Selbst bei Menschenopfern galt das gleiche Prinzip: Dem Sonnengott konnte nur ein Fledermaus-Mann, dem Erdgott nur ein Truthahn-Mann geopfert werden.

Vielleicht ist die enge Beziehung und die Achtung vor den Tieren mit ein Grund, daß die Indios zur Beförderung ihrer Lasten nur die Kräfte des eigenen Körpers benutzen und keine Lasttiere kennen.

Auch das Rad, das die alten Mayas bekanntlich nicht benutzten, scheinen Mayas von heute immer noch nicht für eigene Zwecke "erfunden" zu haben: Nirgendwo sah ich von Tieren gezogene Wagen, Hand- oder Schubkarren. Die einzigen Räder, die die Indios zur Erleichterung ihres mühseligen Lebens benützen, sind jene der Lastwagen und Autobusse. Doch für die Ausübung ihrer täglichen Bauernarbeit und Beförderung von Lasten verwenden sie keine anderen Hilfsmittel als Tragetücher und Stirnbänder.

Es ist schwer vorstellbar, daß ein so hochentwickeltes Volk niemals auf die Idee gekommen wäre, runde Baumstämme unter Gesteinsblöcke zu legen, um sie zu transportieren. Doch weiß man sicher, daß das Rad, in welcher Form auch immer, von den alten Mayas nicht als Tragwerk verwendet wurde: Nicht als Rolle, nicht als Gewölbeform, nicht für die Handmühle, als Töpferscheibe oder Wasserrad. Erklärbar ist dieses merkwürdige Defizit wohl nur mit dem Naturkult, in dem die runde Sonnenscheibe eine besondere Rolle spielt.

Wie die Natur, wie die Tiere und wie ihre Lebensweise und Bräuche ist den Indios in Guatemala auch ihre Kleidung wichtig und fast heilig. Auch wenn die Frauen jedes Stück selbst weben, bleibt sie kostspielig, denn es ist kaum freie Zeit dafür vorhanden. Die Frauen müssen vor allem für den Markt weben, um ein wenig Geld zu verdienen.

Die Kleider der Indio-Frauen lassen genau erkennen, aus welchem Ort die Trägerin stammt. Unterschiede gibt es bei den verwendeten Farben, den Mustern, aber auch in der Art, wie der lange aus einem rechteckigen Streifen gewickelte Rock gefaltet ist, welchen Ausschnitt die Bluse, der "Huipil" hat, und wie die bunten Bänder in das schwarze Haar verflochten sind.

Die besondere Kleidung ist ein sorgsam gehüteter Schatz der Indiokultur und ein wichtiger Bestandteil der indianischen Identität, obwohl sie erst von den Spaniern nach der Eroberung den Ureinwohnern vorgeschrieben wurde, um sie leichter identifizieren und zuordnen zu können. Aber in den Jahrhunderten seither wurden die Muster von geschickten Weberinnen immer phantasievoller und damit immer mehr von den eigenen Symbolen durchwebt. Auch neue Motive werden aufgenommen, sofern sie dekorativ sind.

Die Indios wissen noch, welche Pflanzen, Tiere oder Mineralien leuchtende Farbstoffe ergeben. Obwohl die traditionellen Muster die Kombination vieler Farben verlangen, wirkt die ganze Tracht niemals schreiend. Die Frauen Guatemalas scheinen eine natürliche Gabe für das geschmackvolle Mischen von Farben und Mustern zu haben. Da die Trachten kostbar sind, werden sie meist ein Leben lang getragen. Niemals aber sehen sie deshalb schäbig aus, denn das Material ist hochwertige Baumwolle oder Wolle, ganz dicht gewebt, und dadurch steif, so daß die Kleidung bei Hitze nicht klebt, aber auch keinen Regen durchläßt. Durch häufiges Waschen und Trocknen an der grellen Sonne des Hochlandes bleichen die Stoffe aus und werden nur noch schöner, die Farbkombinationen unnachahmlich weich.

Obwohl die Bewohnerinnen eines Dorfes beim Weben einem ganz bestimmten Farben- und Formenkanon gehorchen, sind doch nicht zwei Stücke vollkommen gleich. Die Frauen setzen ihren Ehrgeiz darein, für sich selbst den schönsten und kompliziertesten Huipil zu fertigen. Jene, die es neu auf den Märkten zu kaufen gibt, kommen selten in künstlerischer Qualität an den Huipil heran, den die Verkäuferin selbst trägt. Wenn man sie fragt, ob sie nicht den ihren verkaufen will, lächelt sie nur - das kommt überhaupt nicht in Frage.

Die bunte Tracht ist der Stolz der Frauen; die Kleider der Männer sind meist weniger kunstvoll. Viel öfter als die Frauen haben sie sich der "Zivilisation" angepaßt und tragen Blue Jeans, Hemden oder T-Shirts. Mit ihrer eigenen Kleidung verlieren sie jedoch auch viel an Würde. - Diejenigen, die sich keine Tracht leisten können oder wollen, wirken ärmlich und zerlumpt, während die Menschen in ihrer traditionellen Kleidung, auch wenn sie ausgewaschen und ausgefranst ist vom vielen Tragen, diesen Eindruck niemals machen.

Von sehr weit kommen die Indios zu den Märkten zusammen. Das Besuchen eines Marktes hat im Leben der Einheimischen einen fast so wichtigen Platz wie die Landwirtschaft und die Religion und ist mit beiden fest verknüpft.

Auch ihre Vorfahren vor vielen hunderten von Jahren waren Händler. Die langen Dammstraßen durch den Urwald, die die großen Mayastätten miteinander verbanden und die zum Teil noch heute erhalten sind, erleichterten den Austausch von Waren.

Die Märkte finden an bestimmten Tagen statt, an denen der sonst langweilige und armselige Ort zu Leben erwacht und vor Farben überquillt. Auf dem Markt werden Bekanntschaften gemacht, erneuert und gepflegt, und hier kann man erfahren, was es Neues gibt. Kein Wunder, daß auch das Militär sich an Markttagen unter die buntbekleidete Menge mischt.

Auch zu dem Markt auf der Paßhöhe strömen an diesem Sonntagvormittag die Menschen aus allen Richtungen und von weither zusammen. Da fallen mir beispielsweise Frauen auf, die ihre glatten schwarzen Haare mit einigen Metern langen bunten Bändern zu einem kunstvollen Aufbau auf dem Kopf zusammengerollt haben. Die Bänder enden in mehreren apfelgroßen Pompons, die kokett auf einer Seite des Kopfes über den Ohren baumeln. Diesen ungewöhnlichen und prächtigen Haarschmuck tragen die Frauen in der Gegend von Totonicapán, erklärt uns Leif. Das ist mit dem Bus eine Reise von drei bis vier Stunden, die die Frauen auf sich genommen haben, um ihre Ware hier feilzubieten.

Obwohl wir im Vergleich zu den Indios außerordentlich unauffällig gekleidet sind, komme ich mir mit meiner schwarzen Hose und dem gelben T-Shirt auf diesem farbenfrohen Markt wie ein bunter Hund vor, der aus allem heraussticht. Grund dafür ist weniger meine Aufmachung, als meine Größe. Mit 1.70 Meter bin ich hier ein Riese, die stattlichsten der Frauen und Männer reichen mir höchstens bis zu den Schultern. Unbehaglich fühle ich mich auch, weil ich es natürlich nicht lassen kann, dieses noch nie gesehene farbenprächtige Durcheinander, diesen Handel und Wandel mit dem Fotoapparat festzuhalten. Ich weiß wohl, daß die Indios das nicht sehr schätzen und lächle sie freundlich an, damit sie mir meine Indiskretion weniger übel nehmen. Trotzdem habe ich das unangenehme Gefühl, wie ein Voyeur zu handeln.

Schreiende Farben wie auf diesem Markt auf freiem Feld habe ich auf keinem der vielen Märkte danach wieder gesehen. Die bunten Strähnen, die hier verkauft werden, sind offenbar nicht mehr auf die traditionelle Weise eingefärbt, sondern ein Produkt der chemischen Industrie. Die Huipiles, die die Frauen aus der Gegend hier tragen, sind mit Rosenmustern bestickt in eben diesen grellen modernen Farben. Doch die scharfe Sonne wird wohl auch diese harten Kontraste mildern.

Was es da zu kaufen gibt, abgesehen von Huipiles, Blusen, Rockstoffen, Schärpen, Schals und Decken! Runde rote Tontöpfe stehen umgekehrt in Reih und Glied auf dem Boden. Daneben wird weniger stilvolles Geschirr feilgeboten: Plastikteller und -Krüge, ein Händler hat alte Blechdosen zu Kübeln geklopft und mit Henkeln aus gebogenem Draht versehen. Die verbeulten Behälter finden durchaus Abnehmer, denn sie kosten nicht so viel wie die schöne und zerbrechliche Tonware. Auf langen hölzernen Tischen sind Berge von scharfen roten Chilis aufgeschichtet, daneben kleine schwarze Bohnen, braune Zuckerbrocken, getrocknete Fische, ganz wenig und wenig appetitliches Fleisch, dafür aber umso mehr verlockende Früchte, von denen ich nur einige beim Namen kenne.

Leif macht uns auf schwärzliche Steine aufmerksam: "Das ist Indio-Salz. Diese Steine findet man nur in Sacapulas, einem Dorf in der Provinz Quiché."

Gleich daneben steht ein großer Sack mit weißen Brocken. Das ist der ungelöschte Kalk, der zur Herstellung der Tortillas, dem

Hauptnahrungsmittel der Indios, unerläßlich ist. Die harten Maiskörner werden über Nacht mit Kalk und Wasser vermengt, das macht die Schale weich. Früh am Morgen muß der Mais dann gewaschen, stundenlang gekocht und mit dem Steinstößel zu einem Brei gestampft werden. In größeren Orten wird diese zeitraubende tägliche Arbeit den Frauen manchmal von Maismühlen abgenommen. Jeden Tag muß der Teig für die Tortillas frisch gemacht werden, denn Tortillas verderben rasch.

Im hinteren Teil des Marktes kann ich dann sehen, wie es mit den Tortillas weitergeht: Ein kleines Teigstück wird von geschickten Händen zu einer dünnen Scheibe von etwa fünfzehn Zentimetern Durchmesser gedrückt. Diese Pfannkuchen werden ganz rasch auf beiden Seiten braun geröstet, auf einem flach gewölbten Blech, dem "Comal", über einem offenen Feuer. Die Tortillas rollt man zusammen und ißt sie, so wie sie sind, stippt sie in irgendeine Soße oder rollt ein Stückchen Fleisch oder Gemüse darin ein. Der bläuliche Rauch von den Tortillerias zieht unter den graubraunen Zeltplanen hervor und legt sich über diesen ganzen Teil des Marktes.

Als gehören sie hier dazu, streifen ein paar Soldaten im Tarnanzug und mit der MP locker in der Hand durch das Gewimmel. Sie erregen keinerlei Aufsehen oder die Indios versuchen, sie einfach nicht wahrzunehmen, um nicht von ihnen wahrgenommen zu werden.

Wir fahren weiter, auch viele Indios sind bereits wieder nach Hause unterwegs. Die Bündel, die sie tragen, sind nicht weniger schwer, als jene, die sie hierher geschleppt haben.

In einem kleinen Nest unterwegs ist die Straße abgesperrt, der Bus muß einen Umweg machen. Wir gehen das Stückchen über den Platz vor der Kirche zu Fuß. Über das ganze Straßenstück, mindestens 40 Meter lang, wurde aus vielen, vielen Blumenblättern ein kunstvoller bunter Teppich gelegt. Darüber sind Drähte mit farbenfrohen Fähnchen gespannt: Die Vorbereitungen für das Fest Corpus Christi. Aus einer Ecke bei der Kirche klingt eigenartige Musik. Zu den rhytmischen dumpfen Schlägen auf einer sehr großen Trommel tönt die klare heitere Melodie, die ein Mann auf einer Tonflöte erzeugt. Die Melodie besteht nur aus wenigen, immer wieder kehrenden Takten.

1.800 Meter über dem Meer fahren wir bergauf, bergab durch kleine Dörfer, vorbei an Maisfeldern, Bohnenpflanzungen und

Pinienwäldern. Neben einer Kirche steht ein prachtvoller Datura-Baum, über und über mit weißen glockenförmigen Blüten behängt, die fast einen viertel Meter lang werden. Es gibt diesen "Stechapfel", den ich als sehr dekorativen Blumenstock zu Hause kultiviere, hier auch mit roten und gelben Glocken. Auch die Fuchsienbüsche erreichen hier stattliche Höhen und eine Blütenfülle, wie ich sie noch nie gesehen habe.

"Bei uns in Guatemala wachsen alle Sorten von Obst und Feldfrüchten," sagt Leif stolz, "weil wir die verschiedensten Klimaten haben. Es gibt Bananen, Papayas, Guavas, Ananas, Kaktusfrüchte, Avocados, Reis aber auch Kartoffeln, Kohl, Kürbis, Äpfel, Birnen und Pflaumen, bis hinauf zur Paßhöhe auf 2.400 Meter - nur Kirschen und Wein haben wir nicht. Auch bei Getreide kann Guatemala den Eigenbedarf leider nicht decken, denn es gibt im Sommer nicht genug Sonnenstunden, damit es reifen kann. Aber das Hauptnahrungsmittel ist hier ohnedies Mais. Er ist in Mesoamerika seit sechs bis 10.000 Jahren heimisch und genetisch bereits so degeneriert, daß er auf den Menschen angewiesen ist, um sich fortzupflanzen. Wenn der Kolben auf die Erde fällt, verfaulen die Körner in der Hülle."

Der Mais ist so wichtig für die Indios, daß praktisch alle Kulthandlungen mit dem Maisanbau in Beziehung stehen. Zum Pflanzen bohren sie mit einem Stöckchen ein Loch in die Erde und lassen einige Körner hineingleiten. Mais wird niemals alleine angebaut, sondern immer zusammen mit Zwischenfrüchten. 60 verschiedene Gemüsesorten werden zwischen die Reihen gepflanzt. Weil die Indios fast nur pflanzliche Nahrung zu sich nehmen, nennen sie sich selbst "panza verde" - Grünbäuche.

Hier im Hochland gibt es kaum Großgrundbesitz, die kleinen intensiv bepflanzten Felder gehören den Indios. Denn hier kann man nur einmal im Jahr ernten, während das Tiefland zwei große und eine kleine Ernte zuläßt - dort sind die großen Fincas, und wenn die Indios ihre eigenen Felder sich selbst überlassen können bis der Mais reif ist, fahren sie hinunter, um Geld für das Saatgut und andere Notwendigkeiten zu verdienen.

"Vor etwa 50 Jahren hat man hier auch Reklame für Kunstdünger gemacht und die Leute ließen sich das einreden," erzählt Leif. "Als dann die Ölkrise kam, wurde der Kunstdünger zu teuer. Aber jetzt war es nur mehr schwer möglich, zu der alten traditionellen

Anbauweise zurückzukehren, die den Boden geschont hat. Der Schaden war bereits da. Jetzt muß man mit viel Arbeit und Aufwand das wieder reparieren, was durch den Kunstdünger angerichtet worden ist."

Guter Dünger ist das Maisstroh, wenn man es vergräbt und in den Boden einarbeitet, aber oft wird es nur verbrannt. Gedüngt wird auch mit menschlichen Exkrementen, denn die Bauern haben kaum Latrinen, sondern hocken sich einfach ins Feld. Seit kurzem wird ein System von "trockenen Latrinen" erprobt, mit dem die Exkremente getrocknet und dann als Dünger auf die Felder gestreut werden. Man versucht aber auch, die Bauern zu überzeugen, daß es besser sei, in die Felder Bäume zu setzen, weil diese tiefer wurzeln und den Boden gegen Erosion schützen. Besonders wichtig ist dies im Tiefland, wo die Humusschicht nur ganz dünn ist.

Zur linken Hand leuchtet von tief unten zwischen Vulkanen und Berggipfeln ein blauer Zipfel des auf 1.500 Metern Seehöhe gelegenen Atitlán-Sees herauf - unser Bus kurvt bereits auf 3.000 Metern dahin, fast schon auf der Höhe der Vulkane, die den See umgeben.

Die Abzweigung nach Chichicastenango, wohin wir heute noch wollen, heißt "Los Encuentros" - die Kreuzung. Hier bleiben alle Busse stehen und hier kann man die Fahrtrichtung wechseln. Rund um diese Kreuzung sind Buden aufgebaut, wo man Erfrischungen, Obst und andere Eßwaren kaufen kann.

Oberhalb der Buden auf dem Abhang ist ein mit Sandsäcken befestigter Schießstand. Bewaffnete halten unseren Kleinbus an. Doch das hier ist keine Sicherheitskontrolle, sondern Leif erklärt uns, wir müßten alle raus aus dem Bus. Alle Fahrzeuge, die hier rüberfahren, werden mit "Pelodron" desinfiziert, um eine Verseuchung mit der Mittelmeerfruchtfliege zu verhindern - davon wissen wir bereits seit dem Flughafen bei Tikál.

Es werden Anstalten gemacht, ein dickes flexibles Rohr in unseren Bus zu stecken. Das Rohr kommt aus einer Baracke neben der Straße. Wir schauen ein wenig skeptisch und trauen der Versicherung nicht ganz, daß sich das Gas nachher verflüchtigt und uns keinerlei Schaden zufügt.

Hans gesellt sich zu Leif, der mit den Uniformierten verhandelt. In der Haltung eines Ministranten, dem sie die Hostie gestohlen haben, bringt er etwas vor, außerdem wedelt er mit einem Geldschein - und auf einmal heißt es wieder einsteigen, unser Bus wird nicht ausgeräuchert. Er sei allergisch, hat er dem Posten erklärt, und dann wechselte der Schein den Besitzer.

Provinz Quiché

Chichicastenango: Ein heiliger Ort

Bald nach der Abzweigung von der Panamerikana kommt man zu einer tiefen und engen Schlucht, die der Oberlauf des Rio Grande de Montagua in das Gestein geschnitten hat. Nur ganz langsam kann der Bus diese steilen Haarnadelkurven bezwingen; immer wieder muß der Fahrer auf die Bremse steigen, obwohl der erste Gang eingelegt ist. Diese Spalte im Gestein ist eng und so tief, daß auf diesem Straßenstück die Vegetation innerhalb weniger hundert Meter von einem fast mitteleuropäischen Erscheinungsbild mit Eichen- und Kiefernbeständen im oberen Teil zu einer Art tropischem Urwald mit Epiphytenbewuchs der Bäume auf der Sohle der Schlucht wechselt. Ganz feucht und modrig ist die Luft da unten, bevor die Straße sich auf der anderen Seite wieder hinaufwindet.

Fünf Indios mit Stöcken, wie Gewehre umgehängt, streifen hintereinander durch den Wald, der erste trägt eine blau-weiße Fahne voran. "Das sind Zivilstreifen", klärt uns Leif auf. "Arme Teufel! Man gibt ihnen einen alten Prügel in die Hand und damit sollen sie ihre Dörfer gegen die Guerilla verteidigen. Bezahlt bekommen sie natürlich nichts dafür, daß sie ihr Leben riskieren und zu essen auch nichts."

Nach offiziellen Angaben sollen 900.000 Personen als derartige Zivilpatrouillen zwangsrekrutiert worden sein; diese Bürgerwehr wird von der Armee und der örtlichen Oligarchie kontrolliert. Durch Einschüchterung und Repression werden diese Männer veranlaßt, gegen die Interessen des eigenen Volkes mit den Machthabern zusammenzuarbeiten und alles Verdächtige in den Dörfer zu melden. Tun sie es nicht, werden sie streng bestraft, tun sie es, sind sie Verräter am eigenen Volk.

Bevor wir in die mit runden Steinen gepflasterten Straßen von Chichicastenango einfahren, müssen wir noch eine Polizeisperre passieren. Die Provinz Quiché, zu der Chichicastenango -"Chichi" bei den Einheimischen - gehört, ist eine der unruhigen Provinzen

Guatemalas. Der ganze Zentralraum Guatemalas befindet sich unter strenger militärischer Kontrolle.

Auf den engen holprigen Straßen zwischen den weißgetünchten Häusern wogt eine geschäftige Menge buntgekleideter Menschen. Chichicastenango ist donnerstags und sonntags, wenn hier der berühmte Markt stattfindet, fixer Programmpunkt für Touristen. Die Soldaten und Gendarmen geben sich auf ihrer Patrouille zwischen den Buden möglichst unauffällig, um die hochwillkommenen Gäste nicht zu irritieren.

Santo Tomás Chichicastenango, wie der Ort auf über 2.000 Metern Seehöhe mit vollem Namen heißt, ist für die Touristen der bunteste und schönste, für die Indios der wichtigste und einträglichste Markt im Land. Die ausländischen Gäste finden hier eine Vielfalt von einheimischen Erzeugnissen vor, wie nirgends sonst - die Indios können mit ihren Waren hier bessere Preise erzielen als anderswo.

Chichi ist auch so etwas wie ein Heiligtum, wo die katholische Frömmigkeit und indianische religiöse Tradition eng miteinander verschmolzen sind. An Markttagen werden hier Geschäft und religiöse Praxis einträchtig nebeneinander erledigt, wie es auch in unseren Marktorten im Mittelalter nicht anders war.

Chichicastenango - "das Dorf, wo die Brennesseln wachsen" - ist aber auch deshalb ein besonderes Dorf, weil hier im Jahre 1690 die einzige Niederschrift des "Popol Vuh" aufgefunden wurde. Das Popol Vuh (Buch des Rates) ist, wie etwa auch das I Ging, die Bibel und der Koran, eine der großen Schriften der Menschheit, in denen die mündlich tradierte Weisheit einer Völkergemeinschaft aus vielen Jahrhunderten gebündelt ist.

Wegen der wirtschaftlichen und kultischen Bedeutung des Ortes strömen an Markttagen Menschen aus allen Teilen des Landes zusammen. Wer sich mit den Trachten auskennt, weiß, wie viele Kilometer diese Menschen gestern Nacht oder heute vor Tagesanbruch mit ihren schweren Bündeln hinter sich gebracht haben. Alle diese Kleider sind einer besonderen Beschreibung wert, aber zu den schönsten gehören sicherlich jene, die die Menschen aus Chichicastenango tragen. Hier leben Aristokraten der Maya-Gesellschaft, die über Jahrhunderte ihre Traditionen bewahrt haben. Ihre Kleidung gibt Auskunft über den Stand, dem sie angehören. Einzigartig und ein besonderes Beispiel dafür, daß jedes Detail an der Kleidung der Indios symbolträchtig ist und einer alten Überlieferung gehorcht, ist besonders der Anzug der Männer.

Die Jacke und die knielange Hose sind aus schwarzer Wolle; in die seitliche Hosennaht ist eine Art "Flügel" genäht, der mit Sonnensymbolen in Orange, Weiß und Rot bestickt ist. Das Muster gibt Auskunft über das Alter des Trägers. Die Stickerei auf den Hosen der Knaben vor der Pubertät zeigt oben Ma-Kîj (Großvater Sonne) und darunter Akal-Kîj, ein Symbol für neues Leben, das sich unter dem Schutz eines Vaters entfaltet. Jünglinge, die schon die Pubertät erreicht haben, tragen unter dem Ma-Kîj-Zeichen jenes für Alal-Kîj (junge Sonne). Beide Zeichen sind gleich groß gestickt, denn der Träger dieser Hose ist zwar schon erwachsen, aber noch nicht unabhängig. Die Stickerei, die den erwachsenen und voll verantwortlichen Mann kennzeichnet, zeigt nur das Ma-Kîj-Zeichen, gestickt in Orange, Weiß und Rot; den Rand des Flügels schmücken Blumenmotive in Grün, Blau, Orange und Gelb.

Die aus einem rechteckigen Stück Stoff zusammengenähte schwarze wollene Jacke mit langen Ärmeln ist beim einfachen Mann nur mit einem blauen Rand um die Säume und um den hinten hochstehenden Kragen versehen. Die Jacke von Männern aus vornehmerem Stand ziert eine blaue Zick-Zack-Stickerei über dem Ärmelansatz und die Ärmelkante, das Symbol für "Junrakan", den Donnergott. Im unteren Teil der Jacke hängen purpurrote und orangefarbene Fransen als Symbol für "Jap" - den Regen. Diese Standeszeichen trug ursprünglich nur der Aj-Kîj, der Astrologe oder Astronom. Zwei gestickte Spiralen in Orange und Rot, die unter den Armen beginnen und sich über die Brust bis zum Halsansatz winden, lassen erkennen, daß einem ein Aj-Bix (Sprecher), ein Aj-Tzibinay (Schreiber) oder gar ein Chuch-Cajau gegenübersteht.

Der Chuch-Cajau spielt bei den Riten der Indios eine besondere Rolle; er ist der Mittler, der in der Kirche und auf den ritualen Gebetsplätzen der Indios weiß, wie man sich Gott oder den Göttern zu nähern hat. Auch Frauen können Chuch-Cajaus sein. Der Chuch-Cajau trägt als Insignium seiner Würde ein kleines Täschchen mit den für die Weissagungen und Anbetungen notwendigen Gegenständen: Darin hütet er sorgsam rote Bohnen, Glasquartz, Kieselsteine, kleine Jadeobjekte.

Für einen geringen Geldbetrag, 15 bis 25 Centavos, ist der Chuch-Cajau bereit, die Gebete für eine Gruppe oder Familie zu sprechen und die Riten auszuführen. Er betet um geistige und spirituelle Gesundheit, spricht Dankgebete für die Gnaden, die die Götter gewährt haben, bittet um die Vergebung begangener Sünden und um Segen für die Gruppe, die ihn als Fürsprecher gedungen hat.

Der Chuch-Cajau, der Aj-Kîj und der Aj-Tîj (Meister der religiösen Zeremonien, beziehungsweise Lehrer) besitzen auch das große Privileg, die strahlende Sonne mit einer goldenen Münze in der Mitte unterhalb des V-Ausschnittes ihrer Jacke tragen zu dürfen. Ist diese Münze aus Silber, so kennzeichnet dies etwas niedrigere Ränge.

Auch der Kopfputz zu diesem Kostüm ist etwas Besonderes. Symbole in Orange, Gelb und Purpur sind in einen weißen und roten Untergrund eingewebt. Das Tuch mit weißem Untergrund tragen nur Chuch-Cajaus und andere hohe Ränge. Das Tuch wird diagonal gefaltet und schräg über eine Seite des Kopfes gebunden. Zwei an den Enden baumelnde große Quasten hängen über die Schultern nach vorne.

Nicht nur durch Farbenpracht und bedeutungsvolle Symbole unterscheiden sich hochrangige Persönlichkeiten vom einfachen Mann, sondern auch durch das Geräusch, das ihre Schuhe beim Gehen verursachen: Dieses Geräusch wird durch einen langen Längsschnitt in der inneren Sohle der Sandale aus buntem Leder verursacht. Je höher der Status eines Mannes im Dorf, desto lauter ist dieses quietschende Geräusch.

Von allen Seiten strömen die Menschen zu dem großen Platz zwischen den beiden weißgetünchten Kirchen, zu denen eine breite Treppe hinaufführt. Auf dem riesigen Platz drängt sich eine Bude an die andere. Auf dem "Trampelpfad", der von den meisten Touristen als Durchgang durch das Gewühl begangen wird, gibt es das, was sie interessieren könnte: Webereien, darunter aber sehr viel "von Männerhand". Denn die Indios unterscheiden zwischen Textilien "von Frauenhand" und "von Männerhand" - letztere sind weniger kunstvoll und daher billiger.

"Von Frauenhand" sind die meisten Huipiles, die die Frauen selbst tragen. Meist werden sie mit einem sehr einfachen Webstuhl ausgeführt, der im wesentlichen nur aus einer bestimmten Anzahl von Stäben besteht. Die Weberin sitzt oder kauert bei der Arbeit auf dem Boden. Das Stück, an dem sie gerade webt, ist zum Spannen mit Schnüren an einem Baum und mit einem Gürtel am anderen Ende hinter ihrem Rücken befestigt. Das Gewebe ist etwa zwei Spannen breit, um eine größere Breite zu erhalten, werden die Streifen mit dekorativen Stichen zusammengenäht. Diese Art des Webens erlaubt sehr komplizierte Muster, da der Schußfaden mit der Hand eingezogen wird.

"Von Männerhand" werden Produkte genannt, die mit einem einfachen mechanischen Webstuhl gefertigt werden. Auch diese Stoffe sind sehr dekorativ und "Handwebe" im üblichen Sinn, kommen aber in kunsthandwerklicher Qualität längst nicht an die Arbeiten der Frauen heran. Aus diesen Stoffen werden vielfach die Röcke der Frauen gemacht, die mit dem kunstvollen Huipil nicht konkurrieren sollen. Auch einfachere Huipiles und die Trachten der Männer sind häufig aus Stoffen "von Männerhand".

In den mit Planen abgedeckten Ständen gibt es Huipiles, Schals, Fajas (breite Schärpen), Ponchos, Decken, Umhängetaschen und viele Arten von Taschen und Täschchen, oft aus den besten Teilen verschlissener, aber schöner alter Huipiles zusammengenäht, die die Touristen gerne für die Aufbewahrung von allerlei Krimskrams kaufen.

Ganz vorne, unterhalb der Stufen der größeren der beiden Kirchen, sind hohe Stände aufgebaut. Hier hängen dicht nebeneinander roh geschnitzte und bemalte hölzerne Masken: Eulen, Hühner mit langem gebogenen Schnabel, Bären, Katzen, Hunde, Affen; da ist der leuchtend rot bemalte Kopf eines Teufels dabei, eine kleine Maske und daher gar nicht so besonders furchterregend, dann der gelbe Kopf eines Jaguars mit schwarzen Punkten. "Die Masken werden bei den Festtänzen der Indios getragen," erklärt Leif. "Diese hier sind allerdings schon mehr für den Touristenbedarf gemacht und daher einfach und roh geschnitzt."

Kleine rosa Männergesichter mit gelben Haaren und spitzen Bärten fallen mir auf. "Das sind die Spanier," sagt Leif. "Und diese dunkelbraun bemalten Gesichter stellen die Mauren, die Muselmänner dar. Diese Masken spielen eine Rolle bei den 'Conquistadorentänzen', in denen die Indios ihre Geschichte der Eroberung durch die Spanier darstellen."

Alle die Tiere, deren Masken hier zum Verkauf hängen, spielen in der Mythologie der Indios eine große Rolle und die meisten von ihnen kommen bereits im "Popol Vuh" in symbolischer Bedeutung vor. Besondere Verehrung aber genießt der Quetzal, der zu den Wildpfauen gehört, in allen amerikanischen Zivilisationen. Seine schillernd grünen Schwanzfedern schmückten die prachtvollen Kopfbüsche der Häuptlinge und Priester. Der Regengott Quetzal- coatl' oder Kukulkán wird als gefiederte Schlange mit Quetzalfe- dern dargestellt. Das smaragdgrün, rubinrot und goldig glänzende Gefieder dieses seltenen Vogels galt mehr als Gold und gehörte zum Wertvollsten in Montezumas Schatz. Bei Todesstrafe war es verbo- ten, den Quetzal zu töten, um seine Ausrottung zu verhindern. Um Federn zu gewinnen, wurden daher die männlichen Tiere gefangen, ihrer Schwanzfedern beraubt und dann wieder freigelassen.

Auch Cortés hielt dieses prächtige Federkleid für ein würdiges Geschenk, um es dem spanischen Monarchen aus der neuen Welt zu schicken.

Bei den Mayas waren Quetzalfedern, ebenso wie Kakaobohnen und Baumwolltücher, übliche Zahlungsmittel und wurden bei- spielsweise als Bußgeld verlangt. 60 bis 100 Quetzalfedern waren das Strafmaß für Raubhandel, Ehebruch und Verführung einer Jungfrau. Die zerknitterten Quetzalscheine der heutigen Währung Guatemalas erinnern allerdings nur dem Namen nach an die prächtigen Federn dieses heiligen Vogels.

Der Quetzal überlebt nicht in Gefangenschaft, deshalb wurde er als Freiheitssymbol zum Wappentier Guatemalas erkoren. Nur mehr wenige Exemplare leben in einem kleinen Reservat, dem Biotop Mario Dary Rivera in der Provinz Baja Verapáz, denn trotz des Artenschutzes, den der Quetzal schon unter den spanischen Eroberern genoß, ist er fast ausgerottet.

Der Händler beobachtet unsere Mimik ganz genau, und ohne daß jemand auf eine bestimmte Maske zeigt, weiß er, wovon die Rede ist und holt sie herunter. Doch mit den schweren Masken ist bei uns kein Geschäft zu machen. Deshalb probiert er es mit den kleinen Figuren aus rötlichem, gelbem und grünlichschwarzem Ton, allerlei Getier und Gewürm, Fröschen, Schlangen, Eidechsen - es sind Pfeifen oder Flöten, auf denen breit eine Kröte hockt oder sich eine Schlange kringelt. Manche der Figuren sind ungelenke Nachbildungen alter Kleinplastiken der Mayas.

Unterhalb der Stufen zur Kirche zieht uns ein alter Mann mit verschwörerischer Miene beiseite. Aus seiner Umhängetasche kramt er kleine Tonfiguren, die er einzeln sorgsam in Zeitungspapier gewickelt hat. Diese Figürchen sehen ganz anders aus, als jene, die es auf den Ständen zu kaufen gibt. Der Ton ist verblichen gelblich, die Oberfläche rauh. Die Gesichtszüge der Plastiken sind fein und detailiert geformt.

Leif betrachtet so ein Stück von allen Seiten: "Ja, das dürfte echt sein," meint er. "Hier herum gibt es so viele Hügel, unter denen noch Ruinen verborgen sind. Man braucht nur die Oberfläche ein wenig abzukratzen und schon findet man solche Sachen." Für 20 Quetzales erstehe ich eine Kleinplastik, die mir gefällt, den Torso eines Mannes. Über der Stirn ragt ein spitzer Kopfputz nach vorne, das Gesicht ist an beiden Seiten von zwei großen Fratzen eingerahmt.

Freudig über das gute Geschäft - bestimmt habe ich zuviel bezahlt - holt der Mann noch andere Gegenstände aus den Tiefen seiner Tasche: Ketten, schwere Gehänge aus großen Münzen und Silberornamenten, wie manche Indios sie zu ihren Kleidern tragen. "Very ool!" will er uns weismachen, daß es sich auch hier um antike Stücke handle. Aber an den Ketten hängen große Münzen, die offensichtlich von Touristen in Chichicastenango zurückgelassen wurden: Amerikanische, holländische und britische Geldstücke - durchaus dekorativ das Ganze, aber alt sicherlich nicht.

Ganz eng gedrängt stehen die Buden im inneren Teil des Marktes. Hier gibt es wenig Touristenware, hier werden von den Händlern all die Notwendigkeiten für den Indio-Haushalt feilgeboten. Eine alte Frau bleibt vor einem großen Sack stehen und führt prüfend ein Stückchen gelbliches Kopal zur Nase. Es gibt offensichtlich mehrere Qualitäten von diesem wohlriechenden Harz, das für die rituellen Handlungen unerläßlich ist. Auf den Stufen zur Kirche und auch in der Kirche selbst wird Kopal reichlich verbrannt, so daß ständig ein würziger weihrauchartiger Geruch über dem Markt hängt, und die über die Planen hinwegziehenden Rauchschwaden die leuchtenden Farben der bunten Kleidern der Indios sanft abtönen.

Obwohl hier so viele Menschen auf so engem Raum zusammen sind, die aus ärmlichsten Hütten ohne irgendwelche sanitäre Einrichtungen kommen, fällt es mir besonders auf, daß es niemals unangenehm riecht. Auch als ich später in den öffentlichen Bussen fahre, die mit dreimal soviel Menschen vollgestopft werden, als darin befördert werden dürften, mache ich die gleiche Beobachtung - da ist kein unangenehmer Schweißgeruch, den oft hart arbeitende Menschen um sich haben. Das "Parfum" der Indios ist Copal oder ein nicht unangenehmer Geruch nach dem Rauch, der das Innere der Hütten schwärzt und vor den Mahlzeiten aus allen Ritzen der Behausung dringt.

Noch ein zweites ist ganz auffällig auf diesem und allen anderen Indio-Märkten, die ich in der Folge besuche: Es ist diese merkwürdige Gemessenheit der Bewegungen und eine Stille, wie ich sie noch niemals auf einem Markt erlebt habe. Das Geschäft wird mit viel Ernst und Würde abgewickelt. Die Menschen bewegen sich niemals hastig oder aufgeregt, es gibt keine Marktschreier, kein hektisches Gewimmel und kein schrilles Gelächter, keine lauten Zurufe. Bedachtsam wird verhandelt, ohne Hast und Aufregung, so daß über dem ganzen Marktgeschehen nur so etwas wie ein Summen von den vielen leisen und sanften Stimmen liegt.

In einem abgelegenen Teil des Marktes, einem kleineren ummauerten Geviert, hocken fast nur Frauen auf dem Boden hinter ihrer bescheidenen Marktware. Hier werden vor allem Lebensmittel feilgeboten, die kaum Touristen anlocken. Hier verkaufen keine kommerziellen Händler ihre Waren in stabilen Buden, sondern die Leute aus den Bergen das, was sie entbehren können. Hier sind sie auf "ihrem" Markt und mehr unter sich als draußen auf dem großen Marktplatz zwischen den Kirchen. Das Marktgeschehen hat familiären, beschaulichen Charakter.

Lächelnd hocken die Frauen und kleinen Mädchen zusammen und tauschen mit leiser Stimme Neuigkeiten aus. Kleine Katzen, Hunde, Schweinchen und lebende Hühner, die verkauft werden müssen, kuscheln sich in die Schürze ihrer bisherigen Besitzerin und lassen sich den Kopf kraulen. Die Tiere machen einen so sanften und vertrauensvollen Eindruck wie diese Menschen.

Wie zwei ehrwürdige alte Maya-Tempel stehen einander die beiden weißgetünchten Kirchen, die den Marktplatz begrenzen, gegenüber. Beide sind auf hohen Stufenpodesten errichtet, wie jene Heiligtümer, die die Spanier vorfanden, als sie das Land eroberten. Hier aber sind es keine Tempel, sondern katholische Kirchen, die größere ist dem Heiligen Thomas geweiht, die kleinere wird "El Calvario" genannt. Doch die Riten, die auf den Stufen von Santo Tomás und im Kirchenraum befolgt werden, sind nur zum Teil katholische Riten, zum größten Teil entsprechen sie den uralten Bräuchen der Indios.

Doch nicht zufällig erinnert der Marktplatz zwischen den beiden Kirchen an eine "Plaza Mayor" in antiken Mayastädten. Nicht zufällig ist Santo Tomás ein besonders heiliger Ort für die Indios. Auf diesem Platz opferten die Mayas schon vor der Ankunft der Spanier ihren Göttern, denn hier stand früher Chuvilá, ein Maya-Tempel der Quiché. Die spanischen Eroberer rissen den Tempel nieder und ließen nur dieses Stufenpodest stehen, auf dem heute oben Santo Tomás und daneben ein katholisches Dominikaner-Kloster thront. Die Indios haben äußerlich den neuen Glauben bereitwillig übernommen, denn vieles davon ließ sich in ihre eigenen religiösen Riten und Vorstellungen einordnen.

Im Inneren des alten Tempels befanden sich, in Nieschen eingelassen, sehr kostbare Statuen von Göttern. Sie waren aus Jadeit oder Mayait geschnitten, das den Mayas ebenso wie den Chinesen mehr galt als Gold. In dem heutigen Kirchenschiffen befinden sich an den Wänden mit Indio-Trachten bekleidete Heiligenfiguren. Die katholischen Heiligen personifizieren Eigenschaften und Legenden, die die Indios auch ihren eigenen Göttern zuschreiben.

Auf den Stufen zur Kirche Santo Tomas glost beständig das Opferfeuer

Am Fuß der aus der alten Zeit erhaltenen Treppe zum Heiligtum und zur Kirche befindet sich ein Opferplatz. Noch bevor die Indios das Kirchenschiff betreten, um drinnen ihren Gottesdienst zu verrichten, opfern sie hier ihren alten Göttern. Dieser Platz auf den Stufen ist geschwärzt von den vielen Opfergaben, die fast ununterbrochen glosend verbrannt werden. Die Konturen des leuchtend weiß getünchten Sakralbaues schwimmen in der grellen Mittagssonne, weil beständig ein weiß-grauer aromatisch duftenden Rauch von dem lodernden Feuer auf den Stufen aufsteigt.

Immer wieder treten neue Gruppen von Pilgern unter Führung ihres Chuch-Cajaus heran, werfen Bündel von Kopalholz ins Feuer, schwingen ihre Opfergefäße mit Weihrauch in alle vier Himmelsrichtungen und streuen Blumenblätter.

Der Duft des Copals steigt auf zum Geist der Vorfahren der Betenden, und diese werden die Bitten zu den Göttern tragen. Der Chuch-Cajau betet aber auch auf die selbe Weise wie zu den Indiogöttern zum katholischen Heiligen Santiago, er möge die Winde beruhigen, damit der Rauch dick und beständig zu den Göttern dringen kann.

Auf Knien rutschen manche Pilger die Stufen nach oben zum Eingang. Nur die Indios dürfen über diese Treppe die Kirche betreten, denn dieser Ort ist ihnen außerordentlich heilig. Aber unwissende Touristen stapfen roh über die Schwelle des Haupttores. Leif führt uns seitwärts in das Kirchenschiff.

Auf dem Steinboden balgen sich kleine Kinder. Niemanden stört es, wenn die Kleinsten unter ihnen auf den Platten nasse Stellen hinterlassen. Sogleich haben ein paar clevere Kerlchen erkannt, daß bei uns etwas zu holen sein könnte.

"Un Quetzaal, un Quetzaal!" betteln sie mit hochgehobenen Händen. Sie sind nicht zudringlich, sie lächeln uns an, und die kleinen Mädchen versuchen es mit Charme. Schon greifen wir zu unseren Börsen, aber Leif scheucht die Kinder ungehalten fort:

"No! No!" und zu uns gewandt: "Die Indios sind im Allgemeinen zu stolz, um zu betteln. Aber hier kommen so viele Fremde her, und die verderben die Sitten."

Eine verantwortungsbewußte Zehnjährige macht uns ernsthaft darauf aufmerksam, daß wir auf unsere Taschen achtgeben sollen, denn die anderen würden wohl auch stehlen.

Unberührt von den Vorgängen rings herum knieen und kauern Gruppen von erwachsenen Indios um ihren Chuch-Cajau auf dem Steinboden. Sie scheinen weder uns und die anderen Touristen wahrzunehmen, noch lassen sie sich von den spielenden Kindern stören.

Die Plattformen mit den vielen Kerzen, eine hinter der anderen, den ganzen Mittelgang entlang, erinnern an die Lichtergestelle in katholischen Wallfahrtskirchen. Doch diese Ähnlichkeit ist nur äußerlich, denn die "Costumbres", die Gebräuche der Indios, haben wenig mit Katholizismus zu tun. Da die Indios aber mit der gleichen Inbrunst katholische Riten befolgen und sich auch als Katholiken verstehen, hat die Kirchenführung Kompromisse gemacht. Mit ihrer Billigung wurden diese Plattformen aufgestellt, damit die Indios gleichzeitig zu den eigenen Göttern beten können, wenn der Priester vorne am Altar Brot in Wein verwandelt.

"Die Mayas haben in der Kirche vieles gefunden, was sie schon kannten und für sich akzeptieren konnten," sagt Leif. " Zum Beispiel das Kreuz da!"

Er zeigt auf eine kleine waagrechte Kerbe in der Höhe der Füße des Gekreuzigten: "Mit diesem Einschnitt funktionierten die Maya das Christenkreuz zum gleichschenkeligen Maya-Kreuz um. Diese 'Korrekturkerbe' verdecken sie mit darüber gebundenen Palmen oder Fichtenzweigen. Christus, den sie 'Herr Heiliges Kreuz' nennen, wird damit zum Herrn des Mittelpunktes im universalen Kreuz der Maya-Welt. In Yukatán nennen sie ihn auch 'Ah can Tzicnál' und das heißt: 'Herr der vier Weltenden'. Immer wieder werden Ihnen auf den Opferplätzen der Indios in freier Natur Kreuze begegnen - diese haben mit dem Christentum aber überhaupt nichts zu tun."

Noch auf andere Parallelen zwischen der Religion der Mayas und jener der Katholiken macht Leif uns aufmerksam: "Genau wie es bei den Katholiken für jeden Tag einen Heiligen gibt, hat auch bei den Mayas jeder Tag einen Regenten. Überhaupt hat jedes Ding, jeder Baum, jeder Stein, jedes Werkzeug seinen Herrn, seinen 'ah choc'. Unbeseelte Gegenstände gibt es nicht. Beispielsweise rücken die Frauen der Cakchiqueles, die um den Atitlán-See wohnen, die Steine, auf denen der Maiskessel ruht, nach dem Kochen fort, um den Steinen nicht länger weh zu tun. Und die Männer, die jeden Baum als Phallus sehen, bedecken den abgeschlagenen

Stumpf mit Laub und Erde, damit er sich seiner Nacktheit nicht schämen muß."

Manchmal finden sich die Heiligen, die in der katholischen Kirche verehrt werden, in ganz ähnlicher Gestalt bei den Mayas wieder. In der Kirche Santo Tomás befindet sich eine Darstellung des Heiligen Sebastian, dessen Körper von Pfeilen durchbohrt ist. "Die Maya kannten ein Opferritual, das an diese Sebastianlegende erinnert," erzählt Leif.

"Der als Opfer bestimmte Mann wurde blau angemalt und an eine Art Kruzifix hoch über der Erde gebunden. Um den Opferbaum herum tanzten die Männer einen feierlichen Tanz. Der Priester ritzte mit einer Pfeilspitze den Penis des Opfers und bestrich mit dem heruntertropfenden Blut ein Götterbild. Nach einem bestimmten Signal trat einer der Tänzer nach dem anderen vor, hob seinen Bogen und zielte mit dem Pfeil auf die Brust des den Göttern geweihten. Eine Darstellung dieser Opferzeremonie ist in die Wand eines der Tempel in Tikál gekratzt."

Doch nicht nur Parallelen zum Katholizismus wollen Maya-Forscher entdeckt haben, sondern auch zu anderen Religionen.

In der Quiché-Gegend wird die Tsité-Bohne, eine glänzende, feuerrote Frucht, zusammen mit Maiskörnern für ein Wahrsageritual verwendet, das Ähnlichkeiten zu der taoistischen Praxis zeigt, das uralte Weisheitsbuch "I Ging" zur Weissagung zu befragen. Dem Yang des chinesischen Orakels entspricht im magischen Ritual der Mayas die "männliche" Tsité-Bohne und dem Ying das "weibliche" Maiskorn.

Die Wissenschaft ist an der Erforschung des Synkretismus zwischen der Naturreligion der Mayas und anderen Religionen sehr interessiert. Soweit die Indios ihre alten Weisheiten überhaupt preisgeben, werden diese Parallelen erforscht und aufgezeichnet. Doch die Mayas haben in der Geschichte der letzten Jahrhunderte eine fast totale Vernichtung ihres Kulturgutes leidvoll erleben müssen und sind daher ängstlich bedacht, möglichst wenig preiszugeben. Den Sinn mancher rituellen Handlungen kennen überhaupt nur die Chuch-Cajaus.

Hier in der Kirche Santo Tomás beobachten wir, wie ein Chuch-Cajau seine Gebete für eine Familie verrichtet. Mit gemessenen Bewegungen und gemurmelten Beschwörungen arrangiert er dünne weiße und gelbe Kerzen in einer ganz bestimmten Anordnung. Aus seinem Täschchen holt er Rosenblätter, Weihrauchkügelchen, Maisblätter, schwarze Bohnen, duftende Kräuter, Kiefernnadeln und streut sie rings um die Kerzen. Aus einem Fläschchen sprengt er Tropfen von scharfem Branntwein über die Opfergaben. Mit erhobenen Händen beugt er tief seinen Oberkörper.

"Alkohol und Tabak spielen bei den Riten eine große Rolle," erklärt Leif. "Die Indios trinken und rauchen nur im religiösen Kontext, dann aber oft recht ausgiebig. Auch die Dienste des Chuch-Cajaus werden je nach ihrer Bedeutung mit einem entsprechenden Quantum Schnaps belohnt. Betrunkenheit ist kein Tabu und niemand nimmt besondere Notiz, wenn ein Betrunkener am Straßenrand seinen Rausch ausschläft."

Die kleine Gruppe erhebt sich nun und geht langsam zu einer anderen Plattform weiter. Wieder wird hier ein ähnliches Ritual verfolgt. Auch bei anderen Plattformen knien Gruppen aus Männern, Frauen und Kindern. Durch das ganze Kirchenschiff ist auf diese Weise eine leuchtende Straße entstanden, die durch viele hundert brennende Kerzen gebildet wird.

Leif bittet uns, die Indios in ihrer Andacht nicht durch Blitzlichtaufnahmen zu stören. Jedes Foto, das von einem Indio gemacht wird, hat uns der Chauffeur unseres Busses, ein Ladino, aufgeklärt, kostet den betreffenden Menschen ein Jahr. Aber in Chichicastenango sind die Indios, wie auch in anderen Touristenzentren, bereits daran gewöhnt, daß Touristen sich ohne Kamera fühlen, als wären sie niemals hier gewesen: Nur manche wenden sich ab oder reagieren mit einer unwilligen Geste. Die Kinder machen bereits ein Geschäft aus dem Fotografieren, sie halten die Hand auf, wenn es "klick" gemacht hat. Oder sie laufen den Fremden hinterher: "Paga mi un foto! - Bezahl mir ein Foto!"

Chichicastenango hat für die Erforschung des innersten Wesens der Maya-Kultur noch eine ganz besondere Bedeutung: Hier soll sich noch ein verschollenes Original eines der großen Bücher der mythologischen Frühgeschichte der Menschheit, des Popol Vuh, befinden. Doch dies ist nur Vermutung, denn niemand weiß, wohin diese Niederschrift verschwunden ist, nachdem sie von Francisco Ximenéz kopiert und ins Spanische übertragen worden war. Auch diese einzige authentische und damit ungeheuer kostbare Kopie des Padre Ximenéz ging mehrere Male verloren, bis sie in der ersten Hälfte unseres Jahrhunderts zuletzt in Chicago entdeckt wurde, wo sie heute zu den wertvollsten Schätzen der Newbery Library zählt.

Es ist ein außerordentlich schwieriges Unterfangen, den mythologischen Text eines Volkes in eine andere Sprache zu übertragen, denn der Sinn der verwendeten Bilder entspringt einer vielhundertjährigen Überlieferung von Mythen. Nur wer in dieser Tradition lebt und mit der intuitiven Denkweise dieser Mythologie vertraut ist, kann derartige Texte begreifen. Mythologie läßt sich nicht in eine klar verständliche wissenschaftliche Sprache übersetzen. So kann jede Übersetzung, und sei sie auch noch so sorgfältig, nur eine Annäherung an den Sinngehalt des Originaltextes, des "Popol Vuh" bleiben. Das Popol Vuh besteht aus vier Teilen: Die Schöpfung, die Zeit der Dämonen und Helden, die Zeit der Urväter und die Zeit der Könige.

Es beginnt:

"Das ist die Kunde:

Da war das ruhende All. Kein Hauch. Kein Laut. Reglos und schweigend die Welt. Und des Himmels Raum war leer.

Dies ist die erste Kunde, das erste Wort. Noch war kein Mensch da, kein Tier. Vögel, Fische, Schalentiere, Bäume, Steine, Höhlen, Schluchten gab es nicht. Kein Gras. Nur der Himmel war da.

Noch war der Erde Antlitz nicht enthüllt. Nur das sanfte Meer war da und des Himmels weiter Raum.

Noch war nichts verbunden. Nichts gab Laut, nichts bewegte, nichts erschütterte, nichts brach des Himmels Schweigen. Noch gab es nichts Aufrechtes. Nur die ruhenden Wasser, das sanfte Meer, einsam und still. Nichts anderes.

Unbeweglich und stumm war die Nacht, die Finsternis. Aber im Wasser umflossen von Licht, waren diese: Tzakól, der Schöpfer; Bitól, der Former; der Sieger Tepéu und die Grünfederschlange Gucumatz; Alóm auch und Caholóm, die Erzeuger. Unter grünen und blauen Federn waren sie verborgen, darum sagt man Grünfederschlange. Große Weisheit und große Kunde ist ihr Wesen. Darum gab es den Himmel und des Himmels Herz, dessen Name ist Cabavil, Der-im-Dunkeln-sieht. So wird berichtet.

In Dunkelheit und Nacht kamen Tepéu und Gucumátz zusammen und sprachen miteinander. Also sprechend berieten sie und überlegten: Sie kamen überein und ihre Worte und Gedanken glichen sie aus. Und sie erkannten, während sie überlegten, daß mit dem Licht der Mensch erscheinen müsse. So beschlossen sie die Schöpfung und den Wuchs der Bäume und Schlingpflanzen, den Beginn des Lebens und die Erschaffung des Menschen. So wurde entschieden in Nacht und Finsternis vom Herzen des Himmels, Huracán genannt.

Seine erste Erscheinung ist der Blitz, Cakulhá. Seine zweite der Donner, Chipî-Cakulhá. Seine dritte der Widerschein, Raxa-Cakulhá. Diese drei bilden das Herz des Himmels.

Es trafen sich also Tepéu und Gucumátz und sprachen von Leben und Licht; von Helle und Dämmerung; und wer Nahrung schaffen würde und Unterhalt.

"Es geschehe! Es fülle sich die Leere! Weichet zurück ihr Wasser, und gebet Raum das die Erde aufsteige und sich festige!" So sprachen sie.

"Es werde Licht! Daß der Himmel und die Erde sich erhellen! Nicht Ruhm noch Größe wird sein, bis der Mensch erscheint, bis der Mensch geschaffen."

So sprachen sie.

Darauf schufen sie die Erde. Die Wahrheit ist, daß sie die Erde schufen, "Erde!" sagten sie, und im Augenblick war sie geschaffen.

In Nebel, Wolken und Staub geschah die Schöpfung, als die Berge sich aus dem Wasser erhoben, und sogleich wuchsen die Berge.

Nur durch ein Wunder, durch Zauber wurden die Berge und Täler geschaffen. Und zugleich sprossen Zypressen und Tannen und bedeckten der Erde Antlitz.

Freude erfüllte Gucumátz und er sprach: "Heil brachte dein Erscheinen, Herz des Himmels. Du, Huracán! Du, Chipî-Cakulhá! Du, Raxa-Cakulhán!" "Unser Werk, unsere Schöpfung wird beendet werden", sagten sie.

Zuerst bildete sich die Erde mit Gebirgen und Tälern. Es teilten sich die Wasser. Die Bäche liefen frei zwischen den Hügeln, und die Wasser teilten sich, als die hohen Gebirge erschienen.

So geschah die Schöpfung der Erde, als sie geformt wurde vom Herzen des Himmels, vom Herzen der Erde, wie jene genannt werden, die sie zuerst befruchteten, als der Himmel noch ruhte und die Erde unter den Wassern verborgen war.

So wurde das Werk vollendet, das sie vollbrachten nach reiflicher Überlegung."

Provinz Sololá

Panajachèl: Mit Engelszungen predigen sie...

In einem Waldstück vor Sololá liegt die riesige Kasernenanlage,
von der aus dieses unruhige Gebiet rund um den Atitlán-See streng
kontrolliert wird. Die Militärs scheinen jedoch erkannt zu haben,
daß die so sehr herbeigewünschten Touristen nur kommen, wenn
ihnen die Illusion eines friedlichen Landes vorgegaukelt wird. Für
die Kaserne im bedeutendsten Fremdenverkehrsgebiet, das gleichzeitig eines der Hauptaufmarschgebiete im Bürgerkrieg ist, ließen
die Planer daher eine Art Walt-Disney-Filmkulisse aufbauen, die
jeden Vorbeifahrenden schmunzeln und damit kurz vergessen läßt,
daß die Späße in diesen Kasernen oft sehr makaber sind.

Als würde das Militär sich selbst über seine eigene Großspurig-
keit lustig machen, stehen neben dem Schlagbaum am Eingang
zwei überlebensgroße Militärstiefel aus Beton, denen ein ebenso
gewaltiger gefleckter Stahlhelm aufgesetzt ist. Aus den Löchern
für die Schnürsenkel dieses Riesenspielzeugs reckt ein kleiner
Soldat das Gewehr heraus, bereit jederzeit zu schießen, wenn sich
etwas Verdächtiges rührt.

Natürlich hat niemand etwas dagegen, wenn man diese merkwürdige militärische Anlage fotografiert, unser Bus verlangsamt
sogar das Tempo, damit auch jeder von uns Journalisten ein Bild
mit nach Hause nehmen kann, das den Anschein erweckt, die
guatemaltekische Armee sein ein Haufen naiver Mickey-Maus-Le-
ser und ihre Aktionen seien ulkig und harmlos, wie diese Betonstie-
fel mit dem aufgesetzten Helm.

Doch so zum Spaßen aufgelegt ist das Militär hier nicht, wie
diese Karikatur eines Wachhäuschens suggerieren will. Vor
kurzem wurden in Sololá und in San Pedro la Laguna am See
Geheimgefängnisse entdeckt, in denen Menschen widerrechtlich
festgehalten und vermutlich auch gefoltert wurden. In Santiago
gegenüber Panajachél besteht ab vier Uhr nachmittags Ausgehver-
bot - das paßt gar nicht gut zu einer Demokratie, als die Guatemala
heute in der Welt dastehen will.

Hinter Sololá setzt die Straße zu den letzten steilen Kurven zum See hinunter an. Bei strahlendem Wetter muß die Aussicht von hier aus auf den von hohen Bergen und Vulkankegeln gesäumten See überwältigend sein, doch nun ist später Nachmittag und dicke graue Wolken hüllen die Gipfel ein.

- Doch was ist das? Lauter Singsang füllt das ganze Tal, es klingt wie ein Muezzin, der die Gläubigen zum Gebet ruft, und es ist auch etwas Ähnliches.

"Das sind Evangelisten," sagt Leif ärgerlich. "Die haben unten in Panajachél einen großen Lautsprecher aufgestellt, damit man sie überall hören muß. Man kann wenig Gutes über die Evangelisten sagen," meint Leif, "außer daß sie etwas gegen den Alkoholismus tun. Wenn man von der Straße weg einen Arbeiter engagiert, ist es für ihn oft ein Vorteil, wenn er sagt, ich bin Evangelist. Denn dann kann man ziemlich sicher sein, daß er nicht trinkt." Es ist kein Zufall, daß die Sektenprediger gerade dort besonders massiv auftreten, wo die Macht des Militärs und die Repression besonders groß sind.

"Evangelisten" - das ist die Sammelbezeichnung für eine Vielzahl fundamentalistischer protestantischer Sekten. Nicht damit gemeint sind die methodistische und die lutheranische Großkirche. Manche dieser strengen religiösen Gemeinschaften bemühen sich wirklich um die Probleme der armen und rechtlosen Bevölkerung. Die Mehrzahl von ihnen steht aber im üblen Ruf, die religiöse Begeisterungsfähigkeit der Indios zu mißbrauchen - ein Fünftel soll ihnen bereits angehören - und sie im Sinne der Mächtigen und der konservativen amerikanischen Mittelamerika-Politik zu geduldigem Ertragen ihres Loses zu veranlassen. Man sagt diesen evangelikalen fundamentalistischen Gemeinschaften, die in unzähligen Teilorganisationen mit 80.000 Mitarbeitern weltweit Seelenfischerei betreiben, nämlich nach, strategisch von den USA aus gegen das Vordringen sozialreformerischen Ideengutes in Lateinamerika eingesetzt worden zu sein, als sich die katholische Kirche seit 1968 in diesen Ländern zunehmend für die Rechte der Armen einzusetzen begann.

Damals, in der denkwürdigen Bischofskonferenz von Medellin, gaben die Bischöfe Lateinamerikas erstmals den Wirtschaftsstrukturen die Schuld an Elend und Unterentwicklung und erkannten damit indirekt das Recht der Unterdrückten auf Veränderung dieser Strukturen an. In der Folge stellten sich viele Priester vor allem im indianischen Hochland auf die Seite der Armen, klärten sie über die Ursachen ihres Elends auf, gründeten Kooperativen und unterstützten die Bauern und Landarbeiter gegen die Großgrundbesitzer. Doch wer dem Armen zu Essen gibt, ist ein Heiliger, heißt es, wer ihm aber sagt, was die Ursachen seines Hungers sind, ist ein Kommunist.

Diese Veränderungen in der Haltung katholischer Priester wurden in den USA besonders mißtrauisch beobachtet. In einem Lateinamerika-Bericht für Präsident Nixon hieß es 1969: "Die katholische Kirche hat aufgehört, ein glaubwürdiger Alliierter der USA und ein Garant der sozialen Stabilität auf dem Kontinent zu sein." Im Interesse der Vereinigten Staaten, sagt derselbe Bericht, sollten künftig die evangelikalen Gruppen in Lateinamerika massiv gefördert werden[1]. In dieselbe Kerbe schlug das Konzept des ehemaligen Sicherheitsberaters von Ronald Reagan, Roger W. Fontane, für die Position der USA gegenüber Lateinamerika: "Die Außenpolitik der USA muß damit beginnen, der "Theologie der Befreiung", wie sie in Lateinamerika durch den Klerus angewendet wird, zu begegnen (und nicht nur im Nachhinein zu reagieren.) Leider haben die marxistisch-leninistischen Kräfte die Kirche als politische Waffe gegen den Privatbesitz und das kapitalistische Produktionssystem benutzt und die religiöse Gemeinde mit Ideen durchsetzt, die weniger christlich als kommunistisch sind."

In ultrakonservativen Kreisen fanden die evangelikalen Sekten offene Spenderbörsen, weil ihr erklärtes Ziel der Kampf mit allen Mitteln gegen das vermeintliche Vordringen des Kommunismus in Lateinamerika war. In diesen Kreisen gilt jeder als Kommunist, der offen von Ungerechtigkeiten spricht und die bestehenden uneingeschränkten Machtverhältnisse in Zweifel zieht. Als Kommunist verdächtig macht sich demnach jeder, der für die Armen Rechte fordert, die in den westlichen Demokratien selbst bei den konservativsten Parteien als unangezweifelte Selbstverständlichkeit gelten, wie beispielsweise die Menschenrechte.

Für den "Kreuzzug gegen den Kommunismus in Lateinamerika" wurde eigens das "Institute on Religion and Democracy" (IRD)

---

1 Bericht Nelson Rockefellers an Nixon (Nach: Lateinamerika Nachrichten Nr. 164, 11/87)

gegründet, dem religiöse Ultrarechte und konservative Politiker der USA angehörten. 200 Millionen Dollar sollen dem IRD 1981 für diesen Zweck zur Verfügung gestellt worden sein.

In Guatemala waren die Konservativsten der Mittel- und Oberschicht am empfänglichsten für das in offensiven Missionierungskampangnen verbreitete Gedankengut. Denn die Sekten rechtfertigten uneingeschränkten privaten Reichtum und bestehende Machtverhältnisse mit dem Willen Gottes - und dies ersparte den Besitzenden die Unbequemlichkeit eines schlechten Gewissens. Das große Erdbeben von 1976 wußten die Prediger schließlich für Seelenfang auch bei den Armen auszunutzen: Gott habe mit der Katastrophe den bevorstehenden Weltuntergang angekündigt, und ewige Verdammnis stehe allen bevor, die sich nicht bekehren lassen wollten, drohten sie. Die Sekten verfügen über vielfältige und raffinierte Methoden, ihr Gedankengut in die naiven Gemüter der Landbevölkerung zu pflanzen. Mit modernster Medientechnik gehen die sogenannten "elektronischen Kirchen" auf Menschenfang. Sie verfügen über bestausgestattete Fernsehstationen und Funkanlagen. Damit sind sie mit ihren showartigen Gottesdiensten in den entlegensten Dörfern präsent, auch dort, wo noch keines ihrer Bethäuser existiert. Durch stundenlange Glossolalie, einen ekstatischen Singsang in der Gruppe, werden die Menschen in einen rauschähnlichen Zustand versetzt, in dem sie außerordentlich beeinflußbar sind.

Viele Vereinigungen treten vordergründig mit humanitären Anliegen an. "World Vision" vermittelt beispielsweise Patenschaften für Kinder aus Entwicklungsländern. In großformatigen Zeitungsinseraten verlocken Kindergesichter mit bittenden Augen zum Spenden. Aber "World Vision" steht im Verdacht, mit dem CIA und gewalttätigen Sicherheitskräften in den Entwicklungsländern gemeinsame Sache zu machen.

Die Sekte "Wycliff Bibelübersetzer" (WBT), die weltweit größte Einzelorganisation dieser Art, betreibt in 29 Ländern die Missionierung eingeborener Völker. 1935 gründete WBT das "Instituto Linguistico de Verano" - Sommerspracheninstitut (IVL), in dem die Bibel in die lokalen Sprachen übersetzt wird. Dabei ging es aber nicht um die Emanzipation der unterdrückten Kulturen, denn diese Bibelübersetzer missionieren unter der Devise "Gott gegen Satan" und "Zivilisation gegen Barbarei und indianische Kultur".

Wie gefährlich es ist, wenn Macht mit dem behaupteten Willen Gottes operiert, wurde schrecklich offenbar, als ein fanatischer Prediger der evangelikalen Sekte "Rios Montt übertraf an Brutalität und Grausamkeit alle seiner Vorgänger. Der Putsch, der den ehemals glühenden Katholiken, späteren Mormonen und schließlich Sektenprediger an die Macht gebracht hatte, galt unter seinen Sektenbrüdern als göttliches Wunder, sie hielten Rios Montt für den König David des alten Testaments und den König des Neuen Testaments[1]. Seine Massaker an den Indios rechtfertigte er mit einem göttlichen Auftrag, denn die Guerillas seien satanisch, weil sie nicht an Gott glaubten. Da die Guerilleros viele Verbündete bei den Indios gewonnen hätten, müsse man diese töten, um die Subversion zu bekämpfen: "Wir töten diese Leute, wir hacken Frauen und Kinder in Stücke. Das Problem ist, daß dort im Hochland jeder Guerillero ist. Die benutzen das vietnamesische System. Wenn die Situation andauert, werden wir Napalm über den Dörfern abwerfen müssen[2]."

Aus Angst vor den Schergen des Potentaten und aus Hoffnung auf finanzielle Vorteile und einflußreiche Posten war der Zustrom zu den Evangelikalen unter Rios Montt besonders groß. Guatemala sollte nun ein "neues Jerusalem", ein Bollwerk an Glauben und Moral gegen den "römisch-katholischen Götzendienst und den Kommunismus[3]" werden. In der internationalen Presse bezeichnete man Montt als "mittelamerikanischen Ayatollah", weil der moralische Anspruch bald jede Form von Gewalt rechtfertigte. So wurden unter dem Slogan "no robo, no miento, no abuso!" (ich stehle nicht, ich lüge nicht, ich betreibe keinen Mißbrauch) der paramilitärischen Organisation "La Mano Blanca" die brutalsten Mordkommandos ausgeführt.

Die Regierung gibt vor, mit diesen Mordkommandos, den berüchtigten "Todesschwadronen" nichts zu tun zu haben, doch folgt die Methode, Oppositionelle verschwinden zu lassen oder zu ermorden, um alle kritischen Kräfte zu verunsichern, Empfehlungen des von US-Spezialisten ausgearbeiteten Geheimpapiers mit

1 Ein Verbo-Prediger in einem Interview gegenüber US-Journalisten, 1982
   (Nach: LA-Nachr. 164/11/87)
2 Rios Montt (Latin America Weekly Report, London, 5.11.1982
3 Noticias Aliadas, Peru, 3.2.1982

dem Titel "Program of Pacification and Eradication of Communism", das Ende der Siebzigerjahre nach Erfahrungen aus dem Vietnam-Krieg ausgearbeitet worden war. Die Berater schlugen darin auch Maßnahmen gegen die nicht in der Guerilla organisierte Zivilbevölkerung vor, um den "Fischen" (den Guerilleros) das "Wasser" (die sympathisierende Bevölkerung) abzugraben. Israelische Militärberater erweiterten dieses System entsprechend ihren Erfahrungen in den besetzten arabischen Gebieten: Das "Wasser" sollte demnach so verändert werden, daß die "Fische" darin nicht mehr schwimmen könnten. Diese Maßnahmen ließen sich noch dazu gegenüber dem Ausland als soziales Konzept anpreisen:

Der Vorgänger Rios Montt hatte Dörfer, Felder und Saaten großflächig vernichten lassen, um es den Landbewohner unmöglich zu machen, die Guerilla-Verbände zu unterstützen. Nach dem neuen Konzept wurde nun die heimatlose Landbevölkerung wieder in "Modelldörfern" angesiedelt. Sozialprojekte sind diese "aldeas modelo" allerdings keinesfalls: Bewußt werden Indios aus verschiedenen Stämmen zusammengewürfelt, um ihnen Verständigung und Organisation zu erschweren. Auch erzeugen diese Dörfer nicht die lebenswichtigen Produkte Mais und Bohnen, sondern Kardamom, Broccoli und Artischocken für den Export. Die Bewohner erhalten Nahrungsmittel so knapp zugeteilt, daß es ihnen nicht möglich ist, Guerilleros zu unterstützten, wenn sie nicht selbst verhungern wollen. Die Dörfer sind streng vom Militär bewacht, und dürfen nicht ohne dessen Sondererlaubnis verlassen werden. Begründet wird diese Einrichtung damit, daß die Landbevölkerung gegen die Bedrohung durch die Guerilleros geschützt werden müsse. - In der ausländischen Presse bezeichnete man diese Dörfer allerdings als "Konzentrationslager" und auch eine UN-Resolution forderte Ende 1985, daß der indianischen Bevölkerung wie allen anderen Menschen Freizügigkeit zugestanden werden müsse. Dennoch aber ging das Konzept auf, denn die Welternährungsorganisation (WFP) stellte im gleichen Jahr 46,4 Millionen US-Dollar für derartige Dörfer zur Verfügung.

Um das Ideal des Gottesstaates Guatemala zu verwirklichen, war Rios Montt, der selbst jeden Sonntag über den Rundfunk predigte, jedes Mittel recht.

Die Evangelikalen ließen sich auch als Militärbeauftragte einsetzen, sie beteiligten sich an Folterungen und rechtfertigten die

Aktionen der Todesschwadrone: "Der Heilige Geist hat sich mit unseren Spezialeinheiten und den paramilitärischen Gruppen, die gegen die Rebellen kämpfen, vereinigt... Durch den Heiligen Geist ist Gott einer der wichtigsten Spionageagenten der Regierung," sagte der Privatsekretär von Rios Montt, Francisco Castillo, Ältester der Sekte "El Verbo", in einem Interview. Der Heilige Geist hätte ihm auch im Traum ein Guerillanest gezeigt, damit die Armee es ausheben konnte[1].

Das Ergebnis der Brutalität unter Rios Montt war beispiellos: Schon im ersten Halbjahr seiner Regierungszeit ermordete das Militär 400 bis 500 Menschen. 440 Dörfer wurden in den eineinhalb Jahren seines "Gottesstaates" dem Erdboden gleichgemacht. In panischer Angst flohen die Landbewohner in die unwegsamen Berge oder ins Ausland. Die guatemaltekische Bischofskonferenz schätzte die Menschen ohne Heimat, die sich im Land selbst oder über der Grenze versteckt hielten, auf eine Million. Etwa 150.000 Flüchtlinge lebten in Lagern im benachbarten mexikanischen Chiapas. Immer noch sind längst nicht alle zurückgekehrt, weil sie fürchten, verschleppt, ermordet oder in Wehrdörfer gesteckt zu werden. Die "Frankfurter Allgemeine Zeitung" schrieb Ende 1984, daß das Regime des Humanität predigenden Generals Rios Montt etwa 100.000 Kinder zu Waisen gemacht habe.

Der Widerstand wurde durch diesen brutalen Bürgerkrieg tatsächlich geschwächt, doch als Montt anfing, auch gegen frühere Sympathisanten, Privatunternehmer, die kirchliche und militärische Hierarchie vorzugehen, waren seine Tage als Präsident gezählt. Seine Politik hatte das Land in die wirtschaftliche Krise getrieben und Guatemala international einen so üblen Ruf beschert, daß nicht einmal mehr die Vereinigten Staaten wirtschaftliche oder militärische Hilfe leisteten. Die großen Hotels standen leer, Touristen wagten sich nicht mehr ins Land, damit versiegte auch eine der wichtigsten Einnahmequellen. Im August 1983 war einer der vielen Anschläge gegen den predigenden General erfolgreich, er mußte das Feld für General Humberto Mejia Victores räumen.

Die Sekten sind jedoch auch nach Rios Montt unvermindert tätig: Daran erinnert die talerfüllende Lautsprecherstimme, die

---

1   Forerunner, 11/1982 (Nach LA-Nachr. 164/11,1987)

uns von Sololá aus die steilen Kurven bis hinunter nach Panajachél begleitet.

Der Regen hat mittlerweile eingesetzt, und so fahren wir nur mit unserem Bus ein wenig durch den Ort und dann ins Hotel Atitlán außerhalb des Ortes. Panajachél wirkt verschlafen, denn während der Regenzeit sind nicht viele Ausländer im Land. Nach Panajachél kommen zwar zum Wochenende sehr viele Hauptstädter, aber auch die sind an diesem Sonntagnachmittag schon wieder zurückgefahren.

Der Regen hat sehr stark abgekühlt, selbst in Pullover und Regenmantel friert mich, als wir zum Abendessen in den Ort fahren. Auf den Straßen gibt es kaum Licht - umso romantischer ist daher die Atmosphäre in dem italienischen Lokal mitten im Zentrum von Panajachél, wo als einzige Beleuchtung auf den Tischen nur Kerzen brennen. Altrosafarbene, gestärkte edle Tischwäsche wie in Italien, allerlei Nudelgerichte und echter italienischer und Südtiroler Wein - das überrascht uns nicht, als wir das Wirtspaar kennen lernen: Er war Lehrer und Philosophiestudent, gebürtig aus Bozen, als es ihn 1982 am Ende eines Südamerikatrips hierher verschlug. Seine Frau, eine ebenfalls reiselustige junge Tirolerin, machte zur selben Zeit Pause von einer Lateinamerikareise und beiden gefiel es so gut hier, daß sie zusammen blieben.

Santiago Atitlán: Der idyllische Schein trügt

In der Nacht ging ein schwerer Regen nieder und hier, am 15. nördlichen Breitengrad und so viel näher am Äquator als zu Hause, war es so kalt, wie im August in den Tiroler Bergen nach tagelangem Regen. In der Nacht fror ich unter der weichen handgewebten Schafwolldecke. In meinem Zimmer riecht es ein wenig muffig, so als wäre die Luft hier ständig sehr feucht und würde nie richtig austrocknen. Am Morgen ist es immer noch sehr kühl, aber der Regen hat sich verzogen, die Luft ist klar wie ein Kristall.

Wie jeden Tag auf dieser Reise bin ich schon um sechs Uhr hellwach - ich habe Zeit, um vor dem Frühstück eine Runde zu schwimmen. Natürlich kostet es Überwindung, an diesem frischen Morgen ins Wasser zu steigen, aber es hat eine überraschend angenehme Temperatur. Am Strand macht sich ein Indio an seinem Boot zu schaffen, sonst ist noch weit und breit kein Mensch um diese frühe Stunde am See zu sehen.

In langen Zügen schwimme ich direkt auf die überwältigende Kulisse zu, die den Hintergrund des Sees gegenüber von Panaja-chél bildet. Die Vulkane erscheinen, als wären sie mitten in der Bewegung erstarrt, während sie aus dem Wasser emportauchten. Wenn man dieses Bild schwimmend, mit den Augen direkt über dem Wasserspiegel betrachtet, verdoppeln sich die Berge durch Spiegelung an der Symetrieachse der vollkommen glatten Wasseroberfläche. Klar und scharf sind alle Konturen gegen den Himmel gezeichnet, blaugrünlich-smaragd der See und die Berge.

Ich werde später die Erfahrung machen, daß man immer ganz früh aufstehen muß, wenn man diesen See liebt. Denn nur in den frühen Morgenstunden zeigen sich die schlanken Majestäten der Vulkane in hüllenloser Vollkommenheit ohne das kleinste Wölkchen um ihr Haupt. Am späteren Vormittag schwebt oberhalb der Krateröffnung kokett ein kleiner weißer Wattebausch, so leicht, als könnte ein Windhauch aus dem Kratermaul ihn ganz leicht wegblasen. Doch die kleine Wolke wird immer größer und gegen Mittag hockt sie bereits als dicke Wollkappe breit auf der Vulkanspitze. Am Nachmittag schließlich rinnen geballte weiße Wolkenmassen die geschwungenen Steilhänge wie zäher Grießbrei herunter. Bevor die ersten dünnen Spritzer den nachmittäglichen Regen ankünden, ist bereits die Schüssel zwischen dem Tolimán und dem San Pedro bis ins Tal hinunter ganz weiß. Bald darauf verfinstert sich der Himmel und die Sintflut bricht los. Wer nicht mehr rechtzeitig ins Hotel gelangt, muß in einem der kleinen Restaurants warten, bis der Regen sehr spät am Abend wieder ein wenig nachläßt.

Vier Vulkane bilden diese einzigartige Kulisse, doch meint man nur zwei vor sich zu haben, denn der höchste von ihnen, der 3.540 Meter hohe Atitlán, versucht sich hinter dem um 400 Meter niedrigeren Tolimán zu verstecken, was ihm nicht ganz gelingt. Doch von Weitem sehen die beiden aus wie ein einziger Berg, so parallel verläuft ihre Silhouette. Rechter Hand wird das Bild von dem mit 3.020 etwas niedrigeren San Pedro beherrscht. Den kleinen Santa Clara, der sich nur 600 Meter über den Seespiegel erhebt, kann man erst erkennen, wenn man mit dem Schiff direkt an ihm vorbeifährt. Der San Pedro und der Santa Clara werden von einer langen Lagune umspült, in der der Ort Santiago liegt.

Noch eine Tücke hat dieser See: Um seine Schönheit voll zu erleben, muß man um den halben Globus reisen, denn man kann ihn nicht fotografieren! Es gelingt mir nicht, die charkteristische Silhouette auf einem Foto festzuhalten - es geht einfach nicht! Unbedingt müßten die Spitzen des Tolimán und des San Pedro, die durch ein wie ein breitgezogenes "U" geformtes Tal voneinander getrennt sind, zusammen auf einem Bild sein, damit das Motiv stimmt. Ich wandere den ganzen Strand auf und ab, kniee mich auf den Boden, steige auf das Mäuerchen - von keinem Blickwinkel aus hat man ohne starkes Weitwinkelobjektiv eine Chance. Aber mit derartigen Objektiven wird das Bild flach und nichtssagend.

Ich bin als Amateurfotografin nicht die Einzige, die mit der Schwierigkeit nicht fertig wurde, den Atitlán-See zu fotografieren: Alle Bilder, die ich in den Büchern finde, wirken so flach wie meines und darum weniger beeindruckend als die Wirklichkeit. Manche Fotografen haben sich aus der Affäre gezogen und darauf verzichtet, Unmögliches möglich zu machen. Sie nahmen nur einen der Vulkane aufs Bild oder beschränkten sich auf Einzelmotive. Dann aber ist der Atitlán-See irgend ein schöner Bergsee, wie viele andere auch, und man wird mit solchen Bildern dem Orts-Unkundigen niemals erklären können, warum der Atitlán-See der schönste See der Welt sein soll.

Ich finde es irgendwie befriedigend, daß es auf der Welt Dinge gibt, die sich auch mit unseren besten technischen Apparaten nicht festhalten und vervielfältigen lassen, sonst könnte man sich das Reisen überhaupt sparen. Um die Schönheit dieses Sees zu erleben, muß man Mühen auf sich nehmen; nach Guatemala reisen, ganz früh aufstehen, ins kühle Wasser steigen und auf die Vulkane zuschwimmen, so als möchte man zwischen ihnen mittendurch - und dann muß man die Augen weit aufmachen, damit dieser Eindruck nicht verlorengeht.

Heute ist eine Fahrt mit dem Schiff über den See nach Santiago an der Südseite angesagt. Santiago liegt genau hinter jenem breiten "U" zwischen den fotoscheuen Bergen San Pedro und Tolimán. Eine Stunde braucht das kleine Motorschiff für die zwölf Kilometer.

Rund um den See befinden sich eine Reihe kleiner Nester, deren Hütten aber so unter der Vegetation versteckt sind, daß man sie vom Wasser aus nicht sieht. Der See mit seinen Vulkanen erscheint als ein Stück unberührte Natur, die von Menschen noch kaum entdeckt worden ist.

Von Panajachél aus fahren nur zu den beiden Dörfern Santiago und San Pedro la Laguna öffentliche Boote. Zu einigen anderen Dörfern im Osten und Süden führt eine holprige Straße, und wenn man Glück hat, sogar ein Bus. Manche der kleinen Nester, besonders jene am nördlichen Ufer, wo der Berg ganz steil ins Wasser fällt, erreicht man nur zu Fuß oder mit dem Einbaum.

Um acht Uhr fährt das Schiff von Panajachél ab. Zwar ist es noch kühl, aber Hans ist fest entschlossen, guatemaltekische Bräune nach Wien mitzubringen. In kurzen Tennishosen klettert er aufs Dach des Schiffes um sich zu sonnen. Desgleichen mißachtet Martin die Warnung in den Reiseführern, man bekäme am Atitlán-See ganz rasch einen Sonnenbrand, weil er so hoch gelegen sei. Wie es aussieht, ist auf dieser Reise nicht einmal ein Nachmittag an einem Strand eingeplant, daher Martin:

"Wenn ich ganz weiß nach Wien zurückkomme, dann lacht mich doch jeder aus!" (Wie sich später herausstellen wird, haben die Reiseführer in diesem Punkt recht.)

Dem Eingang der Lagune, in der Santiago liegt, sind ein paar kleine Inseln vorgelagert, bei höherem Wasserstand sind sie überschwemmt. In diesem Reservat nistet der Poc, eine Schwimmente, die sonst nirgends vorkommt. An den flachen Hängen haben ein paar wohlhabende Guatemalteken Wochenendhäuser.

In jedem Reiseführer, in jedem Farbprospekt über den Atitlán-See steht, daß eine besondere Sehenswürdigkeit die Indio-Frauen seien, die im See bei Santiago Wäsche waschen. Also weiß der Kapitän unseres Schiffes, was seine Aufgabe ist. Mit langsam tuckerndem Motor steuert er ganz knapp am Ufer entlang, damit auch jeder Tourist an Bord seine Indio-Wäscherin in den Kasten bekommt. Manche Frau wendet sich unwillig ab, obwohl sie wissen muß, daß jeden Dienstag und Freitag, wenn Markt in Santiago ist, die Touristen es als ihr Recht erachten, diese Frauen zu fotografieren, da sie ihnen doch das Reisebüro INGUAT als besondere Attraktion angepriesen hat. Das idyllische Bild, das die vielleicht zwanzig oder dreißig emsig schrubbenden Frauen auf den porösen Lavasteinen bieten, verrät nicht, daß diese Frauen leider nicht nur aus Bedürfnis nach Geselligkeit und dem INGUAT zuliebe hier bunte Huipiles wa-

Mit dem Einbaum fahren die Fischer auf den See hinaus

Täglich bis zu zwei Stunden stehen die Wäscherinnen im kalten Wasser des Sees

schen, sondern daß jede von ihnen bei jedem Wetter täglich an die zwei Stunden bis zu den Knien im See steht, damit die Wäsche ihrer großen Familie sauber ist.

Die Touristen (zu denen zweifellos auch wir gehören), werden vom Boot ausgespuckt, und die nur drei Stunden bis zur Rückfahrt schlendern sie mit dem Gehabe von Eroberern durch den Ort und fotografieren alles, kaufen, was sie gar nicht brauchen und interessieren sich kaum dafür, was hier vor sich geht, wenn sie wieder weg sind.

Das Gehabe der Touristen hat auch jenes der Bewohner von Santiago nicht zu deren Vorteil verändert, wie in vielen kleinen Dörfern der 3. Welt, die sich plötzlich als Touristenattraktion erleben müssen. Auf Schritt und Tritt ist man umgeben von Frauen und Kindern, die einem etwas verkaufen möchten. Ausgesprochene Bettelei erlebt man allerdings wenig unter den stolzen Indios, und wenn, dann tun es höchstens Kinder, und sie betteln sehr verschämt, als wüßten sie, daß sich das nicht gehört, auch wenn man Hunger hat. Sie wollen meist keine Almosen, sondern Arbeitslohn, für die kleinen Handarbeiten, die sie anfertigen. Schon auf dem Bootssteg sind wir umringt von drängenden Kindern. Es geht darum, uns ein paar Quetzales abzujagen, noch bevor wir einen Schritt in den Ort gesetzt haben. "Compra! Mire! - Kauf! Schau!"

Die Kinder von Santiago knüpfen "Pulseros", hübsche bunte Armbändchen, wie sie gerade auch zu Hause bei Teenagern in Mode sind. "Dos, tres por un Quetzal!" - ja, sogar fünf Stück für umgerechnet vier Schilling verkaufen sie ihre kleine Handarbeit, die geschickte Finger und viel Geduld erfordert. Globetrotter erwerben diese Bändchen in großen Bündeln und verkaufen sie zu Hause mit -zigfachem Gewinn auf den Flohmärkten und in Fernweh-Shops.

Auf dem ganzen Weg sind wir von der Schar der Kinder verfolgt, und es ist so gut wie unmöglich, ihnen kein Pulsero, kein Tonvögelchen, keine Tonpfeife abzukaufen. Ihre Verkaufstaktik ist nicht Aufdringlichkeit, sondern verschämter Charme. Wenn man eines der Kinder fotografieren möchte, halten sie die Hand auf, und das ist gerecht, denn Fotomodelle erhalten noch viel mehr dafür. Manchmal verschwinden sie kichernd hinter einer Hüttentür und lugen dahinter mit lustig lachenden schwarzen Augen neugierig hervor.

An vielen Häusern, die auf die mit runden Steinen gepflasterte Hauptstraße herausgehen, lehnen Holzgestelle, dicht an dicht mit Webarbeiten behängt. Was hier angeboten wird, soll vor allem die vorbeischlendernden Touristen und nicht Einheimische, die diese Trachten tragen, anlocken, dennoch aber sind die Arbeiten schön. Ganz außergewöhnlich sind die Hosen der Männer von Santiago. Die Hosenbeine aus weißem gestreiftem Stoff bedecken nur knapp die Knie. Bis zum Schritt besteht das gewebte Muster aus Kästchen, in die bunte Vögel, Blumen und andere Tiere eingestickt sind. Das gleiche Muster tragen die Huipiles der Frauen und Mädchen, die Stickerei bedeckt in diesem Fall die Schultern und die Brust.

Aber geradezu sensationell ist der Kopfputz mancher Frauen: Ein viele Meter langes, rotes Band ist zu einem Rad von mehr als einem halben Meter Durchmesser um den Kopf gewickelt; Halt und Schmuck erhält dieser dekorative Hut, der gegen die scharfe Sonne am Atitlán-See sicherlich wirkungsvoll schützt, durch ein kunstvoll gewebtes Band, das um den äußeren Rand geschlungen wird.

Am Straßenrand haben sich zwei kleine Mädchen mit ihren Hüftwebstühlen am Zaun festgebunden. Sie wissen genau, daß das ein unwiderstehliches Fotomotiv für die Touristen ist und der Bitte um den Foto-Obolus, einen Quetzal, kommen die meisten schuldbewußt nach.

Leif führt uns durch den Ort hinauf zur Kirche. Unterwegs betreten wir die große Markthalle. Nur Frauen, viele mit ihren prächtigen roten gewickelten Band-Hüten, hocken hier auf dem Boden und verkaufen vor allem Früchte und andere Lebensmittel. Wieder ist es diese auffallende Ruhe anstelle eines hektischen Marktgeschehens, die einen ganz merkwürdig berührt.

Was wird hier, in Körben oder auf den bunten Tüchern ausgelegt, nicht alles angeboten! Nur wenige Sorten dieser köstlichen Früchte des Indiomarktes kann man auch zu Hause in unseren exklusiven Delikatessenläden kaufen. Da gibt es Kakaobohnen, eine köstliche violette Kaktusfrucht, apfelförmige Guavas, die saftigen Mangos, deren faseriges Fruchtfleisch in den Zähnen hängenbleibt, Papayas, die auf dem "Melonenbaum" wachsen und wie längliche Kürbisse aussehen, rote und gelbe Bananen in drei verschiedenen Größen, da gibt es rote und schwarze Bohnen, kugelrunde Avocados mit narbiger, fast schwarzer Haut und grüne längliche Avocados, so wie sie meist bei uns verkauft werden, allerlei geheimnisvolle Gewürze, winzige, ungeheuer scharfe Chilis, Kienspan, Webhölzer und haufenweise roten Farbstoff, der für die Röcke und Hüte der Frauen in Santiago gebraucht wird und früher auch für Körperbemalungen Verwendung fand.

Die große Markthalle liegt in der Ecke eines großen ansteigenden Platzes vor der Kirche. Männer sind dabei, Buden für eine Fiesta aufzubauen. An einem der Stände, der von Kindern belagert ist, dreht eine Frau eine bunte Scheibe, eine Art einfaches Roulette. Hier verspielen die Knirpse ihre erbettelten Centavos. Das ist der Grund, weshalb sie nicht nur um die große Währung, um Quetzales bitten, sondern über eine Handvoll kleiner Münzen für's Fotografieren oft noch mehr erfreut sind. Denn da gibt es allerhand Tand und billiges Spielzeug aus Plastik zu gewinnen.

Zur Kirche hinauf führen breite Stufen. Hintereinander aufgereiht sitzen auf diesen Stufen Schüler mit ihren Heften auf den Knien und schreiben fleißig. Vorhin haben wir das Schulhaus passiert. An der Außenwand hingen Wahlplakate: "Vota Luisa!" "Vota Lucio!" hieß es da - es ging um die Wahl der Schulsprecher.

Leif macht uns auf ein eigenartiges kleines weißgetünchtes Gebäude mit einer runden Kuppel links von der Kirche aufmerksam: "Das ist die Kapelle der Maximón! Diese Figur sieht etwa wie eine Vogelscheuche aus, eine hölzerne Puppe mit vielen Kleidern und Tüchern behängt und mehreren Hüten auf dem Kopf. Der Maximón spielt bei den indianischen Festlichkeiten während der Osterwoche eine große Rolle."

Die Figur des Maximón sitzt in der Karwoche in dieser Kapelle auf einem Sessel, umgeben von Opfergaben aus den reifsten und schönsten Früchten, mit einer rauchenden Zigarette zwischen den Lippen und bewacht von der Brüderschaft des Heiligen Kreuzes. Am Karfreitag wird er zusammen mit den Bildnissen der Schmerzensmutter und des heiligen Johannes bei der Prozession zum Heiligen Grab mitgetragen, wobei seine Zigarette immerzu glost. In eine Palmmatte eingerollt, wartet der Maximón dann auf einem Speicher auf seine Wiedererweckung im nächsten Jahr.

Der Maximón wird in mehreren Orten verehrt, in San Jorge de la Laguna besteht er jedoch nur aus einem großen bärtigen Kopf. Über die Bedeutung dieser Figur gibt es verschiedene Versionen. Vermutlich handelt es sich um eine alte Maya-Gottheit aus präkolumbianischer Zeit, die wie ein Mensch gekleidet war und der man symbolisch Nahrung und zu rauchen gab. Nach einer anderen Version ist der Maximón identisch mit dem Uayeb, dessen Fest mit den letzten fünf unheilvollen Tagen des Maya-Jahres zusammenfällt. Im christlichen Zusammenhang entspricht der Maximón dem Heiligen Simon, manchmal auch dem Judas Ischariot, hat als solcher aber nicht das negative Image wie in der Bibel, sondern ist für die "Naturales" (als solche bezeichnen sich die Indios selbst) der erste Schüler Christi. Er gilt auch als der Verteidiger der sexuellen Moral, wobei die Indios in dieser Hinsicht eine viel tolerantere Auffassung haben als die katholische Kirche.

Vor Jahren wollte der katholische Klerus in Santiago den Kult um diese "heidnische" Gottheit unterbinden, dabei kam es unter den Bürgern von Santiago aber zu einem Aufstand und sie appellierten sogar an den Präsidenten, daß sie ihren Maximón weiter verehren durften.

Zu dem breitgeduckten weißgetünchten Kirchenbau mit einem von gemauerten Säulen getragenen hölzernen Söller führen viele Stufen wie zu einem Maya-Tempel hinauf. Wir betreten den dunk-

Geradezu sensationell ist der Kopfputz

97

len Kirchenraum. Ein paar Kinder spielen auf dem Fußboden und vorne am Altar palavern zwei Männer mit lauter Stimme. Die Kirche scheint in Guatemala oft das zu sein, was in Europa fortschrittliche Priester daraus machen möchten – ein Gemeinschaftsraum, in dem man sich nicht nur zu Gottesdiensten, sondern auch zu anderen Aktivitäten trifft – ein Raum, vor dem man keine Scheu hat.

In die rechte Seitenwand ist nahe am Eingang eine Steintafel eingelassen. Sie erinnert an Father Stanley Francis Rother, der 1935 in Oklahoma geboren wurde und hier am 2. Juli 1981 seinen Tod fand.

Father Rother war einer der vielen Priester und Ordensgeistlichen, die ihren christlichen Auftrag ernst nahmen und zu den Unterdrückten hielten - und er war damit einer der 13 Priester, die zwischen 1979 und 1984 in Guatemala wegen ihres Engagements für die Armen ermordet wurden. Den Machthabern galt er als zu indiofreundlich. Deshalb traf ihn eines Tages eine Kugel, während er die Messe las - blutüberströmt brach er vor dem Altar zusammen.

Wie in allen lateinamerikanischen Staaten ist die Kirche in Guatemala zweigeteilt. Vor allem im hohen Klerus, dessen Angehörige aus vornehmen Familien des Landes stammen, unterstützen noch viele sehr konservativ gesinnte geistliche Würdenträger die Politik der Mächtigen. Allerdings wächst auch in diesen Kreisen die Zahl derer, die die bisherige obrigkeitliche Politik der lateinamerikanischen Kirche neu überdenken. Seit drei Jahren haben die Armen Guatemalas auch in Erzbischof Próspero Penados del Barrio einen Fürsprecher, der immer wieder die den Menschenrechten hohnsprechende Situation in Guatemala anprangert und sich als Vermittler zwischen Menschenrechtsgruppen, Guerilleros und Regierung anbietet.

Daneben aber wächst auch die Zahl der sozial engagierten Priester, die ganz unten in der Hierarchie stehen. Sie leisten den Campesinos bei der Selbstorganisation der Gemeinden Hilfe, bemühen sich um die Errichtung von Gesundheitszentren, Schulen und Straßen und unterstützen die Gründung von Bauernverbänden und politischen Gruppierungen zur Emanzipation der Entrechteten. Wer Landarbeitern zu Selbstbewußtsein verhilft, so daß sie es wagen, den gerechten Lohn zu fordern, Campesinos unterstützt, die nicht länger hinnehmen wollen, daß wertvolles Ackerland brach liegt, während sie mit ihren Familien verhungern, handelt gegen die Interessen der Großgrundbesitzer, ist ein "Subversivo" und lebt in ständiger Gefahr. Einer dieser unbequemen und unerschrockenen Geistlichen ist Padre Andrés Girón, der mit seinem kompromißlosen Eintreten für eine Agrarreform zum populären Wortführer der Bauernbewegung ANACAMPRO (Asociación Nacional Campesina Pro Tierra) wurde. 250.000 haben sich ihm angeschlossen, deshalb steht er auch auf den Todeslisten der Militärs ganz oben.

Es gäbe in Guatemala gesetzliche Handhaben, um Brachland von Farmen, die größer sind als 100 Hektar, zu enteignen. Entsprechend Schätzungen von USAID, der amerikanischen Agentur für internationale Entwicklung, gibt es in Guatemala über 1,2 Millionen ha Brachland, das hauptsächlich zu den riesigen Gütern gehört. Für dieses Land wird weder die auferlegte Steuer bezahlt, noch wird von der Möglichkeit der Enteignung Gebrauch gemacht, um es an Bauerngenossenschaften weiterzuverkaufen. Präsident Cerezo hat im Wahlkampf Land für Kooperativen versprochen, dieses Versprechen aber kaum gehalten.

An diesem Tag macht Santiago den Eindruck einer Idylle; hinten in den Höfen bei den Häusern aus Maisstengeln sitzen die Frauen an ihrer Webarbeit, Kinder verstecken sich kichernd hinter den Türöffnungen, wenn sie uns sehen. Nichts spürt man davon, daß das Militär auf Santiago ein besonders scharfes Auge hat: Ab vier Uhr ist Ausgangssperre, aber dann sind die Touristen längst wieder über das Wasser zurück. Auch auf uns wartet bereits das Boot, durch die engen Gassen schlendern wir zwischen Steinmauern zum Steg. In jedem Hof fällt uns beim Haus ein Hüttchen auf, nicht viel größer als eine Hundehütte. Dies sei das Tamascal, die aus Lavasteinen gemauerte, von den Indios täglich benutzte Sauna, klärt Leif uns auf.

In der Mittagshitze geht es zurück über den See nach Panajachél. Nun sticht die Sonne gewaltig, und man kann sich kaum vorstellen, wie kalt es in der Nacht war. Die beiden Sonnenanbeter, die nicht mit weißer Haut zurückkommen wollen, liegen trotz aller Warnungen auf dem Dach des Bootes. Am Abend werden die hochroten Köpfe präsentiert und Martin kann am nächsten Tag von seiner schütter bewachsenen hohen Stirn gleichsam den Skalp abziehen. Warnungen der Reiseführer haben meist ihre Berechtigung - am Atitlán-See ist die Sonne besonders grausam.

Richtung Karibik - Provinz Izabal

Bananera: Wo das Mißtrauen Lateinamerikas gegenüber den USA entstand

Gleich nachdem man Guatemala Ciudad auf der breiten Chaussee nach Nordosten Richtung Puerto Barrios verläßt, ändert sich das Bild schlagartig. Fuhren wir im Hochland durch eine grüne, fast heimatlich anmutende Landschaft, mit Mais- und Gemüsefeldern zwischen Kiefern- und Eichenwäldern, so sind nun die Berge kahl, mit Steppengras und Disteln bewachsen. Hin und wieder wächst auf den Bergen der Siera de las Minas auch niedriger Buschwald. Eigentümlich ist auch die Mischung der Vegetation aus niedrigen Laub- und Dornsträuchern und hohen Kandelaberkakteen. Steinbrüche neben der Straße zeigen klaffende schwarzglänzende Wunden aus Obsidiangestein, dem vulkanischen Glas, das wegen seiner Härte in primitiven Kulturen zu Messern und Pfeilspitzen verarbeitet wurde.

Die Straße fällt sehr rasch ab ins Tal des Rio Mantagua, wo wie überall im Tiefland Guatemalas die Luft feuchtigkeitsgeschwängert und unerträglich heiß ist.

Hier lebt ein anderer Menschenschlag als im Hochland. Man begegnet kaum indianischen Trachten, sondern die Menschen tragen die verschlissene ärmliche Kleidung der Ladinos. Die Wohnhütten sind vielfach aus Blech und alten Brettern zusammengezimmert, die wenigen geschlossenen Siedlungen ziehen sich endlos beiderseits der Straße entlang. Diese Dörfer wirken wie Goldgräbersiedlungen und haben wenig von der Heimeligkeit der Indio-Dörfer im Hochland. Hier kommen auch keine zartgliedrigen Kinder mit ihren Handarbeiten an den Bus, sondern dunkelhäutige Frauen mit weichen, verschwimmenden, oft negroiden Gesichtszügen, die Körbe voll mit Cashew-Nüssen, Limetten, Mangos, Avocados und anderen Früchten. Sogar die Friedhöfe sehen hier an der Straße zur Karibik anders aus als im Hochland: Dort sind es Totenstädte von gemauerten Kapellen, oft pompöser als die Häuser der Lebenden, hier liegen die Toten unter flachen gemauerten Hügeln.

*Die niedrig gemauerte Hütte vor dem Zaun ist das Tamascal,
die Sauna*

Diese wichtige Straßenverbindung zwischen Guatemala Ciudad und Puerto Barrios, die "Ruta Nacional No 9", wurde Anfang der Sechzigerjahre durchgehend asphaltiert und verbreitert. Bis dahin war der wichtige Hafen Puerto Barrios von der Hauptstadt aus im Wesentlichen nur mit einer Schmalspurbahn erreichbar. Auf dem Weg nach Puerto Barrios zweigt auf halber Strecke die Eisenbahnlinie bei Zacapa ab und führt weiter über die Grenze, nach San Salvador. Die Reise zwischen den beiden Hauptstädten Guatemalas und El Salvadors, die mit dem Bus oder Auto in wenigen Stunden zu bewältigen ist, dauert mit der Bahn zwei Tage. Mit der Eisenbahn reist man in Guatemala noch billiger als im ohnehin billigen Bus, aber die Fahrt ist nur dem anzuraten, der sich den Anblick der prachtvollen Landschaft entlang der Linie viel Zeit kosten lassen will: An die zwölf Stunden zuckelt das Bähnchen die 374 Kilometer mit einer Durchschnittsgeschwindigkeit von 30 Stundenkilometern zum Hafen Puerto Barrios hinunter - für die gleiche Strecke benötigt der Bus nur fünf Stunden.

Die Geschichte dieser Eisenbahn ist mit der Geschichte und dem Elend Guatemalas eng verknüpft.

Diese Bahn bildete ein wichtiges Instrument der berüchtigten "United Fruit Company" bei ihrer rücksichtslosen Ausbeutungs- und Machtpolitik, die diese amerikanische Gesellschaft in Mittelamerika und besonders in Guatemala betrieb, und deren Folge die Instabilität in den "Bananenrepubliken" Zentralamerikas war. Mit Hilfe dieser Bahnlinie und jener zum Pazifik, die ihr ebenso gehörte, konnte die Gesellschaft, der "Overlord" Guatemalas, den Außenhandel, die Wirtschaft überhaupt, und damit die Politik des Landes kontrollieren.

Zu Anfang unseres Jahrhunderts war das fruchtbare aber unzugängliche Land in den tropischen Niederungen schwer zu nutzen und daher billig zu haben. Der Ausverkauf Guatemalas begann, als der damalige Diktator, Manuel Estrada Cabrera, 1904 eine Konzession für 99 Jahre für den Bau und Betrieb dieser Bahnlinie an den amerikanischen Unternehmer Minor Keith verlieh, der Mittelamerika durch Eisenbahnen erschloß und bald mit der "United Fruit Company" gemeinsame Sache machte.

Wer immer hinfort im Lande Waren über das Meer ins Ausland exportieren wollte, mußte sich der Bahn und des Hafens Puerto

Barrios bedienen, der ebenfalls der amerikanischen Bananengesellschaft gehörte. Die Monopolgesellschaft für Eisenbahnen in
Guatemala konnte es sich leisten, die höchsten Tarife der ganzen
Welt zu berechnen, denn wer hätte ihr gerechtere Tarife vorzu-
schreiben vermocht?

Als Folge der verantwortungslosen Ausverkaufspolitik der Dik-
tatoren in Guatemala in der ersten Hälfte dieses Jahrhunderts
bekam die United Fruit die fruchtbarsten Landstriche, die wichtigsten Verkehrswege und den Haupt-Handelshafen in ihre Hand. Sie
pflegte enge Beziehungen zu den starken Männern Guatemalas
und konnte daher nach den Erfordernissen des Unternehmens die
Politik im Land beeinflussen und im eigennützigen Interesse eine
gesunde soziale Entwicklung verhindern.

Guatemala war als Hauptoperationsgebiet des amerikanischen
Bananenexporteurs ausgewählt worden, weil ein großer Teil des
Staatsgebietes ausgezeichnetes Bananenland war, vor allem aber,
weil zu der Zeit, als die Gesellschaft in Mittelamerika Fuß zu
fassen begann, die Regierung Guatemalas die schwächste, korrup-
teste und willfährigste weit und breit war, schreibt Thomas Mc-
Cann in einem Buch über die United fruit, in der er selbst zwanzig
Jahre lang tätig gewesen war. Fünfzig Jahre lang konnte die
Gesellschaft ungehindert märchenhafte Profite auf Kosten der
Bevölkerung Guatemalas einstreichen. Die heutige ausweglose
Situation der mittelamerikanischen Staaten ist eine Folge der
Ausbeutungspolitik der United Fruit Company, die mit der ameri-
kanischen Außenpolitik eng verflochten war.

Die Welle sozialer Ideen und sozialer Umgestaltung in der Welt
erreichte gegen Ende des zweiten Weltkrieges auch Guatemala.
Eine ernstzunehmende Opposition gegen die bis dahin bestehende
strenge Diktatur und die sozialen Ungerechtigkeiten begann sich
zu rühren. Lehrer, Händler, Facharbeiter und Studenten trugen
eine Bewegung, die sich unter anderem an den Entwicklungen
beim nördlichen Nachbarn Mexico orientierte, wo eine größere
Landreform durchgebracht worden war.

Im Jahre 1944 hatte die Bewegung der Unzufriedenen, die
immer mehr angewachsen war, schließlich Erfolg: In der "Oktober-
revolution" Guatemalas erzwangen zwei aufständische Offiziere,
Major Francisco Arana und Hauptmann Jacobo Arbenz, den Rücktritt des Diktators und freie Wahlen. Als ihren Kandidaten nomi-

nierten sie den Philosophieprofessor Juan José Arévalo Bermejo, der im Volk große Zustimmung fand. Als Visionär für Demokratie und soziale Gerechtigkeit, der sich entschieden von radikalen Ideologien, und vor allem vom Kommunismus distanzierte, erhielt Arévalo im Dezember 1944 über 85 Prozent der Stimmen der (des Lesens und Schreibens kundigen) Wahlberechtigten.

Innerhalb weniger Monate wurde eine besonders für Mittelamerika neuartige Verfassung ausgearbeitet, die den Militärs die Teilnahme an der Politik untersagte und den einzelnen Staatsbürgern umfassende Rechte garantierte. Die Verfassung verbot private Monopole und verlieh der Regierung das Recht, bestimmten Privatbesitz zu enteignen. Durch verschiedene Klauseln wurden die Befugnisse des Staatspräsidenten eingeengt, wohl in der Absicht, eine neue Diktatur zu verhindern. Mit dieser Verfassung war der Grundstein zum Rechtsstaat gelegt. Gleichzeitig aber bedeutete diese Verfassung die "Kriegserklärung" gegenüber der United Fruit Company, dem größten Grundbesitzer des Landes.

Arbenz sah es für sich als Aufgabe, den US-Gesellschaften die Kontrolle über die Wirtschaft seines Landes zu entringen. Diesem Ziel dienten die Errichtung eines staatseigenen Hafens am Atlantik als Konkurrenz zu Puerto Barrios, der Bau einer Autostraße parallel zu der Eisenbahn zum Karibikhafen und eine staatliche hydroelektrische Anlage, die Energie billiger liefern sollte als das US-kontrollierte Elektrizitätsmonopol. Der Einfluß der ausländischen Gesellschaften sollte nicht in erster Linie durch Enteignung, sondern über den Wettbewerb durch inländische Unternehmen zurückgedrängt werden.

Die Lebensbedingungen der Bevölkerung begannen sich in der kurzen Zeit seit dem Ende der Diktatur allmählich zu verbessern. Doch die zentrale Frage des ungerecht verteilten Landbesitzes war in der Verfassung zwar behandelt, aber noch nicht praktisch gelöst.

Die Lösung dieses Problems sollte eine Bewährungsprobe für Arbenz sein. Indem er die Landreform zu seinem politischen Hauptziel machte, mußte er sich notwendigerweise Feinde unter den Reichen im Land schaffen.

Der Beginn für die Schwierigkeiten wurde mit der am 27. Juni 1952 verabschiedeten Landreform gelegt. Nunmehr war die Regierung ermächtigt, unbewirtschafteten Grundbesitz ab einer bestimmten Größe zu enteignen und neu zu verteilen. Der bisherige

Besitzer sollte allerdings eine Entschädigung erhalten, die dem von ihm in der Steuererklärung angegebenen Wert entsprach.

Selbst die Familie des Präsidenten Arbenz blieb von dieser Landreform nicht verschont. Seine Frau, die ihn in seinen Sozialideen tatkräftig unterstützte, hatte beträchtlichen Landbesitz mit in die Ehe gebracht, aus dem nun 680 Hektar zur Verfügung gestellt werden mußten. Schon in den ersten Monaten, in denen die Landreform in Kraft trat, konnte 100.000 Familien Land zugeteilt werden, auf dem sie ihre "Milpa", ihr lebenswichtiges Maisfeld, anlegen konnten. Der Staat wurde eine enorme Summe an Entschädigungszahlungen schuldig.

Arbenz sah sich nun aber mit einer Gegnerschaft aus zwei Richtungen konfrontiert: Die Landreform machte ihn in den besitzenden konservativen Kreisen ebenso unbeliebt wie in radikal reformerischen Kreisen. Zwar brachte die Reform entscheidende Verbesserungen für viele, aber sie war viel behutsamer, als jene Landreform, die ein Jahrzehnt zuvor in Mexico durchgedrückt worden war. Radikalere Gruppen forderten daher eine noch einschneidendere Landenteignung der Reichen und konnten Sympathien gewinnen - unter anderem auch bei den Kommunisten, die sich ja nun, im Sinne der proklamierten Demokratie, offen betätigen durften.

Arbenz selbst war kein Kommunist, sondern Nationalist, hatte aber Kommunisten zu Freunden und Beratern, weil er jede Unterstützung für seine Reformideen dringend benötigte. Zwar konnte die kommunistische Partei in Guatemala nie besonderen Einfluß gewinnen, immerhin aber erlangten einige ihrer Mitglieder politische Posten und höhere Verwaltungsämter.

Arbenz' Offenheit gegenüber den linken Sozialreformern gab der United Fruit Company eine willkommene Gelegenheit, sich gegen die Landreform zu wehren, die sie als größten Grundbesitzer ja am meisten traf. Nicht im Lande selbst, sondern in den USA wurde der Kampf gegen die Landreform vorbereitet. In einer Zeit, in der dort ein Joseph McCarthy zur Kommunistenhatz blies, konnte leichtgläubigen Amerikanern der rote Teufel, der Guatemala angeblich regierte, ohne Schwierigkeiten beschworen werden. In einer groß angelegten Kampangne wurde Arbenz als Kommunist und Kommunistenfreund diffamiert, bis auch die amerikanische Regierung und der CIA die vermeintliche rote Gefahr sahen und zur gewaltsamen Beendigung der Demokratie in Guatemala durch Invasion bereit waren.

Die Diffamierung von Arbenz als Kommunist lief nun auf vollen Touren an. Die Bananengesellschaft engagierte in den USA namhafte Werbefirmen zu diesem Zweck, die die öffentliche Meinung durch gezielte Fehlinformation gegen Guatemala beeinflussen sollten. Als Public-Relations-Manager wurde Edward Bernays engagiert, ein Neffe von Siegmund Freud.

Der amerikanische Geheimdienst CIA war der wichtigste Verbündete. Von ihm stammte die generalstabsmäßige Planung der "Operation Success" (Operation Erfolg), die gezielt der Demokratie in Guatemala den Garaus machen sollte. Der Plan sah vor, eine lokale Aufstandsbewegung gegen Arbenz anzuheizen, und die amerikanische Beteiligung geheimzuhalten. Der CIA lieferte an unzufriedene, sehr konservativ eingestellte Offiziere in Guatemala Waffen, die United Fruit gab Geld. Und auch der amerikanischen Regierung war die Beseitigung von Arbenz 20 Millionen Dollar wert.

Der CIA gewann als Anführer der noch zu bildenden Rebellenarmee den ehrgeizigen, in Amerika ausgebildeten Oberst Castillo Armas, der vom Nachbarland Honduras aus mit amerikanischer Hilfe den Aufstand vorbereiten sollte.

Auch der nicaraguanische Diktator Anastasio Somoza García machte bei dem Komplott gegen Arbenz mit und ließ in seinem Land Ausbildungslager für die "Befreiungsarmee" des CIA anlegen.

Mit allen zur Verfügung stehenden Mitteln bereitete der amerikanische Geheimdienst CIA die Invasion in Guatemala vor. Gegenüber der Welt sollte der Eindruck erweckt werden, Guatemala stelle eine Bedrohung für die Region (und insbesondere auch für die Kanalzone in Panama) dar, wenn man den angeblichen kommunistischen Umtrieben nicht rasch und entschieden entgegenträte. Eine vom CIA für die "Operation Success" gegründete Waffenfirma, die International Armament Corporation (InterArmco), sorgte für die Bewaffnung der vom CIA organisierten "nationalen Befreiungsarmee" mit Gewehren, Maschinenpistolen und Granatwerfern. Zum Konzept gehörte auch die Organisation von Waffen, die sowjetische Kennzeichen trugen. Der Plan sah nämlich vor, diese Waffen in Guatemala einzuschleusen, so daß sie aufgefunden werden konnten - als schlagender Beweis, daß die Russen tatsächlich in Guatemala einen Stützpunkt einrichten wollten. Derartige Manipulationen gehörten fast schon zur routinemäßigen Taktik des CIA.

Ein weiteres geschicktes Manöver verschleierte die amerikanische Herkunft von mehr als 30 Flugzeugen, die die "Befreiung" vorbereiten und unterstützen sollten: Eine extra für diesen Zweck gegründete medizinische Schein-Stiftung galt offiziell als Eigentümerin der Flugzeuge, die damit unverfänglich zivilen Charakter erhielten. Um die Flüge über guatemaltekischem Hoheitsgebiet zu rechtfertigen, wurde vorgegeben, daß diese Flugzeuge von der Karibik aus Luftaufnahmen, Schädlingsbekämpfungsaktionen und Vergnügungsflüge durchführten. Weitere Flugzeuge wurden - ebenfalls im Zusammenhang mit der Einkreisung Guatemalas - der Regierung von Nicaragua für einen Dollar pro Maschine "vermietet".

Lange bevor diese Maschinen für die Bombadierung von Guatemala Ciudad eingesetzt werden sollten, war es ihre Aufgabe, Flugblätter gegen Arbenz und Waffen für die von Amerika angestifteten "Rebellen" abzuwerfen.

Arbenz hätte natürlich längst erkennen müssen, daß sich schwarze Wolken über seinem Haupt zusammenzogen. Auch er begann nach Möglichkeiten Ausschau zu halten, seine Verteidigungsfähigkeit zu verbessern. Seit in Guatemala die Reformgesetze angenommen worden waren, die die Machtposition ausländischer Gesellschaften unterhöhlten, weigerte sich jedoch die USA, der Armee Guatemalas Waffen zu liefern. Auch andere westliche Staaten schlossen sich unter dem Druck der Amerikaner dem Embargo an.

Schließlich tat der in die Enge getriebene Arbenz einen unvorsichtigen Schritt, der den Amerikanern die Rechtfertigung für ihre Pläne geradezu ins Haus lieferte - er schloß einen Waffenlieferungsvertrag mit der Tschechoslowakei, von dem der CIA trotz größter Geheimhaltung Wind bekam. Mit Hilfe dieser Waffen wäre Guatemala leicht in der Lage, die Nachbarstaaten zu überrollen und bis in die Kanalzone Panamas vorzustoßen, wurde nun verbreitet. Somit fühlte der übermächtige Nachbar im Norden sich zum Eingreifen aufgefordert und von dem Verdacht befreit, nur im Interesse einer amerikanischen Firma einen souveränen Staat zu überfallen und seine legal gewählte Regierung zu stürzen.

Als Außenminister Dulles berichtet wurde, daß die tschechische Waffenladung in Puerto Barrios am 15. Mai 1954 eingetroffen sei, setzte er daraufhin als Termin für die amerikanische Invasion in Guatemala den folgenden Monat Juni fest. Für Arbenz war es allerdings mehr als tragisch, daß diese tschechischen Waffen, die den USA den willkommenen Vorwand für ihr kriegerisches Vorgehen geliefert hatten, zum größten Teil unbrauchbar waren - entweder handelte es sich um veraltete oder sogar funktionsunfähige Typen, oder sie waren in dem unwegsamen Gelände Guatemalas völlig fehl am Platz - mit den mitgelieferten Panzer-Abwehr-Kanonen war nicht viel anzufangen, da kein mittelamerikanisches Land Panzer besaß.

In der amerikanischen Botschaft in Guatemala Ciudad residierte der CIA ganz offen. Hier unterhielt er unter anderem eine Rundfunk-Sendestation. Sender unter dem Namen "Trabajo, Pan y Patria" (Arbeit, Brot und Vaterland) operierten von den umliegenden Ländern Nicaragua, Honduras und der Dominikanischen Republik aus auf den gleichen Kanälen wie der Staatsfunk Guatemalas. Die Rundfunksendungen waren ein wichtiger Bestandteil einer großangelegten Destabilisierungskampangne, um die Guatemalteken in Angst und Schrecken zu versetzen. Das Radioteam versuchte den Eindruck zu erwecken, daß Guatemala voller Rebellen sei, die darauf brannten, Arbenz aus dem Präsidentenpalast zu verjagen. Sendungen des lokalen Rundfunks wurden gestört, vor allem die Ansprachen des Präsidenten, und mit speziellen Propagandasendungen für besondere Bevölkerungsgruppen sollten Frauen, Soldaten, Arbeiter und junge Leute animiert werden, sich der "Befreiungsarmee" von Castillo Armas anzuschließen. Um die Offiziere gegen ihren Oberbefehlshaber zu empören, wurden über Flugblätter und den Rundfunk Gerüchte in Umlauf gebracht, Arbenz wolle die Streitkräfte auflösen und durch eine Bauernarmee ersetzen. Der CIA-Sender in der amerikanischen Botschaft hatte außerdem die Aufgabe, während der geplanten Invasion selbst die Geräusche von Bombeneinschlägen dramatisch zu verstärken und damit die Bevölkerung in Panik zu versetzen.

Knapp hinter der Grenze auf honduranischem Gebiet wartete Castillo Armas mit seiner merkwürdigen "Rebellenarmee" aus guatemaltekischen Exilanten, amerikanischen und mittelamerikanischen Söldnern und Abenteurern auf Waffenlieferungen aus

Amerika sowie auf das Startzeichen zum Losschlagen. Dieses Startzeichen wurde für den 18. Juni 1954 gegeben. Der CIA charterte alle, die noch an dem "Befreiungsfeldzug" mitwirken wollten herbei. An der Spitze einer Lastwagenkolonne überschritt Castillo Armas die Grenze von Honduras nach Guatemala und eröffnete damit die "Befreiung". Doch die erwartete spontane Erhebung der Bevölkerung blieb aus, deshalb nahm der CIA selbst das Zepter in die Hand.

In den folgenden Tagen wurde Guatemala überschwemmt von einer Flut von Flugzetteln und Nachrichten. Ziel dieser Propagandaschlacht war, die Guatemalteken und das aufmerksam gewordene Ausland zu überzeugen, daß dem Heer Armas' immer mehr Menschen zuströmten und sein Sieg daher unvermeidlich sei.

Ein Flugzeug mit übermalten Hoheitskennzeichen warf über der Hauptstadt Flugzettel ab, in denen eine Bombadierung des Hauptarsenals angedroht wurde, falls Arbenz nicht sofort zurückträte. Gezeichnet waren diese Flugzettel mit "Nationale Befreiungsarmee" - so, als ob nicht amerikanische Piloten hinter dem Steuerruder gesessen wären, sondern dissidente Guatemalteken. Eine Maschine, die andere Ziele im Lande aus der Luft beschossen hatte, machte aus Treibstoffmangel im mexikanischen Grenzgebiet eine Bruchlandung. Es brachte die USA in nicht geringe Verlegenheit, daß durch diese Unvorsichtigkeit der Piloten offenbar wurde, daß das Flugzeug nicht von rebellischen Guatemalteken, sondern von US-Angehörigen gesteuert worden war. Für die Amerikaner wurde es damit schwieriger, mit sauberer Weste aus der Affäre zu steigen und glaubhaft zu machen, daß es sich um einen spontanen Aufstand einer lokalen Befreiungsbewegung handelte.

An diesem ersten Tag der Invasion und in den folgenden Tagen erlebte die Hauptstadt zahlreiche Angriffe aus der Luft mit Maschinengewehren und Sprengbomben, die grenznahen Städte Chiquimula und Zacapa wurden in Brand geschossen und die Flugzeuge warfen an verschiedenen Stellen des Landes Waffenbündel zur Unterstützung der "Befreiungsarmee" ab.

Sofortige leidenschaftliche Apelle des Außenministers von Guatemala an den UN-Sicherheitsdienst brachten zwar inoffizielle Sympathiekundgebungen für den vom nordamerikanischen Riesen bedrohten Zwerg, doch konnte der gerade amtierende Vorsitzende Henry Cabot Lodge in Verhandlungen mit Großbritannien und Frankreich erreichen, daß die Staaten bei einer Abstimmung über eine Untersuchung der Situation in Guatemala nicht mitstimmten, um in ihren eigenen Angelegenheiten - Suezkanal, Zypern und Indochina - nicht die Unterstützung der Amerikaner zu verlieren.

Mittlerweile ging der schmutzige Krieg in Guatemala weiter. Der CIA-Sender berichtete pausenlos von Rebellenbewegungen, dem Vorrücken der "Befreiungsarmee" und von schweren Verlusten des Militärs. Gerüchte wurden verbreitet und dann wieder dementiert. Die desorientierte Bevölkerung wußte schließlich nicht mehr, was sie glauben sollte.

Den Drahtziehern lag viel daran, daß über die Ereignisse in Guatemala möglichst täglich etwas in ihrem Sinne in den Zeitungen stand, deshalb sperrten sie die "Kriegszone" für Reporter, damit diese nicht etwa berichten konnten, wie die "Rebellenarmee" zusammengesetzt war, und daß längst nicht alle Gerüchte stimmten. Um dennoch die Neugier der Leser befriedigen zu können, hielten sich viele Journalisten an eine ergiebige Informationsquelle, die nur zu gerne Schauergeschichten und Greuelfotos aus Guatemala lieferte: Die United Fruit Company.

Sollte der vom CIA beabsichtigte Putsch Erfolg haben, war es vor allem wichtig, die hohen Militärs, die bisher noch zum größten Teil zu ihrem Oberbefehlshaber Arbenz hielten, abtrünnig zu machen. Deshalb stellte der amerikanische Geheimdienst zur Bestechung von fahnenflüchtigen Offizieren beträchtliche Geldmittel zur Verfügung. Diese Verlockung im Zusammenhang mit der massiven Propagandaschlacht, der Verunsicherung durch fingierte Berichte über die Mächtigkeit des Widerstandes und der kommunistischen Gefahr und die mittlerweile faktische Unsicherheit innerhalb der Bevölkerung brachten es tatsächlich zustande, daß eine Reihe von Offizieren von Arbenz abfiel, ohne daß sie deshalb gleich den Anhängern ihres Kollegen Armas zuzurechnen gewesen wären.

Nun mußte Arbenz erkennen, daß er handlungsunfähig war und keine Ruhe herrschen würde, bevor er nicht sein Amt zur Verfügung stellte. Als am 27. Juni die bestürzende Nachricht eintraf, daß sein nicaraguanischer Nachbar Somoza eigenmächtig das Bombardement eines britischen Frachtschiffes veranlaßt hatte, das Kaffee und Baumwolle aus guatemaltekischen Plantagen beförderte, erkannte Arbenz, daß seine Gegner vor keinem Mittel zurückschrecken würden, um ihren Willen in Guatemala durchzusetzen. Mit dem Stabschef der Streitkräfte Guatemalas, Oberst Carlos Enrique Díaz, der bis zuletzt fahnentreu geblieben war und den "Rebellenführer" Armas genauso verabscheute wie der Präsident selbst, vereinbarte er die Bedingungen für seinen Rücktritt, die dieser in der amerikanischen Botschaft aushandeln sollte.

Wichtiger Punkt dieser Bedingung war, daß Armas nicht ans Ruder käme, weil zu erwarten war, daß er alle erreichten Reformen rückgängig machen würde. Deshalb bot sich Díaz als Kopf einer Dreierjunta von Militärs an. Doch als Anhänger der Ideen von Arbenz war Díaz den USA nicht genehm. Nachdem daher Arbenz zum Rücktritt gebracht worden war, wurde die Hauptstadt neuerlich bombadiert und Díaz durch einen Anschlagsversuch entmachtet. Dem amerikanischen Botschafter Peuirefoy, der in der ganzen Angelegenheit eine recht eindeutige Rolle gespielt hatte, gelang es schließlich doch auf Umwegen, Castillo Armas an die Spitze des Staates Guatemala zu hieven.

Armas wußte, was er seinen Königsmachern schuldig war: Eine neue Verfassung ersetzte das von den Amerikanern angefeindete Reformwerk von 1944. Und um sozialreformerisches Ideengut mit der Wurzel auszureißen, setzte eine Hatz gegen alle Kommunisten und Anhänger des Arbenz ein.

Damit war die Reform-Verfassung endgültig und unwiderruflich zu Fall gebracht, die den Weg für die Entwicklung zu einem modernen Staat im Sinne westlicher Demokratien hätte bereiten sollen. Das Volk war wieder zu den fast rechtlosen Untertanen der Mächtigen im Land geworden. Doch die Folgen der Einmischung der USA in innere Angelegenheiten eines souveränen Staates waren nicht nur für diesen, sondern für die ganze Region katastrophal.

Eine der ersten Amtshandlungen von Armas war, der United Fruit die Rückgabe ihres enteigneten Landes zu sichern, doch sollte sich die Bananengesellschaft nicht lange dieses skrupellos erworbenen Erfolges freuen. Der Angriff auf ihre wirtschaftliche Übermacht kam aber diesmal nicht aus Guatemala, sondern aus den Vereinigten Staaten.

Die Welt hatte die Einmischung der USA, von der zu dieser Zeit noch nicht einmal das ganze Ausmaß bekannt war, mit wachsender Empörung verfolgt. Unter dem Eindruck internationaler Kritik begannen sich die USA daher allmählich von der United Fruit

Company zu distanzieren. Als schließlich das amerikanische Justizministerium zu untersuchen begann, ob die Bananen-Monopolgesellschaft vielleicht gegen das amerikanische Antitrust-Gesetz verstoße, unternahm die amerikanische Regierung nichts, um auf dieses Verfahren Einfluß zu nehmen. Der Rechtsstreit, in dem sich die Bananenfirma gegen das Verdikt ungesetzlicher offener Monopolbildung und unlauteren Wettbewerbes zu wehren versuchte, zog sich bis 1958 hin.

Das Verfahren leitete die völlige Entmachtung der Gesellschaft in Guatemala und schließlich ihre Auflösung ein. Zuerst sah sich die United Fruit Company gezwungen, 40.000 Hektar ihres Grundbesitzes herzugeben und einen Teil ihrer Geschäfte an einheimische Gesellschaften abzutreten. Selbst die Rechte an der wichtigen Eisenbahnlinie nach Puerto Barrios durfte sie nicht behalten. Was Arbenz vergeblich angestrebt hatte, nämlich eine Schnellstraße parallel zur Bahntrasse zu errichten, gelang nun Armas mühelos mit Unterstützung aus den USA, da man dort den schlechten Eindruck verwischen wollte, den die Invasion im Interesse einer amerikanischen Firma international gemacht hatte.

Heute wird das Bananengeschäft in Guatemala von der amerikanischen Firma Del Monte beherrscht, die zum größten Lebensmittelkonzern der Welt gehört. Die Plantagen betreibt ihre guatemaltekische Tochterfirma Bandegua; diese Gesellschaft besitzt über 22.000 Hektar bestes Farmland in der fruchtbaren Ebene, aber nur etwa ein Sechstel davon wird genutzt. Bandegua braucht keine Steuern auf die verkauften Bananen zu bezahlen, wie die entsprechenden Gesellschaften der Nachbarländer - der Staat hat also vom Bananengeschäft keinerlei Profit. Die aufs engste mit dem Ausland verknüpfte Firma ist der größte private Arbeitgeber in Guatemala. 5.500 Arbeiter sind von ihr abhängig. Durch ihre Verbindungen mit den konservativsten Kreisen und damit zu den "Todesschwadronen" verhindert sie ebenso wie andere transnationale Gesellschaften - etwa Coca Cola, auf deren Konto die Ermordung von 12 Gewerkschaftern geht - skrupellos jegliche Bemühung um gerechte Löhne oder rechtliche Absicherung der Arbeiter[1].

Seit dem fremdbestimmten Putsch haben sich die Lebensbedingungen in Guatemala für die große Masse drastisch verschlechtert

---

1   Painter, Guatemala, False Hope, false Freedom

und die Gegensätze sind schärfer geworden. Die einzige Maßnahme, die Beruhigung bringen könnte, eine Landreform, wurde zwar mehrfach von neuen Präsidenten versprochen, unter den herrschenden Machtverhältnissen konnten diese Versprechen aber nie gehalten werden.

Der Putsch in Guatemala leitete eine Radikalisierung in Mittel- und Südamerika ein. Die Militärdiktatoren konnten auf auswärtige Unterstützung zur Aufrechterhaltung der herrschenden Machtverhältnisse rechnen und hatten daher immer weniger Hemmungen, aufkeimende Sozialbewegungen brutal zu zerschlagen; dagegen formierte sich der Widerstand, selbstverständlich auch kommunistisch unterstützter, dem die USA durch ihre Einmischung erst den Zulauf durch die Bevölkerung gesichert haben - Gewalt erzeugt Gegengewalt. Der organisierte Widerstand in Guatemala, der allerdings nur zu einem Teil kommunistisch orientiert ist, da die indianische Bevölkerung für politische Parolen weniger anfällig ist, führt zum größten Teil seine Entstehung auf die "Operation Success" im Jahre 1954 zurück.

Die Aufwendungen für Militär und Sicherheitskräfte sind gewaltig, diese Mittel fehlen für lebenswichtige Aufgaben des Staates, der über so geringe Steuereinnahmen verfügt. Das internationale Waffengeschäft blüht und schafft Abhängigkeiten, die den Handlungsspielraum des Staates einschränken.

Seitdem die USA ihre Machtpolitik zugunsten der privaten Monopolgesellschaft United Fruit Company eingesetzt haben, begegnet man in Lateinamerika den "Gringos" aus dem Norden mit Mißtrauen, auch wenn man von ihnen abhängig ist.

Brachland säumt die Straße durch das fruchtbare Montagua -Tal: Saftige Wiesen, auf denen nur selten Nutztiere grasen, hin und wieder eine vernachlässigte Kaffeepflanzung; gewaltige Baumriesen mit auffallenden orangen Blütenständen, die weißen Trichterblüten der Callas wuchern am Ufer eines kleinen Flusses, Strielizien, die kostbaren Papageienblumen, gedeihen hier wild: Eine natürliche Parklandschaft. Wäre dieser Landstrich intensiv genutzt, könnte sich wahrscheinlich die Bevölkerung von ganz Guatemala gut davon ernähren - Brachland in der feuchtwarmen Tiefebene, wo Boden und Klima am besten sind, intensivste Bodennutzung im unwegsamen und klimatisch rauhen Gebirge.

Bevor wir die Ausgrabungen von Quirigua besuchen, die ein paar Kilometer abseits der Schnellstraße liegen, will Leif uns eine Bananenplantage zeigen. "Bananero" steht auf den öffentlichen Bussen, die die Arbeiter ins Bananengebiet bringen. Unmittelbar nach der Abzweigung von der Staatsstraße beginnt das grüne Meer der Bananenmonokultur. Einige Male wird unser Kleinbus auf der schmalen Schotterstraße von riesigen Kühlwagen fast in den Graben gedrängt - sie bringen die Ernte zur Verschiffung nach Puerto Barrios.

Die Bananenstauden werden bis zu fünf Meter hoch. Ihre Blätter sind vom Wind zerrissen, so daß sie aussehen wie Palmen. Aber die Bananenstaude, eine der genetisch ältesten Pflanzen, ist keine Palme. Wie lange Zigarren schieben sich die zusammengerollten Blätter aus der Mitte des Blätterbündels hoch, bis sie ihre volle Länge, oft zwei Meter, erreicht haben. Erst dann beginnt das Blatt sich zu entrollen. Man kann diesem Vorgang beinahe zusehen, es dauert nicht länger als einen Tag, bis ein neues Blatt gebildet ist. Der glatte bräunliche Schaft wird mit jedem frischen Bananenblatt dicker. Aber sobald die Staude gefruchtet hat, stirbt die Mutterpflanze. Vorher haben sich Nebenschößlinge gebildet, die schon nach neun Monaten vollentwickelt sind und Früchte tragen können.

Die mächtigen Stauden tragen schwer an den kopfabwärts hängenden, bisweilen mannshohen Fruchtständen. Schuppenförmig in Reihen von vielleicht zwanzig Früchten wachsen die Bananen um einen mehr als armdicken Stengel. An der Spitze dieser Traube hängen mächtige braunrote Zapfen. Jeder einzelne Fruchtstand wird noch an der Pflanze zum Schutz gegen Verschmutzung und Schädlinge in eine durchlöcherte Kunststoff-Schutzfolie gehüllt.

In einem von den Bananenwäldern umgebenen Gebäudekomplex sind die Erntearbeiten voll in Gang. Obwohl laufend die riesigen Kühlwagen und Tieflader, die uns unterwegs begegnet sind, mit ihrer Fracht abgeschickt werden, sind nur verhältnismäßig wenige Männer und Frauen hier beschäftigt. Der Ablauf der Ernte- und Verpackungsarbeit ist ausgeklügelt und weitgehend mechanisiert, so daß jeder einzelne Arbeitsgang von wenigen Arbeitskräften bewältigt werden kann - oder muß.

Die Fruchtstände werden abgeschnitten, wenn die Früchte noch grasgrün sind, damit sie auf dem Weg bis zum Konsumenten nicht verderben, sondern nachreifen. Unter dem Dach einer großen niedrigen Baracke hängen bereits abgeschnittene Fruchtstände eng nebeneinander von der Decke zum Boden, wie in einer Schlachterei die Schweinehälften. Gerade kommt ein neuer Transport herein: Wie die Perlen an einer Schnur sind etwa dreißig frisch geerntete Fruchttrauben aneinandergekettet. Vorne tuckert eine Zugmaschine. Sie wird abgekoppelt, denn zur Waschstraße geht es weiter mit Menschenkraft. Ein kleiner drahtiger Bursche hängt sich mit fast waagrecht nach vorne geneigtem Oberkörper in das Zugseil, daß die Adern an seinem Hals vor Anstrengung fingerdick hervortreten und ihm der Schweiß in Strömen herunterrinnt. Dreißig Bananentrauben, von denen bei manchen nicht viel auf einen Zentner fehlen mag, muß er in Bewegung setzen. Sobald die letzte Traube die Trägheit überwunden hat und langsam auf der Schiene zu gleiten beginnt, laufen die Bündel fast von alleine hinter ihm her.

Die Schiene führt entlang eines langen betonierten Bottiches. Bei jeder Traube wird oben und unten der Umfang der Früchte gemessen und eine Markierung angebracht, wo die Bananen mit der im Exporthandel gefragten Normgröße beginnen und wo sie enden. Denn die Früchte sind nicht alle gleich groß. An der dickeren Seite des Stengels werden sie bis zu vierzig Zentimeter lang und haben einen Durchmesser bis zu zehn Zentimetern. Zur Spitze hin werden die Früchte immer kleiner, bis sie in der Nähe der braunen Blütenreste nur mehr kaum fünfzehn Zentimeter lang und stark gekrümmt sind. Diese Früchte sind gut genug für die Einheimischen, sie bleiben im Lande und werden achtlos auf riesige Tieflader geworfen. Auf den Märkten bekommt man stets nur diese Bananen zweiter Wahl, schwarzfleckig wegen der sorglosen Behandlung während der Ernte und des Transportes.

Die Qualitätsbananen müssen gewaschen werden, dazu werden die Früchte vom markierten Teil der Traube mit einem halbkreisförmig gekrümmten Messer an einem kurzen Stiel in bereits handelsübliche Bündel vom Stengel gehackt und in die Wasserwanne geworfen. Ein Förderband transportiert sie nach dem Waschen in eine hohe Baracke zum Verpacken und zum Versand. Von der Decke der Baracke hängen lange Schläuche. Mit leichtem Druck auf ein Ventil sprühen die Frauen, die an diesen Förderbändern arbeiten, eine wächserne Flüssigkeit als Schutzfilm über die Früchte und kleben die rot-blauen "Del Monte"-Etiketten auf jedes der Bündel. Dahinter stehen schon die Bananenkartons bereit, die wir aus unseren Supermärkten kennen - ab geht die Ware in Länder, die sich die beste Qualität leisten können, wo Bananen aber, die einen so weiten Weg zurücklegen, billiger sind als jede einheimische Obstsorte.

Wie ist es möglich, daß diese Frucht in den Industrieländern so spottbillig verkauft wird? - Natürlich möchten wir gerne wissen, was ein durchschnittlicher Erntearbeiter hier verdient. Nach längerem Disput übersetzt Leif, welche Auskunft der leitende Angestellte, der uns hier herumführt, gegeben hat: Neun bis 14 Quetzales (36 bis 64 Schilling) gibt es für einen Tag Arbeit, in diesem mörderischen feuchtheißen Klima, das einen Menschen schon erschöpft, ohne daß er hier für Akkordlohn arbeiten muß.

Uns kommt dieser Taglohn recht wenig vor, aber Leif meint, das wäre im Vergleich zu sonst üblichen Löhnen eine ordentliche Bezahlung. Ob wir allerdings die richtige Auskunft bekommen haben, oder ob der Angestellte des Bananenunternehmens vielleicht vor ausländischen Journalisten die Löhne ein wenig geschönt hat, werden wir hier kaum erfahren. Der offizielle Mindestlohn ist zur Zeit mit 3,80 Quetzales pro Tag festgesetzt, doch nicht jeder Arbeitgeber zahlt diesen Mindestlohn - und welcher Arbeiter könnte sich dann wehren? Es wäre fast zu schön, wenn den Bananenarbeitern hier wirklich das Dreifache des gesetzlichen Mindestlohnes bezahlt würde.

Quirigua: Die bewunderten Erfinder der Null und ihre mißachteten Nachfahren

Wie in einem türkischen Bad, so dampfend und schwer ist die Luft hier im Gebiet am Unterlauf des Montagua, wo der längste Fluß Guatemalas seinen Weg aus einer Gebirgsschlucht ins Flachland gefunden hat. Diese Tiefebene wird oftmals von Hochwasser überschwemmt und der Schlamm, die außergewöhnlich hohe Niederschlagsmenge und die tropische Hitze machen diesen Landstrich besonders fruchtbar. Schon lange vor der Eroberung durch die Spanier legten daher die Mayas hier auf die gleiche Weise, wie sie es heute tun, ihre Milpas, ihre Maisfelder an.

Am Ende jeder Regenzeit fällten sie die Bäume, um Platz zu schaffen für ein neues Feld. Jene Urwaldriesen, die ihren Steinwerkzeugen widerstanden, brachten sie durch kreisförmiges Einritzen der Rinde zum Absterben. Die niedrigen Gewächse wurden abgerissen oder niedergetrampelt. Sobald die heiße Sonne die toten Pflanzen genügend ausgetrocknet hatte, wurde an ihre Reste Feuer gelegt. Wenn dann im Mai der erste Regen einsetzte, bohrten die Männer mit einem Stock Löcher in den gerodeten Boden, ließen Maiskörner hineingleiten und traten sie mit ihren Sandalen fest. Im September und Oktober, wenn die reifen Kolben des Mais' schwer an der Pflanze hingen, wurden sie nur einfach umgeknickt, so daß Vögel und anderes Getier keinen Schaden anrichten konnten. Man erntete jeweils nur nach Bedarf, und die Errichtung von Speicherbauten war dadurch nicht notwendig. Da Düngen unbekannt war, trug das Feld schon im zweiten Jahr nur mehr dreiviertel der Ernte des ersten Jahres und im dritten Jahr nur mehr die Hälfte. Deshalb mußte immer wieder aufs Neue, auf dieselbe mühsame Weise Wald gerodet werden, um neues Land für Felder zu gewinnen.

Dieses "Milpa-System", das die in diesem Landstrich lebenden Chortî noch genauso ausüben, wie die alten Mayas, machte es notwendig, die Siedlungen von Zeit zu Zeit immer wieder zu verlegen, wenn das Land in weitem Umkreis ausgelaugt war. Wissenschaftler vermuten in dieser Art des Landbaues auch einen Grund dafür, daß selbst die bedeutendsten und prächtigsten Mayastädte nach einer gewissen Zeit von ihren Bewohnern verlassen und mit großem Aufwand neue Zentren errichtet wurden.

So war auch Quirigua nur für verhältnismäßig kurze Zeit bewohnt. Vermutlich kamen die ersten Siedler zu Beginn des sechsten nachchristlichen Jahrhunderts aus der nur 50 Kilometer entfernten Stadt Copán (heute in Honduras) hierher. Genau belegt für die Existenz dieser Stadt ist ein ausgesprochen kurzer Zeitraum von 64 Jahren, zwischen 746 und 810 n.Christus.

Wie kaum in einer anderen Hochkultur lassen sich nämlich Mayasiedlungen genau datieren, denn ihre Bewohner maßen die Zeit an steinernen Monumenten, die sie in regelmäßigen Abständen errichteten und mit dem Datum ihrer Aufstellung versahen. In Quirigua geschah dies in Abständen von fünf Jahren. Diese Stelen und "Zoomorphen", den steinernen "Kalender" der Mayas, zeichnet in Quirigua außerordentliche künstlerische Qualität aus, was Quirigua gegenüber anderen Mayazentren eine besondere kulturhistorische Bedeutung verleiht.

Quirigua war zu seiner Zeit das wichtigste zeremonielle Zentrum der ganzen Region. Das Gelände gehörte drei Brüdern aus der reichen guatemaltekischen Familie Payé. Als diese 1840 ihren ererbten Besitz in diesem Landstrich vermessen und teilen ließen, um ihn landwirtschaftlich verwerten zu können, entdeckte man behauene Steine.

John Lloyd Stephens, ein amerikanischer Hobbyarchäologe, der zahlreiche vergessene Mayastätte in Mittelamerika wieder entdeckt hatte, reiste, kaum daß er davon Kenntnis erhalten hatte, mit dem Maler Frederick Catherwood, der ihn stets auf seinen Forschungsreisen begleitete, in den Urwald des Montagua-Tales, um zu erkunden, was an dem Gerücht von der Neuentdeckung dran sei. Von den beiden stammt die erste Publikation über Quirigua, die die wissenschaftliche Welt aufhorchen ließ.

In den Achtziger- und Neunzigerjahren des vorigen Jahrhunderts begann dann der berühmte Mayaforscher Alfred Percival Maudslay mit der systematischen Freilegung der Monumente von Quirigua. Er ließ Bäume fällen und legte die Hügel im Busch frei, fertigte Papiermaché-Abdrücke und Fotographien von den Skulpturen an. Anhand der Zeichnungen von Maudslay gelangen die ersten Dechiffrierungen der Maya-Sprache.

Die ersten Forscher mußten ihrem archäologischen Hobby zuliebe noch beachtliche Mühen und Strapazen auf sich nehmen. Stephens und Catherwood waren auf derselben Route nach Quirigua gelangt, die auch die Maya als Handelsstraßen benutzt hatten. Denn alle alten Mayastädte waren durch gute Verkehrswege miteinander verbunden. Die beiden Forscher kamen über Livingston an der karibischen Küste, dessen historischer Name "Nito" lautete. Sie überquerten mit dem Kanu den breiten Rio Dulce, weil die Route - so wie heute - am anderen Ufer ins Landesinnere führte. Diese Straße war während der Maya-Zeit breit angelegt gewesen - nun war sie verfallen. Durch Sumpflöcher, über mannshohe Baumwurzeln und felsige Berge stolperten die beiden. Stephens bemerkte später sarkastisch, auf ihren Grabsteinen würde einmal stehen: "... vom Maultier geschleudert, von einem Mahagonibaum geköpft und begraben im Schlamm der Mico-Berge..."

Bald aber sollte Quirigua zu der am leichtesten zugänglichen Maya-Grabungsstätte werden, wie Sylvanus Maorley, der vom

Carnegie Institut in Washington mit der wissenschaftlichen Erschließung beauftragt war, im Vorwort seines Führers über Quirigua schreibt. Die Verkehrsverbindung war damals dank der wirtschaftlichen Interessen der United Fruit Company besser als heute, denn jede Woche fuhr je ein Dampfschiff der Bananengesellschaft von New York und von New Orleans aus nach Puerto Barrios, von wo aus die Reise mit der Bahn weiterging - zwei Kilometer von den wichtigsten Ausgrabungen entfernt liegt eine Bahnstation. Diese letzten zwei Kilometer wurden mit einer Draisine auf einem Nebengleis zurückgelegt. Sogar Flugverbindungen bestanden in dieser Frühzeit der Luftfahrt mit einem Amphibienfahrzeug von Miami aus über Havanna, Merida in Yucatan und Belize-City nach Puerto Barrios. Und von mexikanischen Grenzstädten aus konnte man ebenfalls nach Guatemala Ciudad fliegen und mit dem Zug weiterreisen. Heute gibt es von der Hauptstrecke zur Ruinenstätte kein öffentliches Verkehrsmittel mehr.

Als für die Anlage der künftigen Bananenplantage um 1910 die Wälder im Montagua-Tal gerodet wurden, blieb jenes 30 Hektar große Areal, auf dem unter der Erde Quirigua auf seine Entdeckung wartete, mit seiner ursprünglichen Dschungelvegetation als Reservation erhalten. Die systematischen Grabungen wurden durch die Verkehrsaufschließung des Gebietes und die Unterstützung der United Fruit Company, die diesen fruchtbaren Landstrich erworben hatte, wesentlich erleichtert. Während die Gesellschaft sich auf der einen Seite um die Erhaltung des kulturellen Erbes der alten Mayas verdient machte, war ihr das Kulturgut ihrer Arbeitskräfte, der Nachfahren dieses alten Volkes, wesentlich weniger am Herzen gelegen.

Die Tempel- und Palastbauten in Quirigua sind nichts Außergewöhnliches und man machte sich daher gar nicht die Mühe, sie völlig freizulegen und zu restaurieren. Doch ein Kleinod unter den historischen Ausgrabungsstätten ist Quirigua wegen seiner Skulpturen. Die zwölf hochaufragenden Monoliten sind rundherum kunstvoll bearbeitet und über und über mit Hieroglyphen-Inschriften und menschlichen Gestalten bedeckt. Die Inschriften nennen genau den Tag, an dem die Stele aufgestellt wurde. Der Brauch, Steinmonumente als Zeichen der vergehenden Zeit zu errichten, war im ganzen Mayagebiet verbreitet.

Derart naturalistisch und künstlerisch wertvolle Darstellungen der Mayakultur finden sich aber nur in Quirigua und Copán.

Die erste in Quirigua gefundene Stele trägt nach dem Mayakalender das Datum 746 n.Chr.. Dies bedeutet aber nicht, daß mit diesem Datum der Ort besiedelt wurde, sondern Quirigua muß zu diesem Zeitpunkt bereits ein gewisses Entwicklungsstadium erreicht haben, das die Aufstellung einer Stele rechtfertigte.

In jener Zeit, in der Quirigua besiedelt war, erlebte die Mayakultur ihre Blüte. Die Bildhauer berherrschten ihre Kunst bereits vollkommen, denn sie konnten auf die Erfahrungen ihrer Vorgänger aus vier Jahrhunderten aufbauen. Ihre handwerkliche Geschicklichkeit erlaubte ihnen alles darzustellen, was ihnen ihre künstlerischen Vorstellungen diktierten. In älteren Städten des Mayareiches waren die dargestellten Figuren noch steif, leblos und unproportioniert, die Reliefs nur flach in die Oberfläche des Steins geritzt. Nun wurden dagegen die Standbilder plastisch durchgebildet, so daß manche fast den Charakter von Vollplastiken erreichten. Auch gelang es, immer größere Steine aus den Steinbrüchen zu brechen. Aus je späterer Zeit eine Stele stammt, desto größer - über zehn Meter hoch - wurde das Gebilde, das bis zu 50 Tonnen wog. Die behauenen Monoliten von Quirigua sind die größten im ganzen Mayagebiet.

Die menschlichen Figuren auf den Stelen sind mit Kinnbärten dargestellt - obwohl das Gesicht der Indios im allgemeinen bartlos ist. Auf dem Kopf sitzt ein gewaltiger Federschmuck oder ein mit mythologischen Figuren versehener Kopfputz, so daß das Gesicht bisweilen beinahe in der Mitte der Figur zu sitzen scheint. Alles an der Kleidung des Kriegers ist bis ins Detail ausgeführt. Mit hoher Kunstfertigkeit ist auch die Hieroglypheninschriften gestaltet.

Die Stele H gab lange Zeit Rätsel auf, weil ihre Inschrift diagonal über die Fläche verläuft. Fortlaufend gelesen ergab sich kein Sinn, bis die Forscher dahinter kamen, daß der Künstler einen besonderen Trick angewendet hatte: Die Hieroglyphen der Stele H sind versetzt zu lesen, und zwar so, als handle es sich um das Flechtwerk einer Matte. Die Matte hatte zeremoniellen Charakter und war das Symbol für Autorität. Viele wichtige Worte der Mayasprachen beginnen mit der Vorsilbe "Pop", wie die Grasmatte genannt wurde. Auf ihr saßen die Weisen und Alten, um Rat zu halten, die Matte diente aber auch als Thron.

Gewaltige Monolithen errichteten die Mayas zur Zeitmessung

Die Matte war ein Attribut der Sonnengötter und ein Kennzeichen des Adels. "Pop" heißt auch der erste Monat des Mayajahres. Und noch heute wird die geflochtene Grasmatte bei manchen Zeremonien verwendet.

Als es nicht mehr möglich war, noch größere und noch kunstvollere Stelen zu fertigen, verfielen die Künstler auf eine neue Idee. Der Stein, der das Jahr 780 n.Chr. markiert, sieht ganz anders aus als seine Vorgänger: Wie ein drohend geducktes Reptil hockt ein behauener Felsbrocken, vier mal zwei Meter groß und drei Meter hoch, auf einem flachen steinernen "Teller". Diese mythologischen Monster, die "Zoomorphen", zeigen viele charakteristische Elemente von Tieren, die im Kult Bedeutung hatten: Da winden sich Schlangen über den Stein, bedecken Schildkröten das Gewürm mit ihren Panzern, Aligatoren und Jaguare sperren den Rachen auf, um zwischen den Zähnen ein Menschenantlitz zu zeigen.

Es kostete die Forscher viel Mühe, diese riesigen Monumente freizulegen, denn viele von ihnen waren umwuchert mit den Wurzeln der gigantischen Bäume. Heute sind die Stelen und Zoomorphen an ihren ursprünglichen Plätzen auf einem gepflegten Rasen aufgestellt, den Arbeiter mit der Machete ständig kurz halten. Riesige Ceiba- und Amate-Bäume bilden einen natürlichen Schirm über dem Kulturdenkmal.

Die Rätsel, die die zahlreichen Inschriften aufgeben, werden sich möglicherweise mit herkömmlichen archäologischen Methoden niemals lösen lassen. Bisher konnten nur rund 40 Prozent des gefundenen Hieroglyphenmaterials entziffert werden, vor allem Daten und Zahlen. Die Bedeutung jener Zeichen, die Aufschluß über Geschichte und Riten geben könnten, ist noch nicht geklärt.

Das Schriftsystem der Maya ist zwar jünger als die Schriftzeichen der Ägypter und Sumerer, doch befindet es sich auf einer älteren Entwicklungsstufe und ist am ehesten mit der chinesischen Schrift vergleichbar. In beiden Schriften werden die bildhaften Zeichen sowohl für einen Gegenstand, als auch für abstrakte Begriffe verwendet (im Chinesischen etwa: Das Zeichen für Frau unter einem Dach = Frieden). Wie in allen anderen bekannten Bilderschriften existieren auch bereits phonetische Zeichen, die nicht für einen Begriff, sondern für einen bestimmten Klang stehen, wie in den modernen Schriftsystemen. Außer beim Schriftsystem haben Wissenschaftler auch in anderen Dingen Parallelen zwischen den alten Maya und den Chinesen gefunden, und es mag auch kein Zufall sein, daß viele bekannte Mayaologen ebenso Sinologen sind.

Noch mehr aber als die mit steinzeitlichen Werkzeugen gefertigten Architekturen und Kunstwerke verblüfft die mathematische Kenntnis, die die alten Mayas besaßen. Diese hochentwickelte Rechenkunst erlaubte ihnen eine astronomische Wissenschaft und die Ausarbeitung eines Kalenders, der unserem Gregorianischen Kalender an Genauigkeit in nichts nachsteht. Diese Vorliebe für komplizierte Zahlenspielereien findet sich auch noch heute bei ihren Nachfahren, in deren Riten Zahlen und genau berechnete Daten immer noch eine wichtige Rolle spielen.

Zum Zählen wurden nicht nur die Finger, sondern auch die Zehen benützt, daher umfaßt das System 20 Ziffern. Die Zahl Eins wurde durch einen Punkt dargestellt, der entstand, wenn man mit der Fingerkuppe in weiches Material drückte; die Zahl Fünf ist ein liegender Strich und entsteht durch den Druck mit der Handkante. Die Zahl 19 zum Beispiel besteht daher aus drei liegenden Strichen (15) und vier Punkten. (Die Quetzal-Scheine, das heutige Zahlungsmittel in Guatemala, zeigen ihren Wert auch in diesem Maya-Zahlensystem.)

Eine Sensation für die Mayaforscher war es aber, als sie entdeckten, daß die Maya bereits den abstrakten Zahlenbegriff der Null kannten, die sie als liegende Muschel darstellten. Damit waren die Mayas die ersten, die die Null verwendeten, noch vor den Indern, die als Erfinder der Null galten. Morley schreibt, daß die Mayas mit dem in Zahlen ausgedrückten "Nichts" schon mindestens 1.000 Jahre früher operierten als die Hindus. In Europa, wo man mit römischen Ziffern rechnete, kam die Null erst im 15. Jahrhundert in Gebrauch, auf Umwegen von Indien nach Arabien, Ägypten und Spanien.

Mit der Kenntnis der Null war das Zahlensystem der Maya auch beispielsweise jenem der Römer überlegen - man kam mit nur drei Zeichen, dem Punkt, dem Strich und der Muschel aus. Auch wurde damit eine höhere Mathematik möglich, die für komplizierte astronomische Berechnungen erforderlich war. Die Null ermöglichte nämlich die Einführung eines Stellenwertsystemes - ebenfalls des ersten in der Menschheitsgeschichte.

Für das Bauernvolk der Maya spielte die Berechenbarkeit der jahreszeitlichen Veränderung eine wichtige Rolle. Ihre Zeitberechnung kannte gleich drei verschiedene Kalender. Das "Haab-Jahr" (Sonnenjahr) bestand aus 18 Monaten zu zwanzig Tagen und einem Monat zu fünf Tagen - dies ergibt, so wie im Gregorianischen Kalender 365 Tage. Die fünf Tage des unvollständigen 19. Monats galten als unglückliche, an denen die bösen Geister losgelassen waren.

Die andere Form der Zeitrechnung beruhte auf dem "Tzolkîn", dem heiligen Jahr, das nur 260 Tage zählte. Dieser Kalender hatte keinen Bezug zur Astronomie, sondern stand im Zusammenhang mit den im Sinne der Landwirtschaft zu befolgenden Riten. In einzelnen Indio-Dörfern ist dieser Kalender auch heute noch in Gebrauch. Bei den Chortìs, einem Süd-Maya-Stamm, den Wissenschaftler als direkte Nachfolger der Begründer des Mayakultur auffassen, gilt dieser Kalender vom 8. Februar bis zum 25. Oktober. Seine Funktion besteht in der Regelung der erforderlichen bäuerlichen Arbeiten und begleitenden Riten, die ihren Ursprung aus der alten Kultur erkennen lassen[1]. Die einzelnen Tage das Jahres wurden durch die Zahlen eins bis dreizehn und eine Glyphe fixiert, die den Gott darstellte, der an dem jeweiligen Tag herrschte.

Eine vollständige Datumsangabe enthält die Fixierung des Tages nach beiden Kalendern. Auf diese Weise konnte ein Datum erst wieder nach 440 Jahren in derselben Form vorkommen.

Der dritte Kalender ist schließlich jener, der in der Wissenschaft mit "Long Count" bezeichnet wird. Er gibt die Zahl der seit dem mythischen Anfang der Geschichte der Maya vergangenen Tage an. Denn die Mayas waren nicht nur die ersten Menschen auf der Welt, die die Null und den Stellenwert in ihr Rechensystem einführten, sondern die als erste auch die Notwendigkeit erkannten, für ihre Zeitberechnungen einen Beginn festzulegen, so wie heute auf der ganzen Welt Christi Geburt als Beginn unserer Zeitrechnung gilt. Dieser Beginn der Maya-Zeitrechnung ist vermutlich kein historisches Datum von besonderer Bedeutung, sondern beruht wahrscheinlich auf hypothetischer Berechnung. Morley setzt den Beginn der Maya Zeit-Rechnung mit dem Jahr 3113 vor Christus an.

---

[1]   Rafael Girard, Die ewigen Mayas

Dieses angenommene Datum findet sich auf einer Stele in Quirigua, nämlich der Stele C, die im Jahre 775 errichtet worden war. Das berechnete "Jahr Null" liegt über 3.000 Jahre vor dem ersten datierten Zeugnis der Mayakultur.

Es mag verwundern, daß erst in neuerer Zeit Versuche unternommen werden, über die Lebensweise, Mythen und Gebräuche der heute lebenden Mayavölker einen Aufschluß über die Geheimnisse der alten Maya zu gewinnen. Die in Guatemala heute lebenden Indios vom Stamm der Maya haben trotz der spanischen Eroberung und Zwangs-Christianisierung ihre Kultur in erstaunlicher Ursprünglichkeit bewahrt. Eine vergleichbare Kontinuität der Kultur ist bei kaum einem anderen der großen alten Kulturvölker - außer vielleicht bei den Chinesen - zu finden.

Doch die ethnographische Erforschung der heutigen Mayakultur steckt noch in den Kinderschuhen. "Niemand befaßte sich mit einer systematischen wissenschaftlichen Untersuchung ihrer Religiosität, ihrer Mythologie, ihrer Riten und Zeremonien, ihrer Kosmogonie und Theogonie, ihrer eschatologischen Doktrinen, ihrer Symbole, ihrer chronomagischen Auffassung und ihrer Institutionen, die uns ihre geistige Welt eröffnet und uns zum Verständnis der aktuellen und historischen Maya-Gesellschaft, ihres Wesens und ihrer Manifestationen verholfen hätte. Und für das Studium eines Volkes, dessen Vergangenheit in der Gegenwart weiterlebt, muß man von der Ethnographie und der Ethnologie als den Grundlagen der Geschichte ausgehen." liest man mit ungläubigem Erstaunen bei Rafael Girard, der einen derartigen Versuch Ende der Sechzigerjahre erstmals unternommen hat.

Die Tatsache, daß man das reichhaltige ethnographische Material, das bei den Mayavölkern Guatemalas zu finden wäre, noch nicht ausreichend wissenschaftlicher Erforschung wert gefunden hat, während man bei der Altertumsforschung über ihre Vorfahren im Kreis geht, wirft ein sehr bezeichnendes Licht darauf, welch verachtete Rolle diese große Masse von Menschen in ihrem eigenen Staat, aber auch in der Wissenschaft der westlichen Welt spielt.

Richtung Pazifik-Küste - Provinz Escuintla

Auf der Staatsfinca Santo Tomas: Ein zuversichtlicher Präsident in schwieriger Lage

Man verläßt die Hauptstadt Guatemala Ciudad Richtung Süden auf der Avenida Bolivar, wenn man zur staatlichen Finca Santo Tomas will, wo uns Präsident Vinicio Cerezo Arévalo zu einem Interview erwartet.

Diese Straße nach San José Quetzal, dem Hafen an der Pazifischen Küste, ist gut ausgebaut. Bei Esquintla kreuzt sie die "Carretera de Pacifico", eine der beiden großen Verbindungsstrecken zwischen Nord- und Südamerika. Der breite Küstenstreifen im Süden ist das größte und wichtigste landwirtschaftliche Produktionsgebiet Guatemalas. Lockeres Lavagestein und vulkanische Asche zusammen mit einem feuchtheißen Klima machen den Boden besonders fruchtbar für Baumwolle, das zweitwichtigste Exportprodukt Guatemalas nach dem Kaffee, für Zuckerrohr und alle Arten tropischer Früchte. Dieser Landstreifen im Süden gehört zur Gänze Großgrundbesitzern. Hierher werden die Indios mit geschlossenen Lastwagen von weither aus dem Hochland zur Saisonarbeit gekarrt.

Die Landschaft entlang der Straße ist parkähnlich, mit weitläufigen Wiesen und Weiden, gegliedert durch Buschwerk und mächtige Bäume. Das Hochland ist von der Küste durch die Kette der Vulkane getrennt. Auf dieser Straße durchfährt man die Thermenlinie Guatemalas. Einige dieser Quellen seien so heiß, erzählt Leif, daß Weidevieh, das manchmal hineinstürzt, darin regelrecht gekocht würde.

Auf einer Strecke von 54 Kilometern fällt die Straße von 1.500 Metern Seehöhe bis Equintla auf 347 Meter ab. Kein Wunder, daß einigen von uns der Kreislauf zu schaffen macht. Gestern kamen wir spätnachts von einer anstrengenden langen Fahrt aus dem feuchtheißen Tiefland bei Quirigua in die kühle, hochgelegene

Hauptstadt. Wir haben bei dieser einwöchigen Tour d'Horizón quer durch Guatemala fast täglich einen mörderischen Klimawechsel durchgemacht. Von Höhen um die 3.000 Meter mit angenehm bis kaltem Klima ging es unmittelbar ins feuchtdampfende Tiefland.

Wer nur kurz in Guatemala unterwegs ist, und, um möglichst vieles zu sehen, die Klimazonen häufig wechselt, darf sich nicht wundern, daß der Körper bald nicht mehr mitmacht und mit Magenverstimmung, Fieber, Durchfall, Schnupfen und Hautausschlägen reagiert. Nun geht es also wieder in die Hitze und Schwüle, nach Santo Tomas, wo seit über 100 Jahren die Präsidenten Guatemalas, denen der Klimawechsel offenbar weniger zusetzt, Erholung suchen.

Bei San Vincente südlich des Amatitlán-Sees zweigt die Straße zur Präsidentenfinca ab. "Fincas" sind die riesigen Plantagen, die Ländereien der Großgrundbesitzer. Durchschnittlich gehören zu einer Finca in Guatemala 200 Hektar Land, aber es gibt auch solche mit mehr als 10.000 Hektar Grundbesitz. Da aber die Grundsteuern niedrig und die Steuern auf Brachland leicht zu umgehen sind, liegt ein Großteil des wertvollsten Farmlandes - über 12.000 Quadratkilometer - brach. Den 500 Großgrundbesitzern mit mehr als 900 Hektar Grundbesitz gehören zusammen fast ein Viertel der Landesfläche, während 90 Prozent der Bauern - über eine halbe Million - weniger als 7 Hektar und insgesamt nur vier Prozent des nutzbaren Bodens in Guatemala besitzen. Der durchschnittliche landwirtschaftliche Besitz umfaßt überhaupt nur 1,2 Hektar, wovon auch die bescheidenste Indiofamilie nicht leben kann.

Deshalb sind jedes Jahr 200.000 bis 600.000 Kleinbauern und Landarbeiter gezwungen, sich um jeden Preis auf den großen Fincas als Arbeitskräfte zu verdingen, damit sie nicht verhungern. Weil zu viele um die Saisonarbeitsplätze anstehen, wird der gesetzliche Mindest-Tageslohn - 3,80 Quetzal (etwas über 2 DM) im Jahr 1987 - oft um mehr als die Hälfte unterboten. Viele der Finceros sind vom Anbau von Kaffee und Baumwolle zu Soja und Sorghum übergegangen, wofür sie weniger Arbeitskräfte brauchen: Tageslöhne von 1,50 Quetzales (90 Pf.) sind durchaus Realität, und davon kann auch in Guatemala niemand mehr leben. Trotz derartiger Hungerlöhne finden die Hälfte der Arbeitssuchenden keinen Arbeitsplatz. Nahrungsmittel sind daher für das Militär eine starke Waffe, um die Indio-Bevölkerung zu kontrollieren und den Widerstand auszuhungern.[1]

Das Problem des ungerecht verteilten Landbesitzes hat Guatemala mit anderen Entwicklungsländern gemeinsam, doch kommt in Guatemala das Rassenproblem erschwerend hinzu: Die Armen sind vorwiegend Indios, die wenigen Reichen "Europäer", die sich wegen der für sie außerordentlich günstigen Bedingungen im Land niedergelassen haben, und die auch die Herrscherschicht bilden.

Das Nationalitätenproblem ist gravierend genug in Ländern ohne allzu große kulturelle Unterschiede zwischen den einzelnen ethnischen Gruppen. Es scheint aber fast unlösbar zu sein in einem Land, in dem der größte Teil des Staatsvolkes aus kultureller Eigenart fast auf Steinzeitniveau wirtschaftet, ohne überhaupt großes Bedürfnis nach einer Zivilisation nach westlichem Muster zu haben. Im Gegensatz zur materiellen Rückständigkeit zeichnet sich das Gemeinwesen der Indios jedoch durch eine sehr hochentwickelte demokratische Kultur aus und jedes Mitglied ist sich seiner Mitverantwortung voll bewußt.

Im Indiostaat Guatemala existieren die Indios aber praktisch bisher offiziell kaum - zum ersten Mal in der Geschichte Guatemalas wurde in der neuen Verfassung vom 14. Januar 1986 in einem Passus dezidiert zur Kenntnis genommen, daß das Staatsvolk zur Mehrheit aus Indios bestehe, und die Verfassung daher die Interessen dieser großen vergessenen Majorität zu schützen habe.

Um das Ausmaß des Unrechts, das den Indios in Guatemala geschieht, deutlicher zu machen, ist ein Vergleich mit einer ethnischen Gruppe in Europa angebracht, die auch in einem Land mit einer fremden Staatssprache leben muß: Unter der Gesamtbevölkerung Italiens von 54 Millionen Menschen leben - grob geschätzt - etwa 220.000 deutschsprachige Südtiroler. Diese Bevölkerungsgruppe hat in den Sechzigerjahren durch Bombenanschläge und andere terroristische Aktivitäten die Weltöffentlichkeit auf ihre Probleme aufmerksam gemacht und damit die Unterstützung ihres Anspruchs auf Minderheitenrechte bei den Vereinten Nationen durchgesetzt. Die deutschsprachige Minderheit hat selbstverständlich ihre eigenen Schulen, Zeitungen, Rundfunk- und Fernsehsendungen sowie verschiedene entsprechende Rechte. Da aber

---

1   Painter, Guatemala, False hope, false freedom

noch nicht alle Forderungen erfüllt sind, kommt es immer wieder zu gewaltsamen Anschlägen in Südtirol.

Gänzlich anders ist dagegen die Situation in Guatemala: Dort beherrscht eine Minderheit von verschiedenstämmigen Weißen (Deutsche, Italiener, Franzosen, Spanier, Amerikaner, Skandinavier...), die insgesamt kaum größer ist, als die Gruppe der Südtiroler in Italien, die Mehrheit der im Land seit Jahrtausenden ansässigen Bevölkerung der Indios. Diese große Mehrheit hat keinerlei den "Minderheitenrechten" der deutschsprachigen Südtiroler auch nur entfernt entsprechende Rechte zur Bewahrung ihrer Kultur, keine Schulen, in denen ihre Kinder die eigene Sprache beherrschen lernen, keine Zeitungen, keinen Rundfunk- oder Fernsehsender, keine Bücher und selbstverständlich ist nicht einmal daran zu denken, daß Posten oder Wohnungen nach ethnischem Proporz vergeben werden müßten wie in Südtirol.

Zahlen zeigen noch krasser, wie groß das Unrecht wirklich ist[1]: Von den geschätzten sechs Millionen Indios in Guatemala sind rund 36 Prozent (also rund 2,3 Millionen Menschen) im weitesten Sinne Quiché, 18 Prozent (1,13 Millionen) Mames, 17 Prozent (1,07 Millionen) Cakquicheles und 13 Prozent (820.000) Kekchi. Daneben bleiben noch 18 "Minderheiten", die zusammen fast eine Million Menschen zählen. In Guatemala leben wahrscheinlich also mehr als zehnmal soviele Quiché-Maya, als Deutschsprachige in Südtirol. Sie könnten einen Staat von der Größe Irlands bevölkern - aber diese Menschen sind gezwungen, Spanisch zu lernen, wenn sie politische Mitsprache wollen, Anliegen bei Ämtern vorbringen oder sich vor Gericht verteidigen müssen.

Es ist relativ einfach erklärt, warum die kleine Gruppe deutschsprachiger Südtiroler internationale Beachtung ihrer berechtigten Forderungen erhält und die Indios Guatemalas (und auch andere Indianer auf dem amerikanischen Kontinent) nicht: Hinter den Anliegen der Südtiroler steht ein anderer in der UNO vertretener Staat, nämlich Österreich, das sich des Minderheitenschutzes für die ethnisch verwandte Bevölkerungsgruppe annimmt. Hinter den

---

1 Es handelt sich hier um sehr grobe Schätzungen, da die Zahlenangaben über den Anteil der Indiobevölkerung und ihre Verteilung auf einzelne Stämme je nach Quelle außerordentlich stark divergieren. Wesentlich an dieser Darstellung sind nicht die konkreten Zahlen, sondern die Verdeutlichung der Größenordnung des Nationalitätenproblems in Guatemala.

Indios in Guatemala und hinter den anderen Indianern steht kein Staat, der vor der UNO für ihre Rechte Forderungen stellt. So groß ihre jeweilige Gruppe auch sein mag, sie sind in allen ihren Heimatländern nur Störfaktoren und werden daher mit mehr oder weniger brutalen Mitteln ausgerottet, ohne daß die Welt davon groß Notiz nimmt. Die Indios könnten nur für sich selbst sprechen - aber die meisten von ihnen sind Analphabeten und ihre Regierungen haben wenig Interesse, diesen Zustand zu ändern, um sie damit zu befähigen, berechtigte Forderungen so zu stellen, daß sie auch gehört werden.

Guatemala hat die größte Analphabetenrate in Amerika nach Haiti, die Hälfte seiner Bewohner kann nicht lesen und schreiben, im Indiogebiet sollen es bis zu 80 Prozent sein. Präsident Cerezo hatte im Indiogebiet seine besten Wahlerfolge.

Was will nun Cerezo für diese Menschen konkret tun, damit sie überhaupt ihre Demokratiechance nützen können?, frage ich den Präsidenten bei unserem Besuch.

"Bei unserer Wahlkampagnne haben wir versprochen, Bedingungen für die Gleichheit in Guatemala zu schaffen - deshalb habe ich auch die größte Zustimmung im Indiogebiet erzielen können. Zum Beispiel: Rund um den Atitlán-See besteht die Bevölkerung zu 97 Prozent aus Indios - und wir erhielten im Präsidentenwahlkampf 92 Prozent. In Quetzaltenango, wo 70 Prozent der Bevölkerung Indios sind, erhielten wir 82 Prozent.

In allen Regionen mit großem indianischen Bevölkerungsanteilen zusammengenommen waren im Durchschnitt 80 Prozent für uns. Deshalb sind wir jetzt auch dabei, die Erziehung in diesen Regionen zu verbessern, der Unterricht erfolgt vor allem auf Spanisch."

Ob denn im Sinne einer echten Demokratie auch an die Emanzipation der Indianersprachen gedacht sei, beharre ich.

"Die Konstitution Guatemalas ist in den fünf wichtigsten Indio-Sprachen geschrieben," sagt Cerezo. Auch alle seine Ansprachen und Programme würden in Rundfunk und Fernsehen in diese Sprachen übersetzt, wie beispielsweise das Agrarprogramm, das vor allem im Indio-Gebiet zum Tragen käme. Zum ersten Mal in der Geschichte Guatemalas säßen auch sechs Indios im Kongreß, betont Cerezo, entsendet von den Christdemokraten. (Von 100 Delegierten sind 51 Christdemokraten).

"Die indianische Bevölkerung ist nicht so sehr eines unserer Probleme, sondern im Gegenteil einer unserer größten Vorteile: Die Indios sind sehr gut organisiert, es gibt sehr starke Persönlichkeiten unter ihnen, eine eigene Kultur. Sie sind äußerst arbeitsam, kommen mit einem Minimum an Mitteln zurecht, geben nichts für nutzlose Dinge aus, produzieren sehr viel und sind überhaupt äußerst diszipliniert." Die schulische Ausbildung zu verbessern - daran würde jetzt gearbeitet. - Das heißt also im Klartext, daß es in dieser Beziehung kaum noch Programme gibt. Denn tatsächlich ist das ein nicht leicht zu lösendes Problem. Es gibt zwar eine allgemeine Schulpflicht, aber in der Hälfte der Dörfer keine Schule, 22.000 Lehrer müßten neu angestellt werden, um den Bedarf zu befriedigen.[1]

Diese Lehrer würden das Budget mit mindestens 13 Millionen Quetzal zusätzlich belasten, wenn sie nur jene durchschnittlich 600 Quetzal (2.500 Schilling) im Monat bekämen, die ein Lehrer zur Zeit verdient.

Der Unterricht sowohl in Spanisch als auch in den Nationalsprachen verlangt jedoch sehr qualifizierte Lehrer, die beide Sprachen beherrschen. Doch angesichts der hohen Analphabetenrate bei den Indios gibt es kaum genügend bilinguale Kandidaten für diesen Job.

Die wichtigste Frage in dieser Sache bleibt schließlich, ob die mächtigen Kreise in Guatemala überhaupt an einer Grundausbildung der Indios und schon gar in ihren Stammessprachen interessiert sind - denn Menschen, die lesen und schreiben können, kommen eher in Versuchung, sich nicht mehr alles gefallen zu lassen. Überdies könnten Volksgruppen, die einmal ihre Sprachidentität durchgesetzt haben, durchaus auch anfangen, auf andere Rechte zu pochen. Kein Wunder also, daß Cerezo zur Schulfrage nicht allzuviel sagen kann und will.

Ähnlich aussichtslos ist die Situation bei der vielleicht brennensten Frage für Guatemala, dem Problem der Landverteilung. Vorsichtig spricht Cerezo überhaupt lieber von "Agrar-Entwicklung" als von "Reform" oder "Konzept", denn zu viele seiner Vorgänger sind schon daran gescheitert, wenn sie dieses Problem in Angriff nehmen wollten:

---

1   El Grafico, Tageszeitung in Guatemala, 28. 7.1987

"Wir versuchen ein neues Modell zu schaffen, wobei uns die ökonomische Krise zu Hilfe kommt. Viele Grundbesitzer verlieren durch Überschuldung ihr Land an die Banken, deshalb tauschen sie ihren Grundbesitz lieber gegen Beteiligungen an großen Firmen ein. Das versuchen wir zu unterstützen. Wir schlagen den Grundbesitzern in finanzieller Notlage vor, das Land an den Staat zu verkaufen oder übernehmen die Bankschulden. Dafür haben wir Geld in einem staatlichen Fonds bereitgestellt. Von staatlicher Seite verkaufen wir dann dieses Land nur an Kooperativen weiter, nicht an Private. Wir helfen diesen Kooperativen, eine Organisation aufzubauen und beraten sie, was der Staat für den Binnenmarkt oder den Export brauchen kann und kümmern uns um die Vermarktung."

Die Idee, Bauernland an Kollektive weiterzugeben, wäre im Mayaland an sich nichts neues, denn die "Ejido"-Wirtschaftsweise war die hier übliche, bevor die Spanier kamen und blieb es auch bis in jüngste Zeit.

In früheren Zeiten, als das Land noch niemandem gehörte, siedelte sich eine Gemeinschaft im Urwald an und jeder rodete so viel, wie für den Eigenbedarf notwendig war. Wenn das Feld nach zwei, drei Ernten kaum mehr etwas trug, mußte eine neue Milpa hergerichtet werden. Immer weiter von den Siedlungen weg wurden die Felder angelegt, bis die Gemeinde auch für die Siedlung einen neuen Platz suchen mußte[1]. Individuelles Grundeigentum wäre bei dieser Wirtschaftsweise sinnlos gewesen. Heute ist es kaum mehr möglich, einfach nach Bedarf Land zu roden - unweigerlich käme es wohl früher oder später zum Konflikt mit den tatsächlichen Grundbesitzern. Doch wird in den Indio-Dörfern in mancher Hinsicht auch heute noch gemeinsam gewirtschaftet.

In der "Comunidad" wird bestimmt, ob die Milpas gemeinsam bebaut werden sollen oder jede Familie zusätzlich ein eigenes Feld für den individuellen Bedarf bestellen darf. Rodungs- und Erntearbeiten werden aufgeteilt. Beschlüsse über größere Aufgaben - etwa den Bau eines Weges - werden in der Versammlung der Mayores gefaßt, im Rat der Alten. An den Beratungen nehmen auch Kinder teil, damit sie sich schon rechtzeitig ins Gemeindeleben integrie-

---

1   In Quintana Roo (Yukatan) wurde 1934 noch so gewirtschaftet. (Redfield/Villa, Chan Kom, A Maya Village)

ren. Bei diesen Beratungen wird nicht abgestimmt, sondern so lange verhandelt, bis alle einverstanden sind.[1]

Da das Militär sich auf allen Verwaltungsebenen den Einfluß gesichert hat, haben die Dörfer zwei verschiedene "Regierungen". Die Mestizo-Verwaltung hat die Autorität des Staates hinter sich, die von den Indios selbst bestimmten Gemeindevertreter sind ehrenamtlich tätig und genießen den größeren Respekt der Bewohner.

Die mächtigsten Persönlichkeitn sind der Alcalde (Bürgermeister) und der Friedensrichter, beide sind Mestizos und von der Regierung ernannt; sie müssen dem Militärkommando der Provinz regelmäßig über wichtige Vorkommnisse berichten. Ihnen zur Seite stehen zwei Sindicos (Gemeindevorstände) und sechs Regidores (Gemeinderäte), der Gemeindekassierer und die lokalen Militärvertreter.

Das Prestige der Personen der ehrenamtlichen Indio-Verwaltung, die ebenfalls aus Alcalde, Sindicos und Regidores besteht, ist jedoch ungleich höher und jeder trachtet, möglichst einmal ein Amt zu bekleiden. Selbst für Kinder im Alter von sieben bis elf Jahren gibt es Aufgaben - sie müssen als "Alguaciles" Straßen und Plätze säubern oder die Gassen und Märkte bewachen. Die höheren Würdenträger innerhalb der Indio-Gemeinde üben meist zugleich auch eine priesterliche Funktion aus[2].

Diese wohlgeordneten Dorfgemeinschaften wurden also zum Vorbild für künftige Kooperativen genommen, die der Staat jährlich mit 22 Millionen Quetzales fördern wollte (dies entsprach 1987 rund 5,5 Millionen US-Dollar). Dieser Betrag, der angesichts der wirtschaftlichen Situation in Guatemala bereits utopisch erscheint, könnte aber nicht annähernd den Landbedarf der Besitzlosen befriedigen. Würde man den fast 500.000 Minifundistas und Landarbeitern nicht mehr als jene 3,5 Hektar vermitteln wollen, die zum Leben unbedingt notwendig sind, wären dafür 1,5 bis 3 Millionen Hektar Land erforderlich. - Das würde bedeuten, daß tatsächlich alles Brachland, alle Staatsgüter, alles auf dem freien Markt erhältliche und das im Besitz von Banken befindliche Land dafür zur Verfügung gestellt werden müßte - und immer wäre es noch zu wenig. - Gar nicht zu reden von den ungeheuren Mitteln,

---

1   E. Burgos/Rigoberta Menchú
2   Spahni, Los Indios 144 ff; Muñoz, Guatemala S 110

die der Staat dafür aufbringen müßte, um das Land aufkaufen und weitergeben zu können[1].

Zehn derartige Kooperativen sollen noch in diesem Jahr übergeben werden, sagt Cerezo zu uns optimistisch, obwohl er wissen muß, daß schon seit Beginn des Jahres die Unruhe steigt, weil das Versprochene nicht gehalten werden kann. Etwa einen Monat nach diesem Interview protestierten beispielsweise 150 Bauern aus Nueva Conception im Departement Esquintla vor dem Nationalpalast in der Hauptstadt. Vor Monaten hatte Cerezo ihnen zugesagt, sie würden demnächst 1.578 Hektar Land erhalten - nun aber teilte man ihnen nur 225 Hektar zu[2]. Ein halbes Jahr später gründeten in derselben Gemeinde Tausende von unzufriedenen landlosen Bauern die Nationale Vereinigung der Bauern - CNC. Bei der Versammlung hieß es, daß eine halbe Million Bauern zum Sturm auf die Fincas bereit seien, wenn das Versprechen auf Landverteilung nicht bald eingehalten werde[3]. Um sich außenpolitische Erfolge zu holen, die ihm seine Stellung im Inneren festigen sollen, begann Cerezo bald nach seinem Amtsantritt mit einer intensiven Reisediplomatie, die vor allem auch das Ziel hatte, möglichst viele Kredite aufzutreiben. Die Versicherung, daß die christdemokratische Regierung künftig die Menschenrechte achten werde, brachte einen Geldregen für Guatemala.

Welches Urteil der Nachwelt hat Cerezo zu erwarten?

Beim Abschiedsessen mit unseren Gastgebern vom INGUAT und IBERIA sowie dem Konsulpaar Ibisch erfahren wir, daß das Urteil der Zeitgenossen nicht einhellig Zustimmung zu Cerezos Politik und Versprechungen ist. Ein Mann mittleren Alters, den wir vorher nicht kennengelernt haben, bemerkt halblaut während der Vorstellung zu Niki: "Glauben sie nicht alles, was Cerezo heute zu ihnen gesagt hat!"

Es stellt sich heraus, daß dieser Skeptiker einer der 3 Abgeordneten der sozialistischen Partei ist. Diese Partei lehnt die "Versöhnungspolitik" Cerezos gegenüber den Widerstandsgruppen kategorisch ab, weil sie befürchtet, daß jene, die den Sirenenklängen der

---

1   Painter, Guatemala, False Hope, false freedom
2   Enfoprensa 27. 8.1987
3   Machete 1. 3.1988

neuen Regierung Glauben schenken und den Untergrund verlassen, in höchster Gefahr für ihr Leben seien - zu viele Beispiele hat es in der Vergangenheit gegeben und zu viele Menschen, die soziale Ambitionen erkennen lassen, verschwinden immer noch spurlos oder werden ermordet und mit Folterspuren aufgefunden.

Es stellt sich außerdem heraus, daß dieser Mann mit dem schwarzen Bart überdies mit der "Coordinadora" Carmen de Leon von INGUAT verheiratet ist. Die ausgesprochen hübsche Dame mit ihrem permanenten Lächeln und ihrer künstlichen Fröhlichkeit und Begeisterung, die den Managerinnen in der Fremdenverkehrsbranche wohl in Amerika anerzogen wurde, war als Gesprächspartnerin ziemlich anstrengend. Wegen dieser unermüdlich hochgestimmten Maske wirkte sie hohl und oberflächlich. Aber nun - sie sitzt am Tisch mir gegenüber - als sie auf den Satz ihres Mannes angesprochen wird, wird sie echt, lebendig und engagiert. Leider ist es in dem Saal so laut, daß man kaum genau verstehen kann, was sie eindringlich mitzuteilen versucht.

Ich erzähle ihr von meiner Frage an Cerezo, wie er das Sprachenproblem und wie er die Schulfrage zu lösen gedenke, denn die Benützung der eigenen Sprache in allen Lebenslagen sei wohl eine der wichtigsten Forderungen hinsichtlich der Menschenrechte.

Carmen wischt dieses Problem aber als sekundär beiseite: "Hier geht es doch in erster Linie darum, daß man die Menschen überhaupt leben läßt, verstehen Sie?"

Ja - das mit der Sprache ist wohl tatsächlich ein intellektuelles Problem, verglichen mit der Lebensgefahr, die es bedeutet, ein Indio zu sein und womöglich auf Menschenrechte zu pochen.

Schatten der Vergangenheit:
Kein Handlungsspielraum für eine
christdemokratische Zivilregierung

Betont optimistisch gab sich Vinicio Cerezo in dem Interview, so als wäre Guatemala tatsächlich ein Land "wie jedes andere" nur mit ein paar Nationalitätenproblemen, ein wenig gewöhnlicher Kriminalität, et cetera.

Doch die Situation Guatemalas ist anders. Ohne einschneidende Reformpolitik können Verelendung, Gewalt und Gegengewalt nicht gestoppt werden, doch jeder Versuch einer Reform bringt den Gegensatz zu mächtigen Kreisen und birgt die Gefahr eines Putsches.

Obwohl die Ausrichtung auf Exportwirtschaft eine der wesentlichsten Ursachen für die heutige schwierige Situation Mittelamerikas ist, setzt die Regierung vor allem auf Ausfuhrproduktion, ohne gleichzeitig vorzusorgen, daß der Staat durch entsprechende Abgaberegelungen und andere Maßnahmen davon profitiert.

Der Export landwirtschaftlicher Produkte bestimmte seit jeher die Wirtschaft Guatemalas. Im 18. und im frühen 19. Jahrhundert waren es vor allem Farbstoffe wie Cochenille und Indigo für die europäische Textilindustrie; mit der liberalen Regierung unter Rufino Barrios (1873 - 1885) begann das Jahrhundert der Abhängigkeit um die Exportprodukte Kaffee und Bananen. Kaffee ist mit 42 Prozent am Gesamtexport Guatemalas das wichtigste Produkt geblieben, mit dem Devisen erwirtschaftet werden. Damit hängt aber das Wohl und Wehe Guatemalas auch von den Weltmarktpreisen für Kaffee ab. Baumwolle, Zucker und Kardamom bekamen gegenüber Bananen Vorrang und seit den Siebzigerjahren gewann die Rindfleischproduktion an Bedeutung.

Da die Preise für Produkte aus Guatemala auf dem Weltmarkt lange Zeit sehr günstig waren, konnten die Plantagenbesitzer große Reichtümer erwirtschaften, zumal ihnen billigste Arbeitskräfte zur Verfügung standen: Nach dem von den Spaniern eingeführten mittelalterlichen "Ecomienda"-System wurden den Großgrundbesitzern leibeigene Indios zugeteilt, die umsonst arbeiten mußten und auch noch tributpflichtig waren; das "Repartimiento" System verpflichtete die Eingeborenen für eine bestimmte Zeit zur Zwangsarbeit auf den Fincas: Die Indiogemeinden waren verpflichtet, ein bestimmtes Kontingent an Arbeitskräften zu schicken, außerdem mußten die Indios zu hohen Preisen Produkte aus Spanien kaufen, die sie gar nicht benötigten. Diese offene Form der Sklaverei vertrug sich selbstverständlich nicht mit den Anschauungen der modernen Zeit, doch besteht eine Art von Sklaverei faktisch bis heute weiter.

Ende des vorigen und bis in die erste Hälfte unseres Jahrhunderts unterstützten strenge Vagabundengesetze die Zwangsarbeit:

Wer weniger als 1,2 Hektar Land besaß und keinen Arbeitsplatz oder sonstige regelmäßigen Einkünfte nachweisen konnte, mußte jährlich 150 Tage ohne Lohn auf den Plantagen an der Küste arbeiten.

Heute gibt es mehrere verschleierte Formen der "Sklaverei". Die mit aller Macht unter dem Existenzminimum gehaltenen Löhne zwingen die armen Landbewohner, gegen Kredite, die sie für Saatgut und Düngemittel benötigen, im voraus ihre Arbeitskraft an Kontraktoren der Plantagenbesitzer zu verkaufen. Die Rückzahlung der Schulden wird vom Lohn abgezogen, so daß die Campesinos nach der Saisonarbeit ohne Geld ins Hochland zurückkehren und neuerlich gezwungen sind, sich zu verschulden. "Colonos" wiederum sind Landarbeiter, die anstelle von Lohn ein Stück Land auf der Plantage für sich selbst bebauen dürfen. Auch in den Modelldörfern der Armee, dem "food for work"-Programm, wird kein Lohn bezahlt und die Bewohner sind wie Gefangene gehalten.

Unter diesen Produktionsbedingungen konnten die Finqueros ihre Erzeugnisse im Ausland konkurrenzlos billig absetzen. Die Exportquoten bei landwirtschaftlichen Produkten stiegen ständig, während die Erzeugung von Nahrungsmitteln für den Bedarf der einheimischen Bevölkerung (Mais, Reis und Bohnen) stetig zurückging. Vom Export und von den Investitionen ausländischer Unternehmen im Land profitierte der Staat wegen seiner besonders permissiven Steuerpolitik praktisch kaum.

In den Fünfzigerjahren bildeten die Mittelamerikanischen Staaten einen gemeinsamen Markt (MCCA), um durch eine verstärkte Zusammenarbeit in der Region die Außenabhängigkeit zu verringern und die Einkommen zugunsten der Armen etwas umzuverteilen, doch diese Ziele wurden nicht erreicht, sondern trieben Zentralamerika nur in die Isolation. Die Bevölkerung war nicht kaufkräftig genug, um eine Industrialisierung und damit eine Verbesserung der wirtschaftlichen Situation großer Massen zu ermöglichen. Die Wirtschaftskrise seit 1975 traf Mittelamerika besonders schwer und verschärfte die sozialen und politischen Konflikte. Organisierter Widerstand bildete sich und wurde mit staatlicher Repression beantwortet.

Im Bemühen um eine Stabilisierung geht die Ausrichtung auf die Exportwirtschaft weiter. Nicht Mais und Bohnen werden in den "Wehrdörfern" der Armee und in den Kooperativen gezogen, um dem Hunger im Land und den sozialen Unruhen zu begegnen, sondern Broccoli, Artischocken und Schnittblumen. Auch sonst zeigt die Entwicklung, daß auch unter der Zivilregierung die Situation der Armen in Guatemala nicht besser wird und damit auch wenig Hoffnung auf eine politische Beruhigung besteht.

Den Preis für eine bescheidene Demokratisierung beglichen zur Gänze die armen, die horrende Inflation traf sie am Lebensnerv. Den Profit aus der Verteuerung der Grundnahrungsmittel machten nicht die Kleinbauern, sondern die Zwischenhändler. Arbeitslosigkeit, Hunger und Elend auf der einen Seite, Korruption und Bereicherung auf der anderen Seite nahmen zum Ende der Regierungszeit von Vinicio Cerezo zu. So verwundert es vielleicht weniger, daß Rios Montt, der nach Vinicio Cerezo ebenfalls als Präsidentschaftskandidat auftrat, überraschend gute Erfolge gerade bei den Indios erzielte, die sich von ihm "Ordnung" erhofften. Als ehemaliger Putschist mußte er jedoch zurücktreten und Serrano Elias Platz machen, der ebenfalls Ordnung versprach, unter dessen kurzer Regierungszeit aber auch die Gewaltaktionen wieder massiv zunahmen.

Reisen auf eigene Faust

Ciudad de Guatemala:

Landkarten gibt es nur beim Militär

Obwohl ich mich schon auf den zweiten Teil dieser Reise gefreut hatte, wenn ich mir Guatemala auf eigene Faust und nicht rundum von einem Reisebüro betreut ansehen würde, habe ich mich dennoch mit etwas mulmigen Gefühl um neun Uhr früh vor dem Hotelportal von meinen Journalisten-Kollegen verabschiedet, die heute wieder nach Hause fliegen. - Ich bin verdammt weit weg von zu Hause und allein in einem Land, in dem tausend Gefahren lauern, die ich mir nicht einmal ausmalen kann. Aber das ist gut so, denn hätte ich Angst, würde ich vieles nicht sehen und erleben und mich nicht unbefangen und frei im Land bewegen. - Eines jedenfalls ist sicher: Ich habe nicht vor, irgend eine der zahlreichen Referenzadressen zu nutzen, mit denen ich ausgestattet wurde, um nicht irgend jemandes Schutzinstinkte zu wecken. Man hat uns wiederholt versichert, Guatemala sei nun wieder ein Land, in dem Touristen nichts zu fürchten hätten - und ich will genau wissen, ob das stimmt.

Ich unterdrücke daher mein etwas banges Gefühl und fange entschlossen an, meinen weiteren Aufenthalt zu organisieren. Zunächst brauche ich ein Zimmer in einem einfacheren Hotel, wo man nicht nur Pauschaltouristen oder Geschäftsleute mit hohem Spesenkonto trifft. Zur Sicherheit aber deponiere ich jenen Teil meines Reisegeldes, den ich voraussichtlich in den nächsten zwei Wochen nicht brauchen werde, und die Flugkarten im Safe dieses internationalen Hotels.

Die kleine Pension "Belen" in der Zona 1, der Altstadt, gefällt mir auf Anhieb. Das ebenerdige Haus liegt sehr zentral in einer ruhigen Seitengasse und hat zur Straße hin nur drei mit schweren schmiedeeisernen Gittern geschützte Fenster und eine hermetisch geschlossene Eingangstüre, die erst nach mehrmaligem Läuten und einem Kontrollblick des Inhabers durchs Guckloch geöffnet wird. Diese niedrigen Wohngebäude, wie es sie in allen Städten in Guatemala gibt, wirken von außen winzig, aber wenn man sie betritt, ist man überrascht über ihre Geräumigkeit, die sich meist um einen großen grünen Innenhof entfaltet.

Die Häuser der Altstadt von Ciudad de Guatemala weisen zum Teil eine anspruchsvolle Architektur auf; es gibt Jugendstilhäuser und Gebäude im Stil der neuen Sachlichkeit der Zwanzigerjahre. Doch diese übersieht man leicht in dem Gewühl, Gewimmel, Lärm und Gestank der Abgase, die einem fast den Atem verschlagen. Die 6. Avenida, die einst eleganteste Geschäftsstraße vor dem großen Erdbeben von 1976, nach dem die Stadt in der Richtung zum Flughafen Aurora hinaus erweitert wurde, erinnert mich an die Geschäftsstraßen in amerikanischen Vororten und Kleinstädten. Die Schaufenster der ein- oder höchstens zweigeschossigen Gebäude sind lieblos vollgepackt mit nicht besonders verlockenden Waren - die wirklich eleganten Geschäfte befinden sich nun in den modernen Hochhäusern der Zona 9.

Zunächst hole ich Informationen beim INGUAT, dem staatlichen Reisebüro ein, das in einem großen weißen Hochhausturm zwischen der Altstadt und dem neuen Geschäfts-, Büro- und Hotelviertel der Zona 9 untergebracht ist. Sehr erschöpfend sind die Auskünfte, die ich dort bekommen kann, leider nicht. Als ich mich erkundige, welchen Vulkan man am besten besteigen könne, wehrt die freundliche Dame am Schalter erschrocken ab: Viel zu unruhig, warnt sie. Touristen kämen bei derartigen Unternehmen immer wieder in Schwierigkeiten. Ich kann nicht ganz herausbekommen, welcher Art diese gefährliche "Unruhe" ist: Sind es die tektonischen Bewegungen der noch tätigen feuerspeienden Berge, sind es Umtriebe von Banditen, Zusammenstöße zwischen Guerilleros, Militär und paramilitärischen Gruppen oder wehren sich die Indios dagegen, daß ihre Heiligtümer - denn diese befinden sich auf Berggipfeln und besonders auf den Vulkanen - von Fremden entweiht werden?

Nach einem kühlen Morgen ist es gegen Mittag und nachmittags heiß geworden, ich bin müde von den vielen Erledigungen, die

ich alle zu Fuß gemacht habe. Es ist schon spät und ich bin hungrig.
Aber die Lokale erscheinen mir hier ziemlich dreckig und wenig
einladend, wahrscheinlich muß ich mich erst nach den gepflegten
Restaurants der internationalen Hotels an den Normalstandard
gewöhnen. Ich kann mich nicht entschließen, eine dieser schmud-
deligen Gaststuben zu betreten. Die Gerüche verderben mir den
Appetit, ja es beginnt mich vor allem Eßbaren zu ekeln. Ich ahne
ja noch nicht, daß ich - ein wenig später als meine Kollegen und
vielleicht wegen des Glases Wasser, das ich gestern beim Präsidenten kredenzt bekam - auch nicht von Unpäßlichkeiten verschont
bleibe, und dieser Ekel bereits der Vorbote davon ist. Ich streife
lustlos durch die Gassen, denn ich hatte doch eigentlich vor, nun
landesüblich zu leben und die Gleichförmigkeit internationaler
Gastlichkeit hinter mir zu lassen. Aber schließlich kapituliere ich
und setze mich für zehn Centavos in einen Bus, der mich in die
Zona 9 bringt, wo sich die großen Hotels und guten, sauberen
Restaurants befinden und ich meine mexikanischen Tacos verspei-
se. Auf dem Heimweg ins Hotel fallen mir vor den teuren Restaurants Luxuslimousinen auf, die von schwerbewaffneten Leibwäch-
tern bewacht werden.

Bei meinen Reisevorbereitungen hatte man mich gewarnt, Gua-
temala Ciudad sei so wie alle lateinamerikanischen Großstädte ein
gefährliches Pflaster und wenig attraktiv. Ich sollte daher die
Hauptstadt so bald als möglich verlassen und mir das "echte"
Guatemala ansehen - und das habe ich auch vor. Mich zieht es
hinauf, ins Hochland, dort, wo die Bevölkerung fast zur Gänze aus
Indios besteht. Ich möchte am kommenden Vormittag in Richtung
Quetzaltenango abreisen und von dort aus weitere Pläne machen.
Doch am nächsten Tag sieht die Situation anders aus.

Um halb sechs Uhr werde ich mit benommenem Kopf wach und
die Glieder tun mir weh. Auch hat mich nun der Durchfall, die
berühmt-berüchtigte "Rache Montezumas" ereilt, die einem offen-
bar auch bei größter Vorsicht nicht erspart bleibt. Mit ein wenig
Cola zum Frühstück, das als schnelles und überall erhältliches
Mittel gegen derartige Unpäßlichkeiten gilt und einer Tablette
Hylaklombun komme ich für's erste wieder auf die Beine. Meine
Lust auf einheimische Kost ist mir aber auf jeden Fall vergangen,
zumal ich noch nicht einmal weiß, was Guatemalteken anstelle von
Schweinebraten mit Knödeln, Wienerschnitzeln oder Apfelstrudel

eigentlich essen. Meine Ausschau nach Bodenständigem in den Restaurants war bisher vergeblich. Sicherlich - Tortillas, Frijoles und tropische Früchte sind ein wesentlicher Bestandteil der hiesigen Kost (und bei den Indios meist die einzige) - aber diese Speisen werden auch in den anderen Ländern ringsum gegessen. Aber was ißt wohl ein mittelständischer Guatemalteke bei sich zu Hause, was es nicht ganz ähnlich auch in Mexico gibt? In der Altstadt und in der Zona 9 sah ich Lokale, die Chinesisches anbieten, Pizzas und Spaghetti, mexikanische Tacos, Steaks und Hamburgers. Eine Restaurantkette bietet dieselben Hühnergerichte an, wie in der amerikanischen Kette "Kentucky Fried Chicken". - Was typisch guatemaltekische Hausmannskost ist, weiß ich aber noch nicht und es wird mir bis zum Ende der Reise nicht ganz klar werden.

Vor meiner Abreise muß ich mir vor allem eine bessere Landkarte besorgen, als jene, die uns das INGUAT zur Verfügung gestellt hat, denn diese ist bestenfalls als Übersichtsplan zu gebrauchen und die Schrift ist so klein, daß ich sie kaum entziffern kann. Ich stelle mir das einfach vor, eine Landkarte im nächsten Buchladen zu kaufen, so daß ich mich wohl um zehn Uhr auf die fünfstündige Reise nach Quetzaltenango machen kann.

Mein Gepäck wird, noch bevor die Geschäfte aufmachen, trampfähig gemacht, denn die offizielle Kleidung, die ich für die Journalisten-Reise mithatte, ist für das, was ich vorhabe, unbrauchbar. Ich habe einen sehr kleinen Rucksack, mit dem ich auskommen muß, denn das Hochlandklima ist anstrengend genug, so daß ich mich nicht mit schwerem Gepäck belasten möchte. Und sollte die Situation irgendwo brenzlig werden, bin ich mit kleinerem Gepäck unabhängiger und leichter beweglich. Alles übrige Gepäck werde ich hier in der Pension für meine Rückkunft deponieren. - Meine zweite Deponie von "Wohlstandsmüll", nachdem mir der Safe des Grandhotels "Dorado" für Geld und Wertsachen sicherer schien.

In den Rucksack kommen ein zweites Paar Schuhe, eine zweite lange Hose, eine Jacke, die sich klein zusammenlegen läßt, zweimal Unterwäsche und Socken zum Wechseln - ich werde die Wäsche jeden Tag nach dem Tragen waschen und keine Schmutzwäsche produzieren - ein Sweat-Shirt, zwei T-Shirts, ein Bikini, ein dünnes, seidenes Kopftuch, ein winziger Regenschirm, Waschzeug, Medikamente. Das Schreibzeug, den Fotoapparat, ein kleiner Radiorecorder mit Kopfhörern, Sonnenbrille und Reiseführer haben genau in meiner kleinen Umhängetasche Platz. Geld für den Tagesbedarf und mein Safeschlüssel stecken in einem kleinen Täschchen, das ich um den Hals trage. Der Rest des Geldes, die Reiseschecks sowie der Paß in einem zweiten Täschchen aus Leinen, daß ich unter der Kleidung tragen werde. Das ist meine ganze Ausrüstung für den Trip ins Hochland.

Meine Suche nach einer Landkarte Guatemalas in den Buch- und Papierläden der Umgebung ist erfolglos. Es gibt keine! Karten bekäme man nur im Geographischen Institut, draußen in der Zona 9, unweit vom Flughafen "La Aurora", erfahre ich - also nichts wie hin, auch wenn damit die geplante Abreise nach Quetzaltenango um zehn Uhr verschoben werden muß.

Auf der Suche nach der richtigen Buslinie passiere ich einen großen Markt, dessen Ausläufer sich in alle angrenzenden Straßen und Gassen erstrecken.

Auf der Gasse vor den Amtsgebäuden - hier befinden sich die Verwaltung der Stadt, das Grundbuch und das Sicherheitsbüro - hocken Männer vor kleinen hölzernen Tischen mit vorsintflutlichen Schreibmaschinen darauf. Auf einem Hocker daneben kauern die Bittsteller, die dem Schreiber diktieren, was er für sie zu Papier bringen soll: Eine Beschwerde, ein Ansuchen, eine Verlustanzeige, vielleicht auch die Meldung, daß der Vater oder der Bruder oder beide von ihrer Arbeit auf dem Feld nicht zurückgekommen sind. Gleich daneben gibt es Stände, wo man wichtige Dokumente in Plastikhüllen einschweißen lassen kann.

Auch am Fleischmarkt komme ich vorbei - und angesichts der mit Staub panierten, von Abgasen geräucherten und mit Fliegen besetzten Fleischstücke beschließe ich, für die nächsten Wochen Vegetarierin zu werden.

Auf einmal fällt mein Blick auf eine Frau auf der anderen Straßenseite: Ihr ganzer Körper ist nur hüfthoch, denn sie hat überhaupt keine Beine! Auf kurzen Stummeln bewegt sie sich mit ungeheurer Anstrengung durch die Menge am Gehsteig, und nun versucht sie auch noch, quer über die Straße, durch den verrückten tosenden und hupenden Verkehr zu robben, mit weit ausschwingenden Armen, damit sie nicht das Gleichgewicht verliert. Derartige Verstümmelungen sind oft geübte Praxis der Todesschwadrone, eine drastische Warnung vor sozialem Engagement. - Wie kann ein Mensch in einem Land, das Gesunden so wenig Lebenschancen gibt, auf diese Weise überleben? Der Anblick der Frau hat mich sehr erschüttert, denn es ist leichter, in den Zeitungen von solchen Dingen zu lesen, als in der Wirklichkeit damit konfrontiert zu werden.

Allmählich komme ich mit dem Bussystem in Ciudad de Guatemala zurecht, denn die 6. Avenida, die Hauptstraße der Altstadt, verlängert sich ins moderne Geschäftsviertel der Zona 4 und 9 hinaus, und von dieser Achse aus ist das meiste zu erreichen, was einen Stadtfremden interessiert. Zwischen Altstadt und Neustadt trennt ein Hügel das dichtbebaute Gebiet. Neben der alten Festung überragt das 1979 eröffnete neue Theater wie ein blaues Schiff, das auf einem Riff gestrandet ist, die Stadt. Der Architekt, Efrain Recinos, auch Bildhauer und Maler, hat in diese begehbare Riesenskulptur Elemente der Maya-Architektur einbezogen.

Das Geographische Institut, wo ich eine brauchbare Landkarte zu bekommen hoffe, liegt an der Diagonale 12, einer der großen Stadtautobahnen. Wenn auch keine gute Orientierungskarte, so bekomme ich im Geographischen Institut, das eine Abteilung der Militärbehörde ist, einen Kursus in guatemaltekischer Bürokratie mitgeliefert. Denn es scheint, daß jeder, der eine genaue Landkarte von Guatemala zu besitzen verlangt, sich von vorneherein verdächtig macht, vielleicht als potentieller Umstürzler oder als Verbindungsperson zu den Guerilleros. - Denn anders kann ich mir nicht erklären, daß ein einfacher Kaufakt zu einer umständlichen bürokratischen Zeremonie hochstilisiert wird.

Ein vor dem Gebäude an einem Holztisch postierter Soldat knöpft mir meinen Paß ab und gibt mir dafür ein Nummernschild, der Vorgang ist auf einem Formular zu quittieren. Als ich das Schild achtlos in die Tasche stecken will, macht mich der Uniformierte darauf aufmerksam, daß ich es sichtbar tragen müsse. Nachdem ich mir bei einem Schalter eine Landkarte ausgesucht habe, wird über den Deal wieder ein großes Formular mit zahlreichen Durchschlägen ausgestellt und durch meine Unterschrift quittiert. An der Kasse will man außer fünf Quetzales nochmals meinen Namenszug - nun kann jeder, der glaubt, es wissen zu müssen, erfahren, daß ich das verdächtige Bedürfnis zeigte, mich in Guatemala zurechtfinden zu wollen. Außer dieser "mapa vial turistico", die den Vorteil hat, sehr klein zusammengelegt zu sein, gäbe es auch detailliertere Karten in größerem Maßstab von einzelnen Landesteilen für je zehn Quetzales zu kaufen. Da ich aber jetzt noch nicht genau weiß, wohin es mich verschlagen wird, müßte ich die ganze Serie kaufen und das würde mein Gepäck zu sehr belasten und mich womöglich auch noch verdächtig machen. Außerhalb der Hauptstadt sind jedenfalls kaum mehr Landkarten zu bekommen; ich traf unterwegs öfter Ausländer, die in der trügerischen Hoffnung, im Land selbst bekäme man wohl die beste Information, sich ohne Orientierungsmaterial zurechtfinden mußten.

Obwohl es mir schon ganz gut gelingt, mich auf Spanisch verständlich zu machen und durchzufragen, lande ich schließlich nicht bei der Universität, wo ich hinwollte, sondern beim Zoo. Auch gut! - ich bin ohnehin hundemüde, denn schließlich bin ich seit Stunden in Lärm und Gestank unterwegs. Die Hitze, die nun eingesetzt hat, so vermute ich, ist Schuld an meiner Erschöpfung und an dem benommenen Gefühl im Kopf.

Auch die Tiere halten in ihren Gehegen Siesta. Eine gefleckte Raubkatze hängt faul über einen dicken Ast und läßt alle vier Pranken vollkommen entspannt hinunterbaumeln. Die bunten Vögel dösen mit unter dem Gefieder versteckten Köpfen und die Krokodile spielen Baumstamm. Indiofrauen mit ihrer buntgekleideten Kinderschar erholen sich im Zoo von des Tages Müh', denn man zahlt hier keinen Eintritt. Der Boden ist durch die mittägliche Hitze so trocken, staubig, ausgedörrt und rissig, daß man kaum glauben kann, daß jetzt Regenzeit herrscht, was bedeutet, daß am Nachmittag todsicher der Regen einsetzt.

Ich fühle mich völlig zerschlagen, und schreibe dies der brütenden Hitze zu. Die Lust, die Universität zu besuchen, ist mir vergangen, und ich rattere mit dem Fünfer-Bus in die Altstadt zurück; die Straßen sind holprig, manche Nebengassen noch nicht einmal asphaltiert.

Auf dem großen Platz vor der Polizeidirektion, wo ich aussteige, ist immer etwas los. Marktschreier, Pillendreher und Seelenfänger sind von Menschengrüppchen umstellt, die ihnen aufmerksam zuhören und dankbar über jedes Späßchen lachen. Zu Lachen gibt es allerdings nichts bei einem Sektenprediger, der Verderben für die Bösen, Heil und Segen für die Guten vom Himmel herabschwört. Die gläubige Zuhörerschaft umringt ihn, mit geschlossenen Augen aneinandergelehnt, manche schwankend im inbrünstigen Gebet.

Am Rand des Platzes haben die Schuhputzer ihre hölzernen Kästchen aufgereiht. Die sinnvolle Konstruktion enthält alle notwendigen Utensilien für dieses Gewerbe, das es nur in Ländern gibt, wo sehr arme Leute leben. Über dem beidseitig aufklappbaren Deckel ist ein kleines Brett schräg befestigt, auf das man den Fuß mit dem zu putzenden Schuh abstellt.

Ciudad de Guatemala

Quelle: Norbert Rudisch

1. Reliefkarte
2. Candelaria-Kirche
3. Nationalpalast
4. Kirche la Merced
5. Aero Mexico
6. Santuario de Guadelupe
7. Nationalbibliothek
8. Kathedrale
9. Hauptpost
10. Hotel de Centro
11. Telegrafenamt
12. Kirche Santo Domingo
13. Polizeidirektion
14. Chalet Suizo
15. Ausgrabungen Kaminal Juyu
16. Hauptbahnhof, div. Busstationen
17. Nationaltheater
18. Rathaus
19. Bank von Guatemala
20. Santuario Expiatorio del Sangrado Corazon de Jesus
21. INGUAT
22. Sportstadion, Olympisches Dorf
23. Busterminal
24. Torre del Reformador
25. Zentralamerika-Park
26. Zoo
27. Plazuela Espana
28. Archäologisches Museum
29. Kunstmuseum
30. Hotel Dorado
31. Obelisk
32. Flughafen
33. Militärgeographisches Institut
34. Inlandsflughafen

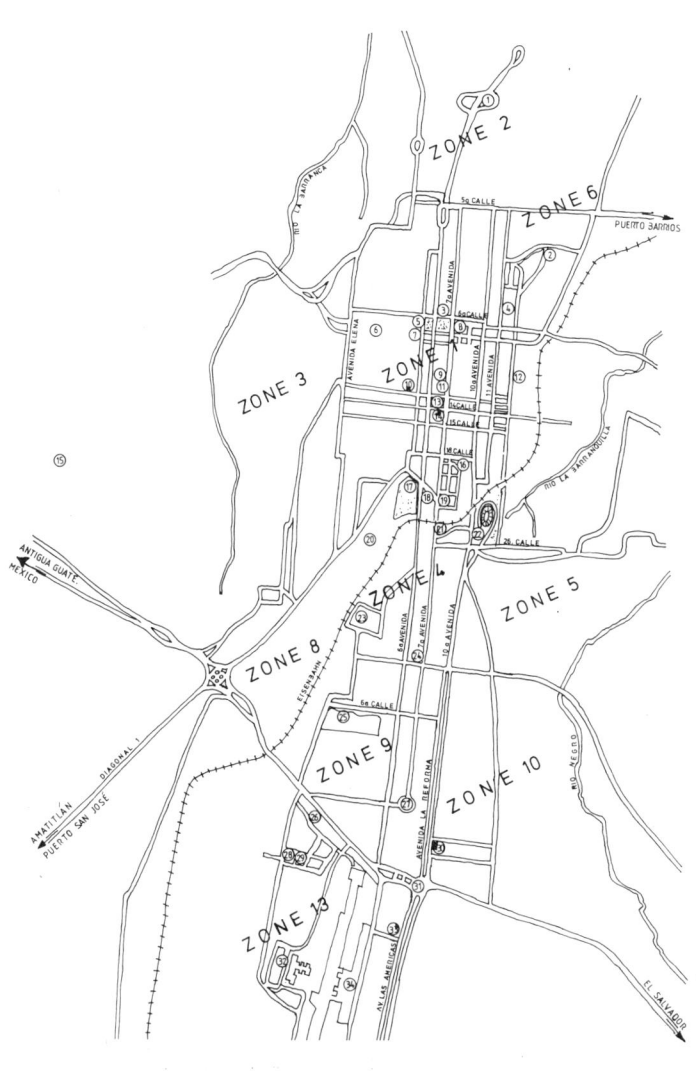

ZONE 1
ZONE 2
ZONE 6
PUERTO BARRIOS
ZONE 3
ZONE 4
ZONE 5
ZONE 8
ZONE 9
ZONE 10
ZONE 13
ANTIGUA GUATE
MEXICO
AMATITLÁN
PUERTO SAN JOSE
DIAGONAL 1
EL SALVADOR

147

Die Schuhputzer machen mich durch Zurufe und Gesten darauf aufmerksam, daß meine Schuhe ziemlich staubig sind. Ich suche mir den jüngsten unter ihnen aus, noch ein Kind - 40 Centavos will er für seinen Dienst. Behutsam steckt er mir gewölbte Kartonblätter von oben in die Schuhe, damit er ganz bis zum Rand putzen kann, ohne meine Socken zu beschmutzen. Mit einer roten Flüssigkeit reinigt er meine gleichfarbigen Schuhe, poliert sie dann mit einem Lappen, den er mit beiden Händen flink hin und her zieht, und massiert dann mit den bloßen Fingern und dem Handballen die fettige Creme sorgfältig in das Leder. Nicht nur den Schuhen tut diese Pflege gut, sondern auch meinen vom vielen Gehen gemarterten Füßen bekommt die Massage. Mit dem Fingerknöchel klopft der Junge auf die Schuhspitze, um mich darauf aufmerksam zu machen, daß der andere Fuß dran ist. Zuletzt werden die Schuhe poliert, nochmals mit Creme eingestrichen und wieder poliert - nie hatte ich blankere Schuhe!

"Wie alt bist du?" frage ich auf Spanisch.

"No se - ich weiß es nicht" sagt er leise und blickt verlegen zur Seite, in die Augen wagt er mir nicht zu schauen. Ich schätze ihn auf zwölf. Am Ende des begrünten Platzes sitzt ein noch jüngerer Putzer, vielleicht zehn. Während er einen Kunden bedient, taxiert er fachmännisch meine blanken Schuhe und man sieht ihm deutlich an, daß er registriert, daß da kein Geschäft mehr zu holen ist.

Die Altstadt hat einen ganz anderen Charakter, als das elegante moderne Geschäftsviertel mit seinen Bürohäusern und breiten Straßen draußen in der Zona 9 - als befände man sich in einer anderen Welt. Hier in der Altstadt, auf meinem Weg zur Pension Belén, reiht sich Geschäft an Geschäft, Büro an Büro. Wie in so vielen Ländern der dritten Welt haben die meisten dieser kleinen Geschäftsräume, die man eben von der Gasse aus betritt, nur drei Wände und sind vorne zur Straße hin vollkommen offen. Jeder kann sehen, was da drinnen vorgeht. Nachts werden die kleinen Räumlichkeiten mit Scherengittern oder Rollbalken geschlossen.

Da sitzen Advokaten vor ihren Gesetzesbüchern in ihrem Büro neben dem des Geldverleihers und Geschäftevermittlers; Reisebüros, kleine Druckereien, Bäckereien, Gemischtwarenläden, kleine Handwerkerbetriebe und Cafés existieren hier in friedlicher Eintracht nebeneinander. Weder den Bürobetrieb noch die Kunden scheint der Lärm, der Gestank und das Treiben auf den Straßen zu stören. Manchmal hat man auch den Eindruck, daß das eine oder andere Büro, abends, wenn die Rollbalken geschlossen werden, als Wohnzimmer einer Familie dient.

Viele Zahnärzte gibt es hier, kleine Gesundheitszentren, Augenarztpraxen. Wegen der katastrophalen hygienischen Verhältnisse in den Dörfern und in den wilden Siedlungen der Vorstadt leiden die Menschen sehr unter der Fliegenplage, denn das Feld, eine Ecke hinter dem Haus oder die Straße müssen als Abort dienen. - Augenkrankheiten sind ein so häufiges Übel unter den Armen, wie auch Magen- und Darmkrankheiten und Eingeweidewürmer bei Kindern.

Vor den Läden, Büros und Arztordinationen haben Indios auf dem Gehsteig ihre kleinen Buden ohne festen Standplatz aufgebaut. Meist ist es nicht mehr als ein hölzener Kasten auf einem Gestell, der sich am Abend rasch zusammenfalten und wegtragen läßt. Da gibt es Zeitungen und Zigaretten, kleines armseliges Spielzeug, Obst und vor allem Kaugummi zu kaufen, alles ziemlich verstaubt, aber die Händler scheinen dennoch ihr Geschäft zu machen.

Als ich in der Pension ankomme, fühle ich mich total k.o., obwohl es erst drei Uhr Nachmittag ist. Meine Abreise habe ich ohnehin bereits auf morgen vertagt. Ich halte es nicht für günstig, so zu reisen, daß ich mit dem Bus erst knapp vor der Dunkelheit an einem fremden Ort ankomme, um dann erst Quartier suchen zu müssen.

Als ich mich zum Zeitungslesen in den Innenhof setze, merke ich, wie mir die Übelkeit hochsteigt. Ich habe 38.2° Fieber, und auch der Durchfall, den ich mit Cola und Hyloklombun vertrieben zu haben glaubte, meldet sich wieder, weil ich unvorsichtigerweise eine Avocado ausgelöffelt habe und danach eine Mangofrucht, deren fasriges gelbes Fruchtfleisch mir nun zwischen den Zähnen haftet. Ich fühle mich ganz und gar nicht gut, deshalb nehme ich ein Aspirin, lege mich in mein rotgestrichenes Bett unter die Indio-Decke und lasse mir von den Kopfhörern den Spanisch-Kurs ins Ohr spielen. Ich sollte mich auskurieren, bevor ich ins Hochland abdampfe.

Provinz Quetzaltenango

Xelajú: Wo Alvaredo das Blut
Tecúm Umáns vergoß

Es geht mir gar nicht gut. Dank Aspirin habe ich zwar kein Fieber
mehr, ich fühle mich aber geschwächt und klapprig. Ob es wohl
vernünftig ist, heute zu reisen? Besser wäre es wohl, im Bett zu
bleiben und mich auszukurieren. Aber "Guate" gefällt mir überhaupt nicht. Wie in jeder großen Stadt ist es hier schmutzig und
laut, morgens ist es kühl, mttags und am Nachmittag unerträglich
heiß. Quetzaltenango, sagte man mir, sei "guatemaltekischer",
ursprünglicher und das Klima im Hochland viel angenehmer. Ich
kann mich ja auch dort einen Tag lang ins Bett legen, wenn es mir
nicht besser geht.

Ein wenig fürchte ich mich schon vor der fünfstündigen Bus-
fahrt, mit rumorenden Gedärmen kann das unangenehm werden.
Das Frühstück, zwei trockene Kekse und Cola, hielt sich jedenfalls
nicht lange in meinem Körper. Ich fühle mich ganz ausgetrocknet,
kann aber keine Flüssigkeit behalten. Ich werde nichts zu mir
nehmen, und dann müßte die Fahrt wohl zu überstehen sein. Es ist
nicht gut, krank zu sein, wenn man alleine reist. Nach dem kurzen
Weg zur Busstation, nur wenige Blocks weit, bin ich in kaltem
Schweiß gebadet, obwohl es frisch ist.

Das Ticket für die 200-Kilometer-Strecke kostet umgerechnet 22
Schilling im bequemen klimatisierten Bus mit Platzkarte. Obwohl
die Panamericana, die Straße zur mexikanischen Grenze im Landesinneren, gut ausgebaut ist, dauert die Fahrt wegen der vielen
Kurven dennoch fünf Stunden.

Über dem Hochland hängen graue schwere Wolken. Die Hütten
ducken sich in die Maisfelder, so daß das Dach kaum herausragt.
Manchmal eine Szene, wie für den Fremdenverkehrsprospekt arrangiert: Eine buntgekleidete India kniet auf dem sauber gekehr-
ten Hof, mit ihrem Hüftwebstuhl an einen Baum gebunden, ein
paar dunkle Kinder, ein, zwei kleine Hunde und ein mageres
braunes Schwein beleben die Szene.

An der Abzweigung zum Atitlán-See steigen viele Leute zu, Platzkarten gibt es für sie nicht mehr, sie müssen auf dem Gang stehen. Außerhalb des klimatisierten Busses scheint es noch kalt zu sein, die Indios tragen ihre Schals fest um die Schultern gewickelt. An der Station kommen einige Männer und Frauen in den Bus mit Körben voller Reiseproviant: Tortillas mit Fleisch, Äpfel, Cola, das sie aus der Flasche in Nylonsäckchen füllen. Der Kleine neben mir hat ein Tamal bekommen, einen fleischgefüllten Maisteig-Klumpen, der in einer Maisblatthülle gekocht wird. Kaum hat er gegessen, holt er mit ruhigen Bewegungen das Cola-Säckchen aus der Hosentasche und erbricht das eben verspeiste. - Die Leute hier vertragen offenbar ihre eigene Kost auch nicht immer - wie sollte es einer Ausländerin anders gehen? Der Bub hat nun noch ein paar Flecken mehr auf Hose und T-Shirt. Der große Bruder steht auf, damit es der kleinere bequemer hat. Im Arm des Kindes schläft eine Katze, das Köpfchen in seine kleine samtigbraune Hand geschmiegt.

Die Landschaft wirkt, je höher wir fahren, fast wie eine heimatliche Berglandschaft, wären da nicht vereinzelt Yuccastauden mit meterhohen Blütenrispen, gewaltige Bananenpflanzen, Hibiskusbüsche, über und über voller Blüten und mannshohe Fuchsien. Immer steiler werden die Hänge, sorgsam in Handarbeit terrassiert, damit Erde und Samen nicht vom Regen abgeschwemmt werden. Hier, wo der Boden relativ karg ist, ist er am intensivsten genutzt. Schafe und Ziegen mit dunkelbraunem Fell weiden am Straßenrand.

Quetzaltenango - eine der großen, wichtigen Städte in Guatemala: Der Bus setzt mich am Markt am Rand der Stadt ab, wo sie wie ein verlassenes Dorf aussieht.

Den Durchfall habe ich gottlob ausgehungert, soweit keine Probleme. Aber ich bin noch nicht gesund, ich fühle mich, als stünde ich als fremde Person neben mir. Es ist früher Nachmittag. Ich bin froh, nur einen kleinen Rucksack zu haben. Ich fühle mich hungrig und erschöpft, denn ich habe im Bus nicht gewagt, die letzten beiden Kekse zu verzehren, um meine Gedärme nicht zu reizen. Ehrlich gesagt fühle ich mich ziemlich krank und möchte schnellstens in ein sauberes Bett. So einfach ist dieser begreifliche Wunsch aber nicht zu erfüllen.

In der Touristenzeitung vom INGUAT sind einige Hotels und Pensionen genannt. Das Hotel Viajero, gleich hinter dem Hauptplatz, sieht von außen ganz sauber aus, aber die Zimmer sind düster und durch die schwache Glühlampe kaum zu erleuchten. Das zweite Hotel, das ich aufsuche, hat einen schönen Innenhof und gefiele mir, aber da gibt es kein Zimmer mit Bad und WC - schon gar nicht ideal, wenn man krank ist. Im Hotel Bonifaz, dem besten am Platz, ist nichts frei. Im nächsten Guest-House bleibe ich dann, obwohl es auch da kein eigenes Bad gibt, ich bin einfach zu müde, um weiterzusuchen. Die Zimmer, große, aber ziemlich düstere Kammern, sind nur mit dem Allernotwendigsten möbliert. Aber sie gehen auf eine rundumlaufende Galerie im Oberstock hinaus, auf der Topfpflanzen und bequeme Korbstühle stehen. Man sieht von der Galerie aus sogar ein wenig von den Bergen - zwei Nächte werde ich es hier wohl aushalten.

Trotz Erschöpfung kann ich meine Neugier nicht bezähmen, und es treibt mich zu erkunden, wie ein Ort mit dem unaussprechlichen Namen "Quetzaltenango" aussieht. Auch den Einheimischen scheint dieser Name zu lang zu sein, denn sie nennen die Stadt nach ihrem alten indianischen Namen aus der Mayazeit "Xelaju" abgekürzt "Xela" (gesprochen Schela). Wer einen Bus nach Quetzaltenango sucht, wird vergebens auf den Tafeln über den Kühlerhauben nach diesem Reiseziel suchen, denn auch die Busse fahren nach Xela und nicht nach Quetzaltenango.

Die Pension liegt in einer ansteigenden Straße zwei Gassen vor dem Hauptplatz. Die Stadt könnte sich genausogut in Österreich befinden, sie erinnert mich mit ihrem großen zentralen Hauptplatz und den bald außerhalb des Stadtkernes nur mehr ebenerdigen Häusern an eine beliebige niederösterreichische Stadt, wie sie vor vielleicht dreißig, vierzig Jahren ausgesehen haben mag. Auch die Wochenend-Öde (es ist Samstag) ist ähnlich wie in einer verschlafenen Kleinstadt zu Hause. Die meisten Geschäfte haben geschlossen. Wenige Menschen flanieren um den kleinen Park auf dem nach Norden stark ansteigenden Hauptplatz.

Ich setze mich auf einen Kaffee ins "Bonifaz", am oberen Ende des Platzes. Schäbige Tristesse, wie ein Relikt aus der Nachkriegszeit, in diesem besten Hotel am Platz. Die Kellnerin trägt ein buntgewebtes Kleid und an den langen schwarzen Zöpfen große rote Maschen. Am Nebentisch zwei junge französische Paare - ob sie sich ebenso wie ich fragen, was sie ausgerechnet hier in Quetzaltenango zu suchen haben? Wenn das, was um mich herum vorgeht, ein Film wäre und nicht die Wirklichkeit, dann würde jetzt eine Geschichte mit merkwürdigen Begegnungen anfangen, die Stimmung ist danach.

In einem Supermarkt an der Gasse, die zu meiner Pension führt, kaufe ich das so wichtige Cola, Salzgebäck und ein Päckchen Salz extra. Meine Eingeweide haben zwar den Test mit Kaffee und Obstkuchen im "Bonifaz" bestanden, aber es scheint, daß es mir tatsächlich erst merklich besser geht, nachdem ich mit dem befeuchteten Finger Salz genascht habe.

Die Dämmerung kommt hier sehr früh, schon gegen sechs Uhr abends. Ich weiß nicht recht, was tun in diesem Nest, also setze ich mich in den Bus Nr. 6, den kenne ich schon von meiner Fahrt vom Markt hierher, um einen Scenic-Drive zu machen und die Stadt in einem größeren Radius zu erkunden. Daß der Bus nicht gerade durch die attraktivsten Gegenden von Quetzalten-ango fährt, konnte ich ja nicht ahnen - oder gibt es keine attrak-tiveren? An der Endstation bei der Durchzugsstraße bleibe ich

Von der alten Kathedrale in Quetzaltenango steht nur noch die Fassade

für die Rückfahrt sitzen. Ein Bub kassiert, er hat die Zigarette dabei lässig im Mundwinkel hängen.

Die Menschen sind fast alle in Indio-Tracht, die hier besonders pittoresk ist. Vor allem der Kopfputz mancher Frauen kann sich sehen lassen. Ihr glattes schwarzes Haar ist mit breiten bunten Bändern zu einer Rolle um den Kopf gedreht und zwei große Ponpons baumeln seitlich vom Gesicht.

Mittlerweile ist es vollkommen dunkel geworden, aber ich habe nicht das Gefühl, Angst haben zu müssen. Als es leicht zu nieseln anfängt, beeile ich mich, in die Pension zu kommen, bevor stärkerer Regen einsetzt.

Nun ist die Señora da, der das Haus gehört, denn bei meiner Ankunft war nur eine Muchacha, ein Dienstmädchen, im Haus, die über nichts Bescheid wußte. Die Señora scheint bessere Zeiten gesehen zu haben. In ihrem großen Wohnraum hängen neben allerlei Heiligenbildern viele Fotos aus ihrer Jugendzeit - sie war eine sehr attraktive gutgekleidete junge Frau mit den schmalen edlen Gesichtszügen einer Spanischblütigen.

Als ich meine Sachen in Ordnung bringe, fehlen mir zwanzig Quetzales. Ich muß irgendwo mit einem Zwanziger anstelle eines Ein-Quetzalscheines bezahlt haben, sie sind einander sehr ähnlich. Das ist ziemlich ärgerlich, denn die Señora möchte gleich Geld haben.

Zwanzig Quetzales würden leicht für die beiden nächsten Nächte reichen und es bliebe noch etwas fürs Essen übrig. Ich hatte in Guate nicht mehr genügend Zeit, um Geld in der Landeswährung zu wechseln und morgen ist Sonntag. Die Pensionbesitzerin ist mißtrauisch, als ich ihr meine Lage zu erklären versuche, vielleicht hat sie schon schlechte Erfahrungen gemacht, daß Gäste plötzlich ohne zu zahlen verschwunden sind. Schließlich nimmt sie nach längerem Hin und Her den Gegenwert des Übernachtungspreises in US-Dollar an.

Mein Zimmer war offenbar einmal ein großer repräsentativer Raum. Nun ist er durch eine Holzwand zweigeteilt, um daraus zwei Gästezimmer zu gewinnen. Der Bewohner des Zimmers neben mir kommt sehr spät nach Hause. Als er das Licht anknipst, kriecht der Schimmer durch die Ritzen und die Holzwand ist von einem hellen Rand eingerahmt; das Schnarchen des Mannes nebenan läßt mich nicht einschlafen.

Xelajú war seit jeher einer der bedeutensten Orte im Staatsgebiet Guatemalas: An dieser Stelle befand sich die Hauptstadt des Königreiches der Quiché. Der heutige Name Quetzaltenango ist dagegen aztekischen Ursprungs - denn der Spanier Pedro de Alvarado wurde auf seinem Eroberungszug durch Mittelamerika von aztekischen Kriegern begleitet.

"Quetzaltenango" bedeutet "Wohnort des Quetzal" und nimmt damit Bezug auf die für die Urbewohner so katastrophalen Ereignisse des Jahres 1524. Ganz in der Nähe fand nämlich die Entscheidungsschlacht zwischen dem spanischen Eroberer und dem obersten Befehlshaber der Quiché, Tecúm Umán, statt, dessen Nagual, sein "alter ego", der prächtige Vogel Quetzal gewesen sein soll. Als sich der Schlachtverlauf zu Ungunsten von Tecúm Umán entwickelte, schwebte über seinem Haupt der prächtige Vogel. Nach der Sage soll Alvarado den Quetzal getötet haben, worauf auch das Leben des Kriegers erlosch. Noch heute sind die Indios fest davon überzeugt, daß das Unheil, das dem Nagual zustößt, auch ein gleichartiges Unglück für den bedeutet, zu dem dieses Tier untrennbar gehört.

Das Hochlandgebiet um die alte Mayasiedlung Xelajú spielte immer politisch eine große Rolle: Im Jahre 1838 sagten sich die Bewohner der Region um Quetzaltenango, Totonicapán und Sololá von dem erst 1821 von Spanien unabhängig gewordenen Staatengebilde der "Vereinigten Provinzen Zentralamerikas" los und erklärten ihr Gebiet zu einem eigenen Staat, zum "Estado de los Altos" oder "Staat des Hochlandes". Das über 2.300 Meter hoch gelegene Quetzaltenango wurde Hauptstadt. Die vom gemeinsamen Kongreß approbierte Unabhängigkeit des Hochlandstaates währte aber nur zwei Jahre. Die Armee des Präsidenten Rafael Carrera zwang die Separatisten wieder unter das gemeinsame Joch, als "Sexto Estado" - als sechsten Staat der 1839 für unabhängig erklärten Republik Guatemala.

Heute ist das Hochland das zentrale Siedlungsgebiet der vielstämmigen Maya-Nachfahren. In unmittelbar benachbarten Orten werden die unterschiedlichsten Maya-Dialekte gesprochen, und hier im Hochland werden die "Costumbres", die altüberlieferten religiösen Bräuche, mit besonders peinlicher Sorgfalt befolgt. Hier war und ist die Unterdrückung der Indios besonders grausam und dementsprechend fand der bewaffnete Widerstand hier großen Zulauf. Während der Widerstand in den letzten Jahren in der Hauptstadt nahezu zerschlagen wurde, finden die aufständischen Organisationen in den Bergen Zuflucht, Hilfe und Unterstützung bei der Bevölkerung, für deren Leben sie ihr eigenes riskieren.

Ein Sonntag in Quetzaltenango - ausgerechnet!

Sonntag vormittag in Quetzaltenango: Menschenleere Straßen, eine verschlafene Stimmung, wie zu Hause an einem Sonntag in der Kleinstadt, wenn die Frauen mit dem Sonntagsmenü beschäftigt sind, die Männer sich zum Frühschoppen treffen und die Kinder in den schönen Kleidern sich nicht schmutzig machen dürfen.

Eine Indiofamilie eilt zur Kirche, voran ein herausgeputztes vielleicht vierzehnjähriges Mädchen. Alles, was sie trägt, scheint neu zu sein, noch ganz steif ist der Stoff des Rockes, der gestickten Bluse und der Schürze mit der Zackenverzierung um den Rand. Auf dem in der Mitte gescheitelten Haar, das beiderseits in langen schwarzen Zöpfen über die Schultern hängt, trägt sie einen Kranz aus rosa Blüten. Vor der Kirchentüre nimmt ihr die Mutter feierlich den Kranz vom Kopf und setzt ihr einen weißen Tüllschleier auf: Das Mädchen geht zur Erstkommunion.

Allmählich füllt sich die Kirche. Viele Indios in ihren schönsten Kleidern, alte Bürgerfrauen mit der schwarzen oder weißen Spitzenmantille auf dem grauen Scheitel, Männer, Kinder. Gleich vor dem Altar ein Chor der Jugend von Quetzaltenango, Bürgerkinder neben Indiomädchen in Tracht und schäbig gekleideten Ladinos. Ihre frischen Stimmen zur Gitarre füllen den großen Kirchenraum. Die Musik ist nicht getragen und feierlich, sondern packend und beschwingt, nach der Kommunion fast eine Tanzweise; da und dort wippt ein Schuhabsatz im Takt mit. Sogar der Priester hinter dem Altar wiegt sich nach der Musik leicht in den Hüften und lächelt zu mir herüber - denn ich bin unübersehbar mit meiner europäischen Durchschnittsgröße. Ich überrage die jungen Leute des Chores hinter denen ich mich aufgestellt habe, um eine Tonaufnahme zu machen. Die Predigt des Priesters geht, soweit ich sein Spanisch verstehen kann, ins Politische, von Nicaragua ist die Rede und von El Salvador.

In der ersten Reihe steht ein alter Herr, ein Städter, mit einer Kerze, wie ein Erstkommunikant. Doch in der Kirche ist er zweiter nach dem jungen Mädchen mit dem Schleier - sie darf als allererste die Kommunion empfangen.

Beim Segen berühren alle Menschen ihren Nachbarn, auch der kleine Indio neben mir tapst mich leicht auf den Rücken und lächelt mir zu.

Nun ist die Messe zu Ende, aber noch nicht der Kirchenbesuch. In kleinen Gruppen knien Gläubige vor den Figuren der Heiligen nieder, an die sie besondere Anliegen haben. Sie äußern laut und ungeniert vor den anderen ihre Bitten oder machen dem Heiligen Vorwürfe, wenn er diese nicht im Sinne des Bittstellers erfüllt hat.

Die Indiofamilie hat mit dem Mädchen im weißen Schleier in der Mitte auf einem kleinen grünen Fleck vor der Kirche Aufstellung genommen. Ein Polaroidfoto wird gemacht.

"Felîz!" rufen die anderen Mädchen lachend. "Felîz!", als sie das Rasenstück mit den anderen verlassen will. Nein, Felîz muß sich mit hocherhobener Kerze nochmals ganz alleine postieren für noch ein Polaroid. Auch ich darf die strahlende Felîz fotografieren.

Fröhlich schwatzend geht der ganze Clan durch eine Nebengasse nach Hause. Die anderen Kirchenbesucher zerstreuen sich in alle Himmelsrichtungen. Schon ist der große Platz wieder fast menschenleer. Eine alte India schlurft langsam durch die Gasse. Noch ist die Vormittagsluft frisch, obwohl sich kein Schatten einer Wolke am Himmel zeigt. Die alte Frau ist in einen dicken wollenen Poncho gehüllt, und der hat ein ganz besonderes Muster: Das Pepsi-Cola-Emblem in Rot, Blau und Weiß ist in den Poncho eingewebt und die Alte trägt dieses Symbol amerikanischer Lebensart wie eine Flagge um ihre mageren Schultern gewickelt.

Coca-Cola, Pepsi-Cola, Seven up und weiß der Himmel, wie dieses klebrige Zeug alles heißt - ihre Markenzeichen bedecken ganze Hauswände, vom unteren Rand der Mauer bis unters Dach. Denn viele der Häuser haben zur Gasse hin fensterlose Wände, ideale Werbeflächen. Die kleine Bar, wo es all dieses Zivilisationsgebräu gibt, heißt "Sagrada Familia" - "Heilige Familie", die kleine Gemischtwarenhandlung daneben "Tienda Corazon Sagrado" – "Laden zum Heiligen Herzen".

Ich habe die kleine "Muchacha" in meiner Pension gefragt, wohin es sich denn lohnen würde, heute einen Ausflug zu machen.

"Ostuncalco" hat sie mir geraten, da sei heute Markt. Also Ostuncalco. Weil heute Sonntag ist, haben die Banken geschlossen und ich wechsle zehn Dollar in der Pension Bonifaz zu schlechtem Kurs, das reicht bei weitem für heute.

Ein Minibus fährt nach San Juan Ostuncalco, 16 Kilometer in die Berge auf fast 2.500 Meter. Mit dem Fahrer hätten unter normalen Umständen neun bis zwölf Personen Platz in dem klapprigen Vehikel. Hier müssen aber mindestens doppelt soviel Menschen hinein, damit die Fahrt sich lohnt. Schließlich sind sie ja alle sehr klein, nur ich fühle mich wieder einmal schamlos riesig unter dieser schnatternden und lachenden Schar. Bereitwillig rücken sie zur Seite, sofern das überhaupt möglich ist, damit ich meine beiden großen Füße auf die Ladefläche setzen kann. Da hocke ich nun, eingeklemmt zwischen Kindern und Körben, Hühnern und Tongeschirren, denn auch die Marktware muß befördert werden und auf dem Dach des Minibusses ist kein Platz mehr. Nur mit den Fußballen stehe ich auf dem Boden, mit den Händen kann ich mich nur auf den eigenen Knien abstützen. Ein Mann neben mir versucht seinen Korb so zu halten, daß ich davon nicht belästigt werde, was in dieser Enge natürlich völlig unmöglich ist. Er lacht erleichtert, als ich ihm sage, der Korb störe mich nicht.

Doch es geht offenbar nicht an, daß jemand wie ich einen so schlechten Platz im Bus erhält. Eine dicke Frau, die neben dem Fahrer saß, quetscht sich in dem niedrigen Gefährt über die eisernen Bügel der Rückenlehne zu mir zurück, die ich hinter ihr kauere. Ich möge doch nach vorne steigen, auf den gepolsterten Sitz, sagt sie, da würde ich viel besser sehen; und die anderen nicken mir aufmunternd zu - wie kann ich diese Freundlichkeit zurückweisen?

Unterwegs ist immer noch Platz für zwei, drei Menschen zusätzlich mit ihren Körben und Bündeln. 35 Centavos kostet die halbstündige halsbrecherische Fahrt in die Berge über eine holprige Schotterstraße. Angenehm frisch ist es noch, die Maisfelder liegen reingewaschen vom nächtlichen Regen in der strahlenden Vormittagssonne. Es ist ein eigenartiges Gefühl der Befreiung und der Freiheit für mich, eingekeilt in dieser Gruppe freundlicher Menschen durch eine zivilisationsferne Landschaft zu fahren. Ein Gefühl: Hier kann dir kein Leid geschehen, hier ist alles ursprünglich

und natürlich, alles Böse, Verderbte und Kaputte hat in diesen sma-
ragdgrünen Bergen nichts zu suchen. Ein eigenartiges Hochgefühl.

In Ostuncalco ist schon viel los, die Straßen des Städtchens sind
voller Menschen. Die Märkte, die ich schon gesehen habe und noch
sehen werde, gleichen einander alle. Die Hühner, denen man zum
Transport beide Beine zusammengebunden hatte, dürfen nun, mit
der Schnur um nur ein Bein, nochmals scharren und im Staub
picken, bevor sie in den Kochtopf wandern. Junge Hunde, Katzen,
schwarze magere Schweinchen wechseln die Besitzer und werden
von beiden, dem Verkäufer und dem Käufer liebevoll behandelt.
Wieder die Verkaufsstände mit den Webereien und Stoffen. In einem kleinen Raum am Rande des Marktplatzes steht eine Mais-
mühle und eine Frau dreht die mitgebrachten weichgekochten Körner der Kundinnen durch die Spindel der Mühle zu einem festen
Teigklumpen, aus dem die Tortillas geformt werden - Arbeitserleich-
terung für eine mühsame und zeitaufwendige Pflicht der Frauen.

Ich beginne dieses Land, diese Menschen zu lieben. Ich bin
fasziniert von dem ruhigen Ernst, mit dem hier die Geschäfte
abgewickelt werden; die Fröhlichkeit und bescheidene Heiterkeit
der Menschen wärmt das Herz.

Ich wäre gern unauffälliger, denn ich scheine die einzige Fremde
auf diesem Markt zu sein. Aber wie kann ich das? Ich trage eine
schwarze Hose und über dem gelben T-Shirt eine schwarze Jacke -
zu Hause wäre das unauffällig, aber hier, in der bunten Schar?
Noch dazu bewege ich mich wie Gulliver im Reich der Zwerge und
komme mir entsetzlich groß und unförmig vor unter all diesen
zartgliedrigen Menschen. Dennoch scheint niemand von mir besondere Notiz zu nehmen, zu sehr sind alle mit ihren eigenen
Angelegenheiten beschäftigt, denn der Kauf eines Huipiles will gut
überlegt und die Qualität von Mais oder Früchten gut geprüft sein.
Auch über den Preis ist lange zu verhandeln. Ich lasse mich vom
Strom der Menschen hierhin und dorthin treiben, will nur schauen
und nichts kaufen.

Auf einmal fällt mein Blick auf das Brusttäschchen, das ich um
den Hals trage: Es baumelt offen an der ledernen Schnur! Die
Münzen, der Safeschlüssel, die zusammengefaltete Landkarte sind
noch drinnen - aber die Geldscheine fehlen!

Mich überläuft es heiß! Mein Paß, meine Schecks, meine restli-
chen Dollars, die ich in der Umhängetasche trage - sind sie noch

da? Mit einem raschen Blick - ich will den Dieb nicht aufmerksam machen, wenn er noch in der Nähe ist - stelle ich fest, daß der Zipp an der Tasche zwar zur Hälfte geöffnet ist, aber nichts fehlen dürfte. Vielleicht hat der Langfinger nicht gleich gefunden, was er suchte, oder ich habe den Zipp selbst schlampig zugemacht.

Mit der schönen, friedlichen Sonntagsvormittagsstimmung ist es bei mir vorbei, als hätte der Blitz eingeschlagen. Die Knie sind mir ein wenig weich geworden, nicht wegen der gestohlenen Summe, denn ich trug nur Handgeld in dem Täschchen, sondern wegen der Täuschung, der ich erlegen bin, wegen der Naivität, mit der ich mich hier offenbar bewege. Wenn jemand mir, die ich alle überrage, direkt unter der Nase Geldscheine aus einem Täschchen fingern kann, in dem sich allerlei anderes auch noch befindet, ohne daß ich es bemerke, dann mag wohl direkt neben mir noch einiges vor sich gehen, was nicht mit der friedlichen Sonntagsvormittagsstimmung in Einklang steht.

Ich muß mir selbst Vorwürfe machen - warum habe ich auch meinen Reiseführern nicht geglaubt, die warnen, daß es ein Wunder wäre, wenn man in einem lateinamerikanischen Land unbestohlen davon käme? Bin ich als Europäerin zu provokant, auch wenn ich mich bemühe, mich so unauffällig als irgend möglich zu geben? Die Tatsache allein, daß ich von so weit her komme und hier auf diesem Markt nichts anderes zu suchen habe als Eindrücke, ist doch Beweis genug, daß ich unvorstellbar reich sein muß im Verhältnis zu den Menschen um mich. Und wenn ich dann noch so blöd bin, ein Geldtäschchen um den Hals zu tragen, ist mir wohl nicht zu helfen und die Lehre, die der Dieb mir erteilt hat, geschieht mir recht.

Aber dennoch, bei allem "mea culpa", fühle ich mich wie vom Himmel unsanft auf die Erde geholt. Die Enttäuschung, in dieser friedfertigen genügsamen Menschenansammlung bestohlen worden zu sein, mischt sich mit dem unbehaglichen Gefühl, nicht das geringste gemerkt zu haben. Ich will schleunigst weg von hier, bevor mir noch mehr fehlt, die Kamera, der Kassettenrecorder, der Paß, die Schecks - alle meine Kostbarkeiten nahm ich mit auf den Markt. Glücklicherweise liegt der größte Teil meines Geldes im Safe des "Dorado" in der Hauptstadt - aber wenn der Dieb nicht nur die Scheine herausgefingert, sondern mir das Täschchen mit dem Safeschlüssel vom Hals gerissen hätte - was dann?

Wo ist es passiert, schon im Bus, als ich aus dem Täschchen das Fahrtgeld nahm? Im Gedränge bei den Ständen? Als mir die Frau ihre Huipiles anpries? Als ich fasziniert dem Marktschreier lauschte, der eine Magen- und Darmmittel-Show vorführte? - Gleich wo, ich habe es nicht gemerkt, und nun will ich nichts wie weg!

Ich suche nach dem Bus zurück nach Xela. In den Gassen mit den niedrigen Häusern, die alle gleich aussehen, verlöre man leicht die Orientierung, gäbe es nicht im letzten Nest noch das gleiche Straßensystem, wie in der Hauptstadt. Jedes Dorf hat zumindest seine "Zona 1", das Zentrum, und ist durch rechtwinklig aufeinandertreffende Straßen in ein schachbrettartiges Muster durch Avenidas und Calles zerlegt - eine 5th Avenue gibt es fast in jedem Nest, auch wenn es sich nur um einen ausgetretenen Erdweg handelt.

Der Bus ist wiederum vollgestopft mit Menschen und ich finde nur noch einen Stehplatz auf dem Mittelgang. Aber stehende Passagiere sind, so scheint es, nicht erlaubt, denn gleich nach dem Start deutet der Beifahrer zurück: Alle die stehen, müssen sich im Mittelgang niederhocken. Als ich nicht gleich verstehe, zieht mich mein Nachbar entschuldigend lächelnd am Ärmel hinunter. Nun hocke ich wieder in einem schwankenden Gefährt, mit der halben Hinternhälfte auf dem Schoß eines anderen Passagiers, weil kein Platz ist, auszuweichen.

Den Sinn des Duckens verstehe ich bald, als wir den bewaffneten Polizeiposten am Eingang des Dorfes passieren. Der Bus verlangsamt, und der Uniformierte blickt flüchtig in den Fahrgastraum. Keine Überladung mit Passagieren fällt ihm auf - wieviele Quetzalscheine waren dafür von Nöten? Der Polizist trägt am Handgelenk eine Uhr mit breitem goldenen Gelenkband, am Ringfinger und kleinen Finger je einen protzigen Ring und Goldzähne im Mund.

Nach dem Wachtposten tauchen die Köpfe im Mittelgang wieder auf, man darf wieder stehen. Glücklicherweise hat mir der Dieb die wenigen Münzen, die ich besaß, gelassen, so hat es gerade für die Fahrt zurück nach Quetzaltenango gereicht und für zwei Avocados für je 15 Centavos, die mein heutiges Mittagsmenü darstellen werden. In Ländern, wo es mit der Hygiene beim Kochen nicht weit her ist, halte ich mich gerne an die "Naturkonserve" - Früchte in der Schale, da kann wenig verdorben sein. Morgens gab es Cola mit Salzkeks, mittags gibt es den Rest Cola mit Salzkeks und zwei Avokados - welche Abwechslung!

Auf der Galerie meiner Pension warten die zwei jungen Franzosen, die ich gestern im Cafe Bonifaz sah, mit ihren Rucksäcken, bis ihr Bus abfährt. Wir kommen ins Gespräch. Wie mir das Essen schmecke, fragt die junge Frau.

Ich lache: "Außer Salzkeks und Cola esse ich nichts!" Da müssen sie lachen, das sei auch ihre Diät und die Frau deutet über ihren Gedärmen mit der flachen Hand eine Kreisbewegung an: "Rum - rum!" und lacht wieder. Allen gehe es so, die sie getroffen haben, sagen sie. Man tausche Medikamente aus, aber nichts nütze als eben - Salzkeks und Cola.

Sie wollen jetzt nach Panajachél, sich ein wenig erholen - und ich?

"Ich werde weiter ins Gebirge, nach Huehuetenango fahren!"

"Aber da sind doch die Guerilleros!" sagt der junge Mann. So? Und ob ich nicht die Schießerei in der Nacht gehört hätte?

Nein, eigentlich nicht.

Als die Franzosen weg sind, überlege ich wirklich ein Weilchen, ob es denn unbedingt Huehue sein müsse, wenn dort, wie sie sagen, die Guerilleros sind. Nach der heutigen Erfahrung, was alles direkt neben einem passiert, ohne daß man es auch nur bemerkt....

Aber ich zögere dennoch nur kurz. Ich will höher hinauf, dorthin, wo wirklich so gut wie keine Touristen mehr sind! Huehue liegt an der Hauptstraße nach Mexico, und da wird es schon nicht so gefährlich sein und auch nicht in der Stadt selbst. Nun sitze ich wieder alleine auf dieser Galerie. Die Luft ist hier angenehm. Große rote Keramikkübel mit Blumen stehen am Geländer. Zwischen den hohen schwarzen Flügeltüren, die in die Gastzimmer führen, je ein weiß gestrichener Korbstuhl und ein Tischchen. Der Blick geht in die Berge. Ganz still ist es im und um das Haus.

Was für ein Sonntag, in dieser gottverlassenen Stadt Quetzaltenango! Es ist erst mittags, die Zeit vergeht unendlich langsam. Man kann sich gar nicht träge genug bewegen, damit die Stunden schneller um sind. Wer sich ausgerechnet Quetzaltenango aussucht, um hier das Wochenende zu verbringen, verdient wohl nicht mehr als einer, der ausgerechnet in Grammartneusiedl das große Abenteuer sucht.

Ich beschließe ins Café Bonifaz zu gehen. Vielleicht treffe ich dort Ausländer und kriege Tips, was man hier anfangen kann und was man besser vermeidet.

Eine alte Dame hat dasselbe Ziel wie ich. Bevor sie die Halle des Bonifaz betritt, bekreuzigt sie sich, als ginge es in eine Kirche oder in ein Puff, wo der Teufel wartet.

Bis auf einen Vater mit seinem Sohn ist das Café leer, niemand da, mit dem ich ein Gespräch beginnen könnte. Der Kaffee ist frisch aufgebrüht und tut mir gut. Nach dem zweiten - es wird so oft aufgegossen, wie man möchte - zahle ich mit einem Dollar. Mit einem Quetzal und siebzig Centavos Wechselgeld abzüglich zehn Centavos Trinkgeld in der Tasche fühle ich mich wohler: Damit ist ein Abendessen meiner Kategorie - Salzkeks und eine Banane oder Avocado zu haben.

Auf dem großen Platz und in den Gassen ist immer noch nichts los, also zurück in die Pension. Heute, am Sonntag, hat die Señora im Erdgeschoß, das sie selbst bewohnt, alle Türen weit geöffnet, um sehen zu lassen, was für schöne Räume sie besitzt.

Im Salon stehen zwölf schwarze hochglanzpolierte Stühle mit rotem Bezug und hohen geschnitzten Lehnen feierlich um einen langen Eßtisch. In der Ecke ein ebenfalls schwarzer Thonet-Schau-

San Andrés Xecul: Eine farbenfrohe Manifestation naiven Gestaltungswillens

kelstuhl. Auf einem kleinen Tischchen sind das Kommunionfoto von einem weißgekleideten Mädchen in einem schweren glänzenden Messingrahmen und ein Blumenstrauß in einer niederen Vase arrangiert.

Die Muchacha hat geduscht, sich schön gemacht und der Señora versprochen, um sieben Uhr wieder pünktlich hier zu sein. Die Tür zu ihrem Zimmerchen neben dem Waschplatz steht halb offen, drin befindet sich nicht mehr als ein Bett und für mehr wäre auch kein Platz.

Wieder sitze ich auf dieser Galerie, ich mache Notizen. Aus Langeweile wasche ich mein Nachthemd und eine Bluse. Was danach?

Aus Langeweile mache ich Detailfotos von den roten Pflanzkübeln, von den schwarzen Türen und von den weißen Korbmöbeln.

Was jetzt?

Ich gehe spazieren. Die Straßen sind noch immer menschenleer. Der Hauptplatz fällt schräg zu einem Tal ab, da gehe ich hinunter, schaue ein wenig in die Gassen - keine Menschen. Ich würde gerne einen Friedhof besuchen. In fremden Ländern sehe ich mir immer auch die Friedhöfe an, weil die Einstellung der Menschen zu ihren Toten auch Rückschlüsse auf ihre Einstellung zu den Lebenden erlaubt. Ich besitze aber keinen Stadtplan von Quetzaltenango und es ist schwer zu erraten, wo der Friedhof sich befindet und niemand ist da, den ich fragen könnte. Auf jeden Fall gehe ich einmal die gepflasterten Straßen mit den niederen Häusern stadtauswärts.

Niemand begegnet mir, nicht einmal ein Hund hat an diesem frühen Sonntagnachmittag etwas auf der Gasse zu suchen. Noch menschenleerer als vormittags sind die Straßen jetzt, als wäre die Stadt von den Bewohnern verlassen worden und ich hier der einzige Mensch, der zurückblieb. Vormittags waren die Häuser vom Licht der weißlichen, gleißenden Sonne beschienen. Doch nun scheint die Sonne nicht mehr, sondern ein bleigrauer Himmel lastet über der Stadt, als kündige sich Dramatisches an.

Ein großes Auto kurvt im Schrittempo um die Ecke. Alle Fensterscheiben rundum sind schwarz gemacht, so daß man nicht sehen kann, wer sich drinnen befindet. Das Auto hat kein Nummernschild, offenbar, damit man seinen Besitzer nicht identifizieren kann.

Der unheimliche Wagen fährt langsam an mir vorbei. Mir ist außerordentlich unbehaglich in dieser Gasse mit fensterlosen Hausfassaden und verriegelten Toren. Von Autos mit schwarzen Scheiben und ohne Nummernschild habe ich oft gelesen. Plötzlich bleiben diese Wagen stehen, bewaffnete Männer springen heraus und schießen auf ahnungslose Passanten oder zerren sie ins Auto. Meist hört man von diesen Verschleppten nichts mehr, oder sie werden irgendwann einmal mit Folterspuren und ermordet aufgefunden. Wer zu einer Fahrt in einem Auto mir schwarzgestrichenen Scheiben mitgenommen wird, überlebt diesen unfreiwilligen Trip selten, auf jeden Fall aber nicht unbeschadet.

Mir ist die Lust, den Friedhof von Quetzaltenango zu sehen, vergangen, und ich fühle mich in dieser Vorstadtstraße äußerst unbehaglich. Auf der Stelle kehre ich zum Stadtzentrum um, wo ich hoffe, wenigstens hie und da wieder einen Menschen zu treffen.

In der nächsten Gasse sind Menschen. Auf dem Gehsteig liegt ein lebloser Körper - ein Mensch, eine Frau. Sie hat eine blutende Wunde am linken Fuß und geronnenes Blut um den Mund. Sie liegt mit ausgebreiteten Armen da, wie gekreuzigt, die Augen fest geschlossen.

Eine zweite Frau steht daneben, sie beugt sich über den geschundenen Körper: "Maria! Maria!" ruft sie, doch - für mich merkwürdig - ihre Stimme läßt keine besondere Aufregung erkennen. Ohne Hast geht sie zu einem alten Mann, der auf der Schwelle zu einem Haus sitzt. Ob sie denn für die Verletzte Wasser haben könne, fragt sie den Mann.

Er habe kein Wasser, sagt er. Unschlüssig, was weiter zu tun sei, geht sie langsam über die Straße zum gegenüberliegenden Haus und klopft ohne Nachdruck ans Tor. Sie ahnt wohl, daß niemand auftun wird.

Am unteren Ende der Gasse stehen zwei weitere Menschen, aber niemanden scheint hier diese Szene zu interessieren. In dieser Gasse befindet sich auch ein "centro saludad", doch der Gedanke, sich an die Ambulanz um Hilfe zu wenden, kommt der Frau, die sich um die Verwundete kümmert, wohl gar nicht. Und warum nicht?

Ich bin weitergegangen, denn ich sehe für mich keine Möglichkeit zu helfen. Immer wieder aber muß ich zurückschauen, weil ich nicht begreifen kann, was hier geschehen ist und weiter vor sich geht. Was ist mit Maria? Ist sie betrunken oder gestürzt? Aber woher das Blut und die Fleischwunde am Bein? Steht das Auto mit den schwarzen Scheiben mit Marias Verwundung in irgendeinem Zusammenhang? Warum scheinen die Leute in der Gasse so gleichgültig, wo doch ein Mensch sichtlich schwer verwundet ist, vielleicht stirbt? Ist es Gleichgültigkeit gegenüber dem allgegenwärtigen Elend oder ist es Angst mit der Hilfe für eine Verfemte sich selbst in unabsehbare Gefahr zu begeben?

Die zweite Frau hat nun doch irgendwo ein Gefäß mit Wasser aufgetrieben. Sie zerrt Maria an den Rand des Gehsteiges, so daß ihr Kopf über die Kante hängt und gießt ihr das Wasser übers Gesicht. Aber Maria rührt sich nicht.

Dann kommt ein besser gekleideter Mann daher. Beide zusammen packen Maria an den Armen und ziehen sie zur Hauswand, versuchen sie aufzusetzen, an die Mauer anzulehnen. Aber Marias Körper ist schlaff wie der einer Puppe, und immer wieder droht sie umzukippen.

Ich bin um eine Ecke gebogen. Wieder Menschen.

Auf einem Randstein sitzt ein Mann, die Ellbogen auf die Knie gestützt, der Kopf hängt zwischen den Armen durch. Auch er rührt sich nicht.

Gleich daneben die offene Tür einer Schenke. Niemand kümmert sich um den Reglosen.

Was ist los in dieser merkwürdigen Stadt?

Es ist vier Uhr Nachmittag geworden. Ganz allmählich beleben sich die Straßen und Gassen nun doch.

Ich hätte Hunger - aber was soll ich essen? Unterhalb des großen Platzes ist ein Markt, wo es Lebensmittel, Obst und Gemüse gibt, aber wenn ich die Speisen nur ansehe, rebelliert mein Magen. Hier im Zentrum gibt es ganz saubere Cafés, die nun geöffnet haben. Doch die Kuchen in den Schaufenstern haben eine dicke Creme-Schicht: Hände weg von Creme-Speisen, heißt es in jedem Ratgeber für Tropenreisende. Nicht einmal den ordentlich aussehenden Restaurants traue ich, denn meine Journalistenkollegen litten schon früher als ich an allen möglichen Verdauungsbeschwerden, obwohl wir nur in den besten Lokalen speisten. Meine Kranken-kost, Salzkeks, gibt es heute nicht, weil der Supermarkt geschlossen hat. Vor der Kirche kaufe ich für 40 Centavos zwei Säckchen Hohlhippen - sie sind nur für den hohlen Zahn, nichts gegen Hunger.

Wieder sitze ich in einem weißen Korbstuhl auf der Galerie der Pension, knabbere langsam die Hohlhippen und schaue in die Berge.

Auf dem gegenüberliegenden Flachdach wäscht eine Frau neben einer riesigen Satellitenantenne die Wäsche. Tief ist sie über den Zuber gebeugt, während ein etwa fünfjähriger Bub auf ihrem Rücken herumreitet. Sie schaut nicht einmal auf, wenn er sie wie ein Pferd bespringt, sondern schrubbt weiter.

Irgendwo draußen fallen ein paar Schüsse.

Sonst ist es ganz ruhig.

Auf einem Wandkalender haben Reisende, die sich offenbar schon vor mir in Quetzaltenango gelangweilt haben, Nachrichten für Späterkommende hinterlassen:

"Do not waste your time here, Lake Atitlán is much nicer, warmer and cheaper."

"Exploitation - do not support this!"

"Aids is everywhere!" (Vor kurzem starb in der Hauptstadt ein Aidskranker und unter seinem Kopfkissen fand man die Liste derer, mit denen er Kontakt hatte - an die zwanzig Leute, meist Prominente.)

"A housemaid earns 1,50 Quetzales a day, so see everything relatively in Guatemala..."

Dann: "Peace corps, stay out of this country!"

Daneben: "Why?"

Und dazu auch die Antwort: "Yankee influence no good, no culture, morales, ethics, only dinero, drogs, SIDA (AIDS)!"

"Be carefull of pickpockets. Ostuncalco cost me 30 Quetzales," schreibe ich als Warnung dazu.

In einem Zimmer logiert ein Paar. Er spricht spanisch, sie deutsch. Nur einmal kamen die beiden zum Duschen heraus, sonst blieben sie den ganzen Tag in dem düsteren Zimmer - den ganzen Tag Sex aus Langeweile?

Wer Quetzaltenango für ein Wochenende wählt, ist selbst schuld.

Ich befinde mich auf der Suche nach der verlorenen Zeit. Jede Regung, jede Bewegung, jeder Geruch, jedes Geräusch scheinen mir aufschreibenswert, damit die Zeit rascher vergeht.

Alles bekommt vor dem leeren Hintergrund eine besondere Bedeutung, da ich einfach nicht glauben kann, daß der Hintergrund so leer und bedeutungslos sein kann, wie er erscheint: Die Soldaten

mit Tarnanzügen und Gewehren im Marktgewimmel von Ostuncalco, die schwerbewaffneten Wachtposten am Ortseingang zum
Dorf, das Auto mit den schwarzen Scheiben, die leblose Frau mit
dem blutverkrusteten Mund, die Schüsse, ... Nein, eine Idylle mit
schönen, buntgekleideten Menschen vor einer überwältigenden Na-
turkulisse ist Guatemala nicht! Da steckt so vieles Unheimliches
und Unbegreifbares dahinter, von dem der Besucher nur durch Zufall eine flüchtige Ahnung erhält.

Der junge Mann von nebenan ist jetzt, um 17.30 Uhr endlich
nicht mehr im Pyjama, sondern in Jeans. In dem Zimmer wird mit
Glas gescheppert. -Ah? Die beiden haben sich den faden Sonntag
mit Trinken vertrieben?

Doch in dem Netz, das er an mir vorbeiträgt, sind nur Cola-Fla-
schen. - Auch er auf Diät - Cola und Salzkeks? Ein Leidensgenosse?
- Nicht Sex, sondern Bauchweh?

Wahrscheinlich denkt er sich auch seinen Teil von mir. Immer
wenn er aus dem Zimmer kommt, sitze ich auf dieser Galerie und
schreibe emsig in meinem Notizbuch. Was habe ich denn angestellt, daß ich zur Strafe diesen endlos langen Sonntag ausgerechnet in Quetzaltenango zubringen muß?

Ich entschließe mich, wieder auf die Straße zu gehen. Die Sie-
stastunden sind vorbei, vielleicht ist jetzt mehr los.

Tatsächlich, die Straßen haben sich mit Menschen gefüllt.
Muchachas und Muchachos Hand in Hand auf der Plaza. Am
Museum ein Ständer: Heute Theater. Das schau ich mir an, auch
wenn ich gar nichts verstehen sollte! Ein armseliger Zuschauer-
raum, eine Art Dorfbühne. Doch ich habe offenbar das Ereignis
versäumt, während ich auf der Galerie meiner Pension saß, man
ist bereits beim Zusammenpacken. Ein sehr hellhäutiger Schau-
spieler trägt die Ankündigungstafel an mir vorbei und lächelt mir
so einverständig zu, wie heute morgen dieser Priester in der Kirche, während er sich nach der flotten Weise nach der Kommunion
in den Hüften wiegte. Ich bin als einzige hier so hellhäutig und so
groß wie sie, und das veranlaßt sie wohl, mich mit dem Blick zu
grüßen.

Um den Essensmarkt halten sich die meisten Menschen auf. Ein
Blick auf die Stände und Hunger und Appetit sind verflogen. Ein
außergewöhnlich schwarzer Rawuzl mit Gitarre predigt hingebungsvoll von Erlösung und Heil, Bestrafung und Verdammnis.

Auf der Steinmauer sitzen junge Indios, ob sie zuhören, ist schwer zu erkennen.

"Alleluja!" ruft da jemand. "Alleluja!" - Spottet wer über den Prediger? Aber nein. Es ist eine Frau neben ihm. Gleich zwei schwarzhaarige Köpfchen gucken aus ihrem Rückentuch. Mit ihrem "Alleluja!" feuert sie den Mann zu rhetorischen Höchstleistungen an.

Als ich später wieder an den Platz zurückkomme, darf der Mann sich ausruhen, denn nun agitiert die Frau für Heil, Heiland und Erlösung von allem Bösen. Hin und her wippt sie im Rhythmus des Skandierens, in alle Richtungen droht sie mit erhobenem Arm, so daß jeder im Umkreis sie sehen und hören kann. Und die Köpfchen der Zwillinge im Rückentuch wippen mit.

Es beginnt zu nieseln. Ich weiß, was das bedeutet. Der Himmel ist nicht mehr so dramatisch bleigrau wie am Nachmittag, sondern eintönig dunkel: Jetzt muß bald der Regen kommen.

Der große Platz leert sich schnell. Viele suchen unter dem breiten Vordach des Museums am unteren Ende der Plaza Unterstand. Doch seit heute vormittag in Ostuncalco sind mir größere Menschenansammlungen nicht mehr ganz geheuer, obwohl ich nur sechs Dollar bei mir trage und diese kleine Summe verteilt auf verschiedene Taschen. Also wieder zurück in die Pension - und dabei ist noch immer nicht Schlafenszeit - und was tun bis dahin?

Das Sanctuarium der Señora Kähler mit den schönen Speisezimmermöbeln ist nun wieder geschlossen und sie sitzt in dem schäbigen Zimmer vor dem Fernseher.

Wieder Schüsse - oder war es nur das Knallen eines Auspuffs? Denn kein Mensch scheint hier Notiz zu nehmen, wenn es draußen kracht. Und den schwer bewaffneten Soldaten auf den Märkten zollt auch niemand besondere Aufmerksamkeit. Und wenn Verwundete auf dem Gehsteig liegen, ist das kein Grund für Beunruhigung. - Alles in bester Ordnung. Wie sagte doch Präsident Cerezo? Ganz gewöhnliche Kriminalität, nichts Politisches.

Fortsetzung folgt:

Ich sitze wieder auf der Galerie und lese in meinen Reiseführern, wohin ich als nächstes fahren soll. Ich muß die Augen sehr anstrengen, denn es wird bereits dunkel, Licht gibt es auf der

Galerie nicht. Auch in den Zimmern hängen nur die sparsamen Glühlampen, deren Licht genügen muß, damit man aus den Kleidern ins Nachtgewand findet und nicht für intellektuellere Beschäftigungen.

Eine Frau, die auch zum Haus gehört, geht an mir vorbei. Warum ich denn nicht in der Calle sei? fragt sie verwundert.

Aber es wird doch regnen! sage ich.

Nicht mehr, beruhigt sie mich.

Also, wenn diese Señora mich alleine bei Dunkelheit in die Calle schickt, hat sie das zu verantworten, sie muß wissen, was sie sagt. Dann kann es wohl nicht gefährlich sein, auch wenn die Stadtverwaltung ebenso sparsam mit dem Licht umgeht, wie die Inhaberin der Pension.

Ich schlendere zunächst die 4. Calle stadtauswärts, denn da scheint es mir das meiste Licht zu geben und da flanieren die meisten Menschen. Die 4. Calle dürfte die Hauptgeschäftsstraße sein. Hier gibt es schöne Häuser, rosa, grasgrün und azurblau getüncht.

Am frühen Nachmittag, am hellen Tag, war mir viel unheimlicher, als ich kaum Menschen traf, als jetzt in der spärlich erhellten Straße.

Jetzt ist es gerade recht. Genug Menschen, um sich nicht allein zu fühlen und zu wenig, um sich vor Taschendieben fürchten zu müssen, denn nach der Erfahrung heute morgen in diesem idyllischen Ostuncalco vermute ich diese Bagage überall.

Ein paar Geschäfte haben jetzt offen und einige Lokale. Auch ein Sargladen lädt zum Eintreten ein. Logisch, am Sonntag abend hat man die beste Muße zum Aussuchen. In dem zur Straße hin offenen Raum stehen mindestens zwanzig fertige Särge. Vielleicht sind es auch mehr, denn weil so viele kleine blecherne Kindersärge darunter sind, verschätzt man sich leicht.

An eine Hausmauer gelehnt schmust ein Pärchen.

Mir gefällt, daß hier anders als in vielen traditionsreichen Kulturen, die einfachen Frauen relativ gleichberechtigt wirken. Die Männer tragen gleichschwere oder noch schwerere Lasten als sie, sie kümmern sich um die Babies und sind zärtlich zu ihnen. Gar nicht so häufig stehen reine Männergesellschaften zusammen, meist sind Frauen dabei, und einträchtig lehnen Mann und Frau auch an der Theke, der Schnaps ist für beide Geschlechter gut.

– Das kann doch nicht sein, daß hier, wenige Häuser weiter, schon wieder ein Sargladen ist! Aber die länglichen Kisten sind unverkennbar Särge. Und zehn Häuser weiter, in derselben 4 Calle, ein drittes Sarggeschäft. Hier wird, so scheint es, ziemlich oft gestorben, denn Sargläden habe ich schon genug gesehen, seit ich in Guatemala bin.

Ich nehme eine Parallelstraße zurück zum Zentrum und verirre mich in der Finsternis beinahe trotz des Avenida-Calle-Systems, das die Orientierung ansonsten leicht macht. Nach einigen Kreuz- und Querläufen auf der Suche nach einer belebteren Straße lande ich unterhalb des Theaters.

Erst 19 Uhr und schon stockfinster! Seit etwa sieben Stunden versuche ich immer wieder aufs Neue dahinterzukommen, ob es nicht in diesem Gewirr von Avenidas und Calles doch etwas gibt, das die Mühe der Reise hierher, und die zwei Nächte, die ich schon hier verbringe, wert war. Ich finde nichts dergleichen.

Schon zum dritten Mal am heutigen Tag gehe ich aus lauter Langeweile in die Kirche, da ist es wenigstens schön hell und vorraussichtlich auch kaum gefährlich. Auch die Einheimischen kommen vielleicht aus ähnlichen Erwägungen, denn das große Kirchenschiff ist ziemlich voller Menschen. Doch die Kirche von Quetzaltenango ist innen kahl und uninteressant, wenn überhaupt irgend ein Stil, dann bestenfalls Nazarenerstil. Man singt hier um diese Zeit auch nicht so schön, wie in der Früh bei der Messe - also, wieder auf den Platz hinaus.

Mein Magen knurrt. Ich bin mutig, betrete eine Bäckerei und erwerbe zwei Pasteten. Sie sind mit Hühnerfleisch gefüllt. Ob ich es vertrage, wird sich bald herausstellen.

Wieder in meinem Zimmer leere ich alle meine Taschen und stelle befriedigt fest, daß noch alles auf Dollar und Centavos vorhanden ist, was ich verteilt in Hosen-, Blusen- und Jackentaschen bei mir trug. Ich beschließe also, den Vorfall von heute früh als Ausnahmefall zu nehmen - und im übrigen noch vorsichtiger zu sein. (Und tatsächlich ist mir danach nichts mehr abhanden gekommen: Der Diebstahl w a r ein Ausnahmefall!)

Es ist acht Uhr abends, und absolut nichts mehr anzusehen und nichts mehr niederzuschreiben. Ich werde genüßlich duschen, falls aus einem der Duschhähne Warmwasser tröpfelt, in meinen Reiseführern schmökern, was alles an pittoresken Indiomärkten ich

rund um Quetzaltenango versäume, wenn ich schon morgen abreise, ich werde die Stöpsel des Kopfhörers in die Ohren stecken und
mir ein paar Lektionen Spanisch einpauken lassen und dann zu
schlafen versuchen, falls das viele Cola, das ich im Laufe des Tages
getrunken habe, mich schlafen läßt.

Ein Sonntag in Quetzaltenango - ausgerechnet!

Provinz Huehuetenango

Huehuetenango: Provinznest im Guerillagebiet

Gott sei's gedankt, der Sonntag ist vorbei, normales Leben beginnt
wieder.

Viel zu früh werde ich wach, immer noch hat sich mein Zeitge-
fühl nicht mit der enormen Zeitverschiebung zwischen Europa und
Amerika abgefunden. Meine Verdauungsorgane haben den Paste-
tentest von gestern Abend ohne zu rebellieren überstanden, also
kann ich mich wieder gesund fühlen und zu neuen Taten schreiten.
Doch halt! Was juckt da so höllisch an den Beinen? Rötliche in der
Mitte erhabene Flecken sind über Nacht an Körperstellen aufge-
treten, die von der Bettdecke bedeckt waren - Mückenstiche können es also kaum sein. Ein Hitzeausschlag aufgrund der enormen
Klimaunterschiede, die ich mir in der letzten Zeit zugemutet habe?
Oder schlimmer: Womöglich gar Wanzen! Mit bleibt auch nichts
erspart! Seufzend schmiere ich Salbe auf die juckenden Pusteln.

Der Julimorgen ist hier im Hochland sehr kalt. Ich muß alle
Kleidungsstücke, die ich mithabe, übereinander anziehen, um
nicht zu frieren. Um acht Uhr bin ich schon auf der Straße, taten-
freudig. Mein erster Weg führt zur Bank am Hauptplatz, die von
mehreren schwer bewaffneten Soldaten im Tarnanzug bewacht
wird. Aber die Bank macht erst um halb neun auf, das Touristen-
büro im Theatergebäude um neun und auch das Café Bonifaz, wo
ich auch für Dollars ein Frühstück bekäme, ist ebenfalls noch
geschlossen. Auf einer steinernen Bank in den Grünanlagen des
Hauptplatzes warte ich, bis Quetzaltenango mit der neuen Woche
beginnt.

Ein Montagmorgen voller Geschäftigkeit - wo waren all diese
Leute gestern? Allerorten wird fleißig gekehrt, als seien die Geh-
steige an dem verschlafenen Wochenende besonders verunreinigt
worden. Sogar der Postenkommandant kehrt in voller Uniform vor
der Kommandantur, bevor er die hölzernen blaugrau gestrichenen
Flügeltüren wieder hinter sich zuzieht, um vielleicht ein Vormit-
tagsschläfchen zu halten.

Die Bank hat mittlerweile geöffnet, und ich fühle mich wieder wohler mit 52 Quetzales in der Tasche, was bei meiner derzeitigen bescheidenen Lebensweise für ein paar Tage reicht. Ich lasse mir den Betrag in Fünf-Quetzalscheinen ausbezahlen, die ich auf verschiedene Taschen verteile, damit es mir nicht wieder geht wie gestern.

Die Frau in der Touristen-Informationsstelle rät mir von meinem Plan ab, eine drei-Stunden-Wanderung zu einem Kratersee bei San Francisco El Alto zu unternehmen - viel zu gefährlich für eine Frau allein! Oder El Baúl, ein Ort hoch oben am Berg, zehn Kilometer zu Fuß, von wo man eine prächtige Aussicht haben soll? Sie lächelt über meine Naivität - auch nichts für eine Frau, die allein unterwegs ist!

"Warum spazieren Sie nicht da hinüber?" schlägt sie mir vor und zeigt in eine bestimmte Richtung: "Geradeaus bis zu einem blauen Haus, dann nach rechts und bei einem rosa Haus wieder nach links die Straße hinauf." Ein Spaziergang von 15 Minuten nur, da hätte ich auch einen schönen Blick über die Stadt.

Na gut. Vulkansee ist es allerdings keiner. - Also Einiges ist hier für eine alleinreisende Frau offenbar nicht empfehlenswert. Zwar habe ich erst kürzlich einen Selbstverteidigungskurs gemacht, aber ob einem das Richtige im entsprechenden Moment einfällt: In leichteren Fällen zum Beispiel ein Faustschlag auf die Nase, das blutet sofort und lenkt den Agressor für eine Weile ab? In gefährlichen Situationen ein Tritt in die Hoden oder mit Zeigefinger und Mittelfinger zielgerichtet dem Bösewicht in die Augen fahren? - Was sollte denn ein so kleiner zartknochiger Indio mir vergleichsweise großen Europäerin schon tun? - Nun ja, seit gestern bin ich lieber vorsichtig. Wenn man aus einem ruhigen Land kommt, kann man sich wahrscheinlich nur schwer vorstellen, in was für gefährliche Situationen man in einem Land geraten kann, in dem die üblichen Regeln im Umgang zwischen Menschen vielfach außer Geltung sind. So bescheide ich mich mit dem kleinen Spaziergang auf den Aussichtsberg außerhalb von Quetzaltenango.

Kein Mensch begegnet mir auf dieser steilen gepflasterten Straße, die den Hügel hinaufführt. Ziemlich heiß ist es mittlerweile geworden, innerhalb von knapp zwei Stunden nach dem kühlen Morgen. Nach und nach lege ich während des Aufstiegs Schicht um Schicht ab und muß mir immer öfter den Schweiß abwischen. Eine

Stadt von oben anzusehen, befriedigt immer, weil man endlich ein wenig Überblick bekommt, wo man sich eigentlich befindet.

Ich verabschiede mich von Quetzaltenango. Über San Christobal, wo die ganze Woche ein Festival stattfinden soll, und San Francisco El Alto möchte ich nach Momostenango noch weiter in die Berge fahren. Von der Hauptroute nach Guate zweigt die Straße in ein kleines Nest ab. Weit und breit keine Anzeichen für ein Festival, nur in einem Schulhof trommeln Buben und Mädchen einen Marsch. So bleibe ich weiter im Bus und lasse mich überraschen, wohin er mich bringen wird.

Weiter geht es eine enge Straße hinauf ins Gebirge. Bald ist die Straße nicht mehr befestigt, sondern besteht aus festgetretener Erde und tiefen Schlammrinnen, denen der Fahrer mit dem großen Bus durch geschickte Zickzackmanöver auszuweichen versucht. Von der einsetzenden Hitze ist die Erde an den Rändern zu Staub geworden, der um den Bus wirbelt, so daß man aus den Fenstern kaum etwas sieht.

Auf der Hochebene pfeift der Wind durch den Mais, hinter dem die Wohnhütten verschwinden. Vor uns, auf einer schiefen, an den steilen Hang gelehnten Ebene, sind die niedrigen Häuser eines Dorfes um die große Kirche geschart. Blendend weiß leuchten die Mauern des beherrschenden Baues, bekrönt von einer Kuppel, deren einzelne Segmente zwischen den Rippen in verschiedenen Pastellfarben gestrichen sind: San Andrés Xecúl, klärt mich einer der Passagiere auf, denn Ortsschilder gibt es hier nicht.

Soweit ich das bei dem Geholpere des Busses aus meiner unzureichenden Karte entnehmen kann, bin ich in eine ganz andere Richtung gefahren, als ich eigentlich vorhatte. Aber das tut nichts, nun bin ich eben in San Andrés, und der Bus fährt ohnehin bald wieder zurück nach Quetzaltenango.

Ab der Dorfeinfahrt sind die engen Gassen mit großen runden Steinen gepflastert. Das gibt wenigstens keinen Staub, aber der Bus rüttelt umso mehr. Auf dem ansteigenden weiten Platz vor der Kirche hält er an. Welche Überraschung! Der unfreiwillige Ausflug nach San Andrés hat sich allein wegen dieser Kirche gelohnt, denn eine so eigentümlich eindrucksvolle und farbenfrohe Manifestation naiven Gestaltungswillens ist mir kaum jemals zuvor begegnet.

Die zum Berg gerichtete Kirchenfassade ist knallgelb lackiert. Um die halbrunden Säulen schlingen sich blaue Ranken mit dicken, leuchtend roten Trauben. In den rot umrandeten Nischen stehen Heiligenfiguren in langen blauen Gewändern und mit einem roten Umhang. Krokodilartiges Getier ist ihnen zum Schutz beigegeben. Den gelben Himmel darüber bevölkern weißgeflügelte Engel und Putten mit strammen Waden und neckischem weißen Hosenröckchen zum blauen Wams. Einer dieser munteren Gesellen läßt die Beine über das Sims baumeln und schlägt die Gitarre. Breitbeinig triumphiert darüber ein Erzengel über eine Teufelsfratze. San Christobal - der heilige Christopherus trägt das Kind auf seiner Schulter, auch er in Weiß-Blau-Rot.

Auf dem mit runden Steinen gepflasterten Platz stehen ein paar Buden und Kinder spielen Fußball. Am oberen Ende der ansteigenden Plaza gegenüber der Kirche das Amtsgebäude mit hölzernen Kolonaden. Davor eine geschnitzte Skulptur von einem spanischen Conquistador, blau gestrichen, namenlos.

Die Menschen in diesem Dorf sind sehr armselig gekleidet, kaum eine der Frauen trägt die schöne Tracht der Indios. Das Klima ist hier oben wohl sehr rauh und das Leben noch härter als anderswo.

Durch eine blau-grün gestrichene Holztüre sehe ich in einen Hof. An einem steinernen Trog färbt ein Mann Baumwolle; leuchtend blaue Strähnen, so blau wie die Kleider der Heiligen an der Kirchenfassade, sind im Hof zum Trocknen aufgehängt.

Der Bus hupt laut, um potentielle Passagiere auf die Abfahrt aufmerksam zu machen. Wieder geht es im Schrittempo die steingepflasterten Straßen und den holprigen Feldweg den Berg hinunter.

Ich hatte also heute vor, nach Momostenango zu fahren, nur etwa zwanzig Kilometer von Quetzaltenango entfernt, aber das hat bei diesen Straßenverhältnissen nichts darüber zu besagen, wie lange die Fahrt dauern kann. Ein junger Mann erklärt mir, ich müßte auf der Hauptstraße aussteigen, weil der Bus in eine andere Richtung fährt.

Gut denn - so stehe ich also mit meinem Rucksack mitten auf der Landstraße und hoffe, daß die Auskunft richtig war, denn weit und breit ist keine Siedlung zu sehen. Mir fängt es an zu gefallen, auf diese Art zu reisen. Wenn man seine sonst üblichen Ansprüche auf ein Minimum reduziert, kann eigentlich nicht viel schiefgehen und man ist offen für unerwartete Erlebnisse. Ich fühle mich

ungeheuer frei, wie ich hier so mit minimalem Gepäck die Landstraße entlang wandere, neugierig, wie die Sache weitergeht.

Ein vollbeladener Bus fährt mit rasender Geschwindigkeit vorbei, ich halte ihn an und rufe "Momostenango!" Der Beifahrer, der
am Trittbrett hängt, jederzeit bereit, abzuspringen und die Bündel
der Marktfahrer am Busdach zu verstauen, schüttelt den Kopf und
deutet in seine Fahrtrichtung, weiter nach vorne. Soviel ich verstehe, soll ich dort meinen Bus nach Momostenango finden. Aber bis
dorthin mitnehmen könnte man mich wenigstens!

Wieder donnert ein hochbepackter Bus heran und verlangsamt
neben mir: "Panajachél?" schreit der Beifahrer mir zu. Nein, dahin
will ich auch nicht. In der Mittagshitze wandere ich die Straße
hinauf zur Kreuzung am Berg "Quattro Caminos" - vier Wege.
Solche Kreuzungen sind Sammelpunkte für Straßenhändler und
ein paar Buden, an denen es etwas zu Essen und Trinken gibt. Hier
bleiben die Busse stehen und die Beifahrer rufen laut die Fahrtzie-
le aus, denn nicht jeder der Passagiere kann lesen, was vorne oben
auf den Tafeln steht.

In einem Hof färbt ein Mann Baumwolle

177

Keiner der Busse fährt nach Momostenango. Also steige ich kurz entschlossen in einen Bus nach Huehuetenango - wer weiß, ob Momostenango das hält, was die Reiseführer versprechen, und nach Huehue (wieder die Abkürzung, wie sie vor allem die Bus-Beifahrer verwenden) wollte ich ohnedies.

Immer höher geht es in die Berge hinauf. Es wird kühl, bald beginnt es zu regnen. Eine Landschaft, ähnlich wie zu Hause im Gebirge, nur die Bananenstauden und die Yuccabüsche irritieren. Je höher wir kommen, desto grauslicher wird das Wetter und dichter Nebel fällt ein. Atemberaubend muß die Landschaft hier bei schönem Wetter sein, denn man fährt hoch oben auf dem Bergkamm und sähe weit ins Land - wenn man sähe.

Mais, wohin man blickt, und weite Kiefernwälder. Kleine saubere Häuschen in das viele Grün verstreut. Kurz vor Huehue wird der Bus angehalten, die anderen Passagiere wissen schon, worum es geht: Die gefürchtete Mittelmeerfruchtfliege! Nun ist kein Hans da, der mit einem Geldschein wedelt, damit die Ausräucherung uns erspart bleibt. Alle müssen aussteigen, die Fenster des Busses werden geschlossen und durch ein dickes Rohr wird aus einem Häuschen das Giftgas ins Businnere geblasen. Ob das Gift nur der Mittelmeerfruchtfliege schadet oder auch den Passagieren? Wen kümmert es?

Das Zentrum der gleichnamigen Nachbar-Provinz zu Mexico, Huehuetenango, wirkt im äußeren Teil wie ein Höhenkurort. Saftige Wiesen, hohe tiefdunkelgrüne Nadelbäume, gepflegte Häuser, wie ich sie bisher hier kaum noch gesehen habe.

Die ganze Stadt macht einen außerordentlich gepflegten Eindruck, fast alle Häuser sind frisch und bunt gefärbelt. Auch die große Kirche und das einstöckige Verwaltungsgebäude daneben sind erst kürzlich weiß getüncht worden. Die gegenüber liegende Seite des Platzes nimmt ein langestreckter niederer Bau ein. Die Wände und die Säulenreihe zum Platz hin sind türkis, die Rundbögen rotbraun umrandet. Die Mitte des Gebäudes betont eine gewaltige offene Kuppel, so als hielte von hier aus gelegentlich ein Demagoge Reden an die Menge auf dem Platz. Vielleicht dient dieses pompöse Bauwerk aber auch nur als Schalltrichter bei Platzkonzerten.

Als der Bus in den Platz einbiegt, startet gerade ein Militärlaster voller Soldaten. Von der Ladefläche herunter rufen sie den Passanten lachend etwas zu. Ein paar von ihnen haben schwarzverschmierte Gesichter wie Schuhputzer-Jungen. Was steht auf dem Programm dieses Trupps? In Huehuetenango seien doch die Guerilleros, haben mich die beiden jungen Franzosen, die ich in Quetzaltenango traf, gewarnt. Auch ein Auto mit schwarz beschmierten Scheiben kurvt um die Ecke. Wenn man nichts genaues weiß und nur auf Vermutungen angewiesen ist, sieht man etwas, wo nichts ist, und bemerkt gar nicht, wo etwas ist.

Nach den Erfahrungen mit meinem Quartier der vergangenen Nächte wünsche ich mir ein schönes Zimmer mit einem grünen Innenhof. Doch nach mehreren Versuchen werde ich wieder bescheidener und lande in einem einfachen Gasthof.

Diese Häuser sind merkwürdig: Man kann sich von der Straße aus so schwer vorstellen, was sich dahinter verbirgt. So ist beispielsweise die Straßenfront meines Gasthofes schmalbrüstig zur Straße hin, nicht einmal einen ordentlichen Eingang hat das Haus, sondern man betritt das Gebäude durch eine Garage und windet sich durch einen schmalen Gang. Plötzlich steht man in einer riesigen, drei Stockwerke hohen, glasüberdachten Halle. Oben laufen rundum Galerien, von denen aus es in viele Zimmer geht. In der Mitte der Halle verbindet ein Steg die Galerien. Da der erste Eindruck mir zumindest nicht völlig unsympathisch ist – nur dunkel darf das Zimmer nicht sein, das ist mein allerletzter Anspruch – schlage ich zu.

Das Zimmer ist allerdings wieder so, wie der Eindruck des Hauses von außen war - eng und schmalbrüstig. Ich bin neugierig, was alles an Unkomfort ich noch nolens-volens werde hinnehmen müssen. Hier jedenfalls scheint mir nur ein Minimum an Ansprüchen verwirklicht zu sein: Drei Betten verstellen den winzigen Raum, in die Dusche und zum WC muß ich über eines der Gestelle drüberklettern, ebenso, wenn ich in die Wandnische will, wo an einem Brett Haken für die Kleider befestigt sind. Die Dusche tröpfelt nur kalt und das Licht ist abenteuerlich verkabelt, so daß man eines Stromstoßes sicher ist, wenn man daran rührt.

An der Decke bemerke ich ein paar verdächtige schwarze Punkte, die sich bewegen: Na wartet! Heute nicht! Mein Körper ist ohnehin von juckenden Pusteln übersät von der letzten Nacht. Ich schließe das winzige Fensterchen unter der Zimmerdecke bevor ich weggehe und stelle den Vapona-Strip auf, den ich vorsorglich von zu Hause mitgebracht habe.

In einem Lokal trinke ich einen Kaffee, nicht schlecht, aber zu dünn für meinen Geschmack in einem Land, wo der Kaffee wächst. Ein kleiner Schuhputzer, fünf Jahre, schätze ich, höchstens!, kommt herein und taxiert die Gäste an den Tischen. Ich scheine ihm offenbar als Kundschaft am aussichtsreichsten. Er kniet sich auf den Boden vor meinem Tisch nieder und deutet auf meine Schuhe. Ich schicke ihn weg - es ist einfach ein Reflex, weil ich nicht gewöhnt bin, mir die Schuhe putzen zu lassen. Doch als er unzufrieden abschiebt, sehe ich durch die ausgefransten Löcher seiner Hose die nackten braunen Popobacken schimmern, kugelig rund wie bei einem Blasengel. Da werde ich weich und rufe ihn zurück, damit er meine Schuhe putzt. Während er seine gepolsterten Kinder-Fingerchen in die Schuhcreme taucht und sie wie ein Großer flink auf meine Schuhe schmiert, denen diese ungewohnte Pflege innerhalb weniger Tage schon zum zweitenmal widerfährt, schaut er mich mit seinen großen dunklen Kulleraugen unverwandt an.

Ich weiß nicht, wie man sich so einem Kind gegenüber benimmt: Die Ärmchen sind noch rund, die Haut noch samtig. Zu Hause wäre der Bub noch hilfsbedürftig, mein Sohn ließ sich in diesem Alter noch die Schuhe binden und nicht wie dieser Kleine hier, der sich seine Tortillas schon selber verdienen muß, wie ein Mann.

Er ist auch schon raffiniert und erfahren wie ein Mann. Mir treten die Tränen in die Augen, weil ich weiß, wieviele solche Kinder es hier gibt, die man in den Arm nehmen und hätscheln möchte, statt sie als Geschäftspartner zu akzeptieren. Der Schlingel hat meine Rührung aber offenbar sehr wohl bemerkt und kalkuliert das Geschäft. Als ich ihm einen halben Quetzal hinhalte, 40 Centavos kostet das Putzen für gewöhnlich, schüttelt er den Kopf und schaut mich weiterhin mit diesen großen Augen an.

Wieviel es denn koste? Ich habe den Eindruck, er kennt die Zahlen noch nicht genau, denn er sagt: "cinquenta - fünfzig", ist aber mit meinem Schein nicht zufrieden.

Ich wende mich ratsuchend an den Nebentisch, wo drei weißhäutige alte Leute sitzen - die eine der Damen unglaublich geschminkt und mit adlerartigen Zügen, wie man sie auf gesellschaftskritischen Gemälden lateinamerikanischer Maler öfter sieht. Der Herr ihr gegenüber meint, fünfzig wäre der Tarif.

Der Kleine achtet gar nicht darauf, was sie sagen, denn nun schimpfen sie mit ihm, er solle das Geld nehmen und verschwinden. Er kniet vor mir und schaut mich mit großen runden Augen vorwurfsvoll an. "Cinquenta!" sage ich und halte ihm den Schein hin, aber er schüttelt den Kopf. Schließlich siegt er. Ich lege nochmals Fünfzig dazu, und er geht, sichtlich befriedigt. Die Arschbäckchen schimmern wieder durch die zerissene Hose.

Ich bummle auf den Hauptplatz hinaus. In der Mitte des kleinen Parkes gibt es ein Landschaftsprofil der Provinz Huehuetenango, ähnlich wie das große Profil in der Hauptstadt. Sehr gebirgig ist dieser Landesteil: Die gewaltige Bergkette der Sierra de Chuchumatanes, an deren Fuß Huehue liegt, zieht sich von der mexikanischen Grenze mit ihren Ausläufern und Vorgebirgen fast bis zur karibischen Küste hinüber und teilt den Staat Guatemala quasi in zwei Hälften - das urwaldbedeckte Tiefland im Norden und das Hochland im Süden.

Während ich das Relief studiere, und überlege, was ich mir morgen wohl ansehen soll, streichen drei junge Burschen, vielleicht 17, 18 Jahre alt, um mich herum, bis einer sich traut, mich anzusprechen. Sie sind Lehrerseminaristen und wissen auf Anhieb etwas mit "Austria" anzufangen, als ich ihnen sage, woher ich komme: "Viena" steuern sie bei. Es ist die Zeit der Dämmerung, und die ganze Jugend von Huehuetenango scheint auf Aufriß unterwegs zu sein. Ich lasse mir von den Dreien empfehlen, wohin ich morgen fahren solle. "Todos Santos Chuchumatanes" raten sie mir. Auf dem Profil ist das als der höchstgelegene Ort hier weit und breit markiert, etwa auf 2.500 Meter, von Huehue aus 60 Kilometer, über eine Hochebene mit dem Bus zu erreichen. Eine gute Idee. Also morgen "Todos Santos - Allerheiligen" - warum auch nicht?

Unvermittelt ist es dunkel geworden, wie überall nahe am Äquator, wo Tag und Nacht einander fast ohne Übergang ablösen. Die Stadt ist mir sympathisch; einfach, aber verhältnismäßig gepflegt und liebenswürdig. Um diese Zeit geht man in die "Calle", auf die Gasse, die ganze Stadt ist voller Menschen, die auf und ab flanieren, besonders viele junge Menschen, Grüppchen von Mädchen und Grüppchen von Burschen, zum schäkern setzt man sich in die allzeit geöffnete Kirche. Da regnet es nicht herein, da ist helleres Licht als im besten Lokal am Ort, da kostet es nichts, da ist es gut für einen Plausch. Die Heiligenfiguren an den Seitenwänden hinter Glas tragen schöne Spitzenkleider. Es sieht aus, als würden Bürgertöchter ihre Kommunionkleider den Heiligen spendieren.

Ich gehe ins Hotel Zaculeu zum Abendessen, das scheint das beste am Platz zu sein. Es hat den üppig bepflanzten Innenhof, den ich mir heute bei der Suche nach einem Zimmer gewünscht habe. Hierher werde ich morgen übersiedeln.

Die erste warme Mahlzeit seit fünf Tagen. Doch hier ißt man außerhalb der Hauptstadt meist nur, um satt zu werden, und nicht aus Lust am Essen - auch nicht im besten Hotel der Stadt. Es gibt nämlich nur eine Speisenfolge: Tomatensuppe, gekochtes Rindfleisch mit zerkochten Nudeln und ungewürzten Gurkenscheiben. Danach dünnen Kaffee mit altbackenem Biskuit: 7,75 Quetzales kostet das Luxusmenü im besten Hotel am Platz. Ich werde wieder zu Avocados und Früchten zurückkehren; das schmeckt besser, ist gesünder und kostet fast überhaupt nichts. Satt. Basta.

Wenn auch kein Dreistern-Restaurant, so ist der Raum wenigstens urgemütlich, eingerichtet wie das Speisezimmer einer Bürgerfamilie; mit altdeutscher Anrichte an der Wand und einer großen Pendeluhr, die genauso schlägt, wie jene, die im Schlafzimmer meiner Eltern hing, als ich klein war. Eine immens dicke freundliche Frau mit negroiden Gesichtszügen serviert, drei Tische sind nur besetzt, aber sie hat keine besondere Eile, sondern verschwindet immer wieder auf länger hinter einer niedrigen Türe. Aber auch die Gäste, mich eingeschlossen, haben keine Eile - was sollte man auch tun mit dem angebrochenen Abend in Huehuetenango, wo die Straßen schon am frühen Abend nach der kurzen hektischen Betriebsamkeit zwischen Tag und Nachteinbruch wieder verwaist sind?

Hier also, in und um dieses verschlafene Provinznest sollen Guerilleros und Soldaten einander blutige Gemetzel liefern? Hier sollen Todesschwadrone für sinnloses Morden in den Dörfern verantwortlich sein? Hier sollen einfache Menschen nur auf Verdacht, daß sie mit den Guerilleros sympathisieren, umgebracht werden? Hier, wo man sich sicher fühlt, wie in Abrahams Schoß?

"Santiago..., Luis...no se sabe el apellido, muesto a machetazos en Santa Cruz Barillas, Huehuetenango..." heißt es zum Datum 15. April 1987 in einer Veröffentlichung der Menschenrechtsbewegung GAM: Die beiden Männer Santiago und Luis - den Familiennamen der beiden kennt man nicht - starben unter Machetenhieben in Santa Cruz Barillas, Huehuetenango. Warum? Auch das weiß niemand. Am selben Tag fand man den leblosen Körper von Tomás

Pablo Pablo in San Antonio Huista, Huehuetenango. Neben ihm lag ein fast verwester Körper, der sich nicht mehr identifizieren ließ....

In dem zerklüfteten Gebirgsland nahe der mexikanischen Grenze kann sich der Widerstand noch halten. Die Berge und tief eingeschnittenen Täler bieten Verstecke. Über diese Provinz und die Provinz San Marcos und Petén suchen jene ins Ausland zu entkommen, für die es im Land zu gefährlich geworden ist. Über diese Grenz-Provinzen kommen ehemals Geflüchtete wieder zurück, manche von ihnen tatsächlich zu Revolutionären geworden aufgrund des erlittenen Unrechts. Manche tatsächlich fest entschlossen, diesem Unrecht auch mit Gewalt ein Ende zu bereiten. Wenn diese in Guatemala nicht mehr sehr starken Guerillaverbände mit Waffen und Ausrüstung versehen werden, dann über diese Grenzprovinzen. Deshalb kreisen ständig Militärhubschrauber über den Bergen und machen kurzen Prozeß, wenn sie auf vermeintliche Verdächtige stoßen, auch wenn es manchmal die Falschen sind, arme Bauern, schwangere Frauen und Kinder. Wer arm ist, ist ein möglicher Revolutionär. Wer arm ist, ist allein deshalb schon verdächtig.

Todos Santos Chuchumatanes:
Wo Fuchs und Has....

Auf dem Dach direkt über meinem Zimmer züchten die Wirtsleute Geflügel, um drei Uhr früh ruft der Hahn die Hennen zur Pflicht. Einmal aufgeweckt, kann ich nicht mehr einschlafen, denn die roten Pusteln jucken höllisch und lassen sich weder durch Puder noch Salbe beruhigen. Was tun mit soviel Zeit, bis es Tag wird?

Um halb acht Uhr sind die wenigen Restaurants und Cafés noch geschlossen, die Geschäfte sind noch zu. Die Bank öffnet erst um neun Uhr und wechselt dann pro Dollar um zwei Quetzales schlechter als in Guate und Xelá. Den Ort habe ich bald gesehen, also lande ich schließlich im Hotel Zaculeu beim Frühstück mit Frijoles, Tortillas und Kaffee. Die Gäste: Ein älteres deutsches Ehepaar mit Tochter; zwei amerikanische Familien, eines der Paare unglaublich fett mit einem ebenso unglaublich zarten Sohn, den sie "Spider-man" (Spinnenmann) rufen; ein französisches Paar und zwei, drei einheimische Reisende. Abseits der wenigen Fremdenverkehrszentren begegnet man in der Regenzeit kaum Touristen.

Ich reserviere ein Zimmer im Hotel Zaculeu. Es kostet zwar das fünffache meines Quartiers von heute Nacht, aber irgendwo hat die Anspruchslosigkeit ihre Grenzen. Das Zimmer geht, wie gewünscht, auf einen begrünten Innenhof, ist allerdings ziemlich dunkel. Dafür aber ist das Bett komfortabel und es gibt eine Dusche, die mehr als nur tröpfelt. Ich freue mich schon auf eine angenehme Nacht in diesem Zimmer. Aber es soll alles anders kommen.

Reiseplanung ist nicht einfach in Guatemala. Zu Hause fand ich keine Reiseführer mit ausreichender und befriedigender Information, hier im Land aber noch viel weniger. In Huehue soll es laut einem meiner Bücher, die ich jeden Tag vor dem Schlafengehen aufs neue konsultiere, einmal im Rathaus eine Touristikinformation gegeben haben, aber davon weiß man hier nichts. Meine einzige Auskunftsstelle ist die Frau an der Rezeption des Zaculeu. Um 10.30 Uhr gehe ein Bus nach Todos Santos, meint sie, was aber auch nicht stimmt, denn tatsächlich ist erst eine Stunde später Abfahrt.

Während ich also über eine Stunde im Bus warte, wird das Dach des klapprigen Gefährtes mit riesigen Bündeln unverkaufter Marktware und in Huehuetenango getätigter Einkäufe beladen. Männer mit verwegenen Gesichtern unter sehr hohen schwarzen Hüten steigen ein. Manche von ihnen tragen eine merkwürdige Beinbekleidung: Über einer Art hautenger Jeans aus rotem, handgewebtem Stoff mit weißen Streifen sitzt ein knappes, kurzes, an den vorderen Beinausschnitten fast bis zum Gürtel geschlitztes Höschen, das mit vielen weißen Knöpfen geschlossen wird. Dazu weiße Hemden mit bunten Borten und einem hohen Kragen, den man gegen das kühlfeuchte Wetter im Hochgebirge wie einen Schal um den Hals knöpfen kann.

Mädchen mit Körben auf dem Kopf kommen in den Bus und bieten Eßbares an, das in Mais- und Bananenblätter gewickelt ist. Ein Wundermediziner nützt die Zeit bis zur Abfahrt des Busses, um Fläschchen mit einer gelbgefärbten Flüssigkeit anzupreisen. In einem Buch mit anatomischen Bildern demonstriert er, wogegen der Wundersaft hilft: Praktisch gegen alles. "Dos por un Quetzal!" – zwei Fläschchen für einen Quetzal - so eine Gelegenheit kommt nie wieder. Die Leute glauben ihm und kaufen.

Der Bus ist gerammelt voll mit Menschen, prinzipiell passen immer drei auf eine Bank für zwei und ein paar Kinder noch dazu. In einem Bus für 40 Fahrgäste haben mindestens 100 Platz. Das Busdach ist hochaufgepackt mit Bündeln, Säcken und Körben. Schwankend bewegt sich das total überladene Gefährt durch die engen Gassen von Huehuetenango und Chiantla Richtung Norden. Die Dächer der Häusern der Vorstadt reichen oft nicht einmal bis zur Unterkante der Busfenster.

Bald verlassen wir die asphaltierte Straße, und weiter geht es holterdipolter über eine schmale Schotterstraße, die sich in steilen Kurven den Berg hinaufwindet. Obwohl es nur leicht und nieselnd regnet, ist die Fahrbahn durchfurcht von tiefen Rinnsalen und schlammigen Bächen. Nur im Schrittempo ächzt der gequälte Motor um die Kurven nach oben.

Noch die steilsten Hänge sind hier oben in den abgelegenen Bergen kultiviert. Oft sind es nur winzige Flecken im unwegsamen Gelände, die sich zur Bebauung eignen, und schon stehen ein paar Maispflanzen in Reih und Glied darauf, sorgsam angehäufelt mit der roten Erde. Aus den Schluchten wachsen hohe Kiefern herauf mit langen, büschelförmig angeordneten Nadeln. Bis auf einen kleinen Schopf am Wipfel sind manche von ihnen gänzlich abgeholzt. Die Yuccas haben hier armdicke Stämme und mehrere Meter hohe Blütenstände. Dicke Nebelschwaden hängen im Gezweig.

Da, in der Einschicht, tauchte ein winziges Gehöft aus dem Nebel auf, eine Hütte, vielleicht fünfzehn Meter im Quadrat, das Dach aus Maisstengeln, ein Hof davor mit festgestampfter Erde, die in diesem Regen zu schlüpfrigem Morast wird. Der Bus bleibt stehen und ein Mann und eine Frau steigen aus, sie sind hier zu Hause. Eine Schar Kinder und ein mickriger Hund erwarten die Eltern vor der Türöffnung. Man kann sich gut vorstellen, daß Guerilleros und Verfolgte in dieser Bergeinsamkeit Versteck suchen. Hier aber, wo die Menschen vom Ertrag ihrer Felder kaum selbst satt werden, sind schon viele der Flüchtlinge und Hilfesuchenden aus Not und Entbehrung umgekommen.

Es ist auch für gut ausgerüstete Armeeinheiten nicht leicht, diese Wildnis zu kontrollieren, denn zu vielen Gehöften und zu ganzen Dörfern führt nicht einmal ein holpriger Feldweg. Exemplarische Militäraktionen sollen in der Bevölkerung Angst und Schrecken verbreiten, damit sie es nicht wagt, einem Verdächtigen

Unterschlupf oder ein paar Tortillas zu geben. Sonst geht ihre Hütte in Flammen auf, und die Bewohner werden mit aufgeschlitzten Bäuchen irgendwo gefunden. Viele der Hütten haben nicht einmal eine Tür, die man gegen Feinde verrammeln könnte, und der einzige Schutz gegen Unbill von außen sind die hohen Maispflanzen rund um den Hof.

Bei schönem Wetter muß sich von dieser steilen gewundenen Straße in die Chuchumatanes-Berge eine grandiose Aussicht bieten, denn selbst bei Regen und Nebel wie jetzt ist die Fahrt höchst eindrucksvoll.

Nach Überwindung langer großer Steigungen, unzähliger Haarnadelkurven und Kehren erreicht der Bus das große Hochplateau, eine breite, von den fast 4.000 Meter hohen Gipfeln am Rand begrenzte Schüssel. Das Landschaftsbild hat sich ganz unvermittelt gewandelt. Mit dem Waldbewuchs war es schon weiter unten zu Ende. Hier oben wächst nicht einmal mehr Buschwerk, sondern nur mehr kurzes, samtiges Gras wie auf einem Almboden. Die Erde ist schwärzlich-morastig. Alles trieft von einer permanenten Nässe. Eine ähnliche Landschaft, ähnlich karg und baumlos, ebenso durchtränkt von beständiger Feuchtigkeit, habe ich kürzlich in einem Film über Island gesehen. Nur die orangenen Kerzen der Fackellilien an Zäunen und Wegrändern, die hier wild gedeihen, erinnern daran, daß man eben nicht nahe dem Pol, sondern nahe dem Äquator ist.

Mitten auf der Hochebene gönnt der Busfahrer dem gequälten Motor bei einer kleinen Schenke eine Pause. Morcar heißt der Ort, der nicht in meiner Landkarte zu finden ist. Hier, hoch oben, wo Fuchs und Has' einander gute Nacht sagen, ist ein Verkehrsknoten. Hier kann man in einen anderen Bus umsteigen, der zum Grenzort La Mesilla an der Hauptroute nach Mexico hinunterfährt.

Die Männer benützen die Gelegenheit - in einer Reihe pflanzen sie sich bei den orangeroten Fackellilien auf, um das Wasser abzulassen. Eine dicke Sau treibt ihre mageren braunen und schwarzgefleckten Schweinchen aus der Gefahrenzone der Straße weg in einen Hof, der nur mit einem niedrigen Erdwall und Grassoden gegen die freie Weide abgegrenzt ist.

Ich fotografiere in alle Richtungen in der Hoffnung, daß diese Nebelfotos doch gelingen möchten. Die Passagiere im Bus lächeln über mich, denn sie können sich wahrscheinlich nicht vorstellen, was in dieser tristen Gegend, wo es nichts gibt als nasses Gras, schlammigen Boden, noch armseligere Hütten als anderswo, ein paar triefendnasse Hunde und weit hinten den niedrigen Rand der Bergkette, zu fotografieren gibt.

Nachdem wir auch die felsige Begrenzung der Hochebene überquert haben, geht es wieder ein wenig abwärts. Da wachsen wieder Mais, Buschwerk und Bäume. Mir wird etwas unbehaglich bei dem Gedanken, daß ich diese ganze Strecke (drei Stunden für 60 Kilometer im holpernden und schaukelnden Bus) am Nachmittag wieder zurück muß. Schon jetzt ist der schmale Erdweg nur mehr roter Schlamm mit einem orangeroten Rinnsal am Rand, wenn aber der Regen so weitermacht, muß die Fahrt zurück lebensgefährlich werden. Neben der Straße geht es hundert Meter oder mehr in die Schluchten. Ich sitze glücklicherweise auf der Bergseite und beruhige mich damit, daß der Fahrer diese Strecke immerhin fast täglich befährt, auch bei noch schlimmeren Wegverhältnissen, und daß er selber schließlich auch unbeschadet heimkommen möchte.

Ein Baby plärrt unaufhörlich.

"Gib ihm doch die Brust!" schreit ein Mann. - Aber wie soll die Mutter denn bei diesem Rütteln und Schütteln?

Ein paar Hütten tauchen hinter dem Mais auf. "Todos Santos!" macht mich mein Sitznachbar aufmerksam, der selbstverständlich längst ausgekundschaftet hat, wohin ich will.

Oh Gott, hier? Was soll ich hier in diesem verlassenen Nest in den Bergen bei diesem Regen? Ich will hier nicht aussteigen. Ich werde bis zur Endstation im Bus bleiben und dann, so wie gestern in San Andres, gleich wieder zurückfahren. Drei Stunden her, drei Stunden zurück über das Gebirge im Schrittempo. Todos Santos hab ich gesehen. Das reicht.

Es gibt aber keinen Bus zurück, klärt mich mein freundlicher Nachbar auf, jedenfalls nicht heute. Morgen früh um fünf fährt der nächste nach Huehue.

Ich kann es zunächst gar nicht fassen. "Aber wo soll ich denn hier schlafen?" frage ich verzweifelt, weil ich nur winzige Indiohütten sehe.

"Hay pensiones," beruhigt er mich. Pensionen in diesem Nest? Ich muß es wohl oder übel glauben.

An der ersten Station in diesem Dorf stehen vier Männer. Sie tragen diese seltsamen roten Hosen mit dem schwarzen Überhöschen darüber - und Gewehre! Und sie sehen ziemlich verwegen aus. Aber was bleibt mir übrig, ich muß aussteigen, denn hier gibt es angeblich wenigstens Pensionen - und ob ich im nächsten Ort eine Unterkunft für die Nacht finden würde?

Das Dorf versinkt im Schlamm. Ich frage den ersten Passanten nach den Pensionen, in der Hoffnung, er möge mich nicht auslachen, denn ich kann mir gar nicht vorstellen, daß es hier so etwas wie Fremdenverkehr geben kann.

Ja, ja, gibt er mir Auskunft, dort unten, wo die Männer die Straßen pflastern und dann gleich links oben, bei den "tres olgitas", den drei kleinen Olgas.

Ein freies Zimmer gäbe es, heißt es in der erstgenannten "Pension".

"Mirar? - Darf ich es sehen?"

Das Zimmer sieht aus wie ein Viehstall. Betonierte Wände, gestampfte Erde. Immerhin, ein Bett ist drin. Kostet 1,50. - O.K. – was soll ich auch sonst tun?

- Aber da sehe ich: Der Verschlag hat ja keinen Schlüssel, einfach nur eine roh gezimmerte hölzerne Tür, die man anlehnt.

"Ich brauche einen Schlüssel," verlange ich.

"Aber wozu denn" sagt die Señorita. Wozu braucht man denn in einem Dorf in den Bergen einen Schlüssel? Jeder kennt jeden. Da wohnen doch lauter ehrliche Leute! Viele der Hütten haben nicht einmal eine Tür, sondern nur eine Öffnung.

"Wir passen schon auf dich auf, du wirst doch nichts Kostbares bei dir haben!", versucht mich die Señorita zu beruhigen.

Kostbarkeiten habe ich tatsächlich nicht bei mir, denn ich habe nur eine kleine Umhängetasche mit Fotoapparat, Notizblock etc. dabei, schließlich war ich nicht auf die Nacht in den Bergen vorbereitet. Nicht einmal das Geld, das ich bei mir trage, würde einen Überfall lohnen. Aber ich könnte nicht ruhig schlafen bei einer offenen Tür, wenn ich nur an die Kerle mit den Gewehren denke!

Das versucht sie einzusehen, wenn sie mein Mißtrauen auch offenbar wenig begreift. Aber ein Schlüssel existiert nicht für diese Tür.

Ich versuche es bei den drei Olgas. Von außen sieht das Gebäude beinahe aus wie ein bescheidenes Tiroler Bauernhaus vor hundert Jahren ausgesehen haben mag, unten aus Steinen gemauert, obenauf ein aus Holz gebautes Geschoß mit einem schmalen Balkon.

Als ich aber einen Blick durch die breite Öffnung ins Innere werfe, muß ich erst all meinen Mut zusammennehmen und mich daran erinnern, daß ich hier über Nacht festsitze, um nach einem Zimmer zu fragen: Denn der "Gastraum" sieht mehr nach einer Höhle aus, als nach einer menschlichen Behausung. An drei Wänden ist diese Höhle vom gewachsenen Felsen begrenzt, nur an der Straßenfront mußte zur Abschirmung eine Steinmauer aufgerichtet werden. Die Vertiefungen zwischen dem gewachsenen Stein am Boden wurden mit festgestampfter Erde aufgefüllt, die Buckel sind geblieben. Die Wände und die Decke sind schwarz vom Ruß.

Ein Zimmer gäbe es, sagt die Frau freundlich, die an dem gemauerten Herd etwas Dampfendes rührt, und führt mich über ein enges Treppchen ins hölzerne Obergeschoß. Der Raum ist noch winziger als der, den ich vorher besichtigt habe. Der hölzerne Verschlag ist nur ein kleines Stückchen länger als das Bett und neben dem Bett bleibt ein Gang von vielleicht 40 Zentimetern Breite frei. Doch das Gelaß hat zumindest einen hölzernen Riegel, so ein zugespitztes Stück Holz, das um einen Nagel drehbar ist, eine Vorrichtung, die zu Hause die Bauern bei Kaninchenställen und Plumpsklos anbringen. Ein hölzerner Riegel ist besser als kein Schloß, beschließe ich und bleibe bei den Olgas.

Auch ein Fensterchen hat der Verschlag, es ist mit einer Plastikhaut regendicht gemacht. Daneben hängen große Plakate an den Wänden. Auf jedem ist eine erhobene blaue Hand zu sehen mit zum Schwur gestrecktem Zeige- und Mittelfinger. Daneben steht: "No robo, no miento, no abuso". – "Ich stehle nicht, ich lüge nicht, ich treibe keinen Mißbrauch" – das war das Motto der "Mano Blanca", einer der Todesschwadronen des Rios Montt, die erhobene Schwurhand war ihr Abzeichen. Wie kommen diese Plakate in dieses Kämmerchen in diesem entlegenen Nest?

Rios Montt ist nicht mehr Präsident, sondern die Christdemokraten regieren. Das heißt aber nicht, daß die Ultrarechten verschwunden und die paramilitärischen Organisationen beschäftigungslos wären. Will der Besitzer dieser Pension jedem Gast klar zu verstehen geben, auf welcher Seite er steht? Oder hat der

Wirt die Plakate nur zur Tarnung seiner wahren Gesinnung angebracht?

Es ist früher Nachmittag. Wegen des Nieselregens ist es aber düster, als würde es bereits dämmern. Ich habe eine Menge Stunden vor mir in diesem entlegenen Adlernest und in diesem "Hühnerstall" bei den drei Olgas, bis Schlafenszeit ist.

Hungrig bin ich, denn seit dem Frühstück habe ich nichts im Magen. Ich dachte mir, ein paar Bananen seien in Guatemala jederzeit aufzutreiben. Meine Pension hat ja auch diesen Gastraum, und sicher gäbe es da auch zu essen, aber das will ich mir doch lieber nicht zumuten. An der Straße entdecke ich einen kleinen Laden, da kaufe ich drei harte Kekse, die ich während meines Spazierganges durch das Dorf mit wenig Begeisterung knabbere.

Ob ich denn die Ruinen sehen möchte? Hat mich der Wirt gefragt. Ruinen? Gibt es denn da welche? Er zeigt auf einen Berggipfel hinter dem Dorf hinauf: Da oben!

Unter dem Namen "Ixcan" finde ich die Ruinen bei Todos Santos Chuchumatanes in meiner Karte von Guatemala verzeichnet. Gut, dann werde ich eben diese Ruinen besichtigen.

Ich steige langsam den schlammigen Weg hinauf, den mir der Wirt gezeigt hat. Ein wenig kurzatmig bin ich in dieser dünnen Luft auf fast 3.500 Metern. Die Wohnhütten rechts und links des Weges sind aus Lehmziegeln gebaut und irgendwann einmal, vor langer Zeit, geweißt worden. Die Tünche haftet nur mehr dort an den Mauern, wo diese durch das überragende Dach aus Maisstroh gegen den Regen geschützt sind.

"Buenaaas" erwidern die Leute freundlich gedehnt meinen Gruß "buenas dias". Die Frauen und Mädchen knieen unter den Vordächern, mit ihren Hüftwebstühlen an einen Pfosten angehängt und verarbeiten bunte Baumwollsträhnen zu dekorativen Huipiles und Schals. In diesem Dorf sind besonders geschickte Weberinnen zu Hause. Schon in meiner Pension habe ich den auffallend schönen Huipil bemerkt, den die junge Frau trug, welche mir das Zimmer zeigte. Die vorherrschende Farbe der Blusen ist ein strahlendes Rot, das durch ein ebenso leuchtendes Blau in den geometrischen Ornamenten noch intensiviert wird. Dazu tragen die Frauen einfache dunkelblaue Röcke mit einzelnen schmalen weißen Streifen. Die Tracht der Frauen von Todos Santos gehört wohl zu den schönsten und geschmackvollsten in ganz Guatemala.

Vor einer der Hütten hilft ein kleines Mädchen der Mutter an einer einfachen hölzernen Vorrichtung, die Kettfäden in der richtigen Länge abzuschneiden. Die Frau fragt mich, ob ich nicht einen Huipil kaufen möchte. Sie selbst trägt ein außergewöhnlich schönes Stück, reich an Ornamenten. Also trete ich näher. Sie bittet mich in die Hütte, um mir ihre Schätze zu zeigen.

In der fensterlosen Behausung steht nur ein hölzernes Bett, auf dem in ein Bündel geschlagen die Webarbeiten der Frau aufbewahrt werden. Auf dem Erd-Boden, mit 3 großen Steinen abgegrenzt, brennt ein Feuerchen. In einem großen, bauchigen, rußgeschwärzten Topf köchelt etwas. Neben dem Feuer kauert ein ungeheuer mageres rotes Kätzchen. Alles ist schwarz vom Ruß, die Wände, die Decke, der hölzerne Tisch hinter dem Feuer, das Brett, auf dem die Krüge und Töpfe aufgestapelt stehen.

Die Frau hat sehr schöne Webarbeiten in ihrem Bündel und ich würde gerne einen Huipil kaufen, trotz meines Vorsatzes, mein Gepäck nicht durch Souvenirs zu belasten. 50 Quetzales will die Frau für das schönste Stück. Doch ich habe nicht so viel bei mir, daß mir dann noch genügend für Eventualitäten übrig bliebe. Die Frau bedauert wortreich: "Wie schade! Wie schade!" Und bescheidet sich dann freundlich über das fast getätigte, aber eben nicht mögliche Geschäft: "Otra vez!" - Ein ander Mal!

"Otra vez!" gebe ich ebenso zurück. Wenn ich wieder einmal vorbeikomme, in Todos Santos, dann kaufe ich den Huipil sicher von dieser Frau.

Mit ihrem Töchterchen und der Katze kniet sie neben dem Feuer nieder, damit ich sie fotografieren kann. Ich gebe ihr einen Quetzal dafür und sie bekreuzigt sich viele Male mit der Münze und bedankt sich überschwenglich.

Ich setze meinen Weg zu den Ruinen fort. Alles trieft vor Nässe, aber es regnet nicht wirklich, ein ständiges Nieseln. Es lohnt eigentlich nicht, den Schirm aufzuspannen, denn die Nässe kommt von allen Seiten und nicht nur von oben. Die Haare hängen mir naß ins Gesicht, die Kleidung ist klamm.

Bald gibt es keine Häuser mehr beiderseits des Weges, sondern nur noch hohen Mais. Weit und breit kein Mensch mehr. Ob ich wirklich zu den Ruinen soll? Ich weiß nicht einmal, wie weit das überhaupt noch ist! Der Nebel nimmt mir die Entscheidung ab, denn oben am Berg zieht es immer mehr zu, wahrscheinlich würde ich, oben angelangt, überhaupt nichts sehen. Ich kehre um.

Ich bin nicht die Einzige, die scheinbar ziel- und planlos langsam durch das Dorf spaziert - die Dorfbewohner sind ebenso auf den Straßen unterwegs. Alles, was sie tun, tun sie gemessen und ruhig. Nirgends spürt man Hast oder Eile. Kein lauter Ton ist zu hören, nicht einmal Kindergeschrei oder Hundegebell. Immer wieder beeindruckt mich diese außerordentliche Ruhe, Gelassenheit und Fröhlichkeit der Indios, auf den Märkten, in den vollgestopften Bussen, hier im Dorf.

Allmählich erscheint mir das abgelegene Dorf im Gebirge weniger bedrohlich, nachdem ich es in alle Richtungen begangen habe und mir überall diese selbstverständliche und ruhige Freundlichkeit begegnet ist.

Ein Dreikäsehoch versperrt mir den Weg. Er hält einen Stock wie ein Gewehr ans Auge und macht "Bum! Bum!", wie alle kleinen Buben auf der Welt.

"Tust du schießen?" frage ich ihn mit jener grauenhaften Grammatik, die man häufig gedankenlos verwendet, wenn man sich vom Gegenüber nicht verstanden weiß.

Er lacht mich munter an und probiert gleich: "Schie...schie...!"

"Schießen!" wiederhole ich, und er: "Schie-schen!" und freut sich über das neue Wort. - Ich wollte, ich hätte ihn ein anderes gelehrt.

Über dem Dorf liegt nicht nur der Nebel, sondern auch ein eigentümlich duftender Rauch. Aus den Ritzen der Hütten und durch das Stroh der Dächer kriechen blaue Schwaden, denn einen eigenen Rauchabzug besitzen diese Häuser nicht. Um diese Zeit stehen wohl überall auf den Feuerstellen jene riesigen angerußten Tontöpfe, wie ich sie bei der Weberin gesehen habe, und drinnen köcheln Mais oder Bohnen für das Abendessen.

Nun wird es ein wenig heller, der Nebel hat sich wieder verzogen. Vielleicht könnte ich doch zu den Ruinen hinaufspazieren? Ich habe mich mittlerweile erkundigt, es soll nur ein Weg von zwanzig Minuten sein. Steil geht es bergauf, man kommt rasch außer Atem und fängt wegen der ungewohnten Anstrengung in der dünnen Luft an zu schwitzen. Kaum habe ich die letzten Häuser hinter mich gebracht, fällt weiter oben der Nebel in dicken Schwaden ein,

Jedesmal wenn ich den Weg zu den Ruinen hinaufgehe ...

und es wird düster und dunkel. Es hat keinen Sinn: Die Ruinen von Ixcan werde ich nicht sehen, diesmal nicht – otra vez!

Oberhalb meiner Pension, auf einem Hügel, ist ein Markt, die paar noch aufgebauten Stände schützt ein großes Flugdach gegen den Regen. Ein Junge, bei dem ich drei harte Brötchen, ein paar Bananen und Mineralwasser kaufe, fragt mich, woher ich komme und weiß gleich mit einem deutschen Satz zu imponieren. Er könne auch ein wenig Englisch und Französisch, brüstet er sich, denn hier kämen oft Ausländer vorbei.

Ist das die Möglichkeit? Hier oben, so mühselig erreichbar über die schlechte Straße, wo es nur primitive Quartiere gibt, kommen viele Ausländer vorbei? Aber vielleicht ist Todos Santos gar nicht so hinterwäldlerisch, wie es mir erscheint an diesem regenverhangenen düsteren Tag? Immerhin gibt es im Zentrum ein paar gemauerte einstöckige Häuser. Eine Schule habe ich auch gesehen, ein Postamt (von dem man allerdings nicht telefonieren kann, denn ich wollte im Hotel Zaculeu anrufen, um mitzuteilen, daß ich heute Nacht nicht komme). Sogar ein Elektrogeschäft habe ich unterwegs im Dorf gesehen, mit einem Farbfernseher im Schaufenster – wo doch die meisten Häuser vermutlich nicht einmal elektrischen Strom haben! Aber immerhin fährt hierher ein Bus, und damit ist der Ort an die Welt angeschlossen. Und es gibt begabte Weberinnen und man hat für Touristen Ruinen vorzuweisen. Bei meinen Wegen durch das Dorf wurde ich von Kindern um einen Quetzal für's Fotografieren angebettelt und das ist ein untrüglicher Hinweis darauf, daß man hier tatsächlich öfter mit Touristen zu tun hat. Ich bin lang herumspaziert - Todos Santos ist ein relativ großes Dorf.

"Todos Santos ist ein sehr schönes Dorf!" versichert mir der kleine Händler stolz. - Bei schönem Wetter, mag sein, daß er recht hat. Wenn über diesem Bergdorf die Sonne liegt und man weit ins Land sieht, bis nach Mexico, dann ist Todos Santos wahrscheinlich wirklich eine mühselige Reise wert. Doch ich hab' mir den falschen Tag für das Dorf unter dem Himmel ausgesucht.

Es fängt an zu dämmern, Straßenbeleuchtung existiert hier natürlich nicht und so muß ich zurück in meinen hölzernen Verschlag. Auf dem schmalen Balkon sitze ich unter einer Leine mit triefend nasser Wäsche und versuche, mir die Geräusche und Gerüche von Todos Santos einzuprägen. Vom Markt her tönt der

Klang einer Marimba, unter dem Balkon spielen ein paar kleine Kinder ein Gesellschaftsspiel mit Würfeln.

Sie bricht herein, die Nacht in diesem abgeschiedenen Indianerdorf. - Unten in Huehuetenango wartet ein angenehmes Zimmer mit einem breiten Bett und einer warmen Dusche auf mich. Auf einem Tischchen mein Rucksack, mit Paß, Schecks und Geld. In der Pension Belén in Guatemala Ciudad wartet mein Koffer mit dem überflüssigen Gepäck. Im Hotel Dorado sind in einem Safe die Flugkarten, meine Dokumente, Schecks und Bargeld gut aufgehoben. Mein Mann und mein Sohn essen jetzt gerade, auf der anderen Hälfte der Erdkugel, in einem Tiroler Dorf zu Mittag. Auf viele Orte und weite Distanzen ist das, was zu mir gehört, verstreut. Nicht einmal zu identifizieren wäre ich, wenn mir etwas zustieße, denn ich habe keinerlei Papiere bei mir. Mit nichts anderem als Geld für einen bescheidenen Tagesbedarf und dem, was ich auf dem Leib trage, mit Fotoausrüstung und Notizblock warte ich in diesem Indiodorf, daß die Zeit möglichst rasch vergehen möge und ich diesen unbehaglichen Zustand beenden kann. Fast könnte man es ein Abenteuer nennen, in das ich geschlittert bin.

Nun schüttet es wie aus Scheffeln. Wenn nur die Straße morgen früh nicht allzu sehr aufgeweicht ist. 19.30 Uhr - und schon stockfinster. Erst vier Stunden bin ich hier in Todos Santos und es kommt mir wie eine Ewigkeit vor. Ich wage gar nicht daran zu denken, daß ich womöglich wegen des wolkenbruchartigen Regens länger hier festsitzen könnte. - Wenn ich nur die Abfahrt des Busses nicht verschlafe! Ich muß jede Stunde aufwachen und auf die Uhr sehen - aber meine Taschenlampe ist im Hotel Zaculeu in Huehuetenango.

Man hört Kinderlachen herauf, aus einigen der Hütten schimmert ein schwacher Lichtschein, sonst ist es eine recht schwarze Nacht. Wahrscheinlich ist es hier nicht soviel anders, als bei uns zu Hause in einem entlegenen Dorf. Zu schade, daß ich ganz alleine hier unterwegs bin. Mit einem Reisegefährten wäre die Situation einfacher, und ich würde nochmals spazieren gehen, auch in der Dunkelheit. Doch wenn man die Sprache nicht so gut kann, um sich mit den Menschen eingehender zu unterhalten, ist man in so einem Dorf sehr einsam und die Zeit ist lang. Und wenn man im Kopf allerlei mit sich trägt über die unsichere Situation in diesem

Land, dann ist man doch lieber vorsichtig, und bleibt im Haus, wenn es finster wird.

Man hört alles, was in diesem Gebäude vorgeht, denn die Räume sind nur durch einfache Bretter abgeteilt. Neben mir wohnen anscheinend zwei junge Männer, ich kann aber nicht unterscheiden ob sie Spanisch, Italienisch oder Französisch sprechen.

Unten scheint es munter zuzugehen. Aus der Gaststube tönt Rockmusik herauf, und das Quietschen und Lachen von Kindern, die offenbar auf der ganzen Welt gleich ausgelassen sind, bevor sie zu Bett müssen. Zu gerne möchte ich sehen, wie es in einem Indio-Haushalt zugeht, aber ich traue mich nicht recht hinunter.

Den Vorwand zu sehen, was unten los ist, liefern mir zwei schmale blaue Türen. Vom Gastraum, der Küche, dem Wohnraum, oder wie immer man diesen von Felsen gegen die Außenwelt abgegrenzten Raum nennen soll, führen ein paar Stiegen zu diesen Türen. Auf der einen steht, sie sei nur für den Privatgebrauch, die andere trägt die Aufschrift - "pase adelante" - hereinspaziert, wenn man dieses benützen will, tut man es also vor aller Augen. Zu meiner Überraschung ist das kleine Gelaß ausgesprochen sauber, eine Papierolle hängt an der Wand und es gibt sogar eine funktionierende Wasserspülung! War ich zu kritisch mit dieser Pension in meinem ersten Ärger, daß ich hier übernachten muß?

In der Gaststube sitzen an einem Tisch ein junges amerikanisches Paar und am anderen drei junge Männer, die mich freundlich einladen, bei ihnen Platz zu nehmen. Genau darauf habe ich gewartet, denn den Abend allein in meinem Kämmerchen zu verbringen, schien mir zu trostlos.

Ich bestelle mir einen Kaffee bei einer der drei Olgas, zehn Centavos kostet das Gebräu, das sie aus einem dampfenden Topf auf dem Ofen schöpft, und mehr ist es auch nicht wert, denn es ist nicht einmal so stark wie ein dünner Kräutertee.

Die drei städtisch und recht intelligent aussehenden jungen Männer sind Lehrer an der hiesigen Schule. Sie stammen aus Huehuetenango. Zehn Lehrer unterrichten an die 500 Kinder, vom ersten Tag an in spanischer Sprache.

Zu welchem Stamm denn die Bewohner von Todos Santos gehören? will ich wissen.

"Es sind Mames."

"Sprecht ihr Mam?"

Nein, die drei lachen. Die Sprache, die ihre Schüler mit sieben Jahren in die Schule mitbringen, verstehen sie nicht. Probleme gäbe es nur am Anfang, aber die Kinder würden sehr rasch lernen und gut mit Spanisch zurechtkommen. - Daß sie rasch auffassen, habe ich an dem Knirps erfahren, dem ich auf der Straße unabsichtlich die Vokabel "Schießen" beibrachte.

Es kämen hier tatsächlich eine Menge Touristen vorbei, bestätigen sie das, was mir der Bub am Marktplatz gesagt hat. Aus aller Welt kommen Besucher, auch aus Europa. Nur eben jetzt im Winter sei nicht viel los.

"Wir haben nämlich zwei Winter in Guatemala," klärt Juan mich auf: "Den richtigen, den 'normalen' Winter, wie bei euch und überall auf der nördlichen Halbkugel, und dann jenen Winter, wenn woanders Sommer ist. Im 'richtigen' Winter scheint in Guatemala die Sonne und es ist die schönste Jahreszeit. Mit 'invierno' bezeichnet man aber in Guatemala die eigentlichen Sommermonate von April bis September, denn da ist es kühl und es regnet, so wie jetzt."

Aber was lockt denn die Touristen nach Todos Santos? Ob denn die Ruinen so sehenswert seien, will ich wissen. Na ja, so besonders auch wieder nicht, ich hätte nicht allzuviel versäumt, beruhigen sie mich. Unten, in Huehuetenango gäbe es ja noch Zaculeu zu sehen, das solle ich mir ansehen.

Sie können mich auch bezüglich der Straße beruhigen, als ich meine Befürchtung äußere, dieser sintflutartige Regen würde die Fahrbahn in die Schlucht schwemmen. Die Straße sei sehr gut, so wie heute regne es um diese Zeit jeden Tag, und der Bus sei immer noch durchgekommen.

Wir sitzen in der halbdunklen Gaststube - an der Decke brennt nur eine magere Glühbirne. Aber hier in dem verrußten dunklen Raum ist eine warme, heimelige Atmosphäre. Auf dem Herd brutzeln Frijoles und Mais und es duftet nach dem Kaffee-Gebräu. Da das Haus an den Hang gebaut ist, wurde in den Fels eine Art Galerie geschlagen, zu der man über eine steile steinerne Treppe gelangt. Oben kommt Wasser aus dem Felsen, da befindet sich der Waschplatz. Eine der Frauen dieses Haushaltes wäscht oben die Wäsche und mischt sich von dort herab immer wieder ins Gespräch. Unten auf dem Erdboden tummeln und tollen sechs oder sieben kleine Kinder. Ein paar gehen schon in die Schule und ihre Lehrer treiben Spaß mit ihnen.

Allmählich fange ich beschämt an zu begreifen, daß ich nicht irgendwo bei wilden unzivilisierten Bergvölkern gelandet bin, sondern bei einfachen Leuten, die ein ganz normales Leben führen, so wie vielleicht vor dreißig, vierzig Jahren die Menschen in den Bergdörfern in Tirol gelebt haben, bevor alle Straßen asphaltiert wurden und als nur gelegentlich Touristen ins Dorf kamen.

Dennoch kann ich mir schwer vorstellen, wie es die drei jungen intelligenten Burschen hier oben das ganze Jahr über aushalten können, mit einer städtischen Ausbildung in einem Nest, wo gar nichts los ist. - Aber warum verwundert mich das denn so sehr? – Die Welt, so scheint es, kommt doch zu ihnen.

Da sitzen am anderen Tisch zwei Amerikaner und hier an dem ihren eine "Periodista" aus Österreich: Welcher Volksschullehrer in einem kleinen steirischen Dorf hat schon so polyglotte Ansprache? Welcher Landlehrer hatte je einen Journalisten aus Guatemala im Dorfwirtshaus zum Gesprächspartner? Man muß alles nur von einem anderen Blickwinkel aus sehen, dann paßt es wieder. Auf einmal kann ich gar nicht mehr begreifen, mit welcher Beklemmung, ja fast Angst ich heute auf dem Dorfplatz stand, nachdem mich der Bus in Todos Santos ausgespuckt hatte. Todos Santos ist ein ganz normales Dorf, gar nichts besonders Abenteuerliches, so wie es mir geschienen hatte.

Zaculeu: Wie eine geschminkte Großmutter

Der junge Lehrer Juan hat mir vielleicht einen Schlüssel zu dem Geheimnis geliefert, warum in dem entlegenen Nest Todos Santos alle Welt zu Gast ist. Er erzählte, kürzlich seien zwei ganz feine alte Damen hier im Dorf gewesen, hier an diesem Holztisch hätten sie gesessen und hätten gekichert und Kaffee geschlürft. Sehr neugierig seien die beiden Señoras gewesen, hätten Namen von Leuten genannt, die er selber nicht kenne, denn so lange sei er noch nicht im Dorf, und die Leute, von denen die beiden sprachen, waren entweder schon sehr alt oder gar schon tot.

Diese beiläufige Erzählung Juans fällt mir erst viel später wieder ein, als ich durch Zufall ein Buch über Todos Santos in die Hand bekomme[1]. – Könnte es sein, daß die beiden feinen alten Damen,

Über ein breites kaltes Hochplateau führt die holprige Straße nach Todos Santos

die hier in dieser verrußten Gaststube mit so viel Vergnügen den dünnen Kaffee schlürften, Maud und Mary gewesen sind?

1945, als noch keine Straße nach Todos Santos führte, kamen eines Tages die New Yorker Ethnologin Maud Oakes und ihre Freundin Mary mit dem Pferd über jene windverblasene Hochebene nach Todos Santos geritten, über die auch ich gekommen bin. Maud Oakes hatte gehört, daß hier oben Mames wohnten, die ihre alten Riten unbeeinflußt von der Kirche hatten bewahren können. Maud Oakes blieb zwei Jahre in Todos Santos und sehr vorsichtig schlich sie sich ins Vertrauen der Indios, die ihre Riten selbst vor den wenigen ansässigen Ladinos sorgfältig geheim hielten. Sie durfte sogar die "Caja Real" sehen, die königliche Kassette, das Heiligtum der Mames von Todos Santos, das der für ein ganzes heiliges Jahr gewählte Alcalde-Priester der Indios bewachen muß.

Da Maud Krankheiten der Indios mit mitgebrachten Medikamenten kurierte, wurde sie bald sogar von den Chimánes, den

---

4   M. Oakes, Beyond the windy Place

geheimnisvollen Medizinmännern und Wahrsagern konsultiert. Sie war eine der ersten Forscher, die an Geisterbeschwörungen der Chimánes teilnehmen durfte.

Als aber in Todos Santos eine gefährliche Epidemie ausbrach und viele Kinder starben, mutmaßte man im Dorf, sie sei nicht eine Chimancita, eine gute Zauberin, wie man sie bisher genannt hatte, sondern eine Bruja, eine schwarze Priesterin, die die Menschen verwünschte, die "Dueña de Cerro", Zauberin des Berggipfels. Glücklicherweise ging die Epidemie vorbei, und Maud Oakes konnte ihre wissenschaftliche Arbeit beenden. - Es ist durchaus möglich, daß die beiden alten Damen, von denen Juan erzählt hatte, und die so gut Bescheid wußten über Leute aus dem Dorf, Mary und Maud gewesen waren.

Kurz bevor Maud Oakes Todos Santos wieder verließ, kam ein amerikanischer Fotograf von "Life" den steilen vielstündigen Weg von Huehuetenango nach Todos Santos herauf, die merkwürdigen Hosen der Todos Santeros hatten ihn gelockt, das Dorf näher kennenzulernen. Er hat immer wieder hier fotografiert und gezeichnet.

Diese ersten Berichte machten wohl jene, die sich für Guatemala interessierten, auf dieses entlegene Dorf in den schwer zugänglichen Bergen neugierig und die erlebte Wirklichkeit übte eine merkwürdige Faszination aus. Auch ich - wenn ich von Guatemala erzähle - vergesse nie, von diesem Tag in Todos Santos zu berichten. Merkwürdig war ich auf der Frankfurter Messe berührt, als ich einen Bildband über dieses Adlernest entdeckte – es war ein Gefühl, als wolle Todos Santos mich nicht loslassen[1].

Als Maud Oakes einmal den Chimán Calmo, den angesehensten Schamanen des Ortes nach der Entstehung der Welt fragte, antwortete dieser:

"Am Anfang gab es keine Ladinos, nur Naturales[2]. Tada Dios setzte Todos Santos mitten auf den Himmel. Gott sagte: Todos Santos ist die Mitte der Welt. Hier ist das Herz der Welt. Wenn alles zerstört ist, wird Todos Santos immer noch existieren – wer weiß

---

1   1989 erschien im Verlag Nishen, Berlin, ein Fotoband mit den alten und neuen Bildern von Hans Namuth über Todos Santos

2   So bezeichnen sich die Indios selbst

wie lange!" – Deshalb also hatte es mich wohl, ganz zufällig, nach Todos Santos, ins Zentrum der Welt, verschlagen!

Um Mitternacht weckte mich das Wimmern eines Neugeborenen im Haus. Um ein Uhr nachts begannen die Hunde von Todos Santos einander die Ereignisse des Tages zuzubellen. Um drei Uhr früh waren die Hähne dran, den kommenden Tag anzukündigen, und um vier Uhr meldeten die Schweine im Dorf ihren Hunger an. - So ruhig und still der Tag in Todos Santos war, so voller Geräusche war die Nacht, daß es kein Schlafen gab auf dem harten Maisstrohsack. Aus Sorge, den Bus zu versäumen, wachte ich auch zwischendurch immer wieder auf und lauschte beunruhigt dem schweren Regen, der draußen niederging. Ich hatte mich in all meinen Kleidern hingelegt, aber warm wurde mir deswegen auch nicht, die feuchtkühle Nachtluft drang durch das nur unzureichend mit Plastikfolie verschlossene Fensterchen. Eine Erkältung kündigt sich an.

Als ich gegen vier Uhr aufstehe und auf's Klo gehe - bei der Tür "pase adelante" (hereinspaziert) und nicht bei "solo uso familiar" (nur für Familengebrauch), ist die ältere der Frauen schon dabei, den Herd anzuheizen. Ich hätte noch viel Zeit, bis zum fünf-Uhr-Bus, sagt sie. Aber sicher ist sicher, eine weitere Nacht in Todos Santos wünsche ich mir nicht.

Die Gasse ist aufgeweicht und matschig von dem starken Regen, der glücklicherweise nun doch aufgehört hat. Heute erscheint mir das Dorf schon vertrauter, als gestern bei der Ankunft. Ein paar Lichter brennen bereits in den Hütten, einige Leute sind in der Dunkelheit schon auf den Straßen unterwegs.

Der Bus wartet mit eingeschalteten Scheinwerfern auf der Hauptstraße. In diesem Streiflicht sieht die vom Regen ausgeschwemmte Straße noch holpriger und steiniger aus. Männer mit verschlafenen, müden Gesichtern kauern im Bus, abgearbeitete Leute mit zerfurchten Gesichtern, eingewickelt in ihre Ponchos. Im Dorf bewegen sich diese Menschen so selbstverständlich und natürlich, hierher gehören sie, so wie sie sind, mit den verwegenen hohen Hüten, den rot-weiß gestreiften Hosen mit den geschlitzten schwarzen Überhöschen. In den Straßen der Stadt dagegen wirken diese kleinen Männer mit den faltigen braunen Gesichtern oft verängstigt, wie geschlagene Hunde, wie ein Fremdkörper.

Der Bus rattert los, sucht in Zickzack-Fahrt, so gut es geht, die festen Stellen der Fahrbahn. Die meisten Männer schlafen, ihre

Köpfe pendeln mit dem Holpern des Busses mit. Einer ist stolzer Besitzer einer großen Sound-Maschine, er demonstriert uns anderen Passagieren, was dieses Luxusgerät hergibt; aber keiner läßt sich von dem lauten Geplärr der mexikanischen Schnulzen beim Schlaf stören.

Unterwegs bleibt der Bus bei einer kleinen Menschengruppe am Straßenrand stehen. Der Wind pfeift hier oben ziemlich kalt, der Mann hat einen dicken Poncho umgeschlagen, seine Tochter ist so fest in ihren Schal gehüllt, daß sie kaum die Arme bewegen kann - doch ihre Füße tragen keine Schuhe. Auch ein kleiner Bub und ein magerer Hund sind mitgekommen, um den Vater zu verabschieden. Drei schwere Säcke Mais haben die drei als Reisegepäck vom Haus unten im Tal den Steilhang heraufgeschleppt.

Der schmächtige Beifahrer beugt sich tief nach vorne, so daß sein Gesicht fast den Boden berührt, und wuchtet sich einen Sack auf den Rücken, rückt ihn auf dem Nacken zurecht und klettert mit der Last, die fast so schwer ist wie er selbst, hinten am Bus die eiserne Leiter hinauf aufs Dach.

Weiter geht es, die beiden Kinder verschwinden mit dem Hund zwischen den hohen Maisstauden. Niemand sonst als diese genügsamen Menschen könnte den steilen Berghängen hier oben etwas abringen. Um diese Zeit, wo es draußen noch finster ist, arbeiten schon Männer und Frauen in den Feldern.

Wieder bleibt der Bus stehen. Am Straßenrand sind schwere Erdäpfelsäcke zusammengeschichtet und mit Buchsbaum abgedeckt, damit kein Unbefugter sie sehen soll. Auch diese Säcke müssen auf's Dach.

Die Hochebene kündigt sich an durch knorrige, windverblasene und zu bizarren Formen verwachsene Kieferngreise. Zwischen den schwarzglänzenden Stämmen wächst der weiße Fels in großen Brocken aus den naßgrünen Wiesen. Gestern war der Nebel so dick, daß man dieses helle Gestein kaum von den weidenden Schafen unterscheiden konnte. Jetzt am frühen Morgen sind die Tiere noch im Pferch, der hier mit schief nach innen abgestützten Brettern abgezäunt ist - ein Anzeichen, daß hier oben der Sturm oft so heftig wütet, daß er eine aufrechte Bretterwand glatt umblasen würde. Obwohl die Luft heute ganz ruhig ist, spürt man den erstarrten Wind auf dieser Hochebene, alles deutet auf seine potentielle Präsenz: Die schiefen Zäune, die spärliche, bodennahe Vegetation, die verkrüppelten Geisterbäume.

Die Häuser baut man hier aus mit Stroh vermengter Erde. Es ist ihnen anzusehen, daß sie höchsten ein wenig Schutz gegen den starken Wind bieten, daß es aber unmöglich sein muß, aus diesen Behausungen die Feuchtigkeit und die nasse Kälte zu vertreiben. Das halbe Jahr wird hier oben nichts trocken. Die Kleidung muß ständig klamm sein, und wer nicht des Hungers stirbt, wird Erkältung, Grippe, Lungenentzündung und Rheumatismus hier oben wohl sein Leben lang nicht los. - Für mich haben ein einziger Nachmittag und eine Nacht unter diesen ungesunden Bedingungen für Halsweh und Schnupfen genügt.

So gut es geht, versuchen sich die Menschen vor der Kälte zu schützen. Die dichtgewebten Baumwollstoffe und die wollenen Ponchos eignen sich dafür besser, als moderne Kleidung. Aber mit bloßen Füßen oder höchstens Riemchenpantoffeln stapfen die Frauen, Männer und Kinder durch den knöchelhohen Schlamm.

In steilen und engen Kurven rattert der Bus ins Tal hinunter, Nebelschwaden ziehen aus den Schluchten. Hochbepackte Lastwagen begegnen uns auf dieser engen Fahrbahn, bei den Ausweichmanövern kommt es auf jeden Zentimeter an. Es bleibt einem nichts anderes übrig, als sich in sein Schicksal zu ergeben und auf die Fahrkünste der Chauffeure zu vertrauen.

Es ist halb acht Uhr früh, als wir in die gepflasterten Straßen von Huehuetenango einfahren. Nach dem Tag in der Abgeschiedenheit erscheint mir die Bezirksstadt laut und hektisch wie eine Großstadt. Um den Markt ist schon Leben. An den Straßenrändern kauern überall die Indiofamilien, die mit ihrer Ware aus den Dörfern hierher gekommen sind, und löffeln ihr Frühstück aus Blechbüchsen - dunkellilafarbener Frijoles-Brei zu dünnem Kaffee.

Als ich aus dem Bus steige, fühle ich mich wie nach meiner ersten Reitstunde, so durchgerüttelt und durchgeschüttelt. Die Frau an der Rezeption des Hotel Zaculeu begrüßt mich unerwartet herzlich: Sie habe sich große Sorgen um mich gemacht, als ich gestern nicht zurückkam, sagt sie. Hier bleibt man nicht einfach grundlos über Nacht weg.

Eine heiße Dusche und ein Bett mit weißen Laken sind ein Genuß, den man erst nach einer derartig kalten und ungemütlich verbrachten Nacht richtig zu schätzen weiß. Ein wenig gönne ich mir Entspannung, dann lasse ich den nächsten Tag auf mich zukommen.

Zaculeu, die Maya-Ruinenstadt am Rande von Huehuetenango, steht heute auf meinem Programm. Auf dem Marktplatz, von wo aus die Busse in alle Himmelsrichtungen abgehen, versuchen Schlepper, Fahrgäste zu werben. Die meisten von ihnen sind die Beifahrer der Busse, ihr Job ist kein leichter.

Unterwegs, während der Fahrt auf der Landstraße, hängen diese Burschen meist auf dem Trittbrett, damit sie jederzeit neue Passagiere anwerben können. Der Bus verlangsamt, wenn er unterwegs Menschen am Straßenrand begegnet, und der Beifahrer ruft ihnen zu, wohin sie denn wollen. Stehen bleibt der Wagen aber nur, wenn es bis zum gewünschten Ziel noch weit genug ist. Handelt es sich nur um ein paar Kilometer, die die Leute mitgenommen werden wollen, dann gibt der Fahrer wieder Gas und braust davon. Aufgabe des Beifahrers ist auch die Verwahrung des Gepäcks. Behend wie ein Affe klettert so ein drahtiger Bursche mit den schwersten Gepäckstücken aufs Dach und verstaut sie sicher. Sein schwierigster Job ist jedoch das Kassieren: Überblick ist notwendig, katzenartige Gelenkigkeit und Geschick, um sich im bis zum letzten Fleckchen vollgestopften Bus bis zum Hinterausgang durchzukämpfen und ja keinen Fahrgast zu übersehen. Manchmal, wenn es gar nicht anders geht, muß der Kassierer dabei über das Gestänge der Rückenlehnen nach hinten turnen.

Ganz wichtig für den Beifahrer selbst ist es, ja keinen Fahrgast gehen zu lassen, ohne ihm vorher wieder sein Ticket abgenommen zu haben, denn nach der Zahl der Tickets fällt sein Lohn aus - und das ist das Geheimnis, warum in einem Bus, in dem schon 100 Menschen stecken, auch noch ein weiterer Platz haben muß.

Ich hab' unter diesen Burschen bereits einen Freund gefunden - er zeigte mir gestern, von wo der Bus nach Todos Santos wegfährt, und er erkannte mich heute gleich wieder, als ich zum Markt kam. Er will wissen, ob mir der Ausflug auch gefallen habe und was jetzt mein Ziel sei. Beflissen bringt er mich bis zu dem Minibus, der nach Zaculeu fährt.

Es geht durch ein paar kleine Dörfer. Die Ruinen liegen nur fünf Kilometer außerhalb der Stadt. Sie wurden vom Stamm der Mames ebenso wie die anderen Festungen auf einen strategisch außerordentlich vorteilhaften Platz angelegt, nach dem dieses Volk von den Quiché aus Xelajú hierher vertrieben worden war. Die vorgeschobene Bergterrasse, die sich aus einem durch Schluchten und Wasserläufe zerklüfteten Gebirgsstock heraushebt, ist nur von einer Seite aus über einen schmalen Damm zugänglich. Nach drei Seiten fällt das Gelände steil ab und kein Feind konnte sich über die Hochebene nähern, ohne von hier oben gesehen zu werden. "Zaculeu" bedeutet in der Quiché-Sprache "Weiße Erde", denn in dieser Gegend tritt der reine Kalk an manchen Stellen weißleuchtend aus dem umgebenden Gestein hervor.

Die Festung trotzte allen Angriffen der feindlichen Quiché und war auch für die Spanier zunächst uneinnehmbar, als diese ihren Eroberungs-Feldzug durch Guatemala unternahmen. Doch die Eindringlinge hatten den längeren Atem als die oben in ihrer Stadt Eingeschlossenen: Drei Monate lang belagerten die Truppen Alvaredos Zaculeu, bis der König kapitulierte. In den Straßen der Stadt lagen die Toten, 18.000 Indios, die in den Kämpfen umgekommen oder verhungert waren. Zaculeu war die letzte Festung der freien Hochlandmaya, die den Spaniern in die Hände fiel und gilt deshalb als historisches Monument Guatemalas.

Die Anlage ist relativ klein und sehr gepflegt - zu gepflegt. Denn als eine Art Gegengeschenk für das reiche Bananenland im Montagus-Tal ließ die United fruit Company 1946 Zaculeu in vierjähriger Arbeit so gründlich restaurieren, daß man sich wie in einer Filmkulisse für einen Hollywood-Schinken vorkommt. Die Stufen der Pyramiden sind peinlich genau ausgebessert und dann mit einer weißlichen Betonschlemme verschmiert worden, da zeigen sich keinerlei Altersspuren, wie bei einer dick geschminkten und gepuderten amerikanischen Großmutter. Ursprünglich waren die Mauern der Gebäude und des Ballspielplatzes rot bemalt gewesen.

In dem kleinen Museum sind die wenigen, aber durchaus beachtlichen Funde zu sehen, die bei den Restaurierungsarbeiten entdeckt wurden. In einer Vitrine ist eine runde Tonurne mit einem Durchmesser von 1,20 m ausgestellt, in der zusammengerollt wie eine Katze das Skelett einer Frau kauert, umgeben von ein paar kleinen Tongeschirren. Es ist ein Rätsel, wie die Leiche in das Gefäß mit dem engen Hals kam. Wahrscheinlich wurde der Tonkrug in zwei Arbeitsgängen angefertigt, man legte die Frau in die Schüssel und vollendete dann die Urne.

In den Vitrinen sind auch zwei kleine geprägte goldene Scheiben, Keramiken und eine ganze Anzahl winziger Türkisblättchen, alles unverkennbar mexikanischen Ursprungs, zu sehen. Die Grabfunde deuten darauf hin, daß die Mames trotz ständiger Kriege mit Stämmen aus Mexico in Handelsverbindung standen.

Auch hier, bei dieser nahe der Stadt gelegenen Ausgrabungsstätte, sind wenig Menschen. Außer mir schlendern nur zwei junge Männer über die mit Macheten kurz gehaltenen Rasenflächen. Man hat die schmucklose Anlage, die nur durch ihre kubische zweckmäßige Einfachheit besticht, bald gesehen. Jede halbe Stunde kommt der Minibus vorbei, der die Besucher in die Stadt zurückbringt.

Nach einem lustlos hinuntergewürgten Mittagessen - ein Huhn, das nur aus Haut und Knochen bestand und dazu harte Pommes Frites in einem Lokal nahe beim Markt - kehre ich ins Hotel zurück und lege mich ins Bett. Es wird ohnehin bald der Regen einsetzen und ich fühle mich gar nicht wohl.

Auf dem Bett breite ich die Karte und meine drei Reiseführer aus, um die weitere Route zu planen. Das ist nicht ganz einfach, denn viel Information enthalten die Bücher nicht, so ist es schwer, festzustellen, wohin sich die Reise lohnt, und wie man überhaupt irgendwohin gelangt. Ursprünglich hatte ich vor, über das Gebirge nach Cobán, die Hauptstadt der Provinz Alta Verapáz zu fahren, wo um diese Zeit ein großes Festival stattfinden soll. Die Straße von Huehue nach Cobán sei ziemlich schlecht, hat mir die Frau an der Rezeption gesagt. An einem Tag wäre diese Strecke über die Altos Chuchumatanes, die fast so weit ist wie jene nach Guatemala Ciudad, kaum zu schaffen. Aber unterwegs könne ich etwa auf halber Strecke übernachten, ich solle nur danach fragen.

Nach den Erfahrungen mit der Straße nach Todos Santos, den Quartieren auf dem Land und meinem derzeitigen Gesundheitszustand blase ich diese Tour ab. Sicherlich wäre die Fahrt durchs Gebirge ein Erlebnis, aber zur Zeit regnet es so stark, daß man kaum etwas von dieser Reise hat, außer Strapazen.

Ich weiß noch nicht genau, wie es morgen weitergeht. Ich habe genug von dieser Nässe und Kälte, von dem geschmacklosen Essen, von all den Wehwehchen, zu denen täglich ein Neues dazukommt, wenn ich die anderen bereits überstanden glaube. Ich will irgendwohin, wo die Sonne scheint und wo es wärmer ist, aber ich wage

mich in meinem derzeitigen Gesundheitszustand nicht ins Tiefland und ans Meer, denn die schwüle Hitze ist wahrscheinlich noch
schwerer zu ertragen als die kalte Nässe.

Provinzen Totonicapán, Quiché, Sololá, Sacate Pequez

Momostenango: Eine Fiesta wird geprobt

Siebzehn Quetzales bezahle ich meinem Rucksack für die vergangene Nacht, die er in dem schönen Zimmer im besten Hotel von Huehuetenango allein verbracht hat, während ich für 1,50 in einer Art Hühnerstall in Todos Santos schlief. Fieber und Schnupfen habe ich mit Aspirin wieder in den Griff bekommen, die Reise geht weiter. Ich habe mich für die Hauptstadt der gleichnamigen Provinz Totonicapán entschlossen. Totonicapán ist ein Textilzentrum - drei Viertel der Rockstoffe, die die Indiofrauen für sich verarbeiten, werden hier erzeugt, die Händler dieser Stadt ziehen bis nach Mexico, Honduras und El Salvador mit ihren Stoffen und Töpferwaren. In "Toto" - so heißt wieder die Kurzform - werden die schönsten Kostüme und Holzmasken für die Festtagstänze der Indios gefertigt und die klangvollsten Marimbas hergestellt. - Also Totonicapán.

Schon am Morgen brennt heute die Sonne heiß herunter und im Bus Richtung Hauptstadt fange ich bereits an zu bedauern, daß ich die Beschwerlichkeit der Reise nach Cobán gescheut habe. Denn heute sieht man weit in die Berge hinein. Die ganze Kette des Chuchumatanes-Gebirges liegt hinter uns – die beiden höchsten Gipfel müssen wohl die Begrenzung jener triefend nassen Hochebene sein, über die ich gestern von Todos Santos kommend gefahren bin. Vor mir ragen die Gipfel der höchsten Vulkane Guatemalas in den blauen Himmel. Der abgestandene Vergleich einer prachtvollen Landschaft mit einem Juwel drängt sich mir auf, denn die Luft ist durch den langen Regen so klar und rein, daß die Berge in ihrem leuchtenden Blaugrün wirklich an funkelnde Edelsteine erinnern. Wie sehr das schöne Wetter die Stimmung und die Unternehmungslust steigert!

Unterwegs disponiere ich wegen der Schönheit dieser Landschaft kurzfristig um und steige beim nächsten Halt in San Francisco el Alto aus. Es ist ja erst Mittag und da bleibt wohl genug Zeit, um den 16 Kilometer weiten Abstecher nach Momostenango ("Momos") zu unternehmen. Danach möchte ich nach Totonicapán weiterfahren und dann dort die nächste Nacht zubringen.

Am Dorfbrunnen in San Francisco spricht mich ein junger französischer Lehrer an, als er sieht, daß ich eine Landkarte dabei habe. Er ist auch alleine unterwegs und muß sich irgendwie durchfragen, denn er hat nicht einmal eine Karte von Guatemala, um sich zu orientieren. Marcel kommt gerade aus Nebaj; er sagt, dort sei es sehr schön. Wieder bedaure ich die Fahrt durch das Gebirge nach Cobán abgebrochen zu haben, denn Nebaj liegt auch an dieser Strecke - doch nun ist anders entschieden.

Im Bus nach Momos finde ich in der letzten Reihe, eingeklemmt zwischen sechs anderen, einen Platz - neben mir ein sehr gesprächiger Alter mit dem Mund voller Goldzähne. Er möchte alles mögliche von mir wissen, woher ich käme, ob man bei mir zu Hause auch Spanisch spräche und ob es dort, wo ich herkomme, auch Berge gäbe? Dann möchte er gerne eine Zeitung aus meinem Land sehen. Damit kann ich aber leider nicht dienen - könnte er sie denn lesen?

Bergauf holpert der Bus, aber derartige Straßen, die nur eine Fahrt im Schrittempo erlauben, bin ich nun schon gewohnt. Bei so langsamer Fahrt hat man eben mehr von der Landschaft. Nach Momostenango zu fahren war eine gute Idee, denke ich.

Der Ort macht einen sehr gepflegten Eindruck. Gepflasterte Straßen führen zwischen den niedrigen, sauber getünchten Häusern wie in eine Schüssel von allen Seiten hinunter zur Plaza zwischen der Präfektur und der Kirche. Als ich dort aussteige und bemerke, daß gerade für eine Fiesta geprobt wird, ist der Entschluß schnell gefaßt, eine Nacht hierzubleiben und erst morgen weiterzureisen. Ob ich hier oder in Totonicapán schlafe, ist schließlich egal.

Ich frage einen Gendarmen, der oben von der Galerie der Präfektur aus die Proben beobachtet, nach einer guten Pension: "Roxane", empfiehlt er mir.

"Ist die denn gut?"

"Ja, ja," versichert er. Nun, die Geschmäcker sind verschieden. Und ich habe keine Lust, meine Zeit mit langer Quartiersuche zu vergeuden, wenn ohnehin wenig Aussicht besteht, daß ich etwas besseres finde als "Roxane". Das Zimmer ähnelt jenen, die ich schon aus Todos Santos kenne: Gemauert aus unverputzten Betonziegeln, festgetretener Lehmboden und muffig, Dusche und WC extra quer über den Hof. Aber eine Nacht wird es schon auszuhalten sein, und seit Todos Santos sind die letzten Hemmungen bei mir gefallen, was Ansprüche an die Qualität des Quartiers angeht. Denn es gibt nur die Alternative, entweder mich auf die Fremdenverkehrszentren zu beschränken, wenn ich ein ordentliches Zimmer und brauchbares Essen haben möchte, oder zu reisen, wohin es mich zieht und mit dem bescheidenen Angebot zufrieden zu sein. Ich ziehe das letztere vor, denn wenn man schläft, sieht man ohnehin nicht, wo man sich befindet.

Ich deponiere nur meinen Rucksack in dieser Kammer und mache mich gleich auf den Weg zu dem großen Platz vor der Kirche, von wo ein lautes Durcheinander von Marimbaklängen und Trommeln herüberschallt. Direkt gegenüber der Kirche sind für die Musikanten drei hölzerne Tribünen aufgebaut, und jede der drei Gruppen spielt hingebungsvoll ihre eigene Melodie, als gäbe es die anderen nicht. Unterhalb jeder Tribüne hat sich ein Kreis von Zuschauern um die Tänzer in ihren aufwendigen Kostümen gebildet. Sie tragen spanische Phantasie-Uniformen, rote Hosen zur blauen Uniformbluse aus Samt; reich verziert sind die Kleider mit Tressen, Quasten und Litzen aus Goldfaden, die breiten goldenen Epauletten geben dem Anzug die nötige Würde. In der scharfen Mittagssonne glitzern kleine aufgenähte Spiegel wie Edelsteine; die vielfarbigen Pfauenfederbüsche auf dem Dreispitz wippen bei jeder Bewegung mit. Lange goldene Locken fallen diesen spanischen Soldaten mit den kleinen rosa Papiermachée-Gesichtern und spitzen Bärten auf die Schultern herab. Mit gezückten Säbeln marschieren sie im Kreis und formieren sich zu Kampflinien, die einander Scheingefechte liefern.

In einer der drei Gruppen tanzen die Mexikaner mit grimmigen dunklen Gesichtern und leuchtend roten Mündern. Ihre schwarzen Kleider sind bestickt mit Silberpailletten und Perlmuttblättchen. Auf dem Kopf tragen sie einen riesigen Sombrero. Die Kostüme sind viel zu kostbar, als daß die Indios sich diese selbst leisten könnten. Die ganze Gemeinde steuert zusammen, um die Ausstattung für die Fiesta aus Leihhäusern zu borgen, deren berühmtestes sich in Totonicapán befindet.

Mit dem "Baile de la Conquista", den ich an diesem Nachmittag in Momostenango miterlebe, bewältigen die Indios den verhängnisvollsten Teil ihrer Geschichte. Sie tanzen die Eroberung des Mayalandes durch die Spanier unter Alvarado, sie tanzen ihre Erbfeindschaft mit den Mexikanern, die schon bestand, bevor diese den spanischen Eindringlingen bei ihrem Raubzug zur Hand gingen, und sie tanzen beim "Baile de la Conquista" den Tod des edlen Häuptlings Tecun Umán, der im Kampf gegen Alvarado fiel. Doch sie tanzen nicht nur ihre Geschichte.

Die Mayas begingen seit jeher ihre großen Feste mit pantomimischen Tänzen. Aber die Eroberer fanden daran wenig Gefallen und die katholischen Priester mißbilligten den mythischen Inhalt dieser Tanzepen. Statt die Aufführungen gänzlich zu untersagen, kamen zwei Dominikanermönche auf die Idee, die szenische Tanzlust der Unterjochten für Propaganda im Sinne der spanisch-katholischen Sache auszunützen. Der Inhalt des "Baile de la Conquista" stammt aus christlicher Feder, der Text wurde von Geistlichen erfunden und in die Maya-Sprache übersetzt, als handle es sich um eine alte indianische Tradition. Zum ersten Male wurde der "Baile de la Conquista" im Jahre 1558 vor dem Bischof Francisco Marroqin in seinem Palast in San Juan Obispo bei Antigua aufgeführt. Den Indios gefielen die Kostüme, und offenbar konnten sie auch mit dem neuen Sujet etwas anfangen, und so kommt es, daß die Eroberten mit diesem Tanz, der längst der ihre geworden ist und bei keinem Fest fehlen darf, scheinbar ihre eigene Unterwerfung und den Unterdrücker Alvarado verherrlichen. Der "Conquistador" ist in diesem Schauspiel nicht der Bösewicht, der grausam unter den Mayavölkern wütete, sondern die beliebteste Hauptrolle. Aber schon der Name, mit der diese Rolle bezeichnet wird, läßt vermuten, daß die Indios im "Baile de la Conquista" mehr tanzen, als nur ein Detail aus ihrer Eroberungsgeschichte.

Wegen seiner strahlenden Erscheinung nennen sie Alvarado in diesem Tanz "Tonatiuh" (die Sonne). Alvarado wird somit zu einer der wichtigsten Gottheiten des animistischen Maya-Glaubens umgedeutet. Um die Sonne haben sich vielfältige kultische Riten entwickelt, der Sonnengott selbst ist gleichzeitig Stammesgottheit, Gott der Toten, des Schicksals, der Weisheit und Künste, der Musik, des Spiels, des Tanzes - und er ist gemeint, wenn der (katholische) Schutzheilige einer Gemeinde angebetet wird[1]. Eine

---

1   Girard, S. 287 ff und S. 338 ff

Vermischung zwischen katholischer und animistischer Symbolik lassen auch jene Kreuze vermuten, die einige der "Spanier" im Tanz gegen die Feinde erheben: Diese Kreuze mit dem eigenartig geschwungenen Querholz haben mehr mit dem alten Baumkreuz-Symbol der Maya gemein, als mit dem Marterinstrument Jesu Christi. Jenes Kreuz, das die Indios auf ihren Kultplätzen errichten, besitzt für sie eigene göttliche Persönlichkeit, ohne Bezug auf Christus. Das Maya-Kreuz wurde in ähnlicher Form schon auf alten Steinmonumenten dargestellt, es verweist in seiner Bedeutung auf den ersten Baum der Welt[1].

Der "Baile de la Conquista" ist also nicht mehr nur ein Nachspielen historischer Ereignisse nach dem Drehbuch spanisch-katholischer Priester, sondern er ist längst zu einem den Indios eigentümlichen religiösen Ritual mit eigenem Symbolgehalt geworden. Die scheinbare Willfährigkeit den Stärkeren gegenüber bei der Übernahme von christlichen Kulthandlungen hat den eigenen kultischen und kulturellen Überzeugungen das Überleben durch Jahrhunderte gesichert. Wenn scheinbar christliches Ritual befolgt wird, christliche Gottheiten und Heilige angebetet werden, dann findet dabei eine Umdeutung statt, die mit dem alten Glauben der Maya in Einklang steht. Auch die getanzte Geschichte von Alvarado und Tecun Umán besitzt für die einheimische Bevölkerung einen anderen, mythischen Sinn, der in allen Details nur ihnen selbst bekannt ist. Wenn es sich nur um die Propaganda-Story der eifrigen Glaubensbringer handelte, hätte der "Baile de la Conquista" nicht die Jahrhunderte überlebt und würde nicht jeder vorgeschriebene Schritt und jedes Ritual mit derart inbrünstigem Ernst ausgeführt.

Von den alten, den originalen Mayatänzen aus der Zeit vor der spanischen Invasion ist wenig erhalten. Im Hirschtanz und im Schlangentanz finden sich zwar alte Elemente, sie werden aber viel seltener aufgeführt als der "Baile de la Conquista".

Doch die Kenntnis eines, des wahrscheinlich einzigen, originalen Tanzdramas, das die Mayas sorgfältig vor der Vernichtung hüteten, indem sie Text und Regieanweisungen nur mündlich weiter tradierten, verdanken wir dem Maya-Forscher und Übersetzer des "Popol Vuh", Abbé Brasseur de Bourbourg aus Paris.

---

1 Girard, S. 227 ff

Der wißbegierige Geistliche Brasseur hatte sich nach Rabinal in der Provinz Baja Verapáz versetzen lassen, um Sprache und Gebräuche der Quiché zu studieren. Als er von einem Drama erfuhr, das bei den Ruinen Xecoc vor nicht allzu langer Zeit aufgeführt worden war, erwachte seine Neugier. Doch niemand wollte ihm Näheres darüber erzählen. Denn die Indios hatten die bittere Erfahrung machen müssen, daß man ihre physischen und geistigen Heiligtümer unbarmherzig zerstörte, um aus den Menschen treue Vasallen des spanischen Königs und Gefolgsleuten der katholischen Kirche zu machen. Deshalb brachen sie auch Vorbereitungen für die Aufführung des "Rabinal Achí" immer sofort ab, sobald Fremde sich dafür zu interessieren begannen.

Doch Brasseur kamen der Zufall und die abendländische Medizin zu Hilfe. Mit einem Medikament aus seiner Reiseapotheke befreite er den Kirchenältsten von Rabinal von einem beschwerlichen Leiden. Aus Dankbarkeit gab dieser ihm den ganzen Text und alle zum Tanz gehörenden Details des "Rabinal Achí" preis. Ohne seinen Informanten zu verraten, ließ er durchblicken, daß er den Tanz kenne. Da er nun schon Bescheid wußte, durfte er 1856 eine Aufführung

Der Conquistadortanz wird am häufigsten aufgeführt

213

miterleben. Seither soll das "Rabinal Achí" nie wieder getanzt worden sein, zum Teil auch, weil es einen besonders hohen Aufwand an Ausstattung erfordert. Sechs Jahre nach dieser letzten Aufführung veröffentlichte Brasseur den vermutlich um 1200 entstandenen Text über den Helden Achí, der dem König Rabinal im Kampf unterliegt und geopfert werden muß, zusammen mit einer französischen Übersetzung, Kostüm- und Choreographieangaben und einer Übertragung der dazugehörigen Musik in Paris.

Hier auf der Plaza von Momostenango gehen die Tänze unter der gleißenden Mittagssonne weiter. Es sind nicht allzu viele Zuschauer dabei, denn es handelt sich ja erst um die Proben für das große Spektakel am kommenden Wochenende.

Die Mexikaner machen mit einer Art bunter hölzerner Kinderrasseln rhythmischen Lärm zur Marimba- und Trommelmusik. Aber diese Rasseln sind kein Kinderspielzeug, sondern "Sonajas", rituelle Instrumente, wie sie schon in alten Darstellungen, zum Beispiel im "Codex Dresdensis" in kultischem Zusammenhang abgebildet wurden. Der eiförmige Klangkörper der Sonaja ist eine durchlöcherte ausgehöhlte Jicara-Frucht, die auf einem Stab befestigt wird. Das rasselnde Geräusch erzeugen die steinharten Körner des Platanillo-Baumes, die sogar als Munition für Feuerwaffen verwendet werden können. Die Sonaja ist ein heiliges Instrument, sie ist gleichbedeutend mit einem göttlichen Haupt und hat als solches die Fähigkeit zu sprechen. Sie kann den Regen anziehen und sie kann die Saat gedeihen lassen.

Die Sonajas, die diese Mexikaner hier schwingend drehen, sind nicht so schmucklos wie das Urinstrument auf den alten Darstellungen, sondern mit bunten Ornamenten bemalt. Das rhythmische Rasseln, die Hitze, der Schnaps, der zwischendurch hinter die eine oder andere Maske gegossen wird, und der Luftmangel hinter dieser Maske versetzen die Tänzer fast in Trance. Allmählich nimmt der hektische Tanz unverkennbar sexuellen Charakter an, die Mexikaner lassen das länglich-ovale Instrument auffordernd vor ihrem Geschlechtsteil kreisen, dann springen sie im Kreis hintereinander her, denn nun ist es offenbar Aufgabe, möglichst viele andere an diesem "Instrument" zu fassen zu kriegen, von vorne, von der Seite und zwischen den Beinen.

Unbeirrt gehen die Proben auch ohne Zuschauer weiter. Der Platz ist jetzt fast leer, denn es ist Mittagszeit und die Sonne brennt scharf herunter. Für mich stellt sich wieder die unvermeindliche Frage, wo und was ich essen werde - schon bedaure ich, daß ich nicht zugegriffen habe, als es auf dem Markt von San Francisco El Alto bei einem der Stände ein relativ appetitlich aussehendes gekochtes Huhn gab. Hier sollte man sich angewöhnen zu essen, wenn sich etwas bietet, und nicht nur dann, wenn Zeit dazu ist und man Hunger spürt.

Man hört näherkommende Trommel- und Trompetenklänge. Die Straße herunter marschieren Schulkinder in einem langen lockeren Zug. Ein einzelner Trompeter führt sie an, dahinter marschieren Jungen und Mädchen mit umgehängten Trommeln, einige Mädchen ergänzen die monotone Trommel- und Trompetenmusik mit dem Glockenspiel. Den Zug der Musikanten beschließen zwei Jungen mit riesigen gläsernen Trommeln, die so groß sind, daß die Musikanten sich im Kreuz zurückbiegen müssen, damit die Instrumente nicht über den Boden schleifen. Das dumpfe Schlagen gibt den Marschierenden den Rhythmus für ihren militärischen Schritt. Durch alle Gassen zieht die Parade der Schulkinder, keine lassen sie aus. Das ganze Talbecken, in dem Momostenango liegt, ist an diesem Nachmittag von dem lauten rhythmischen Trommelwirbel und den Trompetenstößen erfüllt, sie begleiten mich auf meiner Entdeckungsreise durch den Ort.

Momostenango liegt eingebettet in einen Talkessel, umringt von niedrigen Bergen. Ich wandere in westlicher Richtung zwischen den sauber rosa, blau und gelb getünchten Häusern eine dieser ansteigenden Straßen ortsauswärts. Oben angelangt führt ein Weg zwischen den Häusern zum Gipfel des Hügels Paclóm.

Momostenango ist ähnlich wie Chichicastenango ein Ort, an dem die Quiché-Indianer von weit her zusammenströmen, um ihre religiösen Pflichten zu erfüllen. Der Paclóm ist eine von mehreren heiligen Stätten rund um Momostenango, die bei den mehrtägigen rituellen Zeremonien zu Beginn des 260 Tage dauernden Kalenderjahres "Tzolkîn" eine wichtige Rolle spielen.

Der Tzolkîn ist ein magisches Wahrsageinstrument, um die Ereignisse des Menschenlebens zu interpretieren und die Zukunft zu prophezeien. Im Tzolkîn gibt es günstige, ungünstige und indifferente Tage, welche das sind, wissen die Priester.

Alles, was auf den Feldern getan wird, muß durch kultische Handlungen, "Costumbres" (Bräuche), eingeleitet werden. Die Indios sind fest überzeugt, daß der Mais nicht gedeihen kann, wenn diese Costumbres vernachlässigt werden. Jeder Tag hat einen Herrn, einen Gott, der an diesem Tag regiert, ja die Tage selbst sind Götter. Mittler zu den Göttern ist der Priester, Cuch Cajau, der die günstigen Tage des Kalenders genau zu berechnen weiß und die Riten kennt, um die Götter günstig zu stimmen.

Aber nicht nur die Tage, auch jedes Jahr wird von einem Gott regiert, dem "Regenten" oder "Alkalden". Die Priester bestimmen den Regenten eines Jahres. Der Regent oder Alkalde ist auch oberster Richter, der das Gute belohnt und diejenigen bestraft, die gegen die religiöse Moral verstoßen. Der Alkalde residiert auf dem Paclóm, hier hat er beim Altar "Uaj chop" sein "Büro". Hier oben haben die Gebete besonderes Gewicht, denn im Paclóm hat auch die Erdenschlange, die Herr der Welt ist, ihre Wohnung[1].

Der Paclóm ist ein heiliger Ort, das spürt man, auch wenn man wenig oder gar nichts über die Indio-Religion weiß. Auf dieser runden Bergkuppe herrscht eine ganz eigenartige Atmosphäre. Ganz Momo kann man von hier oben überblicken. Von unten tönen nun nur mehr leise, von weiter weg, die Trommeln und Trompeten der Schulkinder herauf; eine eigentümlich feierlich-ruhige Stimmung ist fühlbar und ein wenig unheimlich erscheinen die drei rußgeschwärzten Altäre, die auf diesem Plateau aufgebaut sind.

Die Indios bringen jeden Topf, der zu Bruch geht, den Göttern zurück. Die vom Gebrauch auf dem Feuer schwarzen Tonscherben sind zu einem Halbrund geschichtet, in dem ein Feuer glost. Den kleinen Erdhügel dahinter bekrönt ein windverblasener verkohlter Baum. Gegenüber ein anderer Altar, unheimlich mit den drei schwarzen, aus Lehm gemauerten Höhlen und drei großen rußgeschwärzten Kreuzen darüber, wie ein Golgatha - aber diese Kreuze haben mit Christentum nichts zu tun.

Zwei Männer beten gestikulierend vor dem Opferplatz, sie lachen freundlich zu mir herüber, lassen sich aber in ihren Gebeten nicht stören. Ein eigentümlich nach Kopal duftender Rauch liegt über dem Heiligtum. Dieser Rauchgeruch ist für mich mit dem Erlebnis Guatemala untrennbar verbunden.

---

1   Girard, S. 332 ff

Ich nehme einen Umweg ins Dorf zurück. Unter den etwas erhöhten Arkaden des Rathauses verfolgt ein Gendarm gelangweilt die stundenlangen Proben zur Fiesta auf dem Platz davor. Ich erkundige mich bei ihm nach "Los Riscos", den Erdpyramiden, die eine der Sehenswürdigkeiten von Momostenango sind.

Einfach die 2. Calle ortsauswärts, sagt er und beschreibt dann einen weiten Kreis mit dem Arm, überall rund um Momostenango gäbe es die "Riscos", ich könne sie gar nicht verfehlen.

Nachdem die Tänzer nun eine Pause eingelegt haben, mache ich mich auf zum Spaziergang um den Ort. Wenig Menschen begegnen mir auf dem Weg durch die Felder, der sich auf einmal auf der linken Seite weitet: Viele Meter hohe rosafarbene Säulen und Türme aus porösem Gestein umrunden einen großen Platz. Wind und Wetter haben den Boden zwischen diesen eigenartigen Naturskulpturen ausgewaschen und riesenhafte Phalli in allen Größen stehen gelassen. Das weißliche Licht der Nachmittagssonne läßt die "Riscos" lange Schatten werfen und verleiht ihnen eine eigentümliche, fast übernatürliche Farbe.

Die Kreuze bei diesen Heiligtümern haben nichts mit dem christlichen Glauben zu tun

Dieser ganze Tag ist voller Überraschungen und die besondere Atmosphäre von Momostenango versetzt mich in eine merkwürdig feierliche Stimmung. Der heutige Tag versöhnt mich gänzlich mit dem gestrigen. Guatemala bei Sonne ist überwältigend in seiner Schönheit, besonders in diesem melancholischen Licht des Nachmittags.

Rund um das im flachen Talkessel ausgebreitete Dorf führt oben am Kamm herum ein schöner Spazierweg, an dem immer wieder neue Formationen der "Riscos" Bewunderung erregen. Man hat einen weiten Blick über den Ort. In den Maisfeldern, fast versteckt hinter den Stauden, liegen kleine saubere Gehöfte, viele der Häuser werden offenbar für die Fiesta in der kommenden Woche frisch getüncht. Es ist sehr still hier oben, und ganz selten begegnen mir Menschen.

Von weitem habe ich auf einem steilen Hang die weißen, kapellenartigen Grabmäler des Friedhofes in der Sonne leuchten gesehen, von Ferne erschien mir das Dorf der Toten von Momostenango wie ein Dorf auf einer griechischen Insel. Die Nachmittagssonne zeichnet lange schräge Schatten über die großen Familiengruften. Sechs und acht Särge haben in diesen kleinen Gebäuden Platz, sie werden von vorne in Höhlungen eingeschoben, die man dann zumauert. Manche der Grabmäler haben auf der Rückseite eine verrußte Höhlung wie ein Backofen, in dem offenbar zu Ehren der Toten ein Feuerchen gemacht werden kann. Die weißen Totenkapellen auf diesem Friedhof sind manchmal beinahe größer und schöner als die Häuser, in denen die Menschen in den Bergen leben.

Auf einem steil abschüssigen Platz, von wo aus man eine weite Sicht ins Tal genießt, steht ein riesiges Kreuz, es ist ganz schwarz vom Opferrauch und ein unheimliches "Memento Mori" inmitten dieser fast heiter wirkenden weißen Totenstadt.

Vor dem Kreuz verrichtet ein Mann seine Riten, "Buenas tardes," grüßt er mich: "Qué busca?" (Was suchen Sie?)

"Solo mirar!" antworte ich, ich möchte nur schauen. Und das akzeptiert er und beachtet mich nicht weiter. Als ich später einige der Grabmäler fotografiere und dabei gerade ein paar Frauen vorbeikommen, verbergen sie mit dem Schal ihr Gesicht - Fotografieren ist im Zusammenhang mit dem Tod offenbar nicht erlaubt, denn auch bei den Festtänzen hat man mir verwehrt, den toten Helden im Sarg abzubilden.

*Viele Meter hohe, rosafarbene Erdpyramiden gibt es um
Momostenango: Los Riscos*

Wieder bin ich ganz besonders angerührt von der Ruhe, die über dem Ort liegt, von der Freundlichkeit und Sanftheit der Menschen dieser Dörfer, wie sie lächelnd grüßen und jedes "Buenas tardes" freundlich erwiedern. Auch die Proben zu dem Festspiel hatten keinerlei aggressive oder lärmende Elemente, wie Maskenumzüge zum Beispiel zu Hause in Tirol. Es trägt alles den Charakter einer Selbstverständlichkeit, als müsse alles genau so sein, wie es eben ist, und die Menschen wissen das und nehmen dieses Leben an. Schwer vorstellbar, wie in einem derart aggressionsfreien und kulturverankerten Klima Guerilleros mit gesellschaftsverändernden Idealen Anhänger finden sollen. Es hat den Anschein, als müßte man diese friedfertigen Menschen bis zum Äußersten reizen und quälen, damit sie einmal gegen ihre Peiniger aufstehen und zurückschlagen. Wo fanatisches Christentum so viele Jahrhunderte vergebens versucht hat, die Menschen nach seinem Muster zu formen, da hat auch fanatischer Kommunismus keinen Boden, um zu wachsen. Man muß diese Menschen in Ruhe lassen, in jener Ruhe, in der sie leben, sobald sie die Möglichkeit dazu haben.

Allmählich wird es dunkel. Ich spaziere noch ein wenig im Dorf umher, damit der Abend in meinem ungemütlichen Quartier nicht zu lang wird. Ich komme an zwei evangelischen Kirchen vorbei. In dem einen dieser Bethäuser saßen ein paar Menschen zur Bibelrunde zusammen, in dem anderen sang ein frommer Meßdiener laut mit wohlklingender Stimme ein Kirchenlied, während er den Besen schwang. Diese kleinen Bethäuser befinden sich meist etwas außerhalb und sie sind längst nicht solche heimeligen Zufluchtsstätten, wie die großen katholischen Kirchen. Sie sind schmucklos und kahl, mit weißgetünchten Wänden und vollkommen ausgeleuchtet, damit Sündhaftes keine Chance hat, sich zu verstecken. Hier bleibt für die Phantasie der Indios wenig Möglichkeit, eigene kultische Elemente in den neuen Glauben hineinzudeuten. Hier gibt es keine Kreuze, keine Heiligen - keine Geheimnisse.

Totonicapán und Quiché: Guerilla gegen Militär

Wäre ich erst am heutigen Tag nach Momostenango gekommen, dann hätte ich dieses Städtchen vermutlich nicht als Höhepunkt meiner Fahrt in die Berge empfunden, denn es hat in der Nacht geregnet und die gestern so sauberen Straßen sind heute matschig und man muß durch den Dreck waten. Heute liegt Momostenango auch nicht in diesem faszinierenden weißen Licht wie gestern, sondern ein grauer Himmel hängt über dem Talkessel.

Ich habe vor, heute Nacht in Totonicapán zu verbringen, das schon gestern auf meinem Programm stand. Mit dem Bus fahre ich wieder zu der Umsteigestelle "Quattro Camionos" an der Hauptstrecke nach Guatemala Ciudad. Hier stehen ein paar Polizisten herum und machen aus unerfindlichen Gründen den Busfahrern Ärger. Vielleicht wollen sie einmal wegen der Überladung der Busse ein Exempel statuieren, um ein besseres Schmiergeld für das Nicht-Sehen zu kassieren? Statt stehen zu bleiben, geben die herannahenden Busse Vollgas und nehmen keine weiteren Passagiere mit.

Macht nichts. Diese wichtige Straßenkreuzung ist wie eine Bühne, ein paar Buden und Garküchen, an denen es Reiseproviant gibt, und die steilen Abhänge der Berge dahinter bilden die Kulisse. Ein Hund, er hat ein Bein hochgebunden, damit er nicht davon laufen kann, humpelt zwischen den Menschen herum, auf der Suche nach Freßbarem. Vom Berg herunter wandeln wie Königinnen die Frauen in ihren buntgestreiften Röcken und blumenbestickten Huipiles mit Körben und Bündeln statt Kronen auf dem Kopf. Wie Spielzeug auf Rädern bewegen sich diese bunten Figuren den Berg herunter und Richtung Quetzaltenango an mir vorbei.

Endlich bleibt doch ein Bus stehen und nimmt mich die paar Kilometer nach San Cristobal mit. Warum ich dorthin wollte, weiß ich nicht mehr, eines ist aber sicher, ich will nicht zu früh in Totonicapán sein, damit Nachmittag und Abend nicht zu lang werden.

Es ist gerade Mittagszeit, die Straßen von San Cristobal sind wie leergefegt. Ich schlendere durch die engen, rechtwinkelig aufeinanderstoßenden Straßen. Eine Haustür steht weit offen, drinnen ist in einer niedrigen Halle ein Toter aufgebahrt. Vor dem Sarg brennen viele Kerzen, ringsum halten Heiligenfiguren Wache. Zwei alte Männer sitzen stumm und mit ungerührten Gesichtern neben dem Sarg.

Vor der Brücke, die zum Markt hinüber führt, finde ich ein recht sauberes Café, wo auch der Kaffee brauchbar schmeckt, also wage ich mich daran, Tostadas zu probieren, knusprig braun gebratene Tortillafladen, bestrichen mit der lila Bohnenpaste, bestreut mit weißem Schafskäse und geraspelten Karotten. Das sieht so hübsch aus, daß es auch gut schmeckt. Ich lasse meinen Rucksack im Café, um mir den großen Markt rund um die Kirche anzuschauen.

Hinter der Kirche gibt es Möbel zu kaufen, Ehebetten, Truhen, Kästen, Stühle, Hocker. Zum Teil sind die Einrichtungsgegenstände nur roh aus hellem Holz gezimmert, manche sind aber leuchtend rot gestrichen und prächtig mit weißen aufgemalten Ornamenten verziert. Daneben hocken in einer langen Reihe die Töpfer mit ihrer hellroten kugelrunden Ware, die bald schwarz sein wird, wie die Opfergaben auf dem Altar des Paclóm. In den Garküchen daneben sieht man schon, was aus diesen schönen roten Töpfen wird: Schwarz außen vom Ruß und schwarz innen von allerlei Gebräu. Ich habe bald den ganzen Markt gesehen und mich zieht es zurück zur Brücke, wo eine Frau auf einem Rost ein relativ appetitlich aussehendes Huhn grillt. Schon seit einer Woche habe ich kein Fleisch mehr gegessen, meist nur Bananen, Tortillas und Mangos und dazu diesen dünnen Kaffee. Ich freue mich schon auf ein dickes, saftiges Hühnerbein, aber die Frau legt nur ein kleines Stückchen Hals und ein Knöchelchen mit etwas Fleisch daran auf ein Bananenblatt, klatscht zerkochten Reis dazu und, auf meinen Extrawunsch, noch eine herausgebackene Guaven-Scheibe.

Das Huhn schmeckt ganz gut. Es widerstrebt mir aber, den Reis mit den Fingern in den Mund zu schmieren, wie man es hier macht. Die gebackene Guava ist kalt, aber eßbar - frisch wär's besser. Für den wässrigen Reis findet sich ein Abnehmer, wieder einer der vielen Flockies, die offenbar niemandem gehören und ständig unterwegs nach Futter sind - in jedes Haustor schauen sie hinein, in jeder Gaststube machen sie ihre Runde, immer bereit, zuzuschnappen, wenn es etwas gibt. Ich sah bisher noch keinen, der verhungert ausgesehen hätte, nur weil er keinen Herrn hat, und auch keinen Hund, der verängstigt gewirkt hätte. Mit aufmerksamen Augen prüfen sie , ob man für sie etwas hat, und wenn sie festgestellt haben, es gibt nichts, laufen sie weiter. Diese Hunde bellen nicht, und sie sind ruhig und friedlich, wie die Menschen hier. Unter diesen Hunden gibt es auch eine Sorte, die wie reinrassige Chihuahuas aussehen, teure mexikanische Zwergterrier, die bei uns kaum herrenlos wären.

Weiter geht es nach Totonicapán, der alten Hauptstadt der Quiché. Sie ist das Verwaltungszentrum des gleichnamigen Departements und ein wichtiges Wirtschaftszentrum, wo für den Bedarf der Bewohner, aber auch für den Handel bis nach El Salvador Töpfe, Textilien, Möbel und Lederwaren erzeugt werden; hier gibt es Schnapsbrennereien und Getreidemühlen, Kranke suchen in den nahegelegenen Schwefelquellen Linderung für ihre Leiden. Aus dieser historisch bedeutenden Stadt stammt eine der drei schriftlichen Hauptquellen über den mythischen Glauben der Hochlandmaya. Die Schrift wurde wie die beiden anderen, das "Popol Vuh" und die "Annalen der Cakchiqueles", von spanischen Chronisten nach indianischen Berichten in deren Sprache angefertigt. Das Buch trägt den Namen "Titulo de los señores de Totonicapán" und ist sozusagen eine Kurzfassung des "Popol Vuh".

Totonicapán liegt, strategisch äußerst günstig, an einen steilen Berghang gelehnt. Die weißgetünchte Kirche trohnt hoch oben über einem großen Platz, davor bleibt der Bus stehen. Sehr verlassen wirkt die Stadt, wenig Menschen sind auf den Straßen zu sehen, außer den ungewöhnlich vielen Uniformierten. Die riesige Kaserne grenzt an den großen Platz vor der Kirche, rundum wird sie von schwer bewaffneten Soldaten bewacht. Auch die Gendarmen tragen Schlagstock, Pistole und Dolch am Koppel. - Wer so viele Waffen mit sich führt, wird sie wohl gelegentlich auch gebrauchen.

Überhaupt hat die Präsenz des Militärs auf meiner heutigen Route merklich zugenommen. Totonicapán war und ist, ebenso wie die Departements Chimaltenango, Sololá, San Marcos und Huehuetenango ein besonders unruhiges Pflaster. Hier operieren Guerillaverbände und hier ersticken das Militär und die paramilitärischen "Todesschwadrone" jeden Widerstand und töten Sympathisanten, auch die vermeintlichen. Hier, auf diesem großen Platz zwischen Kirche und Kaserne, ist im Jahr 1983 unglaublich viel Blut geflossen. Zwangsrekrutierte Angehörige der Selbstverteidigungs-Patrouillen wurden zu einem Massaker an ihren eigenen Mitbürgern gezwungen. Vielleicht sind nur wegen der Mittagszeit so wenig Menschen auf den Straßen, vielleicht aber bleiben sie auch aus Angst vor den vielen Soldaten lieber in ihren Häusern.

Mir geht es jedenfalls so, daß ich keine Lust mehr verspüre, wie geplant, die heutige Nacht in dieser "Festung" zu verbringen.

Nachdem ich mich mit einer bläßlich grauen Kaffee-Brühe in einem Café am Markt etwas erfrischt habe, steige ich wieder in den Bus Richtung Hauptstraße. Von "Los Encuentros", der großen Kreuzung zwischen Atitlán-See und Chichicastenango will ich weiterfahren nach Sololá oder Santa Cruz Quiché - wie es sich gerade ergibt.

Diesmal habe ich Glück gehabt und einen Erste-Klasse-Bus erwischt. Da das Ticket drei Quetzales kostet, richte ich mich auf eine längere Fahrt ein, denn erfahrungsgemäß kostet eine Stunde Fahrt ungefähr einen Quetzal, ganz gleich, ob man bei Schrittempo nur wenige Kilometer auf einem Feldweg oder eine ansehnliche Strecke auf der gut ausgebauten Hauptroute weiterkommt. Der Bus ist klimatisiert und man sitzt wirklich nur zu zweit auf einer Zweierbank. Obwohl ich mich an die überfüllten Rumpelkisten bereits gewöhnt habe, genieße ich den Luxusbus wie eine Nacht in einem schönen Hotelzimmer nach einer im "Hühnerstall" verbrachten. Die Fahrt ist angenehm und geradezu erholsam, sie führt durch eine agrarisch intensivst kultivierte Gebirgslandschaft. Im Hintergrund ragt ein besonders ebenmäßiger Vulkankegel auf. Nach meiner Karte zu schließen, könnte es San Pedro sein, aber wer kann diese vielen, einander sehr ähnlichen Vulkane schon auseinanderhalten, nicht einmal der Einheimische neben mir weiß seinen Namen.

Angelangt bei "Los Encuentros" nehme ich den erstbesten Bus, der kommt, denn es ist schon später Nachmittag und ich will ein Nachtquartier haben, bevor die Dunkelheit hereinbricht. Der Bus, den ich gewählt habe, fährt nach Chichicastenango und weiter nach Santa Cruz del Quiché.

Die Provinz, in deren Hauptstadt ich nun reise, heißt so, wie der volkreichste und historisch bedeutendste Stamm der Hochlandmayas in Guatemala. Die Landschaft ist nun wieder ganz anders und schön auf ihre Art. Tiefe zerklüftete Einschnitte, die "Barrancos", durchfurchen eine flache Hochebene. Keine Brücken überqueren diese breiten Gebirgsspalten, sondern die Straße führt in engen Windungen zur Talsohle und auf der anderen Seite ebenso wieder hinauf.

Das Land scheint hier sehr fruchtbar zu sein und gut zu bebauen, dennoch ist es dünn besiedelt. Denn aus dem Quiché sind viele Menschen vor dem systematischen Völkermord geflüchtet und haben sich zum Teil bis heute noch nicht zurückgewagt. Im Quiché ist der Widerstand gegen die Gewalt besonders erbittert und immer noch, trotz der fast erfolgreichen Zerschlagung der Guerilla in Guatemala, relativ gut organisiert. Das Militär hat eine geheime Liste von allen Bauernführern des Departements angelegt, denn diese gelten von vorneherein als "subversivos" und damit drohen ihnen Gewaltanwendung, Entführung oder gar Mord[1].

Die "escadrones de la muerte" schonten auch katholische Geistliche nicht, die auf Seiten der Campesinos standen. Ausländische Priester, die ursprünglich sogar mit staatlicher Billigung in entlegenen Gebieten Kooperativen initiierten, um die Abhängigkeit der Indios von Wucherern und Arbeitsvermittlern zu verringern, wurden ausgewiesen. Katecheten, einheimische Laienhelfer in den Pfarren, standen auf den Todeslisten ganz oben. Im Quiché starben zehn Priester eines gewaltsamen Todes; der mutige Bischof J. Gerardi, Vorsitzender der Bischofskonferenz, die sich gegen das Unrecht in einer gemeinsamen Erklärung ausgesprochen hatte, überlebte gerade noch einen Attentatsversuch, durfte aber nach einer Romreise, bei der er dem Papst über die Menschenrechtssituation in Guatemala Bericht erstattet hatte, nicht mehr einreisen und seine Diözese in Quiché wurde geschlossen.

In dem "nördlichen Querstreifen" (Franja Tranversal del Norte), zu dem der Quiché gehört, ist seit den Sechzigerjahren eine neue Oligarchie entstanden. Hier, in der "Zone der Generäle", haben sich hohe Militärs und besonders die jeweiligen Präsidenten-Generäle großen Landbesitz angeeignet, indem sie die ansässigen Indio-Bauern vertrieben oder durch Massaker ganze Dörfer ausrotteten, um das von den Kleinbauern urbar gemachte Land in Besitz nehmen zu können. Dies ist auch der Grund dafür, daß gerade hier so erbittert gekämpft wird und sich der Widerstand gegen die Gewalt am stärksten ausbildete.

Die in Mexico residierende guatemaltekische Exilkirche meldete Gewaltaktionen des Militärs auch unter der christdemokratischen Zivilregierung. Der Armeeoffizier Marcos soll im Mai, Juni und Juli 1986 in der Militärbasis von San Juan Cotzal elf Bauern, zwanzig Frauen und zwei Mädchen umgebracht haben, weitere

---

1   Addendum zum Bericht des Weltkirchenrates an die Menschenrechtskommission der UNO, März 1986

achtzehn Bauern aus der Gegend von Pulay im August und September desselben Jahres. Der in der Plantage "La Perla" stationierten Armee wurde der Mord an dreiunddreißig Männern, Frauen und Kindern aus dem Dorf Xeucalvitz bei Nebaj zur Last gelegt. Am 19. Oktober sollen die Dörfer Mayaland und Xabal bei Chajul von Militärhubschraubern aus mit Maschinengewehren beschossen worden sein, und im Januar 1987 wurden ebenfalls aus Hubschraubern neun Bomben auf die Bevölkerung im nördlichen Ixcán und neunzehn Bomben auf die Siedlung La Resurreción abgeworfen[1]. Aus Angst vor den Gewaltakten lebt nun die Bevölkerung in diesem nördlichen Landesteil der Provinz Quiché vielfach in geheimen Dörfern. Die systematische Repression geht in Quiché unvermindert weiter. In den ersten drei Monaten des Jahres 1988 vertrieben Soldaten aus dieser Provinz 1.800 Indios[2]. Auch der Weltkirchenrat bestätigt einen Teil dieser Vorwürfe gegen das Militär[3].

Diese Situation der Gewalt in Quiché ist dafür verantwortlich, daß Guerillaorganisationen hier besonders starken Zulauf finden und selbst Kinder sich am bewaffneten Kampf beteiligen. Das Militär foltert und tötet daher Kinder genauso wie Erwachsene, zwingt sie bei Aufstandsaktionen zu unfreiwilligen Spitzeldiensten und benützt sie als Geiseln[4]. Quiché ist eines der Hauptoperationsgebiete der größten Guerillaorganisation Guatemalas, dem EGP (Guerillaheer der Armen). Nachdem der bewaffnete Widerstand in den Sechzigerjahren durch massive Aufstandsbekämpfung fast gebrochen war, konnte sich das ursprünglich von Ladinos gegründete EGP zwischen 1972 und 1975 wieder reorganisieren. Es gewann nun durch eine gemäßigte Haltung und Berücksichtigung der speziellen Bedrohung der Indios bei diesen großen Zulauf.

Um den bewaffneten Kampf gegen die übermächtige Militärdiktatur erfolgreicher führen zu können, haben sich im Jahre 1982 die vier Guerillaverbände EGP (Massenorganisation von Ladinos und Indios), FAR (Fuerzas Armadeas Rebeldes - Zusammenarbeit mit

---

1 CDHG (Menschenrechtskommission), 15. 2.1987
2 Enfoprensa (CDHG) a.a.O
3 a.a.O
4 Deutsches Allgemeines Sonntagsblatt, 21. August 1988 "Stumme Trauer der Indianer"

der christlichen Gewerkschaftsbewegung), ORPA (Organisatión del Pueblo en Armas - nimmt sich besonders der speziellen Ausbeutung der Indios an und tritt gegen Rassismus ein) und PTG-ND (Partido Guatemalteco del Trabajo-Núcleo de Dirección - Anhänger vor allem bei Studenten und Arbeitern) in einer Dachorganisation, der URNG (Unitad Revolucionaria Nacional Guatemalteca) zusammengeschlossen.

Jede dieser Vereinigungen hat eine andere Geschichte und neben dem obersten Ziel, die soziale Ungerechtigkeit zu beseitigen, im Detail auch andere politische Vorstellungen und operiert vorwiegend in einem bestimmten Landesteil. Laut der gemeinsamen Proklamation der Dachorganisation URNG sind die Selbstbestimmung der Völker, aber auch Blockfreiheit gemeinsame Nenner des politischen Wollens.

Die marxistisch orientierte PGT hat in Guatemala weniger Bedeutung, als die anderen Gruppen, weil marxistische Theorie die in Religion und alter Kultur verankerten Indios nicht anspricht, auch wenn sie unter Guatemalas Armen zweifellos am übelsten dran sind und damit das stärkste revolutionäre Potential stellen könnten. Die traditionelle kollektive Wirtschaftsweise der Indiogemeinden beruht auf einer historischen Tradition des Landbaues und hat mit Kollektivismus im marxistischem Sinn nicht das geringste zu tun.

Nachdem der Bus eine riesige Militärstation passiert hat, fährt er, als es bereits zu dämmern beginnt, auf der zentralen Bushaltestelle am Rand der Stadt Santa Cruz ein. Ich muß mich sehr be eilen, ein Hotel zu finden, bevor es Nacht wird. Auch hier observieren Soldaten mit Gewehren den großen Platz vor der Kirche von einem Balkon des Verwaltungsgebäudes.

Cumarcáah: Ciudad Simbolica

Ich bin wieder viel zu früh wach und mache mich auf die Suche nach einem Frühstück. Im Hotel gibt es keines, und auch in der Stadt sind noch alle Geschäfte und Lokale geschlossen. Aus Unschlüssigkeit, was ich sonst so früh am Morgen anfangen soll, folge ich einem Wegweiser zur "Ciudad simbolica Gurmarkáah" stadtauswärts. Ich habe keine Ahnung, was mich dort erwartet, denn in meinen Reiseführern finde ich keinerlei Hinweis.

Wieder passiere ich eine große Kaserne und begegne schwerbewaffneten Soldaten. Nur in der unmittelbaren Nähe des Zentrums sind die Straßen gepflastert, weiter draußen sind sie kotig vom nächtlichen Regen und voller Pfützen. Am Rande der Stadt stehen kleine niedere Bauernhäuser. Die Landschaft mit diesen weißgetünchten Häusern, unter deren verwaschenem Verputz die braunen Lehmziegel durchschimmern, die Mönch- und Nonnendächer, deren niedere Traufe man mit den Händen greifen könnte und die rote Erde, aus der der sattgrüne Mais auf intensiv bebauten Feldern sprießt, erinnert mich stark an China.

Schon etwa eine halbe Stunde wandere ich nun auf einem Feldweg stadtauswärts und unsicher frage ich eine Frau, die mir begegnet, ob ich am richtigen Weg sei, weil mir unterwegs kein Hinweisschild mehr untergekommen ist. Doch sie beruhigt mich, nur geradeaus, sagt sie, ich müsse nur nach den "Ruinas" fragen. Nun weiß ich wenigstens, was "Ciudad simbolica" bedeuten soll, und was mich ungefähr erwarten wird.

Nachdem ich wieder ein ordentliches Stück Weg zurückgelegt habe, frage ich einen Mann. er deutet in die Richtung, die ich ohnehin gehe. "Nur mehr zwei, drei Kilometer noch," verheißt er mir. Nun bin ich schon so weit gegangen, daß es nicht mehr lohnt umzukehren. Es geht hügelauf, hügelab, ein leichter Morgenwind macht die Luft frisch und zwischen den großen weißen Wolkenballen am leuchtend blauen Himmel kommt immer wieder die Sonne hervor und läßt die grünen Felder aufleuchten.

Nicht mehr weit, nicht mehr weit, versprechen alle, die mir begegnen. So zeitig am Morgen sind schon etliche Menschen unterwegs zum Markt. Die Frauen tragen auf dem Rücken Bündel getrockneter fahlgelber Pflanzenfasern, aus denen sie während des Gehens Borten flechten. Diese Borten lassen sich zu allerlei Geflechten, Matten, Hüten, Taschen, Tragegestellen und Gurten weiterverarbeiten. Ein junges Paar kommt mir entgegen, sie flicht an ihren Faserzöpfen, er trägt stolz eine große Sound-Maschine und entweiht diesen stimmungsvollen Morgen mit dem Geplärr von lauter Popmusik.

Nach einer fast einstündigen Wanderung bin ich da. Ein Hinweisschild für alle, die so hartnäckig waren, sich bis hierher durchzufragen, zeigt einen steilen Weg hinauf. Gleich neben dem Eingang befindet sich ein kleines Museum, die Tür ist sperrangelweit offen, weit und breit aber kein Mensch zu sehen. In dem kleinen Raum liegen Austellungsstücke frei auf Tischen herum, allerlei Knöchelchen, Krüge, Werkzeuge, die man offensichtlich hier gefunden hat.

In dem Museum finde ich endlich eine Inschrift: K'umarkaaj (oder Cumarcáah) war die Hauptstadt des Quiché-Reiches, das in der späten Nachklassik, zwischen 1250 und 1523 bestand. Das Reich wurde im Norden vom Chuchumatanes-Gebirge begrenzt und reichte über Cobán weiter nach Osten bis San Juan Sacatepequetz, nach Süden bis Esquintla und im Westen bis Quetzaltenango - es umfaßte somit das gebirgige "Herz" Guatemalas. Zunächst bestanden nur kleinere Siedlungen und Befestigungen, bis etwa um 1400 K'umarkaaj von den legendären Gründern Balam Quitzé, Balam Akab, Majucotaj, Iquibalam und K'ukumatz als Platz für ein Zentrum bestimmt wurde. Die entsprechende Stelle aus dem "Popol Vuh" ist auf einer Wandtafel zitiert.

Daß ich mich hier an einem ganz besonderen Ort befinde, der in der Geschichte der Quiché und Guatemalas eine ganz außerordentliche Rolle gespielt hat, steht in keinem meiner Reiseführer. So erfahre ich erst später, wieder zu Hause, daß Cumarkáah identisch ist mit Utatlán, und sowohl seine Gründungsgeschichte - nämlich im "Popol Vuh" - als auch ihr Ende - in einem Brief des Eroberers Pedro de Alvarados bestens beschrieben sind.

Der Name der Stadt Cumarcáah wurde später von den Azteken in "Utatlán" (Riedfeld) übersetzt, unter welchem Namen sie heute bekannter ist. Wie alle Quiché-Siedlungen liegt auch sie strategisch ausgezeichnet angelegt auf einer von Schluchten umgebenen Ebene. Diese Lage hätte beinahe Pedro de Alvarado das Leben gekostet, wenn er nicht rechtzeitig den Hinterhalt geahnt hätte, den die Bewohner der Stadt ihm hatten legen wollen. Er berichtet darüber in demselben Brief an den Spanischen König, in dem er auch über die Eroberung von Xelajú und den Tod Tecum Umáns schreibt. Die Stadt war nur über eine steile Treppe von 30 Stiegen und weiter über einen Damm zugänglich, den die Bewohner zu zerstören beabsichtigten, um Alvarado mit seinem Gefolge einzuschließen und sie sodann in der Stadt verbrennen zu können. Diese List bezahlten die Quiché-Häuptlinge mit dem Tod. Alvarado ließ sie verbrennen, so wie sie es ihm zugedacht hatten. Hier also starben die letzten Regenten der Quiché und ihre prächtige Hauptstadt wurde zerstört.

Keine Anzeichen gibt es hier für die Bedeutung dieses historischen Ortes, als diese wenigen Inschriften auf Tafeln an der Wand in dem kleinen Museum.

Die Ruinen befinden sich teils zwischen hohen Bäumen mit meterlangen graugrünen Bromelien, teils auf einer weiten Lichtung - es sind nicht mehr als ein paar mit Gras überwachsene längliche Hügel, unter denen man die steinernen Pyramiden und die Überreste sonstiger Gebäude vermuten kann. Wäre es nicht wegen des schönen Spazierganges hier heraus und wegen der eigentümlichen Morgenstimmung, die Ruinen dieser einstmals so bedeutenden Siedlung würden den Aufwand eines Besuches kaum lohnen.

Merkwürdigerweise vermitteln aber gerade diese grün überwachsenen Steinhaufen das Gefühl, sich auf geschichtsträchtigem Boden zu befinden, viel mehr, als wenn die Gebäudereste perfekt restauriert wären. Man kann hier begreifen, wie fasziniert die Spanier und später die Maya-Forscher gewesen sein mußten, wenn sie auf derartige Anlagen mitten im Urwald oder im Gebirge stießen.

Zeitgenossen von Alvarado schilderten Cumarcáah als prachtvolle Königsstadt, voller wunderbarer Paläste. Einer von ihnen, Fuentes y Guzmán berichtete, daß der Königspalast mit jenem des Königs Montezuma in Mexico den Vergleich gehalten haben soll. Der Chronist erzählte von schönen Gärten, Bädern, Gerichtsgebäuden, Menagerien, einem riesigen Harem und einem Quartier für 72.000 Soldaten; ja sogar ein großes Seminar für die Ausbildung von sechstausend Kindern soll hier existiert haben.

Doch der Forscher A.P. Maudslay, der im Jahre 1878 hierher kam, hielt diese überschwenglichen Beschreibungen für Humbug: Der Platz wäre für all diese Gebäude gar nicht groß genug gewesen, meinte er, denn rundherum fällt das Gelände steil in eine Schlucht ab.

Stephens und Catherwood, jene beiden, die auch als erste die Stelen von Quirigua beschrieben und gezeichnet haben, taten das gleiche mit diesem Ort, den sie im Jahre 1840 besuchten. Sie beschrieben als den wichtigsten Teil der Ruinen das sogenannte

"Sacrificadero", den Opferplatz, eine Steinkonstruktion mit Seiten-
längen von etwa 20 Metern, vielleicht zehn Meter hoch.

Ein schmaler Steig führt durch das Gestrüpp ein wenig in die
Schlucht hinunter zu einem Höhleneingang. Darüber hängt ein
Schild, das diese Höhle als etwas Besonderes auszeichnet, doch ist
nicht zu erfahren, warum eigentlich, wozu sie diente.

Wahrscheinlich müßte man hier mit etwas Geduld nur die Oberfläche des Grasbodens ein wenig abkratzen, um auf Gegenstände
aus der alten Zeit zu stoßen. Denn es hat nicht den Anschein, als
würde Cumarcáah oft von Besuchern besichtigt. Das Gras über den
Steinresten wird mit der Machete kurz gehalten - das ist alles.

An den Wipfeln der Baumriesen krächzt hin und wieder ein
Vogel und manchmal zerreißt ein Schuß in den Bergen die Morgen-
stille. Ich wandere noch ein wenig auf diesem einsamen Hochplateau umher und genieße den wirklich überwältigenden Blick über
die weite Ebene, die ich hergekommen bin, und über die ich nun
wieder den weiten Weg in die Stadt zurückkehre.

Sacapulas: Aus der Kirche wird ein Lagerhaus

Nach einem angenehmen Frühstück im "Lago Azul" entschloß ich
mich zu einem Ausflug nach Uspantán nördlich von Santa Cruz del
Quiché. Es ist noch früh am Tag, der Bus geht um 11.30 Uhr, sicher-
heitshalber erkundige ich mich aber genau, ob denn am Nachmittag ein Bus zurückfährt. Ja, ja, heißt es, und so steige ich ein.

Ich hätte aufgrund einschlägiger Erfahrungen wohl ahnen müssen, daß eine Straße, die in der Landkarte als "dirt road" einge-
zeichnet ist, die Fahrt mit dem Bus wie zum Ritt auf einem
wildgewordenen Pferd macht, und das drei Stunden lang. Durchgerüttelt und durchgeschüttelt beschließe ich daher, nicht bis
Uspantán in den Bergen weiterzufahren, sondern schon in Sacapulas auszusteigen. Bis Uspantán sind es von Sacapulas aus zwar nur
noch 24 Kilometer, doch der Fahrpreis von zwei Quetzales deutet
auf eine Fahrzeit von zwei Stunden und das heißt, daß die Fahrt
ins Gebirge noch viel beschwerlicher sein muß, als die Rallyeroute
bis Sacapulas, die ich hinter mir habe.

Kurz vor Sacapulas geht steil eine gewundene Straße zum Rio
Negro hinunter. Dort unten in der tiefen Schlucht ist es so warm,

daß hier sogar Mangos, Melonen und Bananen wachsen, die sonst im Hochland nicht gedeihen. Hier suchen die Indios auch nach einem schwarzen Stein, dem "Indianersalz" - Salz war bei den Indios etwa bis 1890 ein wichtiges Zahlungsmittel für kleinere Einkäufe. Gegenüber erhebt sich die lange Kette des Chuchumatanes-Gebirges, das Guatemala in eine Nord- und Südhälfte teilt und dessen Ausläufer sich fast bis zur Karibik hinüberziehen. Die Straße oberhalb des Rio Negro nach Westen führt nach Huehuetenango über das landschaftlich reizvolle Quellgebiet des Rio San Juan. Nach Osten geht es über Uspantán nach Cobán, die Provinzstadt von Alta Verapáz, wo die "Monja Blanca" (weiße Nonne) - die einzige reinweiße Orchideenart wächst. In Cobán wird jedes Jahr im August in einer großen Fiesta die "Indiokönigin" gewählt.

Als ich beim Aussteigen in Sacapulas frage, wann denn wieder ein Bus zurück in die Stadt gehe, sagt man mir: Morgen in der Früh um vier. - Verdammt! - Warum habe ich denn nicht genau gefragt? - Aber ich habe doch!?

Es hilft alles nichts. Die Sorge, wie ich mit der Situation fertig werden soll, verleidet mit Sacapulas. Auf der Suche nach einer Möglichkeit, in die Stadt zurückzukommen, fällt mir an der Ostseite des Hauptplatzes eine frisch geweißte Kirche auf. Innen ist sie jedoch vollkommen vernachläßigt, so als stünde sie nicht mehr in Gebrauch. - Die Kirche von Uspantán wurde, so wie viele andere katholische Gotteshäuser, als Brutstätte von angeblich kommunistischem Gedankengut unter Rios Montt geschlossen und zum Lagerhaus für die große Kaserne gemacht. Entlang der Straße hierher fielen mir dagegen mitten in den Feldern besonders viele kleine Sekten-Bethäuser auf. Die evangelikale Missionierung wurde hier in Quiché aggressiv betrieben, weil engagierte Priester und der Erzbischof von Quiché sich in dem gewaltsamen Spiel der Machthaber an die Seite der unterdrückten Indios stellten.

Nördlich des Flusses, an dem Sacapulas liegt, beginnen die rauhen Berge der Provinzen Huehuetenango, Quiché und Alta Verapáz. Das Ixcan, ein besonders unwegsames und hochgelegenes Gebiet um den Fluß Xacibal, das man auch die "Region der Königinnen" nennt, spielt im Widerstand der Indios eine besondere Rolle und ist daher immer noch Szene blutiger Auseinandersetzungen und Massaker.

In den Sechzigerjahren bauten einzelne Priester und kirchliche Organisationen nach der Bischofskonferenz von Medellin zusammen mit den Indios hier landwirtschaftliche Kooperativen auf. Bis dahin hatten die Campesinos des "Altiplano", des Hochlandes, nur überleben können, indem sie oft tagelang zu Fuß zur Küste marschierten, um sich dort das halbe Jahr als Saisonarbeitskräfte zu verdingen. Mit Hilfe der Kirche bauten die Kooperativen einen Markt, eine Kirche, eine Schule. Ihre Produkte brachten sie mit kleinen Flugzeugen, die die Kirche bereitstellte, aus den Wäldern in die Städte. 17 Kooperativen entstanden auf diese Weise, zum Teil sogar auch mit Hilfe der INTA, der vom Staat zuständigen Stelle für die Vergabe von Brachland, da die Regierung Laugerud (1974-78) zunächst auch Reformzugeständnisse machte.

Doch als die Kooperativen zu florieren begannen, als die Finqueros, die Besitzer der großen Plantagen, befürchten mußten, auf diese Weise vielleicht ihre billigen Arbeitskräfte zu verlieren, da diese nun ohne Saisonarbeit leben konnten, begann die Repression. Ende der Siebzigerjahre wurden engagierte Priester ermordet, die Flüge, die für Versorgung und den Zugang zum Markt für die unwegsamen Orte unerläßlich waren, verboten. Das Militär kam und zerstörte die Felder, brannte die Häuser nieder, brachte die Menschen um. Das von den Indios urbar gemachte Land erhielten Militärs für ihre zweifelhaften Verdienste. Ohne ihre Felder waren die Überlebenden der Massaker ohne Nahrung und mußten wieder für Hungerlöhne auf den Fincas arbeiten. Die Generäle hatten damit nicht nur das Land, sondern auch die billigen Arbeitskräfte dazu.

Hier, im Gebiet zwischen den Flüssen Xacibal und Chixoy, begann daher auch der systematische Aufbau eines organisierten Widerstandes. Von der schnurgeraden mexikanischen Grenze aus suchte 1972 die Gruppe "Edgar Ibarra", die erste Einheit der guatemaltekischen Guerilla, aus der später die EGP (Ejército Guerillero de los Pobres) hervorging, unter unbeschreiblichen Entbehrungen den Weg durchs Hochgebirge nach dem Süden.

Auf ihrem Marsch durch die Wälder suchte die Gruppe das Vertrauen der Bevölkerung durch Hilfe bei der Arbeit, Unterricht in Lesen und Schreiben und dann erst durch politische Aufklärungsarbeit zu gewinnen. Entscheidend für den Zulauf, den die Bewegung später aus der Indiobevölkerung bekam, war schließlich die planmäßige Ermordung des "Tigers von Ixcan", Luis Arenas Barrerra, eines besonders grausamen und verhaßten Finceros, der hier die größte Finca weit und breit besaß. Sein Haus war wie eine Festung an einen steilen Hang gebaut, von wo aus man alles überblicken konnte, was sich näherte. Bei der Auszahlung der Hungerlöhne an die Arbeiter schlichen sich die Guerilleros ein und streckten ihn mit Schüssen nieder. Zwei Tage lang feierten die Indios in der Gemeinde Llom die Befreiung von ihrem Quälgeist. Diese erste bewaffnete Gegenwehr gegen die Willkür im Jahre 1975 war der Auftakt für die größte Antiguerillaaktion, die das Land bisher gesehen hatte, drei Monate lang wurde das Guerilla-gebiet regelrecht belagert[1].

Die indianische Bürgerrechtskämpferin Rigoberta Menchú ist eine Quiché aus einem Dorf bei Uspantán. Sie gibt einen eindringlichen Bericht über das Leben und die Unterdrückung der Indios im Hochland von El Quiché und den wachsenden Widerstand gegen die Gewalt. Sie erzählt von einem entsetzlichen Massaker im Dorf Chajul, zwanzig Kilometer nördlich von Sacapulas, bei dem auch ihr Bruder den Tod fand.

Der Sechzehnjährige war auf freiem Feld von Soldaten festgenommen worden, weil man ihn für einen Kommunisten hielt. Man schlug ihn blutig, band ihm die Hoden fest und befahl ihm, so zu laufen. Zusammen mit Katecheten aus anderen Dörfern warf man ihn in ein morastiges Loch, in dem bereits Leichen verfaulten. Zwei Wochen lang wurde er gefoltert, die Nägel wurden ihm ausgerissen, Finger abgeschnitten und die Kopfhaut abgezogen. Als die Gefangenen nur mehr blutende und eitrige Bündel Fleisch waren, übergossen die Soldaten die Gemarterten mit Benzin und verbrannten sie vor den Augen ihrer herbeibefohlenen Angehörigen bei lebendigem Leib auf dem Hauptplatz von Chajul. So werde es allen ergehen, drohte das Militär, wenn sie dem Widerstand nicht abschwörten. Doch derartige Ereignisse brachten den Widerstand nicht zum Erliegen, sondern heizten ihn nur noch an. Das viele Militär, das auch heute noch im Quiché stationiert ist, konnte ihn bisher nicht brechen. Die EGP hat hier besonders viele Anhänger, sie arbeitet eng mit dem CUC, der größten Bauernorganisation zusammen.

---

1   M. Payeras, Wie in der Nacht.....

– Es ist kein Wunder, daß ich wenig Lust verspüre, hier in Sacapulas länger zu bleiben. Erst gegen fünf Uhr nachmittags kommen die Passagiere eines Schulbusses aus dem Wald herunter, etwa siebzehnjährige Burschen und Mädchen, die gegen eine andere Schule Fußball gespielt haben. Der Busfahrer ist bereit, mich mitzunehmen. Offenbar war das Fußballmatch erfolgreich, denn sie sind sehr ausgelassen und empfangen mich mit großem Gejohle, als sie mich in ihrem Bus sitzen sehen: "Hallo Mister!" - Mit ihrem Englisch steht es offenbar nicht zum besten, denn wie ein Mister sehe ich wirklich nicht aus.

Die Guatemalteken sind kontaktfreudig, und diese jungen Leute ganz besonders. Sie stoßen und bugsieren einander, um möglichst nahe an mich heranzukommen, um sich in ihrem schauerlichen Englisch nach meinem Woher und Wohin zu erkundigen. Auch der fesche junge Lehrer schaut neugierig nach hinten, traut sich aber nicht her. - Wie ich die Guatemalteken bereits kenne, weniger aus Schüchternheit, sondern eher wegen des zu erwartenden Gejohles seiner Schüler, wenn er sich mit der Ausländerin unterhält. Der Bus fährt schwankend los. Aus dem Lautsprecher tönt ohrenbetäubende Popmusik und die Burschen tanzen ausgelassen auf dem Mittelgang des Busses, während dieser holpernd seinen Weg über Steine und durch Schlammrinnen sucht.

Eine groteske Situation ist das: Hier drinnen diese jungen Leute, die sich höchstens durch Haut- und Haarfarbe und ihre Sprache von den unseren unterscheiden, denn sie tragen die gleichen Turnschuhe, Jeans, Trainingsanzüge oder T-Shirts mit amerikanischen und japanischen Aufschriften, und draußen die archaische Welt der Indios. Auf den Feldern arbeiten in der Dämmerung noch Männer und Frauen; manche schaffen riesige Holzbündel auf dem Kopf oder auf dem Rücken nach Hause, damit das Abendessen gekocht werden kann. Bläulicher Rauch quillt zwischen den Ritzen der mit blaugestrichenen Arkaden verzierten Lehmhäuser hervor, denn die Hütten und Gehöfte haben keine Rauchfänge. Durch die Felder strömen Landbewohner zu den mit bunten Lämpchen erleuchteten Sekten-Bethäusern mitten im freien Gelände - wer beweisen will, daß er mit den Guerilleros nichts zu tun hat, ist wohl bei diesen Seelenfängern am besten aufgehoben. - Welch ein Kontrast ist diese Welt da draußen zu dieser "fahrbaren Disco", nach dem Muster der Jugend in den reichen Industrieländern.

"Rallye!" haben die Burschen beim Start in Sacapulas dem Busfahrer befohlen und er zeigt ihnen, was er kann. Obwohl es unterwegs zu regnen beginnt, und die Straße im Nu morastig ist, fährt er eine halbe Stunde kürzer bis Quiché, als ein Verkehrsbus braucht. Angekommen gebe ich dem Fahrer einen Dollar "pagaje" und er ist hocherfreut, denn das entspricht mindestens 2,50 Quetzales. Ich habe wieder einmal keine Landeswährung bei mir, weil ich ständig auf der Landstraße unterwegs war und natürlich keine Gelegenheit zum Wechseln fand.

Auch im "Lago Azul", wo mir das Frühstück so geschmeckt hat, nehmen sie Dollars für das erste vernünftige Essen seit einer Woche: "Churrasco lomito", ein saftiges gegrilltes Rindfleisch mit Gemüsereis und Avocados.

Am Nebentisch sitzen drei deutsche Frauen meines Alters und ich sehe so begehrlich hinüber, daß sie mich an ihren Tisch einladen. Es handelt sich um drei Lehrerinnen, die an der deutschen Schule in Puebla, Mexico, unterrichten. Nach der einsamen Zeit in den Bergen bin ich froh, in meiner Sprache Erfahrungen austauschen zu können.

Santa Cruz del Quiché: Hitler war ein starker Mann

Bis nach Mitternacht hörte man aus dem großen Bethaus der Sekte "ELIM", das oben auf der Plaza der großen katholischen Kirche Konkurrenz macht, laute rhythmische Musik. Zum ersten Mal erlebte ich in Guatemala, daß nach Einbruch der Dunkelheit nicht die große Stille einkehrt. Eine beschwörende Männerstimme tönte aus einem Lautsprecher unüberhörbar durch die Nacht. Auch wer nicht bereit ist, in dieses Bethaus zu kommen, kann zu Hause in seinem Bett dieser Predigt nicht entrinnen.

Kaum war ich eingeschlafen, weckte mich eine gewaltige Detonation - es klang, als hätte ein Schuß geradewegs das Dach über meinem Zimmer getroffen. Ich war wie gelähmt vor Angst und meinte, nun müßten wohl im ganzen Haus die Lichter angehen, aber alles blieb nach dem Schuß ganz ruhig, draußen fiel ein stiller Regen. Lange konnte ich nicht einschlafen, so sehr klopfte mir das Herz.

Ein strahlend schöner Sonntag bricht an in Santa Cruz. Um die Kirche wird gerade ein großer Markt aufgebaut. Ich trinke an einer der Buden ein Glas frischgepreßten Karottensaft und sehe mir das Treiben an. Auf einer Seite des Platzes werden große Bündel fahlgelber Pflanzenfasern verkauft, jenes Material, aus denen ich gestern Frauen im Gehen Zöpfe flechten sah. Ich spaziere zum "Café literarico", wo ich mich mit meinen drei neuen Freundinnen verabredet habe.

Das Lokal gleicht einem kleinen Pariser Künstlercafé, die Wände sind mit einer perspektivischen Stadtlandschaft bemalt und aus einem Kassettenrekorder hört man leise französische Chansons. Der Wirt, ein kleiner bescheidener und zurückhaltender Mann, sieht wie ein Franzose aus, er trägt die Kopfbedeckung vieler Franzosen, die Baskenmütze. Gestern, sagt Elke, sei er viel gesprächiger gewesen und habe ihnen erzählt, daß sich hier im Quiché seit der sogenannten "Demokratisierung" politisch erst wenig geändert habe. Aber immerhin darf nun seine Zeitung "Cumarkaáh" wieder erscheinen, die er einmal im Jahr herausgibt, und in der lokale Autoren die Möglichkeit haben, ihre literarischen Versuche zu publizieren. Als er hört, daß ich Journalistin sei, holt er unter der Theke eine Nummer hervor und schenkt sie mir.

Die Zeitung enthält Lyrik über Freiheit und Gleichheit der Menschen und sogar eine Geschichte über die Folterung eines Indios durch die "Guardia de Hacienda". Wer so etwas öffentlich zu publizieren und wie einige Honoratioren von Quiché durch Inserate zu finanzieren wagt, muß in dieser Stadt mehr als Mut besitzen.

Wir schlürfen unseren wirklich ausgezeichneten Kaffee und tauschen Erfahrungen, Adressen und Erlebnisse aus. Ein junger Arzt erzählte den dreien, es gäbe in Guatemala viel arbeitslose Mediziner, aber in die entlegenen Dörfer wolle keiner gehen, weil es dort als Honorar höchstens mal ein Huhn gäbe und das Leben gefährlich sei. Deshalb praktizieren siebzig Prozent der Ärzte in der Hauptstadt, obwohl über 60 Prozent der Bevölkerung auf dem Land leben. Mehr guatemaltekische Ärzte arbeiten im Ausland und besonders in den USA als in ländlichen Gebieten innerhalb Guatemalas. Im Hochland muß daher ein einziger Arzt 85.000 Patienten betreuen.

Ganz ähnlich sei die Situation auf dem Schulsektor: 10.000 Lehrer haben keine Stelle - und 800.000 Kinder keinen Zugang zu einer Schule. Ein indianischer Lehrer erzählte Elke, es gäbe zwar auch Erziehungsprogramme in den indianischen Sprachen, aber davon hielte er nichts. Wenn viele Kinder nur für zwei, drei Jahre die Schule besuchen könnten, sei es für sie wichtiger, in dieser kurzen Zeit ein wenig Spanisch zu lernen. (Es gibt aber auch viele Indios, die ihre Kinder nicht zur Schule schicken, damit sie nicht durch die aufoktroyierte fremde Kultur und Sprache ihre eigene verlieren, schreibt Rigoberta Menchú, deren im Widerstand engagierter Vater auch diese Ansicht vertrat.)

Es wäre angenehm, in diesem Café den Vormittag zu verplaudern, aber wir haben unterschiedliche Pläne: Uschi muß einen Arzt aufsuchen, denn sie hat am ganzen Körper juckende Pusteln. Ihre sehen aber anders aus als die meinen, die bisher allen Behandlungsversuchen mit Salben, Puder und Vitamintabletten hartnäckig widerstanden und täglich an neuen Stellen wieder auftreten, so daß ich nicht mehr Wanzenbisse dahinter vermute. Bei Uschi diagnostiziere ich laienhaft Windpocken - eine sehr ansteckende Kinderkrankheit, und ich hoffe, daß ich wenigstens davon verschont bleibe.

Wir verabschieden uns, schon alte Bekannte, auf Nimmerwiedersehen. Die drei wollen weiter nach Norden, Richtung Nebaj, und ich in zivilisiertere Gegenden, mich am Atitlán-See noch ein wenig von den Strapazen erholen, bevor es weitergeht.

Auf dem Weg zum Hotel komme ich an dem Bethaus gegenüber der katholischen Kirche vorbei - "ELIM" steht ganz groß an die weiße Wand gepinselt und die laute Musik, die mich gestern nicht einschlafen ließ, tönt aus dem Saal auf die Straße heraus. Neugierig trete ich näher. Wie für ein Popkonzert ist die erhöhte Bühne arrangiert, vor vier Musikern mit Elektrogitarren singt der Prediger mit einer alles übertönenden Stimme und geschlossenen Augen zu den monotonen Rhythmen ins Mikrophon. Die Musik wird über so riesige Lautsprecher an den kahlen Wänden übertragen, daß der Lärm beinahe schmerzt. Mit geschlossenen Augen und wiegendem Oberkörper singen die Gläubigen mit. Wie bei überlauter Jazzmusik fühlt man die Rhythmen wie Schläge und kann kaum einen klaren Gedanken fassen. Keinen Moment gibt es eine Pause, die eine Besinnung erlauben würde, immer wieder stimmt der Prediger neue Lieder an.

Die gleichförmige, laute Musik hat tatsächlich etwas Mitreißendes, wenn man sich ihr ganz überläßt. Einige Menschen schwanken, als seien sie nicht mehr ganz bei Sinnen. In Extase strecken sie die Hände in die Höhe. Zwei oder drei andere umringen sie dann singend mit erhobenen Händen. Die meisten dieser frommen Gemeinde sind gutbürgerlich gekleidet, sehen nach Advokaten, Zahnärzten und Apothekern aus, nur wenige Indios sind darunter, aber sehr viele Kinder. Nach einem letzten "Alleluja" öffnet der Prediger die Augen und schickt die Kinder hinaus. Man hört sie später in einem Nebenraum Lieder üben.

Offenbar beginnt nun erst der eigentliche Zweck und Höhepunkt des Ganzen. Die Menschen sind durch die laute Musik, der sie sich wohl gestern und heute schon stundenlang ausgesetzt haben, in einen schwebenden Zustand der Entrückung versetzt.

Der Prediger legt nun das Mikrophon beiseite, die Musik schweigt. Eine erwartungsvolle Stille tritt ein. Auf einmal ertönt lautes Schluchzen und Klagen im Raum, man weiß nicht, woher es kommt. Eine Frauenstimme, immer in der gleichen Tonhöhe, trägt eine lange monotone Klage im Singsang vor, nur unterbrochen durch schluchzendes, röchelndes Luftholen, ohne daß man irgend einer Person im Raum ansähe, wer hier diesen Fluß von Klagen ohne Anfang und Ende äußert. Eine Männerstimme übernimmt den gleichen monotonen Tonfall, das Schluchzen, das Klagen, das Anklagen - oder ist es ein Bekennen, ein Selbstbezichtigen? Ich kann nicht verstehen, worum es eigentlich geht in diesem Lamento. Wie einer geheimen Regie gehorchend, lösen die Stimmen einander ab und oft läßt sich nicht einmal der Übergang von einer auf die andere Person unterscheiden.

Die Gläubigen sitzen mit tief gebeugten Köpfen in den Bänken und schauen nicht nach links und rechts, wer gerade dran ist, wer da klagt und bekennt. Das Schluchzen tönt nun bereits aus vielen Kehlen. Verstohlen blickt der Prediger auf die Armbanduhr und rückt ungeduldig das Mikrophon zurecht, langsam scheint es ihm zu reichen. Da erhebt sich noch einmal die Stimme einer älteren Dame in Rosa. Sie kniet in der ersten Reihe neben einem offensichtlich gutbestallten Ehemann, der, so scheint es, in tiefster Zerknirschung neben ihr in die Bank versinkt. Die rosa Frau ist die letzte, als ihre Klage verhallt, sagt der Prediger ein lautes "Alleluja" und alle stimmen erleichtert mit ein. Doch zu Ende ist die Geschichte noch lange nicht.

Ich gehe, aber irgendwie benommen, als hätte ich eine Gehirnwäsche miterlebt; und obwohl ich nichts verstanden habe, wirkten diese rhythmische laute Musik, die eintönigen Stimmen und das starke Gemeinschaftserlebnis selbst auf mich unbeteiligte Zuhörerin wie eine Läuterung mit befreiender Wirkung. Ich kann mir nun vorstellen, daß man auf diese Art großen Einfluß auf dafür disponierte Menschen gewinnen kann.

Im Hotel bezahle ich bei dem hühnenhaften Besitzer, der wie der stolze Häuptling eines nordamerikanischen Indianerstammes auf mich wirkt. Bei einem Blick in meinen Paß hat er sofort eine für ihn schlüssige Assoziation parat:

"Austria...Alemania...Hitler?"

"No bueno, Hitler!" sage ich.

Warum denn nicht gut? fragt er. Hitler war ja doch ein starker Mann, nicht wahr? Was denn besser sei? Etwa Chruschtschow?

Ja, er sagt wirklich Cruschtschow und nicht Gorbatschow, denn offenbar ist ihm der kalte Krieg näher als die Perestrojka.

"Hitler war ein starker Mann!" bestätigt er nochmals und droht mir scherzhaft: "Der Osten wird Euch noch einmal umarmen!" Er lacht, und breitet dabei seine starken Arme weit aus, um die offenen Arme der Kommunisten für die naiven Westeuropäer zu demonstrieren.

Ja freilich, nun fällt mir ein, daß bei meiner Ankunft ein kleines Kind in kompletter Kampfuniform im Hof spielte.

Ich denke, ich weiß, auf welcher Seite dieser Besitzer des ganzen Häuserblocks steht. Für ihn gibt es nur zwei Möglichkeiten: Hier Hitler, dort die Kommunisten. Kein Zweifel, wen er bevorzugt, denn für ihn kann die Alternative für die gewaltsam erzwungene Ordnung in Guatemala nur Kuba sein, und Demokratisierung scheint diesem Mann bereits ein gefährlicher Schritt in Richtung Kommunismus. So einfach läßt sich die Welt in zwei klar unterscheidbare Hälften spalten, in Gut und Böse.

Vielleicht war der Schuß, der heute Nacht das Dach über meinem Zimmer traf, eine Warnung an diesen Mann, daß auch Gewalt nicht ewig und unumstößlich ist?

Am Atitlán-See: Ein buntes Völkchen

Der Bus spuckt mich auf dem Hauptplatz von Panajachel aus. Heute ist sehr viel mehr los in Panajachel, als damals, als ich mit der Journalistengruppe hier war. Viele, viele "Gringo"-Gesichter, amerikanische, schweizerische, französische, deutsche, italienische Touristen. Auch unter den Händlern, die die lange Straße zum See mit ihren Waren säumen, gibt es hier nicht nur Indios, da machen Männer mit langen, zu einem Pferdeschwanz gebundenen Haaren den Indiokindern Konkurrenz, indem sie bündelweise die von diesen geknüpften "Pulseros" verkaufen. Auf Zetteln an den Bäumen werden psychedelische Kurse angeboten und psychotherapeutische Sitzungen.

Durch das bunte Völkchen der Touristen bahnen sich drei Militärlastwagen den Weg. Auf den Ladeflächen sind Indios zusammengepfercht, eingekreist von Soldaten mit dem Gewehr im Anschlag. Wohin geht die Fahrt mit der Menschenfracht an diesem schönen Sonntagnachmittag? - In Sololá, heißt es, gäbe es ein Geheimgefängnis .... Nicht einmal der Versuch wird gemacht, diesen Transport zu verheimlichen, denn er fährt durch die belebteste Straße von Panajachel und die Touristen machen bereitwillig Platz für die Fahrzeuge, ohne ihnen überhaupt nachzublicken, so als wäre das selbstverständlich und sie kennten das auch von zu Hause.

Die Indiofrauen tragen hier die besonders schöne blaurot gestreifte Tracht von Sololá; sie sind jederzeit bereit, ihr buntes Bündel vom Kopf zu nehmen und den Inhalt zu zeigen. Ein kleines Mädchen möchte mir Pulseros, die bunten Makramee-Armbänder, verkaufen:

"Compra uno!" sie zeigt ein mir unwiderstehliches Lächeln.

Tut mir leid, Kleine, ich möchte mich mit nichts belasten. Zu Hause muß ich immerzu kaufen, hier möchte ich frei sein davon, nichts kaufen, nichts mitnehmen, nicht viel vorausplanen, mich treiben lassen, von einem Ort zum anderen.

Als ich kam, um die Mittagszeit, war Hochbetrieb, und ich dachte ein wenig abschätzig, na ja, eben ein Badeort. Doch die Menschen haben sich verlaufen, während ich in einem Restaurant saß. Fast unmittelbar ist es dunkel geworden, es gibt keine Straßenbeleuchtung, ein wenig Licht schimmert aus den Lokalen heraus, manchmal stehen nur Kerzen auf den Tischen. Langsam schlendere ich zu meiner Schlafhütte. In den Nähwerkstätten entlang der Straße wird noch gearbeitet, die Nähmaschinen rattern. Da werden noch bis spät in die Nacht bei einer Lichtfunzel "Tipicos" fabriziert, allerlei modischer Krimskrams aus alten und neuen von Indios gewebten Stoffen. Ich trete in eine der Buden, um zu schauen. Ein kleines Mädchen, das kaum noch sprechen kann, lacht mich an und schnurrt alles herunter, was es zwar nicht ganz versteht, aber den ganzen Tag von der Mutter hört, wenn potentielle Kunden vorbeigehen:

"Pase adelante!...Solo cinco quetzales! ...buon precio! ...Che da mi?" Die Eltern müssen lachen, und ich lache auch.

Wenige Menschen sind nur mehr auf der Straße. Welch merkwürdiger Ort, welch merkwürdiger Ort! sage ich leise zu mir selbst, weil niemand da ist, dem ich mein Staunen über Panajachel mitteilen könnte: Panajachel ist unverkennbar ein Fremdenverkehrsort, aber ebenso unverkennbar auch ein Dorf der Indios geblieben. Die beiden Welten existieren nebeneinander, als hätten sie nicht das geringste miteinander zu tun, als trennte sie eine Wand aus Glas. Beide gehören ganz selbstverständlich hierher, das Wochenendhaus eines Reichen ebenso wie die Holzhütte des Indio, die komfortable Bungalowanlage und das große Luxushotel mit Swimmingpool und die finstere Strohhütte mit dem Maiszaun, die gackernden Hühner und quiekenden Schweine, die karierten Bermudas und die bunten "Trajes", die müßigen Gäste und die Indiofrauen, die auf dem Boden kauern und mit ihren Kleinen lachen und spielen. Zwei vollkommen getrennte Welten und so, als gäbe es keinen Wunsch bei den Armen, ein Leben zu haben wie die, die sich leisten können, von weit hierher zu kommen, um zu sehen, wie die Armen leben.

Als es dunkel ist, wird es im Hauptfremdenverkehrszentrum Guatemalas so still wie in Todos Santos, hoch in den Chuchumantanes. Viele Menschen kommen hierher, aber die Ruhe, die der Ort ausstrahlt, ist stärker, als die Unruhe, die sie mitbringen.

Die Begeisterung für diesen Ort und diesen See teile ich mit so manchen Globetrottern, die durch Zufall hierher kamen und dann blieben.

Oben an der Kreuzung zum Beispiel betreibt eine Amerikanerin eine kleine Buchhandlung. Hier kann man ausgelesene Reiseliteratur verkaufen, aber genausogut in alten Büchern und Zeitungen schmökern, man bekommt Hibiscus-Tee ("Rosa de Jamaika") und Karottenkuchen, kommt mit allerlei Leuten ins Gespräch und tauscht Informationen aus.

Hier lerne ich die Schweizerin Josephine kennen, die Tickets und organisierte Touren verkauft und außerdem mit Verschwörermine hinter einem Vorhang zu einem besseren Kurs als die Bank wechselt.

In der zweiten Straße zum See ist die Galerie von Nan Cuz, da kann man auch Kaffee trinken. Nan Cuz' Vater war Deutscher, die Mutter Indianerin; sie lebte lange Zeit in Deutschland und heiratete einen deutschen Mann. Als sie aber einmal wieder hierher kam, blieb sie für immer.

Es gibt aber noch einen trifftigen Grund für Ausländer, sich hier anzusiedeln; Guatemala ist ein Steuerparadies für Pensionisten. In einem Reiseführer, den ich in Guatemala gekauft habe, ist der volle Wortlaut eines "der liberalsten und großzügigsten" Gesetze für einwanderungswillige Pensionisten abgedruckt, die im Land des ewigen Frühlings ohne Steuerverpflichtungen ihren Lebensabend verbringen möchten. Alle vier Jahre dürfen sie unverzollt ein Auto einführen. Wo ein armes Land wie Guatemala, das wegen zu geringer Steuereinnahmen fast keine dringenden Verpflichtungen gegenüber den Staatsbürgern wahren kann, seinen Vorteil bei diesem Gesetz sieht, ist kaum zu begreifen. In Panajachel soll es jedenfalls eine respektable Gemeinde deutscher Pensionisten geben.

Schräg gegenüber des Leseraumes ist ein großes Antiquitätengeschäft; hier gibt es einfach alles, was sich von Indios zusammenkaufen läßt: Webarbeiten natürlich, aber auch Ledertaschen, Hängematten, geschnitzte Masken und Heiligenfiguren, Macheten, Tonflöten und Tonfigürchen, Körbe, Tontöpfe und sogar mit Maya-Motiven bedruckte Frottierhandtücher. Oberhalb der Straße, die zur Kirche und zum Marktplatz führt, beginnt der alte Ort, hier haben nur mehr wenige Fremde etwas zu suchen.

Gleich nach dem Schwimmen übersiedle ich aus einer Gartenhütte in eine Bungalowanlage direkt am Strand. Nun bin ich Mieterin eines drei-Zimmer Häuschens mit Bad und Eßplatz, einem Einzel- und zwei Doppelbetten und einem riesigen Kühlschrank für achtzehn Quetzales. Ein kurzer Weg führt direkt zum Wasser.

Beim Frühstück in einem Lokal, das sich auf alle Arten von Crepes spezialisiert hat, treffe ich einen "alten" Bekannten: Marcel, den französischen Lehrer, den ich am Dorfbrunnen von San Francisco el Alto kennengelernt habe, weil er keine Landkarte besaß. Marcel begrüßt mich mit einem stoppelbärtigen Kuß, denn im Hochland sind so wenig Touristen unterwegs, daß man sehr rasch Freundschaften schließt.

Panajachel gehört heute, am Montag, wieder seinen Bewohnern. Die Wochenendgäste sind abgereist und nur wenige Touristen sind geblieben. Die aber trifft man auf Schritt und Tritt und bald kennt man die meisten Gesichter. Die Indios grüßen mich freundlich auf der Straße, als gehörte ich bereits dazu.

Heute breche ich mit meinem bisherigen Grundsatz, nichts zu kaufen, denn etwas von der Farbenpracht Guatemalas möchte ich doch als Erinnerung mitnehmen. Morgen fahre ich ohnehin nach Guatemala Ciudad und kann überflüssiges Gepäck im Hotel deponieren.

Ich nehme mir für die Auswahl meines Erinnerungsstückes an Guatemala genügend Zeit. Schließlich finde ich einen prächtigen Festtagshuipil aus San Juan Sacatepequez mit einer dazugehörigen Faja (Schärpe). Da ich weiß, daß die Frauen sich kaum von ihren wertvollen Schätzen trennen, ist es ein merkwürdiges Gefühl, so ein Kleidungsstück zu besitzen. Welche Geschichte verbindet sich wohl mit diesem Huipil, wer war die Frau, die ihn gewebt und getragen hat, und warum gelangte er in das Lager des Händlers?

Diese Nacht schlafe ich im Innersten meiner drei Räume, in einem Grand-lit unter einer weichen Decke, wie sie in Momostenango gewebt werden. Ich bliebe noch gerne länger hier in Panajachel, aber ich muß in die Hauptstadt fahren, denn morgen kommt mein Mann Norbert mit Dominik, meinem fünfzehnjährigen Sohn.

Nach der Reise im Hochland kommt mir die Hauptstadt besonders schmutzig und laut vor. Ich bin froh, schon ein Zimmer reserviert zu haben und nicht erst eines suchen zu müssen.

Mit nur wenig Verspätung kommt der Bus aus Mexico bei der Station der "Transportes Galgos" in der Zona 1 an. Dieser sehr komfortable Bus verbindet Mexico mit den Hauptstädten am Isthmus. Weil es schon seit Wochen keine Flüge mehr nach Guatemala gab, flogen Norbert und Dominik nach Mexico City, von dort mit der "Mexicana" nach Tapachula an der Grenze und weiter mit dem Bus die Südküste entlang hierher: Unser Treffen hat geklappt, als kämen sie nur aus dem Nachbarort.

Chichicastenango: Gleich tritt der Tenor aus den Kulissen

Vier Stunden dauert es, unser gemeinsames Marschgepäck zu packen, für jeden einen Rucksack und eine Umhängetasche. Norbert und Dominik meinen, sie hätten ohnehin nur das Notwendigste mitgenommen. Aber aus meinen Erfahrungen mit hiesigen Verkehrsmitteln und konfrontiert mit der Notwendigkeit, auch einmal eine ordentliche Strecke zu Fuß gehen zu müssen, sortiere ich mehr als zwei Drittel ihres Gepäcks aus, um es bis zu unserer Rückkehr nach Guatemala Ciudad in Aufbewahrung zu geben. Ganz einfach ist es auch nicht, unsere unterschiedliche Gangart aufeinander abzustimmen: Guatemala hat mich gezwungen, immer Ruhe zu bewahren, auch wenn etwas nicht so kommt, wie gedacht. Norbert bringt von zu Hause noch die Zivilisationshektik mit und glaubt noch, man könne hier alles, was man sich in den Kopf gesetzt hat, möglichst sofort nach Wunsch erledigen. Doch in einem Land wie Guatemala braucht man viel Geduld und Gelassenheit. Die Abenteuer braucht man nicht zu suchen, sie drängen sich einem ohnehin auf.

Zur Einstimmung wollte ich den beiden zu allererst Panajachel zeigen, doch bis wir endlich abfahrbereit sind, ist der letzte Bus dorthin weg. So nehmen wir den Bus nach "Los Encuentros" und hoffen, noch ein Verkehrsmittel zum See hinunter zu bekommen. Doch es ist Nacht, als wir zur Umsteigestelle kommen und in der Dunkelheit auf fast freiem Feld auf gut Glück zu warten, ist mir doch zu riskant, und so bleiben wir in unserem Bus sitzen und fahren weiter mit bis Chichicastenango.

Ganz anders ist der Eindruck von Chichi diesmal als bei meinem ersten Besuch. Eine geradezu märchenhafte Atmosphäre empfängt uns. Es ist schon komplett finster, nur spärliche Lichter brennen und viele unter schweren Lasten gebückte Gestalten geistern in der Dunkelheit an uns vorbei durch die Straßen zum Marktplatz zwischen den beiden Kirchen, wo die hölzernen Gerüste für den morgigen Markt aufgebaut werden. Trotz der Geschäftigkeit geht alles sehr ruhig vor sich und eine fast feierliche Hochstimmung liegt über dem Platz. Auf den Stufen zu Santo Tomaso brennt ein Opferfeuer, der Rauch des verbrannten Kopal zieht in breiten Schwaden über den Markt. Zwei Männer umrunden unter Gemurmel mit Rauchgefäßen den halbkreisförmigen Vorplatz oben am Tor, wo viele Kerzen brennen. Damit das Geschäft morgen einen guten Verlauf nimmt, sind viele Gebete notwendig. Elektrisches Licht gibt es kaum, weder auf den Straßen, noch in den Buden. Auf den Tischen der Verkaufsstände flackern Kerzen und rund herum kauern die Familien, die von weit her gekommen sind, auf den Gehsteigen und unter den Arkaden, fast sieht es aus wie Weihnachten. Dieser Vorabend zum Markttag dient noch nicht dem Geschäft, sondern den Riten in und vor der Kirche und der Geselligkeit, wenn die Arbeit getan ist.

Die mit runden Steinen gepflasterten Straßen, die spärlich erhellte Dunkelheit, die Gestalten, die hin und her huschen, die vollkommene Stille, mit der alles getan wird, erwecken die Assoziation einer Opernbühne nachdem der Vorhang hochgegangen ist - gleich wird der Tenor hinter den Kulissen zu singen beginnen, so als käme er von weit her. - Tatsächlich da ist ein eigenartiger Gesang zu vernehmen, aus vielen Stimmen ein rhythmisches Singen: Durch einen langen finsteren Gang sehen wir einen hell erleuchteten Raum am Ende, in dem die Mitglieder einer Sekte sich auf den morgigen Tag einstimmen. In dieser nur mit Kerzenlicht erhellten Nacht klingt dieser Singsang unwirklich, phantastisch und märchenhaft.

Die Hospedaje Salvador wirkt wie eine Kulisse der Oper, zu der draußen in den Straßen die Ouvertüre gespielt wurde. Um einen steil ansteigenden Hof scheint im Laufe vieler Jahre der große Gebäudekomplex entstanden zu sein. Nach und nach wurde hier eine Treppe, dort eine von rundgemauerten Bögen gedeckte Galerie hinzugefügt. Rundum sind die gekalkten Balustraden und die Geländer der steilen Treppen, die scheinbar ohne Plan irgendwo beginnen und irgendwo enden, mit roten, grünen, blauen und ockerfarbenen Streifen gerahmt. In großen roten, kugeligen Töpfen gedeihen hohe Bananenstauden, Oleander und Hibiskus. Von den Vordächern hängen Körbe und Schalen mit Geranien. Die Architektur gehorcht kei-

nem besonderen Plan, sondern spontanen Erfordernissen und äs-
thetischen Bedürfnissen. Die Zimmer sind ganz einfach, nur Betten
und Tische, aber sehr sympathisch mit sauberen weißen Wänden,
dunklen Holzdecken, türkis und rot gestreiften Fensterläden und
handgewebten gestreiften Leintüchern.

Das Fenster in unserem Zimmer steht weit offen, herein kommt
die frische Nachtluft und wir haben einen weiten Blick über die
Dächer hinüber zum Platz zwischen Santo Tomás und Calvario. An
der weißen Wand hat sich ein riesiger Falter für die Nacht niedergelassen. Seine braunen Flügel mit weißen, blauen und violetten
Augen und Zickzacklinien sind zu einem großen Trapez gefaltet.

Dominik ist ganz hingerissen von Chichi, hier möchte er bleiben,
sagt er immer und immer wieder, aber er ist totmüde, so daß er
bald zu Bett geht. Norbert und ich schlendern nochmals hinüber
zum Marktplatz, um von den Stufen der Kirche diese große Bühne
zu betrachten.

Die Nacht ist kalt, die Kälte kommt von unten, zwischen dem
Drahtgeflecht des Betteinsatzes durch, der durch eine dünne harte

Die Trachten von Solola sind besonders schön

Matratze abgedeckt ist, und von oben, denn es gibt nur eine der dünnen Filzdecken, die fast nicht wärmen.

Um sieben Uhr künden Schüsse vom Marktplatz her den Geschäftsbeginn an. In der Kirche steht vorne beim Altar ein Sarg und eben beginnt eine Messe. Immer wieder überrascht mich diese Gleichmütigkeit, mit der hier der Tod hingenommen zu werden scheint. Vorne in der ersten Reihe knien ein paar Menschen, aber an keinem Zeichen und keiner Regung kann man erkennen, ob sie es sind, die einen nahen Angehörigen verloren haben. Rund um den Altar sitzen die Cofrades, die über die Einhaltung der richtigen Zeromien wachen. Der Priester trägt ein Messgewand mit einer breiten Stickerei, wie sie die Kleider der Indios schmücken. Er hält die Messe in beiden Sprachen, in Spanisch und in der Sprache der Quiché, die mit vielen gutturalen Lauten und harten Konsonanten durchsetzt ist. Die wichtigen Teile der Messe und auch die Predigt wiederholt er in der Sprache der Menschen hier. Doch während der katholischen Messe findet wie selbstverständlich der indianische Gottesdienst auf dem Kirchboden statt, mit Kerzen, Kopal, Schnaps und Rosenblättern. Zur Wandlung läuten keine Glocken, sondern tönen laute Schüsse.

Auf den Stufen der Kirche krümmt sich ein Mensch, er blutet aus einer kreisrunden Wunde auf dem Hinterkopf, seine Augen sind geschlossen, er zuckt mit den Armen und Beinen, als läge er im Todeskampf. Direkt neben ihm steht ein fliegender Händler mit seiner Ware, der den schwer Verletzten, so scheint es, gar nicht zur Kenntnis nimmt. Hatten diese dumpfen Schüsse während der Messe, die mir zum Meßritual zu gehören schienen, mit diesem Unglücklichen hier zu tun? Wieder, wie schon so oft, kann ich nicht begreifen, daß rundherum so viele Menschen sind, die gar nicht zu bemerken scheinen, wenn einer neben ihnen stirbt. Ein Kommen und Gehen ist auf dieser breiten Treppe, aber keiner schaut auch nur her, obwohl ich sicher bin, daß hier jemand ist, der diesen Mann kennt. Ich fühle mich hilflos, weil ich nicht verstehe, was hier vor sich geht. Ich kann nicht begreifen, daß Menschen, die mit Tieren so liebevoll umgehen, einen der ihren einfach liegenlassen, wenn es mit ihm zu Ende geht.

Bevor wir nach Antigua weiterfahren, frühstücken wir im Hotel Santo Tomás, einem schönen alten Haus mit einem zauberhaften

Gestreifte Kniehosen tragen die Männer in Santiago Atitlán

Innenhof. Für die Touristen, die fast ausschließlich nur an den beiden Markttagen nach Chichicastenango kommen, wurde eine perfekte folkloristische Idylle aufgebaut: Der Hof, in dem ein Papagei die Besucher mit Krächzen begrüßt und Kolibris von Hibiskusblüte zu Hibiskusblüte schwirren, ist erfüllt von den Klängen einer Marimba. Daneben kniet eine India auf dem Boden, ihren Hüftwebstuhl hat sie an einer Säule festgemacht. Für die Dekoration des großen Speisesaales hat man offenbar Klöster und Kirchen geplündert, denn an den Wänden hängen Silberplatten von Altären und reich bestickte Meßgewänder.

Doch mit dem Bestellen eines einfachen Frühstücks hat es in dieser Luxusabsteige seine Schwierigkeiten. Zwei alte Indios nehmen gemeinsam unsere Wünsche auf, die aus nicht mehr als Tortillas, Frijoles, Rührei, Kaffee und Cola bestehen. Da aber offensichtlich keiner der beiden schreiben kann, wiederholen sie einander mehrmals die Bestellung, um sie sich zu merken, dennoch kommt schließlich das Falsche. Auch diese beiden sind den Touristen zuliebe kostümiert und es ist beschämend, daß sie in der dunklen bestickten Tracht, mit dem roten "Tzuz", dem abenteuerlich geschlungenen Tuch, und reichem Silberschmuck, die nur der hochangesehenen obersten Priesterkaste der Indiogemeinde von Chichicastenango vorbehalten ist, die Touristen bedienen müssen.

Die Fremdenverkehrsorganisationen Guatemalas wissen sehr wohl, daß die Indiobevölkerung mit ihrer bunten Kleidung und ihrer besonderen Lebensweise eine der Hauptattraktionen für Gäste ist. Ihre wichtige Rolle in der Wirtschaft Guatemalas als Devisenbringer und billigste Arbeitskräfte schlägt sich jedoch nicht im Geringsten in der Gesetzgebung nieder.

Der Bus nach Antigua ist vollgestopft, viele der Marktfahrer sind am frühen Nachmittag schon wieder auf dem Heimweg. Wir finden nur mehr eingekeilt auf dem Mittelgang Platz. Meinem Sohn ist furchtbar schlecht, er ist ganz weiß im Gesicht. - Nachdem ich meine verschiedenen Reisewehwehs halbwegs überstanden habe, fängt nun seine Leidensgeschichte an, Übelkeit, Durchfälle, Fieber, die ihm den Rest der Reise ziemlich verleiden werden. Noch dazu ist die Straße von Chichicastenango nach Los Encuentros ganz besonders kurvig. Ihm ist sterbensübel, so daß wir bei einem Halt mitten auf freiem Feld fast fluchtartig den Bus verlassen. Dominik verschwindet sofort in einem Maisfeld.

Nach unserer Ankunft in Antigua hat er Fieber, keinen Appetit, ist erschöpft und will nur mehr ins Bett.

In unserem Hotel wohnt auch ein Österreicher, ein Hauptschullehrer aus Waidhofen an der Ybbs, der schon seit 14 Monaten in Lateinamerika unterwegs ist. Bisher hat Wolfgang immer nur so viel gearbeitet, bis er die nächste Reise zusammengespart hatte, zusätzliches Reisegeld verdiente er sich mit dem Verkauf von folkloristischen Mitbringseln auf dem Wiener Flohmarkt. Alles zusammengerechnet, hätte er schon vier Jahre unterrichtet, sagt er, und das genüge. Er denkt daran, in Guatemala zu studieren und sich hier niederzulassen, vielleicht an der österreichischen Schule zu unterrichten, oder sonst eben Geschäftsmann zu werden - das ginge hier relativ leicht.

Was ihn denn locke, hier zu leben, fragen wir Wolfgang. "Ich möchte wissen, wie es hier weitergeht," sagt er. "Da muß es bald einmal losgehen, denn lange kann die politische Situation nicht mehr bleiben, wie sie ist - und dann will ich dabei sein."

Antigua: Das koloniale Guatemala

Señor Benjamino vom INGUAT zeichnet uns auf einem Stadtplan ein, was wir uns unbedingt in Antigua ansehen müßten: "Universität: 20 Minuten, Santa Clara - nur im Vorbeigehen ansehen - San Francisco: 20 Minuten, Kapuzinerinnen: 20 Minuten, La Merced - fuente! (wichtig!): 20 Minuten, San José Recollección: 20 Minuten." - Nirgendwo dürften wir länger verweilen, damit wir mit der Tour in zwei Stunden fertig seien - denn dann komme unweigerlich der Regen, warnt Señor Benjamino.

"Wenn ihr einmal wiederkommt, könnt ihr Euch ja Antigua genauer ansehen, aber diesmal: No mas qué veinte minutos!" schärft er uns ein. - Señor Benjamino dürfte recht haben, denn als ich mit der Gruppe Journalisten hier war, blieben wir zu lange beim Essen sitzen, und dann regnete es so stark, daß wir von Antigua kaum mehr etwas sahen. Deshalb erlebe ich auch erst bei diesem zweiten Besuch diese Stadt als das Juwel, das sie ist, sehr kultiviert - großbürgerlich, sehr gepflegt, sehr spanisch-kolonial und ganz anders als alle anderen Städte in Guatemala - das indianische Element ist hier in den Hintergrund gedrängt.

Sehr viele Ausländer besuchen Antigua, das in einer Stunde von der Hauptstadt aus leicht zu erreichen ist; viele Studenten holen sich in einer der zahlreichen Spanischschulen den letzten Schliff für ihre Sprachkenntnisse. Dementsprechend gibt es hier auch eine große Auswahl an guten Hotels, Restaurants und Privatunterkünften in allen Preiskategorien.

Den Palast der Kolonialregierung, wo bis 1773 die Vertreter der Spanischen Krone residierten, hat Señor Benjamino gar nicht erwähnt, denn in diesem imposanten Gebäude an der Südseite des Zentralparks mit den beiden übereinanderliegenden Kolonnaden befinden wir uns bereits, hier ist das INGUAT untergebracht.

Im gleichen Stil ist das Rathaus (Palacio del Ayuntamiento) am Platz gegenüber gebaut, hier kann man im Museum die älteste Druckerpresse Zentralamerikas (aufgestellt im Jahr 1660) und wertvolle alte Drucke bewundern.

Die Ostseite des Platzes begrenzt die Kathedrale. Alvarados Gebeine sollen hier in einer Kiste im Jahr 1941 gefunden worden sein, als man einer Legende nachforschte, wonach seine Tochter Leonor seine sterblichen Überreste und die seiner Frau Doña Beatriz hierher hatte überführen und bestatten lassen. Doch wagt man in Guatemala nicht, sie zur Schau zu stellen, wie die Mumie von Pizarro in der Kathedrale von Lima, denn man fürchtet, die Indios könnten die vermeintlichen Überreste des "Conquistadors", den sie als Vernichter ihres Volkes, ihrer Kultur und ihrer Religion empfinden, zerstören.

Neben der Kathedrale befindet sich die Bibliothek der alten Universität San Carlos Borromeo.

Das niedere weitläufige Gebäude der Universität im maurischen Stil südlich der Kathedrale wurde 1678 errichtet und überlebte das große Erdbeben von 1773 praktisch unversehrt. In der Mitte des von vier langen Arkadengängen eingerahmten Innenhofes plätschert ein romantischer Brunnen, der kunstvolle Ziegelboden ist vom Gebrauch der Jahrhunderte tief ausgetreten. In einer Ecke ist ein Raum wie ein Hörsaal eingerichtet und Puppen in der alten Tracht erwecken den Eindruck, als finde hier gerade eine Vorlesung statt.

An dieser Universität wurde hundert Jahre lang, bis zu der Erdbebenkatastrophe, die Antigua zerstörte, neben Theologie, Philosophie, Rechtswissenschaft und Medizin sogar die Sprache der

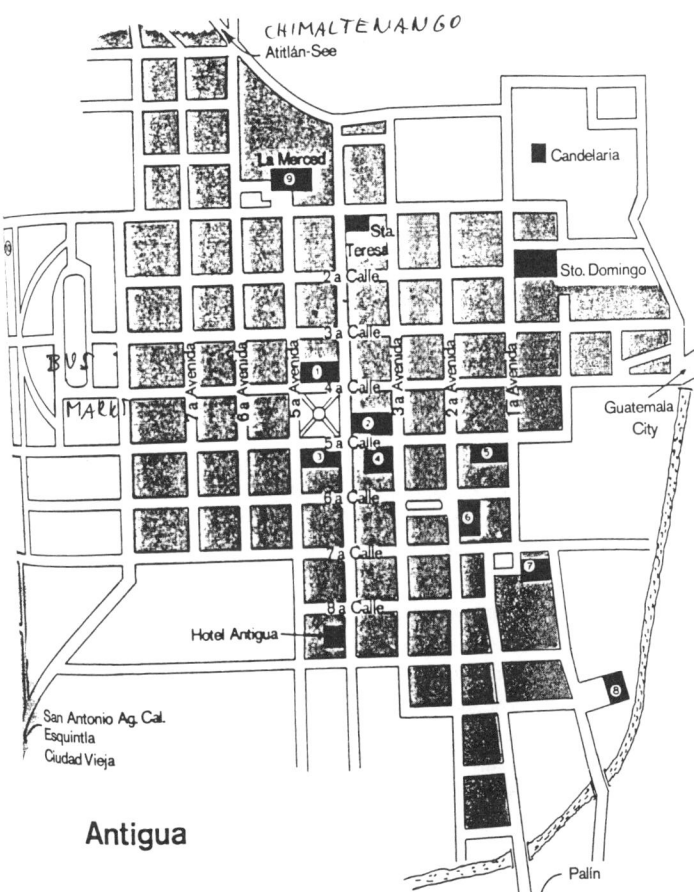

CHIMALTENANGO
Atitlán-See

La Merced
⑨

■ Candelaria

Sta. Teresa

Sto. Domingo

2a Calle

3a Calle

4a Avenida
5a Avenida
6a Avenida
3a Avenida
2a Avenida
1a Avenida

①

4a Calle

Guatemala City

②

5a Calle

③ ④ ⑤

6a Calle

⑥

7a Calle

⑦

8a Calle

Hotel Antigua

⑧

BUS
MARKT

San Antonio Ag. Cal.
Esquintla
Ciudad Vieja

Antigua

Palín

Quelle: G.+E. Müller, Zentralamerika, siehe Lit. Verzeichnis
Plaza des Armes (Hauptplatz)

1. Rathaus - Palacio del Ayuntamiento mit INGUAT
2. Kathedrale
3. Palast der Kolonialregierung (Palacio de los Capitanes Generales)
4. Universität San Carlos
5. Casa Popeone
6. Kloster Santa Clara
7. Kirche San Francisco
8. Posada Belem
9. Kirche la Merced

Cakchiqueles gelehrt. Namhafte Wissenschaftler der damaligen Zeit, darunter auch der heilige Thomas von Aquin, waren Lehrer an dieser hohen Schule. Hier entstand auch eines der bedeutendsten Werke über das Leben der Maya zur Zeit der spanischen Eroberung: Verfasser war der damalige Bischof von Chiapas in Mexico, Bartolomé de las Casas (1474 - 1566), der mit der Missionierung der Indios beauftragt war und als erster den Widerspruch zwischen der christlichen Lehre und der christlichen Machtpolitik erkannte. Las Casas Karriere scheiterte an seinem Eintreten für die Rechte der Indios. Zwar gelang es ihm, Karl V. zur formellen Abschaffung der Sklaverei zu bewegen, doch ersetzte er das eine Unrecht durch ein anderes: Da die körperlich schwachen Indios für die schwere Arbeit in den Minen und Plantagen nicht geeignet waren, regte Las Casas an, widerstandsfähigere Negersklaven einzuführen. Zu spät erkannte er, daß er damit großes Unheil angerichtet hatte. Die Bücher von Las Casas[1] sind als zeitgenössische Schilderungen über die Situation, die die Eroberer vorfanden, heute noch grundlegend für die Maya-Forschung und die Erforschung der Entdeckungsgeschichte Mittelamerikas.

Von der Universität ein paar Gassen ostwärts liegt die Franziskanerkirche mit dem angeschlossenen Kloster, die wahrscheinlich der prächtigste Sakralbau in der alten Hauptstadt war. Der 1543 errichtete Komplex umfaßte zwei Häuserblocks, das Kloster beherbergte bis zu 150 Mönche. Etliche Bögen und Mauern haben dem Erdbeben widerstanden. In die Fassade sind 16 Nischen eingelassen, in denen einige der Heiligenbilder aus Stucco erhalten geblieben sind. Über dem Eingang befindet sich das Wappenschild, das Karl V. den Franziskanern verliehen hat.

Größere Bedeutung als die Überreste der einstmals prächtigen Kirche hat heute allerdings die kleine Kapelle des "Dritten Ordens" neben der Franziskanerkirche, denn hier befindet sich die Gruft von Pedro de San Bethancourt, den die Indios noch mehr als Las Casas als ihren Fürsprecher verehren. Gebürtig aus Teneriffa kam er 1626 nach Guatemala und gründete hier Spitäler für die Armen, Schulen und Klöster und den Orden der Bethlehemiten. Wie Las Casas verurteilte Bethancourt die Menschenverachtung der Spanier gegenüber den Indianern. Seine unkonventionellen und unbequemen An-

---

1   z.B. "Historia general de las Indias"

sichten hätten ihm beinahe die Exkommunikation eingebracht und die Entlassung aus dem geistlichen Amt. Er ist "der" Heilige der Indios; seine Gruft ist ein Wallfahrtsort für die Unterdrückten im eigenen Land, niemals verlöschen hier die Kerzen. Zusammen mit Las Casas war er einer der wenigen Theologen in der neuen Welt, die der spanischen Krone das Recht auf die Versklavung der Ureinwohner absprachen.

Wenn man von der Franziskanerkirche die 2. Avenida Norte stadtauswärts geht, gelangt man zu den wohl am meisten besuchten Ruinen von Antigua, zum 1726 gegründeten Kapuzinerrinnenkloster. Die Klausur der Nonnen, der "Torre de Retiro" ist noch sehr gut erhalten. Um einen kreisförmigen gepflasterten Innenhof kann man durch runde Torbögen in viele winzige, segmentförmige Zellen blicken, und sogar die Badestube, mit zwei in den Boden eingelassenen steinernen Wannen, ist noch erhalten. Oben wachsen aus den geborstenen Mauern hohe Yuccas und lilaüberschäumte Bougainvilleen. Besonders beeindruckend ist die statische Struktur dieses Turmes, die im Keller sichtbar wird: Ein ringförmiges

Die reichgeschmückte Fassade der Kirche in La Merced

Gewölbe wird von einer einzigen gigantischen Säule aus Ziegeln und Sandstein getragen. Die große Klosteranlage liegt in einem schönen Garten und vom Dach der Kirche aus kann man einen neugierigen Blick in die benachbarten Höfe der Reichen tun.

Von den Kapuzinerinnen biegt man nach links in die "Gasse der Silberschmiede" - die Calle de Plateria - ab und stößt dabei im rechten Winkel auf die Calle de Santa Catalina, die durch einen breiten Bogen überspannt ist. Als nämlich das Katherinenkloster zu klein wurde und nur mehr ein Grundstück auf der Straße gegenüber für einen Zubau zu haben war, überbrückte man die Straße mit diesem hohlen Bogen, damit die Nonnen ungesehen in ihre Räume gelangen konnten.

Die Straße des Katherinenklosters stößt direkt auf die Kirche "La Merced". Diese Kirche der Gnadenmadonna gilt als eine der schönsten Kirchen Zentralamerikas. Zwei behäbige Türme mit quadratischem Grundriß nehmen die wie mit silberner Ziselierarbeit bedeckte Fassade in die Mitte. Die reiche Verzierung an Wänden und Eingangsseite des 1541 errichteten Sakralbaues entspricht dem maurisch-churiguresken Stil, einer Richtung des spanischen Barocks, das italienische und gotisierende Elemente aufnahm. Besonders beeindruckend aber ist im Hof des angeschlossenen Klosters der riesige, vieleckige "Fischerbrunnen", wo die Fische für das Fastenmahl frisch gehalten wurden.

Nach Westen geht es zum städtischen Friedhof stadtauswärts. In der nördlichen Ecke errichtete 1708 ein aus Queretaro in Mexico kommender Orden die Kirche und das Kloster "San José Recolección". Diese Ruinen zeigen am eindrucksvollsten die Gewalt, die das Erdbeben freisetzte.

Noch zahlreiche andere Kirchenruinen, Klöster, sehenswerte Museen und Bibliotheken hätte Antigua zu bieten. In Antigua gibt es außerdem Silberschmiede, die geschmackvollen Schmuck fertigen, hier werden kleine bemalte Figuren aus Ton gemacht, Blumen, Obst, Tiere und Vögel, die im ganzen Land gerne als Tischdekoration verwendet werden. Doch für uns ist der Stadtrundgang zu Ende, denn, wie uns Señor Benjamino prophezeit hat, fallen bereits die ersten Tropfen.

Unser neuer Bekannter aus Niederösterreich hat uns San Antonio de Aguas Calientes empfohlen, denn dort sollen die besten Weberinnen von Guatemala zu Hause sein. Er selbst will Gürtel,

Pulseros und andere kleine Arbeiten erwerben, um sie auf dem Flohmarkt in Wien zur Finanzierung seiner nächsten Reise zu verkaufen.

Die Straße führt durch üppige Kaffeeplantagen, denen hohe Bäume Schatten spenden. Die Häuser des Dörfchens sind mit hohen Zäunen aus Maisstengeln gegen die nun vom Regen schlammige Straße abgeschirmt. Jetzt am Nachmittag ist auch am Marktplatz vor der weißgetünchten Kirche nur wenig los, ein paar Buden sind noch aufgebaut. Die meisten der Handarbeiten sind neu, den Bedürfnissen der Touristen entsprechend, die von Antigua herüberkommen und vielfach ähnliche Intentionen wie Wolfgang haben. Schön sind sie aber trotzdem, obwohl es sich nicht um Stücke für den Gebrauch der Frauen selbst handelt.

Zurück in Antigua, hören wir in einer Pizzaria über Fernsehen von einer Katastrophe, die sich an der Südküste zugetragen hat: Über 200 Menschen wurden nach dem Genuß vergifteter Muscheln in die Krankenhäuser von Quetzaltenango eingeliefert, mehr als dreißig sind der Vergiftung bereits erlegen. Man weiß zwar noch nichts über die Ursache, es wird aber vermutet, daß der Regen das Gift von Pflanzenschutzmitteln, die auf die Plantagen an der Küste gespitzt wurden, ins Meer gewaschen hat, und daß durch das abgestorbene Plankton auch die Meerestiere, die sich von Plankton ernähren, zu gefährlichem Gift wurden.

Wie in anderen Entwicklungsländern werden in Guatemala Gifte in der Landwirtschaft eingesetzt, die sonst längst verboten sind. Und sie werden auch reichlich verwendet, selbst wenn sich Landarbeiter auf den Feldern befinden und durch die Sprühaktionen zu Schaden kommen. Die Muschel-Katastrophe in diesem Sommer hat diesen verantwortungslosen Umgang mit Pflanzenschutzmitteln in der 3. Welt drastisch aufgezeigt – die Katastrophe war aber kein Anlaß für Konsequenzen. In dieser Nacht sollen wir erst sehr spät zur Ruhe kommen, denn in Antigua ist Fiesta-Woche. Unser Hotel scheint direkt neben einem Tanzsaal zu liegen, und an Schlafen ist daher nicht zu denken. Diese Fiesta entspricht mehr den modernen gesellschaftlichen Bedürfnissen, doch Antigua hat auch noch eine andere, eine berühmte traditionelle Fiesta.

Aus allen Landesteilen kommen die Menschen, um in Antigua die "Semana Santa" mitzuerleben, von der man sagt, sie werde nur durch die Feiern in Sevilla in Spanien übertroffen.

Die Prozession durch die Stadt dauert die ganze Oster-Woche. Die Straßen, durch die die Umzüge führen, werden mit bunten ornamentalen Teppichen aus gefärbtem Sägemehl und Blumen belegt. Viele hölzerne Schiffe mit Aufbauten und Heiligenfiguren werden bei der Prozession mitgetragen und jede Kirche hat ihre eigene Gruppe. Den Hauptteil der Prozession bildet ein riesiges Schiff, auf dem Jesus mit dem Kreuz auf dem Rücken zu sehen ist - siebzig Männer auf beiden Seiten tragen diese lange hölzerne, Plattform. Die Träger erhoffen sich von dieser Mühe eine Vergebung ihrer Sünden. Fahnen und Banner begleiten den Zug und dahinter kommen die Gläubigen, in violette Kutten gehüllt. Am Karfreitag sind die Gewänder zum Zeichen der Trauer schwarz - diese unheimlichen Büßerfiguren, die Cucuruchos, füllen an diesem Tag die Straßen Antiguas.

Die "Semana Santa" wird ähnlich, nur nicht so prächtig wie in Antigua und auch in der Hauptstadt, in den meisten Orten Guatemalas begangen. Vielfach werden mit dem christlichen Umzug auch die Fruchtbarkeitsbräuche der Indios vermengt.

Die Karibik – Provinz Izabal

Puerto Barrios

Zwei Tage machten wir eine Abstecher nach Honduras zu den bedeutendsten Maya-Ruinen von Copán, der südlichsten Schwester von Tikal.

Dieser Besuch war sehr strapaziös, aber die Besichtigung dieser gewaltigen Anlage ist sehr lohnend.

Über Chiquimula in dessen Provinz der sehr traditionsbewußte Stamm der Charti lebt, fahren wir danach weiter an die Küste, nach Puerto Barrios.

Wir fahren durch eine herrliche Landschaft, sehr weite, wenig bewachsenen Berge, deren Klüfte und Schluchten die schrägen Schatten des späten Nachmittags plastisch zeichnen. Direkt geht es auf eine hohe Bergkette, die Sierra de las Minas, zu. Die Spitzen der Berge verlieren sich in den Wolken.

An der Hauptstraße bei Rio Hondo gibt es an Bretterbuden Getränke, die man in diesem Klima literweise hinunterschütten kann, ohne je den Durst zu stillen. Frauen und Kinder warten mit Körben voller Früchte auf die Busse. Zwei Quetzales kostet der drei Kilogramm schwere Sack voller Limonen. Ein Mädchen bietet mir kleine braune, kugelrunde Früchte an: "Chicos!" sagt sie, ich kaufe ihr ein Säckchen für 25 Centavos ab. Die rauhe braune Haut läßt sich abziehen, drinnen kommt ein grünliches, sehr süßes und wohlschmeckendes Fruchtfleisch zutage mit zwei kleinen schwarzen Kernen: "Bonito!"

Schon um sieben Uhr ist es stockfinster, der Bus rast durch Nacht und Dschungel. Manchmal steigt jemand an Stellen aus, wo man meint, hier könne doch niemand wohnen; offensichtlich gibt es auch in den entlegensten und einschichtigsten Gebieten Behausungen. Nun fängt es auch noch wolkenbruchartig an zu regnen.

Endlich Puerto Barrios. Der Chauffeur ruft an den einzelnen Calles aus, ob jemand aussteigen möchte. Weil es draußen ziemlich dunkel ist, bekomme ich dadurch den Eindruck, es müsse sich um eine ziemlich große Stadt handeln, denn immerhin ist Puerto

Barrios der wichtigste Hafen an der Karibik und daher erwarte ich etwas, das den Namen "Stadt" verdient.

Als der Bus stehenbleibt, sind wir überrascht, daß diese "Stadt" ein Dorf aus Bretterbuden ist. Es schüttet wie aus Scheffeln, deshalb essen wir gleich im Terminalgebäude: Chinesisch diesmal, denn an der Karibikküste gibt es ein Völkergemisch, und eben auch Chinesen. Inzwischen hat auch der verrückte Regen etwas nachgelassen, so daß wir uns auf Hotelsuche begeben können. Wir befinden uns auf der 6. Avenida, 9 Calle, also im Zentrum, aber auf den Straßen steht der Morast knöcheltief. Hier herum gäbe es eine Menge Hotels, sagte man uns, doch die Gegend wirkt in dieser Finsternis wenig vertrauenerweckend.

In der Pension Nineth finden wir ein freies Zimmer. Eine Luxus-bleibe ist es nicht, aber wir sind froh, ein Dach über dem Kopf zu haben, denn draußen bricht das Inferno los. Blitz und Donner wechseln einander ab und der Regen klatscht aufs Dach. Das Schönste wird die Dusche sein, habe ich mich schon die ganze Zeit, unterwegs eingekeilt im Bus im Dampfbadklima, gefreut. - Doch welch herbe Enttäuschung, als aus der immerhin bezahlten Du-sche kein Tröpfchen Wasser kommt, auch am Waschbecken - nichts! beim Klo - nichts! (Und draußen herrscht die Sintflut!)

Auf der Decke kriechen schwarze Käfer - Wanzen? - Es heißt, die lassen sich im Dunkeln gerne von der Decke auf die Schläfer fallen, und um das zu verhindern, solle man sich unter einen Ventilator legen. In unserem zwei mal drei Meter großen Zimmer ist ohnehin nichts anderes möglich. Im Nachbarraum höre ich es gerade Zi-schen, da benutzt wohl jemand ein Insektenspray. - Das kommt morgen auch in unsere Rucksäcke, wenn es das hier irgendwo zu kaufen gibt!

Während ich schon schlief, erzählt mir Norbert, kamen zwei Kä-fer an der Wand bis in Betthöhe gekrochen, einer davon war dau-mengroß. Er hat sie angeblasen, und sie ergriffen die Flucht, weil wegen des Wassermangels Zähneputzen unmöglich gewesen war.

Livingston: Karibische Lebensart
ohne Palmenstrand

Eine schlammige Gasse, die 9. Calle, führt zum Hafen. Ein Schiff nach Livingston geht erst um 10 Uhr 30, und fährt bei der 12. Calle ab. Dort steht es auch schon, ein hölzerner Kutter. In einer Garage deponieren wir unsere Rucksäcke, um bis zur Abfahrt Puerto Barrios erkunden zu können.

Ein Stadtzentrum machen wir nicht ausfindig. Es muß wohl irgendwo um die Markthalle herum sein. Eine Stadt in unserem Sinn gibt es hier nicht und man meint überhaupt, sich auf einmal in einem anderen Land als Guatemala zu befinden. Wo ist die Plaza mit der großen Kirche im spanisch-kolonialen Stil? Wo die gepflasterten Straßen im Zentrum mit den fensterlosen gemauerten Häusern dicht an der Straße?

Puerto Barrios ist ganz anders. Locker ins Grüne gesetzt reiht sich eine Bretterhütte an die andere, manche stehen auf Stelzen, im ersten Stock oft eine Galerie mit einem Holzgitter. Die bunten Farben Rot, Grün, Violett, Türkis und viel Weiß blättern vom Holz, alles ist ein wenig schlampig. Die Luft enthält hier wohl hundert Prozent Feuchtigkeit, und das lähmt die Aktivität und zwingt zur langsamen Gangart. Über die Zäune aus verrosteten Blechplatten und ausrangierten Öltonnen quillt die Dschungelvegetation, Palmen, Hibiscus und mächtige Gummibäume - an einem ist ein schlankes schwarzes Schwein gebunden, und ein Huhn flüchtet laut gackernd aus der Bar "El Rey".

Auch die Menschen sind hier ein ganz anderer Schlag, bunter und leidenschaftlicher als die in ihrer jahrhundertealten Tradition ruhenden Indios im Hochland und nicht so schlank und zartgliedrig wie sie, sondern rund, weich, geschmeidig. Hier an der Karibik haben sich alle Rassen gemischt, die es über Meer und Land hierher verschlagen hat: Negroide, Chinesen, Weiße, Indios. Daraus sind die buntesten ethnischen Mixturen entstanden: Mestizen (Weiße und Indios), Kreolen (Nachkommen von südeuropäischen Einwanderern), Mulatten (Neger und Weiße), Morenos (dasselbe, aber von karibischen Inseln stammend) und Zambos (Neger und Indianer).

Hier gibt es auch Bettler, denen man sonst außerhalb der Hauptstadt im Land kaum begegnet. Wie anderswo streunende

Hunde, suchen sie in den Lokalen nach übriggebliebenen Nahrungsmitteln. Einer, mit Lumpen am Leib, hat drei dicke Doppelsandwiches mit Frijoles ergattert. Als ein anderer Bettler vorbeigeht, für den nichts mehr geblieben ist, gibt der erste ohne langes Verhandeln ihm eines von seinen Broten. Immer gibt es welche, die noch ärmer sind!

Gegenüber der Markthalle setzen wir uns zum Frühstück in ein Café mit einer schattenspendenden großen Markise. Die Kellnerin, die aus ihrer buntgemischten Ahnenreihe die attraktivsten Merkmale aller Rassen gewählt zu haben scheint, läßt sich viel Zeit mit unserem "Desayuno". Sie bewegt sich so, wie es diesem Dampfbadklima angemessen ist: Karibisch langsam. Deshalb haben wir nach dem Frühstück kaum mehr viel Zeit für Sightseeing, bis das Schiff fährt.

Der weiß-türkis gestrichene, klapprige Kutter ist schon gerammelt voll wie die Überland-Autobusse, aber immer noch ist Platz für alle, die noch kommen. Kaum hat der Kapitän die Anker gelichtet, da schreit eine Frau schrill: "Mis cosas!" Das Boot macht nochmals eine Schleife zum Landesteg und von dort wird ein Korb mit den Sachen der Frau hereingereicht. Wieder legt der Kutter ab.

"Falta el carne!" schreit die Frau. Alles lacht und der Kapitän macht noch eine Runde und holt das Fleisch.

Und dann: "Los chilles!" - Ohne die scharfen kleinen roten Paprika geht hier gar nichts, das muß jeder einsehen. Am Schiff herrscht schon großes Gelächter, als der Kapitän nochmals umdrehen muß: "Na, jetzt hast du ja bald das ganze Menü zusammen!" ruft einer.

Dann geht es wirklich hinaus aufs offene Meer. Nach Livingston am nördlichen Ufer der Mündung des Rio Dulce in die Bahia de Amatique, einer Bucht des Golfs von Honduras, gelangt man nur über verschlungene Dschungelpfade oder eben von Puerto Barrios aus übers Meer. Dieser schwer zugängliche Ort war aber schon unter den alten Mayas ein Handelszentrum namens Nito. Schon damals wurden Händler und Reisende mit dem Kanu ans diesseitige Ufer übergesetzt, wo so wie heute die Straße durch das Montagua-Tal verlief.

Pelikane begleiten unser Schiff ein Stück. Die Sonne hat sich verzogen. Auf dem bleigrauen Meer sieht man Einbäume mit Fischern.

Die Überfahrt nach Livingston, 15 Kilometer, dauert eineinhalb Stunden und kostet 80 Centavos. Vor der Einfahrt in das breite Flußdelta holen uns wieder die Pelikane ab und gleiten mit weit ausgebreiteten Flügeln um das Schiff.

Livingston liegt auf einem flachen, grünen Hügel zwischen dem Flußdelta und dem offenen Meer. Zwischen hohen Kokospalmen ducken sich die Schilf- und Bretterhütten und die größeren Holzhütten mit luftigen breiten Veranden. Ein wenig windschief sind die Gebäude, aber solange die weiße, blaue, die rosa und die türkise Farbe die Bretter zusammenhält, ist es in Ordnung. Und alles, was aus Blech ist, nennt sich wohl Auto an diesem Ort, zu dem keine Straße führt.

Bevor wir einen klaren Gedanken fassen können, treibt es uns zu allererst zur Getränkebude an der Anlegestelle. Die salzige Meeresluft und die schwüle Hitze haben unsere Kehlen völlig ausgetrocknet. Dann geht es auf Zimmersuche. Die "Casa rosada", ein rosabepinseltes Haus wie ein Glucke mit einer Anzahl Schilfhütten als Gästehäuschen direkt am Meer, würde uns gefallen, aber da ist nichts mehr frei. Das Hotel "Flamingo" liegt ganz

Auf dem Schiff nach Livingston: Wie in einem anderen Land...

vorne an der Hauptstraße, vier Quetzales das Bett, aber doch zu muffig, weil das Zimmer im Untergeschoß aus Beton liegt. Das "Tuncan Tucu" ist das Luxushotel am Ort, 93,60 das Zimmer - aber nichts daran ist karibisch, sondern internationaler Standard, dafür aber wohnen hier kaum Gäste.

Schließlich finden wir das Richtige: "Rio Dulce" heißt das einstöckige Haus oben auf der Kuppe. Es ist aus hellblauen Brettern gebaut und hat eine sehr breite, weißgestrichene, rundumlaufende Galerie mit Hängematten. Der Chef des Hauses döst in seiner Matte vor dem Fernseher und steht nicht einmal auf, um uns den Schlüssel zu geben. Er deutet auf ein Brett, dort sollen wir den Schlüssel wieder hinhängen, wenn wir das Zimmer nicht wollen.

Der Raum ist einfach, aber luftig und groß, von der Galerie aus sieht man weit übers Meer - genommen! Die Kokosnüsse wachsen fast in das Fenster herein, wir knacken eine und schlürfen in der Hängematte die Kokosmilch - alle drei sind wir hellauf begeistert von Livingston.

Beim Duschen entdecke ich eine karibisch-bequeme Art des Wäsche-Waschens: Man seift den Körper ein, zieht das T-Shirt darüber und duscht damit! Dann läßt man es am Körper trocknen, denn so und so ist bei dieser Luftfeuchtigkeit und bei dieser Hitze die Kleidung hier immer naß. Das macht mir jeder sofort begeistert nach.

Das Entzücken über Livingston hält auch auf dem ersten Rundgang an. Aus den kleinen Bretter- und Schilfhütten quellen jede Menge Kinder, Frauen mit üppigen dunklen Locken, dunkelhäutige junge Männer in bunten Hemden, alte Männer mit abenteuerlichen Strohhüten über den Faltengesichtern, Hühner, Gänse, Enten, schlanke Schweine, samtwollige Hunde.

Allerlei Blühendes, Buntbelaubtes und Duftendes schäumt über die Zäune, was es bei uns nur als pflegeintensive Topfpflanzen gibt: Hibiscus und Bougainvilleen sowieso, aber auch alle Spezies von Caladium mit grün-rot- und grün-weiß-bunten Blättern, verschlungene Philodendren mit langen Luftwurzeln, hohe Krotonbüsche, kriechende Maranthen mit rotgeränderten Blättern, alle möglichen Arten von Palmen und vieles, was ich noch nie gesehen habe. Am Strand schlägt Dominik footballartige Früchte von einem riesigen Baum mit gelappten Blättern. Wir wollen wissen, was drin ist. Doch es ist unmöglich, die Frucht zu zerschlagen, sie hopst bei jedem Versuch wie ein Ball davon - und springt schließlich ins Meer hinaus. - So mögen die Mayas aufs Ballspielen gekommen sein.

In der Nähe des Friedhofs essen wir im Hotel-Restaurant "African Place" vorzüglich zum späten Mittag. Diese weißleuchtende Burg im Maurischen Stil ist hier nicht fremdartiger als die Afrikaner, die längst Einheimische geworden sind.

Die Tienda, das Geschäft, wo es vom Klopapier über Schnürsenkel, Macheten, Hängematten, Hüte, Kleider, Knallkörper, Töpfe, Kochlöffel und was-weiß-ich-noch-alles gibt, heißt "el divino maestro" - zum göttlichen Meister, der all diese bescheidenen Notwendigkeiten gnädig behüten möge.

Wenn man durch die Straßen von Livingston schlendert, trifft man sofort Bekannte. Zum Beispiel Siggi aus Bayern, Französisch-Lehrer an der deutschen Schule in Istambul. Wir kennen ihn vom Hotel Caribe, wo wir nach einem Zimmer fragten und er uns riet, "nehmt ruhig die Gruft da unten, was viel Besseres gibt es ohnehin nicht!" Siggi ist schon länger hier und kennt sich aus: Wir sollen ja nicht im Meer baden, auch wenn Livingston von Wasser umspült ist - das sei viel zu dreckig. Schwimmen könne man im Pool des Luxushotels Tucan Tucu - einfach in den Garten gehen und ins Wasser springen, keiner fragt danach, ob man Gast des Hauses ist oder nicht.

Weißen Sand und Palmen, was man sich unter Karibik vorstellt, gibt es in Livingston nicht. Dennoch sind wir von dem Ort entzückt - irgendwas ist dran, das fasziniert, wenn man auch nicht weiß was - sonst wäre auch diese Amerikanerin, der die "Casa Rosada" unten am Fluß gehört, sicher nicht schon 40 Jahre hier in Livingston. wir treffen sie auf einem Spaziergang mit ihren drei Dackeln, auch sie schon eine alte Bekannte, nur weil wir bei ihr nach einem Zimmer gefragt haben.

Wenn wir morgen zur großen Brücke wollen, die beim Castillo San Felipe über den Rio Dulce führt, dort, wo der Urwald-Fluß in den Izabal-See übergeht, dann sollten wir besser ein Einboot mieten, als mit dem Schiff zu fahren, empfiehlt sie. Gleich geht sie und sucht uns Edgar Campell, einen der Männer, die die Einbaum-Fahrten arrangieren.

Wie Panajachel ist Livingston eine Haupt-Fremdenverkehrsattraktion in Guatemala, ein Badeort ohne Strand. In beiden lassen sich die Leute in ihrer eigenen Lebensart wenig stören - und das macht ihren unerklärbaren Charme aus. Livingston lebt sichtlich von den Touristen, die mit dem Boot täglich hierher gebracht werden, aber man fühlt sich als willkommener Gast. Nichts kostet viel, und wenn man dennoch um den Preis feilscht, weil das einfach dazugehört, kriegt man es noch billiger und ein freundliches Lächeln dazu.

Inzwischen hat ein unglaublich heftiger Regen eingesetzt und wir können uns gerade noch in ein Restaurant retten. Da treffen wir wieder Siggi mit Ruth, die auch in Istambul unterrichtet. Ruth hat noch einem Amerikaner mitgebracht, und schon sind wir eine muntere Runde. Man tauscht Erfahrungen und Tips für die Weiterreise und amüsiert sich über Durchfälle und Speiübel-Sein - Dominik fühlt sich sehr verstanden.

Der Amerikaner erzählt vom Dengue-Fieber, einer Krankheit, die wie Malaria durch ein Insekt, Aedes Aegipti, verbreitet wird. Das "break-bone-feaver", wie es auch heißt, soll zwar nicht lebensgefährlich, aber ein sehr schmerzhaftes Leiden sein. Aus einem 2.000-Einwohner-Dorf in Guatemala wurde vor einer Woche über 266 derartiger Erkrankungen berichtet. Ein Chauffeur, der einen der Überlandbusse durch Zentralamerika lenkt, hatte das Fieber eingeschleppt. Medikamente oder Impfungen dagegen gibt es noch nicht - man kann nur vermeiden, daß dieses Überträger-Biest einen beißt. Nicht sehr beruhigend das Ganze, wo wir doch für morgen die Bootsfahrt durch den Urwald planen!

Der Amerikaner bestellt Krebse am Grill, bekommt aber Meerestier-Suppe, was schließlich ja auch gut schmeckt. Ich bin zwar versessen auf Muscheln und Krebse, aber seit dem Vergiftungsskandal an der Südküste bin ich lieber vorsichtig. Zwar befinden wir uns jetzt am anderen Ozean, aber sicherlich werden hier ohne Skrupel weiterhin dieselben hochgiftigen Pflanzenschutzmittel verwendet wie am Pazifik, die man für die Vergiftung des Planktons und der Meerestiere verantwortlich gemacht hat. So fern der Zivilisation kann heutzutage gar kein Ort mehr sein, als daß er nicht vom Dreck in der Umwelt auch sein Teil abbekäme.

Siggi will morgen mit uns die Bootsfahrt machen, und dann werden wir gemeinsam weiter mit dem Bus nach Flores fahren, um Tikal zu besuchen. Die Straße führt von Morales aus rund 300 Kilometer durch den Urwald und soll ziemlich schlecht sein, in der

Regenzeit manchmal unbefahrbar. Aber hier erhielt man die Auskunft, es ginge, also wollen wir fahren, auch wenn wir mittlerweile wissen, was strapaziöses Reisen bedeutet.

Rio Dulce: Mit dem Einbaum durch den Urwald

Um sechs Uhr früh ist Livingston bereits auf den Beinen, denn wer zur großen Brücke will, muß so früh wegfahren, um dem Regen auszuweichen. Tief sinkt das lange Boot ins Wasser, der kleine Motor schnurrt auf diesem ungeheuer breiten Fluß gegen die Strömung. Auf beiden Seiten ist der breite Strom von einer niedrigen Bergkette und dichtem Urwald gesäumt; die Luftwurzeln der Bäume, die Lianen und allerlei Kletterpflanzen hängen in dicken Zöpfen zum Wasser herab. Hin und wieder steht eine kleine Hütte nahe am Ufer oder auf Stelzen im Fluß. Unter den breiten Vordächern aus Palmwedeln schlummert in der Hängematte ein Baby. In der Uferzone sind schon Fischer bei der Arbeit, sehr oft ist das Fischen die Aufgabe von Kindern.

Man möchte mehr Zeit haben, anlegen, mit diesen Menschen sprechen können, erfahren, wie es sich in dieser Urwald-Einsamkeit lebt; denn zu vielen der Hütten kann man wohl besonders jetzt während der Regenzeit nur übers Wasser gelangen, der Urwaldboden ist zu weich und zu morastig. Dennoch sind gerade in dieser unzugänglichen Provinz Izabal "Subversivos" besonders aktiv - doch leicht ist es hier sicher nicht, eine schlagkräftige Organisation gegen die staatliche Übermacht zu organisieren.

Leider ist der Himmel verhangen und grau und das Licht zu schlecht, um zu fotografieren. Aber auch bei strahlender Sonne könnte man mit dem Fotoapparat kaum den Zauber dieser Fahrt mit dem Einbaum auf einem breiten Urwaldstrom festhalten. Es gibt Erlebnisse, die man mit seiner Erinnerung "abbilden" und im Gedächtnis behalten muß, mit all ihren Qualitäten, dem Schnurren des Motors, dem Plätschern des Wassers, den Schreien der Vögel vor dem Hintergrund einer großen Stille.

Nach etwa zwei Stunden Fahrt auf diesem großen, träge fließenden Strom weitet sich der Fluß, das Ufer wird flacher. Hier legen wir beim Biotop "Cecan Usas" an, wo das "Manati Chocon Machacas" heimisch ist. Diese Seekühe sind wegen ihres wohlschmeckenden Fleisches schon fast ausgerottet, nur mehr 12 bis 24 Exemplare soll es auf der ganzen Welt geben - hier einige und ein paar in Florida. Die über vier Meter lange Seekuh wirft ihre Jungen unter dem Wasser, erzählt uns eine Schweizer Journalistin, die auch durch Zufall auf dieses Biotop stieß - es steht in keinem Reiseführer - und nun seit einer Woche darauf wartet, das Manati auch zu Gesicht zu bekommen.

Gegen Moskitobisse und anderes Getier schützen wir uns, indem wir trotz der Schwüle lange Hosen und langärmelige Hemden anziehen; gegen Insekten, die von den Bäumen herabfallen könnten, setzen wir Strohhüte auf, bevor wir durch den hier angelegten Urwaldlehrpfad streifen. Um diese Jahreszeit ist aber hier nicht mehr zu sehen, als in anderen Urwäldern Guatemalas auch; im März sei aber alles in voller Blüte, erzählt unser Kanufahrer begeistert. Dominik ist dennoch hingerissen von den Blattschneideameisen, die Blätter in Quadratzentimeter große Stückchen zersägen und dann über eine weite Wegstrecke hinweg zu ihrem Bau transportieren. - Man sollte glauben, Blätter gäbe es überall, so daß die Tiere sie nicht zwanzig und dreißig Meter weit herholen müßten, aber sicher wissen die Ameisen besser, was sie wollen!

Hier weitet sich der Fluß auf eine Breite von neun Kilometern und wird fast zum See, bevor er sich wieder verengt. Indiohütten gibt es nicht mehr, sondern luxuriöse Ferienvillen, vor denen große Jachten vor Anker liegen. Im Hintergrund taucht auch schon die ungeheuer lange Brücke über den Rio Dulce und die angrenzenden Sümpfe aus dem Dunst auf.

Hinter der Brücke ragt eine kleine Halbinsel in den größten See Guatemalas herein. Darauf wurde im Jahre 1652 in bester strategischer Lage die Festung San Felipe de Lara zu Ehren des spanischen Königs Philip II. erbaut, um mit den Kanonen vordringende Piraten zurückzutreiben. Unsere Bootsfahrt ist hier zu Ende, der Bursche, der uns hergebracht hat, kehrt schleunigst um, damit ihn auf der Rückfahrt nicht der Regen überrascht.

Während Norbert und ich eine Runde schwimmen - das Wasser hat hier eine sehr starke Strömung, so daß man kaum mehr zum Ufer zurückkommt - treibt sich Dominik im Fort herum. Er ist ganz fasziniert von dem alten, wieder vollständig restaurierten Steinbau, den Türmen, den Kasematten, den vielen Treppen, Höfen, Gewölben und Mauern. In Livingston hat er sich in der "Tienda al divino maestro" extra für den Besuch des Fort ein großes Paket Knallkörper gekauft, um sie hier aus den Kanonen abfeuern zu können.

Am nördlichen Brückenkopf der gewaltigen Brücke hat sich, wie überall, wo Busse stehenbleiben, ein reges Geschäftsleben entwickelt. Ein großes Hotel, das zur Zeit ziemlich leer wirkt, gewährt aus seinen Zimmern den Blick über den Fluß. Drumherum sind eine Menge Buden für Reiseproviant und Comedores aus dem Boden gewachsen, in denen man frisch gefangene Fische zubereitet erhält. Unser Appetit auf frischen Fisch ist so groß, daß wir uns nicht lange umsehen, und gleich im ersten Comedor Platz nehmen.

Dieses "Restaurant" ist eine riesige, aus Brettern und Blech zusammengezimmerte Halle, fast so groß wie ein Hangar für die Privatflugzeuge auf dem "Domestic Airport" in Guate. Im hinteren Teil haust die Familie, der dieses Etablissement gehört, mit Hunden und Katzen, Hühnern und Schweinen, die zwischen den hölzernen Tischen der Gäste nach Futter suchen. Vorne beim Eingang steht der "Grill": Auf einer verrosteten Blechtonne, in der die Holzkohle glüht, bruzeln in einem umgekehrten Blechdeckel die Fische, aber auch mehr als handtellergroße Flußkrebse. Noch nie habe ich so wohlschmeckenden Fisch gegessen wie in dieser Bruchbude - man muß nur beim Essen auf den Teller schauen, damit einem das Ambiente nicht den Appetit verdirbt.

Die Auskünfte, die wir hier über die Weiterfahrt nach Flores einholen, sind nicht besonders ermutigend. Der nächste Bus geht erst um 13.00 Uhr und die Fahrt von 200 Kilometern durch den Urwald würde mindestens bis 22.00 oder 23.00 Uhr dauern. Es sei aber auch durchaus möglich, daß die Fahrt unterwegs wegen Überschwemmungen unterbrochen werden müsse, denn das letzte Straßenstück sei entsetzlich schlecht, zu schlecht selbst für Fahrer, die Schlag- und Sumpflöcher mehr als gewohnt sind. Auf halbem Weg, in Poptún, gäbe es zwar Übernachtungsmöglichkeiten, es sei allerdings nicht sicher, ob dort noch etwas frei sei.

Die Entscheidung fällt uns schwer, aber sie fällt gegen die Dschungelfahrt nach Flores aus: Für Norbert und mich wäre es keine Frage, das Abenteuer zu wagen. Aber Dominik hat sich gerade ein wenig von seinen diversen Leiden erholt und wünscht sich ein etwas weniger anstrengendes Reisen. Noch dazu habe ich ihm bei Copán versprochen, dies sei der mühevollste Teil der Reise gewesen, und ich möchte nicht, daß Guatemala ihm in schlechter Erinnerung bleibt. Entscheidend gegen die Fahrt ist auch, daß mein Flugzeug in vier Tagen abgeht und ich daher nicht riskieren kann, irgendwo im Urwald für längere Zeit festzusitzen. Denn die Maschinen ab Guatemala sind immer schon auf Wochen hinaus ausgebucht, so daß man es sich nicht erlauben kann, einen bereits fixierten Flug zu versäumen.

So verabschieden wir uns von Siggi, der die Reise auf jeden Fall machen will. Vielleicht treffen Norbert und Dominik, die noch länger im Land bleiben, ihn irgendwo wieder, denn man trifft hier fast jeden noch einmal, zu wenig Touristen sind um diese Zeit und auf diese Weise unterwegs. Wir steigen in den Bus nach Morales.

Man fährt endlos über diese gewaltige Brücke. Kaum zu glauben, daß dieses Bauwerk erst wenige Jahre die Landverbindung zwischen dem Hochland und der Provinz Petén herstellt, die fast die Hälfte der Landesfläche Guatemalas einnimmt. Vorher gelangte man in den unzugänglichen Urwald nur mit dem Flugzeug, was auch die archäologischen Arbeiten in dieser Provinz, in der es eine große Anzahl bereits entdeckter, aber vermutlich auch unentdeckter Maya-Städte gibt, sehr erschwerte. Für die Errichtung dieses Bauwerkes waren sowohl strategische Gründe maßgebend, denn über den schwer kontrollierbaren Urwald des Petén werden Waffen eingeschleust und Guerilleros und Flüchtlinge benützen Urwaldwege, um über die mexikanische Grenze zu entkommen, als auch wirtschaftliche. - Gelangt man doch über diese Brücke in die "Zone der Generäle", wo, ebenso wie im Petén, seit den Sechzigerjahren das große Geschäft mit Viehzucht zu machen ist.

Die Landschaft hinter der Brücke ist hügelig, saftig grün, hier weiden Kühe. Man sieht auch einige Kaffeepflanzungen in diesem Gebiet, das zu den fruchtbarsten von ganz Guatemala gehört, aber das meiste ist Wildnis und Brachland – "Reserveland" der Großgrundbesitzer. Immer wieder kommt die Empörung und Wut in mir hoch, daß in Ländern mit reichen natürlichen Ressourcen ein Großteil der Menschen hungern und sogar verhungern muß. Eine friedliche Entwicklung zur gerechten Verteilung des Bodens scheint nicht in Sicht. Eine derartig gravierende Umverteilung, wie sie in diesen Ländern erforderlich wäre, um tatsächlich Lebensmöglichkeiten für alle zu garantieren, kollidiert mit zu vielen Machtinteressen, als daß eine evolutionäre

Entwicklung Aussicht auf Erfolg hätte. Der Karren in diesen mittelamerikanischen Ländern ist zu verfahren, als daß eine ruhige demokratische Umgestaltung eine realistische Chance hätte.

An der Straßenkreuzung bei Morales setzt uns der Bus ab. Der nächste nimmt uns bis Rio Hondo mit; es ist ein Pullman und hat daher sogar eine Toilette an Bord - denn diese wichtige Einrichtung fehlt an den Wartestellen unterwegs auf der Straße, was zum Problem werden kann.

Die Fahrt ist wegen des heißfeuchten Klimas und des Durstes, der einen ständig quält, anstrengend und erschöpfend. Wenn die Zeit nicht drängt, ist es sicherlich besser, auf dem Weg nach Guate einmal zu übernachten. Wenn man die Reise von Livingston bis zur Hauptstadt so wie wir an einem Tag bewältigen will, kommt man erst gegen acht Uhr und in der Regenzeit bei strömendem Regen an. Was das bedeutet, müssen wir erleben: Da wir ursprünglich ja nach Flores wollten, haben wir kein Zimmer reserviert, und so ist im Chalet Suizo keines mehr frei. Wir lassen Dominik dort zurück und gehen auf die Suche. In einem ziemlich großen Geviert zwischen der 13. und 17. Calle, von der 7. bis zur 10. Avenida, gibt es viele Hotels, weil sich dort die Busterminals befinden, und wir fragen in jedem. Aber kein einziges Zimmer ist frei, nicht in den teuren Hotels und nicht in den billigen Pensionen. Wir sind schon ziemlich verzagt. Es heißt, um diese Zeit sei in El Salvador ein besonderer Feiertag und viele Salvadorianer nützen die Gelegenheit, um sich im zur Zeit politisch ruhigeren Guatemala zu erholen, wo noch dazu alles billiger ist.

Schließlich finden wir eine Pension, "Calle 13", da gibt es noch eine winzige Kammer, sogar mit Dusche, aber nur mit einem schmalen Doppelbett, doch wir sagen sofort zu und schlafen zu dritt, wo kaum zwei genug Platz haben.

Abschied von Guatemala:

Die Friedenshoffnungen von Esquipulas II.

Der Bus vom Atitlán-See, wo wir uns vor meinem Abflug nach
Europa ein paar Tage von den Strapazen erholt haben, nach Guatemala Ciudad wäre eigentlich nur für 36 Personen zugelassen.
Doch dicht an dicht sitzen über 60 Menschen in dem klapprigen
Gefährt und unbeachtet der Überladung mit Menschen und
hochaufgetürmten Bündeln am Dach rast er mit halsbrecheri-
schem Tempo die engen Kurven bis zum Paß auf 3.000 Meter
Seehöhe hinauf und danach wieder hinunter. Ich kann mich nur
auf meinem Sitz halten, indem ich mich fest an den Haltebügel vor
mir anklammere.

Dieser 8. August 1987 ist ein ganz besonderer Festtag für Guatemala und auch für seine Nachbarländer in Mittelamerika. Gestern
haben die fünf Präsidenten von Costa Rica, El Salvador, Guatemala,
Honduras und Nicaragua ein gemeinsames Friedensabkommen in
dem berühmten guatemaltekischen Wallfahrtsort Esquipulas nahe
der Grenze zu El Salvador unterzeichnet.

Unterschiedlichere Standpunkte prinzipieller politischer Natur
als unter diesen fünf Staaten kann es kaum geben. Nicaragua ist für
die ultrarechten mächtigen Gruppierungen in den Nachbarländern
und für den amerikanischen Präsidenten Ronald Reagan und seine
Gefolgschaft die kommunistische Gefahr schlechthin.

Deshalb ermöglichen Honduras und El Salvador von ihren Terri-
torien aus mit amerikanischer Hilfe die Destabilisierung der Sandi-
nistenregierung durch die Contras. Weniger bekannt ist, daß auch
Guatemala in dieser Hinsicht keine ganz sauberen Hände hat, denn
Guatemala hält sich zwar offiziell aus dem Konflikt heraus, doch
werden immer wieder Gerüchte laut, daß auch von hier aus die Contras Unterstützung erhalten: Jedenfalls konnten sich in Guatemala
ungehindert israelische Waffenschieber etablieren, die mit den Contras und dem amerikanischen Geheimdienst CIA in Geschäftsver-
bindung stehen. Angeblich sollen auch 8.000 Guatemalteken im
Osten des Landes trainiert haben, um sich nötigenfalls den Contras
anzuschließen, und Contraführer entkamen über Guatemala in die

USA. Die kommunistische Partei PGT beschuldigte den Unternehmerverband CACIF, Hilfslieferungen zu den Contras transportiert zu haben und General Augusto Cáceres Rojas, ein führendes Stabsmitglied unter Cerezos Vorgänger Mejia, mußte sich den Vorwurf gefallen lassen, in jüngster Zeit in die illegalen amerikanischen Waffenlieferungen des "Irangate"-Skandals verwickelt gewesen zu sein, wobei den Contras 800 Tonnen vorwiegend portugiesischer Waffen zugegangen waren[1].

Die mittelamerikanischen Staaten trennt also mehr, als sie eint - und nur ein wesentliches gemeinsames Anliegen machte es möglich, die enormen Gegensätze zu überspringen und dennoch miteinander zu verhandeln: Es war das dringende Verlangen, nicht das Spielzeug der Großmächte im Ost-West Konflikt mit all den verderblichen Folgen zu bleiben, sondern Politik nach den Bedürfnissen der eigenen Länder verwirklichen zu können. Dieses erste Treffen der fünf Präsidenten am Verhandlungstisch war insbesondere eine an die USA gerichtete dringende Botschaft, endlich diese Länder selbst über ihr Schicksal bestimmen zu lassen.

An diesem 8. August 1987, an dem ich Guatemala verlasse, knüpfen sich noch große Hoffnungen an das Verhandlungsergebnis von Esquipulas II. Vielleicht ist es die Hoffnung auf Frieden im eigenen Land, die diesen Busfahrer derart zur Raserei auf der Straße veranlaßt? Er hat das Radio während der zweieinhalbstündigen Fahrt ganz laut eingeschaltet, damit auch jeder der Passagiere die Übertragung des großen Dankgottesdienstes aus der Kathedrale der Hauptstadt hören kann. Mit diesem Gottesdienst beschließen die fünf Präsidenten die Unterzeichnung des Friedensvertrages. Erzbischof Prospero Peñados Barrios, der dieses Hochamt liest, hat sich immer wieder als Vermittler zwischen dem Präsidenten Guatemalas, Vinicio Cerezo und den vier Gruppen des Widerstandes angeboten. Er war bisher ernsthaft aber vergebens um Vermittlung und Befriedung im Land bemüht. Seine Predigt drückt die Befriedigung über das nun Erreichte aus, auch wenn es sich dabei nur um erste zaghafte Schritte hin zu einem mittelamerikanischen Frieden handelt.

Den unbewegten verwitterten Gesichtern der Indios in diesem Bus ist nicht anzumerken, ob sie die spanischen Worte ihres

---

1   J. Painter, Guatemala, False Hope

obersten Kirchenfürsten überhaupt verstehen können, ihnen ist nicht anzumerken, ob sie die Hoffnung auf einen baldigen Frieden teilen oder ob sie voller Skepsis den Verheißungen lauschen.

Zum ersten Mal ist es gelungen, auch mit Nicaragua ins Gespräch zu kommen und Verhandlungen zur Konfliktlösung in Mittelamerika zu führen, an denen die Vereinigten Staaten trotz massiver Störversuche nicht beteiligt waren: Dies ist es, was alle kaum für möglich gehalten hatten und was die gegenwärtige Hochstimmung rechtfertigt.

Als wir am Flughafen La Aurora in Guatemala Ciudad eintreffen, hören wir von weitem die Trommel- und Trompetenklänge von Musikkapellen, die die abreisenden Präsidenten verabschiedet haben. Beim Abflug regnet es so stark, daß ich nicht mehr viel von dieser Stadt und diesem Land sehe, dessen Schicksal mich tief bewegt, seit ich es auf dieser Reise kennengelernt habe.

Im Flugzeug sitzt neben mir ein Student aus Guatemala, der ein ausgezeichnetes, österreichisch gefärbtes Deutsch spricht. Er ist ehemaliger Schüler der österreichischen Schule in Guatemala und hat deshalb Graz in der Steiermark als Studienort gewählt. Ich bin sehr neugierig, was ein junger, von der Entwicklung in Mittelamerika betroffener Mensch über "Esquipulas II" denkt.

"Ja, man setzt in Guatemala wirklich große Hoffnungen in diesen Friedensplan," sagt er, doch auch bei ihm mischt sich Skepsis in die Hoffnung: Die inneren Verhältnisse in Guatemala seien beileibe nicht so, daß der Friedensplan auch einfach erfüllbar wäre.

"Was ist von der Klausel im Vertrag von Esquipulas zu halten, die die Regierungen und die Widerstandsgruppen zum 90tägigen Waffenstillstand, zu Verhandlungen und zur Beteiligung der Widerstandsgruppen am politischen Prozeß auffordert?" möchte ich wissen.

"Heute schon, einen Tag nach Abschluß der Verhandlungen, hat unser Außenminister, General Hector Gramajo, bereits erklärt, daß der Friedensplan für Guatemala nicht zur Anwendung kommen wird. Er sagte, der Friedensplan enthalte zwar wichtige positive Aspekte, aber einen Dialog mit den Aufständischen könne er sich in Guatemala nicht vorstellen. Auch gegen die Verantwortlichen für die Gewalt in unserem Land kann Cerezo gar nichts unternehmen, sonst wäre er überhaupt nie Präsident geworden."

Die skeptische Beurteilung dieses Studenten über die Situation in seiner Heimat scheint durchaus eine realistische Einschätzung der Lage in Guatemala zu sein.

Während ich an diesem Buch arbeitete, erhielt Präsident Arias von Costa Rica zwar für den von ihm ausgearbeiteten Friedensplan den Nobelpreis, doch bröckelte der Glanz von "Esquipulas II" allmählich ab. Noch einmal trafen sich die fünf Präsidenten ein halbes Jahr darauf in San José in Costa Rica, um diesen enthusiastisch begrüßten Plan am Leben zu erhalten, doch die Ergebnisse sind dürftig, und viele weitere Treffen werden noch notwendig sein, bis konkrete Verbesserungen spürbar werden können. Freilich bleibt aber "Esquipulas II." weiterhin Geschäftsgrundlage für Mittelamerika und damit eine Demonstration vor allem gegenüber den USA, daß ihre Einmischung nicht erwünscht ist. Das Wichtigste, was sonst davon noch geblieben ist, ist die Anerkennung aller fünf Regierungen als verfassungsmäßig. Irregulären Gruppierungen, wie den Contras, aber natürlich auch den anderen Widerstandsgruppen, wurde offiziell die Legitimität aberkannt.

Wie einflußreiche Kreise schon in den ersten Tagen nach dem 7. August 1987 zu verstehen gaben, wird entgegen den Vereinbarungen von Esquipulas in Guatemala ein Dialog der Regierung mit dem bewaffneten Widerstand nicht geduldet. Nur auf neutralem Boden, in Spanien, konnten Gespräche mit der Guerilla stattfinden, mißtrauisch beobachtet von den guatemaltekischen Militärs. Die Delegierten der Widerstandsgruppen mußten mit Recht im eigenen Land um ihr Leben fürchten, sobald sie den Untergrund verlassen. Die URNG, die Dachorganisation der vier Gruppen, weigerte sich weiterhin aus demselben Grund, die Waffen niederzulegen. Sie wäre aber zu einem Waffenstillstand bereit, gab sie zu verstehen, wenn konkrete Demokratisierungsbemühungen zu erkennen seien. Die URNG forderte den Abbau der Maßnahmen zur Kontrolle der Bevölkerung (zivile Verteidigungspatrouillen, Modelldörfer), Beachtung der Menschenrechte und Aufklärung der Morde und Entführungen. Doch als Antwort verstärkte die Armee ihre militärischen Aktionen gegen die URNG.

Auch eine weitere Forderung des Friedensvertrages von Esquipulas wurde nicht erfüllt - politische Gefangene wurden in Guatemala nicht freigelassen. Aus dem einfachen Grund, weil Oppositionelle prinzipiell umgebracht werden, wenn man ihrer habhaft wird. Hier verschwinden weiterhin tagtäglich Menschen, ohne daß ihre Angehörigen wissen, was mit ihnen geschieht. Guatemala hat mit dieser mittlerweile von allen autoritären Regimes in Lateinamerika geübte Praxis des Verschwinden-Lassens die längste Erfahrung - hier wurde sie mit Hilfe von Beratern aus den USA und Israel "erfunden".

Die mutigen Mütter der "Plaza de Mayo" in Argentinien konnten erreichen, daß die für Entführungen und Mord Schuldigen schließlich vor Gericht standen. In Guatemala, das wenig größer ist als Österreich, sind 40.000 Menschen verschwunden. Die Repräsentantin der GAM, der seit 1984 bestehenden Menschenrechtsorganisation in Guatemala, Nineth de Garcia, wurde 1988 in Österreich mit dem Bruno Kreisky-Preis für Verdienste um die Menschenrechte ausgezeichnet, doch mit dem Präsidenten des eigenen Landes kam sie noch nicht ins Gespräch. Denn das, was sie fordert, nämlich die Aufklärung des Schicksals der Verschwundenen und eine Bestrafung der für die Entführungen und Morde Verantwortlichen, kann Cerezo wegen seiner eigenen unsicheren Position nicht zugestehen.

Seit meiner Abreise im Spätsommer 1987 ist in Guatemala wieder viel gegen eine Beruhigung und Befriedung geschehen. Für Präsident Cerezo hatte sich die Situation gefährlich zugespitzt. Putschversuche und Streiks schränkten seinen zuvor schon engen Handlungsspielraum ein.

Jede Großgrundbesitzer-Familie soll 30.000 Quetzales bezahlt haben, insgesamt drei Millionen Dollar, damit sich die Armee erheben kann. Der Unternehmerdachverband CACIF arbeitete mit Cerezo-müden Offizieren wegen der ungeliebten geplanten Steuerreform einen Plan zur Destabilisierung der Regierung aus. Im Dezember 1987 gab Wirtschaftsminister Lizardo Soza die Preise mehrerer Grundnahrungsmittel frei und kündigte eine massive Erhöhung der Strompreise an. Was dies für die Armen des Landes bedeutete, die schon vorher ständig vom Hunger bedroht waren, kann man sich vorstellen. Die Maßnahmen veranlaßten die Arbeitervertreter, sich sogar mit den Unternehmern, sonst ihre Todfeinde, zum Protest zusammenzuschließen, der im Januar 70.000 Menschen auf die Straße trieb; extrem rechte Politiker riefen gleichzeitig zum Putsch gegen Cerezo auf, die Gewerkschaften bereiteten einen Generalstreik vor.

Unter diesem Druck mußte Cerezo den Forderungen der wichtigsten Gewerkschaftsorganisation nachkommen, um wenigstens auf einer Seite den Rücken frei zu bekommen. Die Preise für 14 Artikel des täglichen Bedarfs sollten kontrolliert und die Löhne der Beschäftigten des Privatsektors um 50 Quetzales angehoben werden, versprach die Regierung nach zähen Verhandlungen Anfang März 1988; weiter verpflichtete sie sich wieder, brachliegendes Land für besitzlose Bauern bereitzustellen, die Rückkehrbedingungen für die Flüchtlinge zu verbessern und innerhalb von 30 Tagen eine Kommission zu bilden, welche die unter den Militärregierungen begangenen Menschenrechtsverletzungen untersuchen sollte. Daß dies früher oder später Cerezo auf den Kopf fallen mußte, war unvermeidlich.

Im April 1988 kehrte die indianische Bauernführerin Rigoberta Menchú zusammen mit drei weiteren, der seit längerem ins Ausland geflüchteten Vertreter der Opposition in ihre Heimat zurück, um zu beobachten, was von diesen Versprechungen zu halten sei. Ihre Anwesenheit verstärkte das Mißtrauen des Militärs gegenüber dieser Regierung ebenso wie die Ankündigung von neuen Verhandlungen zwischen dem Guerilla-Dachverband URNG und Mitgliedern der Nationalen Versöhnungskommission für den 20. Mai 1988 in Costa Rica.

Noch vor diesem Datum, am 11. Mai, brach daher ein Trupp von 1.000 Soldaten der Militärbasen Jutiapa, Retalhuleu und Quiché unter der Führung der "Ofiziales de la Montaña" (Offiziere aus den Bergen) gegen die Hauptstadt auf, um Cerezo aus dem Regierungspalast zu vertreiben. Der Putschversuch konnte durch Verhandlungen zwar unblutig beendet werden, doch mußte Cerezo wieder einige seiner Versprechungen rückgängig machen und vor allem ausschließen, daß es in Guatemala zu ähnlichen Verhandlungen mit der bewaffneten Opposition kommen werde, wie in El Salvador. Cerezos Handlungsspielraum, und damit die Unterstützung einer demokratisch gewählten Regierung durch das Volk, wurde immer kleiner. Ganz drastisch charakterisierte der Bauernpriester Padre Andres Girón in einem Interview die Situation, in der Cerezo sich befindet:

"Wenn es einen Putsch gibt, riskiert der Präsident, so tief zu fallen, daß er unter die Erde zu liegen kommt. Da es ihm dort nicht gefällt, hat er sich lieber kastrieren lassen. Er hat bis dahin ohnehin nur mit einem Hoden regiert; jetzt fehlt ihm auch der zweite[1]!"

Bei den Wahlen im Januar 1991 folgte zwar wieder ein demokratisch gewählter Präsident, Serrano Elias. Doch während seiner Regierungszeit ist die Gewalt wieder stark angestiegen. Elias bekleidete unter Rios Montt, der ebenfalls wieder kandidiert hatte, aber als ehemaliger Putschist ausscheiden mußte, ein hohes Regierungsamt. Serrano Elias ist Immobilienhändler und Bauunternehmer und wie Rios Montt Mitglied einer fundamentalen Sekte, er gehört der rechtsgerichteten "nationalen Fortschrittsbewegung"an. Er hat versprochen, mit der Guerilla weiter zu verhandeln, doch wird es schwer sein, ihr Vertrauen zu gewinnen.

Es ist schon viel über die Auswirkungen des Tourismus in Entwicklungsländern diskutiert worden, und ich habe mich selbstverständlich auch mit seinem negativen Effekten auseinandergesetzt. Es war mir jedoch ein Anliegen, über Guatemala nicht ein Sachbuch, sondern ein Reisebuch zu schreiben - mit, wie ich meine, guten Gründen.

Ich glaube nämlich, daß Reisen in Entwicklungsländer durchaus eine positive Seite haben, wenn man nicht in einer Art Kolonisatoren-Mentalität ausschließlich die touristischen Qualitäten des Landes genießt, sondern bereit ist, die Augen auch gegenüber seinen Schwierigkeiten und Problemen zu öffnen. Denn ohne selbst gesehen zu haben, kann man die Situation dieser Länder aufgrund der ungenügenden und oft einseitig Europa- oder USA-zentrierten Berichterstattung kaum einigermaßen objektiv einschätzen.

Dieses Buch soll eine Ermutigung sein, Guatemala in diesem Sinn zu besuchen. Die Erfahrung, daß Touristen ein Land meiden, in dem offener Bürgerkrieg herrscht, war unter anderem ein Grund dafür, daß nach 32 Jahren Militärherrschaft zum ersten Mal ein Zivilist Präsident in Guatemala wurde - mehr Kosmetik als wirkliche Bemühung um Demokratie, aber doch wenigstens die Erkenntnis, daß allzu offensichtliche Unrechtsverhältnisse schlechte Reputation bringen und der Wirtschaft und damit auch den Mächtigen schaden.

---

1   Leo Gabriel, a.a.O.

Daß es heute möglich ist, sogar als Frau alleine in sogenannte "Problemzonen" zu reisen, habe ich in diesem Buch dargelegt. Der praktische Teil soll Alleinreisenden die Organisation erleichtern und liefert zum Teil genaue Informationen, wie sie bisher in keinem Reiseführer über Guatemala enthalten sind. Ich richte mich aber bewußt auch an jene Leser, die aus begreiflichen Gründen dieser sehr strapaziösen Art des Reisens wenig abgewinnen können und sich durch ein Reisebüro die Mühen der Organisation abnehmen und die Schönheiten des Landes zeigen lassen. Auch unter diesen Besuchern sind immer mehr nicht nur an der kulturhistorischen Vergangenheit und anderen touristischen Anziehungspunkten interessiert, sondern sie wollen auch mehr über die wenig erfreuliche Gegenwart des besuchten Landes wissen. Sie brauchen einen Reisebegleiter, der sowohl die touristischen, wie auch die politisch-gesellschaftlichen Aspekte beleuchtet, um anders, das heißt bewußter reisen zu können, und um mit mehr Verständnis über die Situation des Gastlandes zurückzukehren. Denn die dritte Welt braucht unser Verständnis dringend, um für die Bewältigung ihrer Probleme sinnvolle Unterstützung zu erhalten.

Ich habe auf dieser Reise, und besonders während ich dieses Buch nach der Erinnerung und intensivem Literaturstudium schrieb, Guatemala lieben gelernt und hoffe trotz allem, daß Unrecht und Gewalt nicht auf ewige Zeiten Bestand haben können. Auch dafür gibt es in der gegenwärtigen weltpolitischen Situation Anzeichen. Wenn sich die Angst der Großmächte vor der anderen Weltanschauung verringert, müssen die Kleinen nicht mehr in dem Maß wie bisher die Rolle der Prügelknaben und Stellvertreter übernehmen.

Völs, im November 1988

Reisetips

Allgemeines über Guatemala

Guatemala ist 109.000 qkm groß. Es ist aufgeteilt in 22 Provinzen und hat ca. 9 Millionen Einwohner
Hauptstadt: Ciudad de Guatemala (nicht: Guatemala-City), ca. 2 Millionen Einwohner.
Staatsoberhaupt: Guatemala war bis 1985 Militärdiktatur. Erstmals folgte 1991 mit Serrano Elias auf einen demokratisch gewählten Präsidenten wieder ein Präsident durch Wahl. Das Militär läßt dem Präsidenten jedoch nur geringen Handlungsspielraum. Der Christdemokrat Vicinio Cerezo (1985-91) war Ziel zahlreicher Attentatsversuche, im Wahlkampf kamen 14 Bewerber um politische Ämter ums Leben, und auch Serrano Elias, Mitglied der rechtsgerichteten "nationalen Fortschrittsbewegung", war bereits Ziel von Anschlägen. Er versprach, die begonnenen Gespräche mit der Guerilla fortzusetzen.
Bevölkerung: Die Hälfte bis drei Viertel sind Indios (Maya), zwei Prozent Europäer und der Rest Ladinos (Mischlinge aus Weißen und Indianern - in Guatemala heißen sie auch Mestizos). Die Zahl der Indios ist wahrscheinlich höher, als die offiziellen Statistiken angeben, geringe Spanischkenntnisse genügen, um bereits als "Ladino" zu gelten.
Mittlere Lebenserwartung: 56 Jahre (Stadt), 41 Jahre (Land); 9% der Kinder sterben vor Erreichung des 1. Lebensjahres, ein Fünftel vor Erreichung des fünften Lebensjahres.
Analphabetismus: Stadt: 35%, Land: 80%

Wirtschaft:
Die Reichen Guatemalas zahlen weniger Steuern als jede andere Elite in der westlichen Hemisphäre. Guatemalas Großgrundbesitzer gehören zu den reichsten Land-Eignern der Welt, die Grundsteuern sind aber die niedrigsten in ganz Lateinamerika (außer auf Haiti).

Mehr als ein Fünftel der gesamten Landesfläche gehört rund 500 Plantagenbesitzern. Ihre Güter sind mindestens 900 Hektar groß.

Dagegen besitzt der Großteil der Bauern, etwa eine halbe Million Menschen, nicht mehr als sieben Hektar, die Hälfte der landwirtschaftlichen Betriebe verfügen überhaupt nur über 1,4 ha.

Die Kleinstbauern arbeiten als Saisonarbeiter auf den großen Plantagen für durchschnittlich zwei Quetzales pro Tag (gesetzlicher Mindestlohn 1987: 3,80 Qu).

Hauptexportprodukte sind landwirtschaftliche Erzeugnisse: Kaffee (1985: 34% des Gesamtexports), Baumwolle, Zucker, Kardamom, Bananen, Rindfleisch, Schnittblumen.

Die sehr reichen Bodenschätze werden kaum abgebaut; Die Einkünfte aus dem Fremdenverkehr werden nur durch jene aus der Kaffeeproduktion übertrofen. Allerdings ist aufgrund der Warnung amerikanischer Behörden vor zunehmender Unsicherheit die Zahl der Touristen seit 1988 um ein Viertel von 405 Millionen auf 308 Millionen gesunken. Die Indios profitierten vom Fremdenverkehr vor allem durch den Direktverkauf ihrer Handarbeiten.

Geographie:

Guatemala liegt zwischen dem atlantischen und dem pazifischen Ozean. Der südliche Landesteil ist Hochland, bis auf 3.500 m Seehöhe bestehen Siedlungen, die Hauptstadt liegt auf 1.500 m. Guatemala besitzt deshalb trotz seiner südlichen Lage in den meisten Landesteilen ein gemäßigtes Klima ("ewiger Frühling"). In den Bergen wird es sehr kalt, es gibt Schnee und Frost (Durchschnittstemperatur 15°C).

Der nördliche Landesteil (Provinz Petén), wo die wichtigsten Ausgrabungsstätten liegen, und die Küstengebiete haben tropisches Klima (Durchschnittstemperatur 25 - 30°C).

In Guatemala befinden sich die meisten heute noch tätigen Vulkane, die sich in einer Kette entlang der Südküste hinziehen. Der höchste ist der Tajumulco (4.210 m) an der mexikanischen Grenze.

O **Regenzeit**: Mai bis Oktober - die beste Reisezeit ist daran anschließend der November, da alles noch grün ist.

O **Trockenzeit**: November bis April.

O **Sprachen**: Spanisch und 22 Indio-Sprachen.

Hauptprobleme:

Ungerechte Landverteilung, Nationalitätenfrage, extreme kulturelle Unterschiede, Übermacht des Militärs und der Oligarchie, zu geringe Steuerleistung, Überfremdung mit ausländischen (vor allem nordamerikanischen) Multis

Geschichte:

Ab 1500 v.Chr. besiedelt

Hochkultur der Mayas ca. 300 v.Chr. bis 1500 n.Chr.

1523/24	Eroberung durch die Spanier (Pedro de Alvarado)
1821	Unabhängigkeit von Spanien; Anschluß an das Kaiserreich von Mexico
1823	Gründung der zentralamerikanischen Föderation (Costa Rica, El Salvador, Guatemala, Honduras, Nicaragua)
1826 - 29	Bürgerkriege zwischen Liberalen und Konservativen; Guatemala ist vor allem Sitz der Konservativen
1839	Austritt aus der zentralamerikanischen Föderation, in der Folge Kriege mit El Salvador
1873 - 85	Kirchenbesitz wird enteignet und vor allem deutschen Kaffeepflanzern übergeben
1901	Die United Fruit Company erwirbt 100.000 ha Land und wird der größte Grundbesitzer und Arbeitgeber
1944 - 54	liberale Verfassung unter den Präsidenten Juan José Arévalo und Jacobo Arbenz; vorsichtige Reformen; Enteignungen von Großgrundbesitz
1954	Intervention des CIA "Operation Success", Arbenz wird gestürzt, Castillo Armas wird mit Hilfe der USA Präsident
1954 - 85	Militärdiktatur
1960	Guatemala ist Ausgangsbasis für die Operationen der USA gegen Kuba (Schweinebucht)
1962	junge Offiziere gründen die erste Guerilla
1966	erste "Todesschwadrone"
1975	erste Operation der EGP ("Guerillaarmee der Armen")
1978	"Komitee der Bauerneinheit" (CUC) gegründet
1979	Gründung der "Organisation des Volkes in Waffen" (ORPA) - Indioguerilla

1981	die vier wichtigsten Widerstandsgruppen schließen sich in der "Nationalen revolutionären guatemaltekischen Einheit" (URNG) zusammen
1982 - 83	General Rios Montt führt als Präsident den Genozid an den Indios in großem Stil durch; er und sein Nachfolger Mejia Victores treiben das Land in den wirtschaftlichen Ruin und zu internationaler Ächtung
1984	Gründung der GAM - Menschenrechtsgruppe, die sich der Schicksale von 40.000 "Verschwundenen" annimmt
1985	der Christdemokrat Vinicio Cerezo Areválo wird als erster Zivilist seit 32 Jahren zum Präsidenten gewählt, die faktische Macht bleibt beim Militär; wegen zu schleppender Reformen gibt es Massendemonstrationen, andererseits entgeht Cerezo mehrmals nur knapp Anschlägen, weil er den Konservativen zu radikal ist.
1991	Zweiter durch "demokratische" Wahlen gewählter Präsident wird Jorge Serrano Elias.

Allgemeine Reisetips

Preise:
Die Preisangaben beruhen auf dem Stand vom Sommer 1987. Sie wurden dennoch in der 2. Auflage beibehalten, weil daraus zumindest ein relatives Preisniveau ersichtlich ist. Wo neue Preise (1991) bekannt sind, ist dies deutlich angegeben.

Zeitverschiebung:
MEZ minus 7 Stunden, bei Sommerzeit minus 8 Stunden

Einreise:
Ein gültiger Reisepaß genügt. Die Aufenthaltsbewilligung gilt für 90 Tage. Eine Verlängerung bis 6 MOnate ist möglich. Es besteht keine Impfpflicht.

Anreise:

IBERIA und KLM fliegen Ciudad de Guatemala an. Häufig wird auch die Anreise über die USA oder Mexico gewählt, die Weiterreise erfolgt mit Flugzeug oder einem Bus, der die mittelamerikanischen Hauptstädte verbindet. (Abfahrt Mexico, Terminal del Sur, Plaza Christobal Colomb, "El Tapo" ca. US$ 30). Preise, Fahrt- und Flugpläne ändern sich laufend, so daß keine Empfehlung abgegeben werden kann. Auch die Anreise über den mexikanischen Badeort Cancún ist möglich, der Landweg führt dann über Belize und Tikal.

Rückreise über Mexico:

Mit den Buslinien "El Condor" nach La Mesilla, "Galgos" nach El Carmen oder "Fortaleza" nach Tecun Uman an die mexikanische Grenze (Abfahrtszeiten S. 45 unter "Überlandbusse").

Von dort bestehen Anschlußverbindungen nach Mexico. Fahrtzeit: 16 - 17 Stunden.

○ Vom Flughafen Guatemala - La Aurora (Zona 13) ins Stadtzentrum (Zona 1)
○ Bus Nr.5 (schwarze Linie): 10 Centavos
  Taxi: 30 Minuten, ca. US$ 6 (1991)
  Leihwagen: US$ 50 - 70/Tag (1991)

Versicherung:

Der Abschluß einer Reiseversicherung, einer Rückholversicherung bzw. einer Reisegepäckversicherung ist für die, die auf Nummer Sicher gehen wollen, empfehlenswert.

Gesundheit:

Malariaprophylaxe: wichtig im Tiefland! (ab 1.500 m Seehöhe nicht notwendig); durch Kleidung gegen Bisse schützen: dies gilt besonders gegen Dengue-Fieber, da es dagegen noch keine Prophylaxe gibt.

Impfungen: Empfehlungen gibt es bei den Gesundheitsämtern oder beim Hausarzt im Heimatland.

Medikamente: Das Wichtigste sind ausreichend vorbeugende und therapeutische Medikamente gegen Durchfall (z.B. Hylaklombun). Erste Hilfsmittel sind: Cola mit Salzgebäck, auch reines Salz,

Äpfel. Eßempfehlungen für Tropenreisende sind sehr genau zu beachten, selbst in guten Lokalen - also: Kein Eis im Getränk, kein roher Salat, Früchte schälen, keine cremigen Speisen etc.. Dennoch hat man beinahe keine Chance gegen "Montezumas Rache".

In Guatemala sind Medikamente gegen kleine Unpäßlichkeiten erhältlich: Adamed (Halsweh), Orlenta-Pastillen (Schnupfen), Lomotil (gegen Durchfall); Tampons bekommt man in den größeren Städten in der Apotheke. Die Medikamente sind - für guatemaltekische Verhältnisse - relativ teuer, für Europäer aber erschwinglich. Dennoch soll man auf jeden Fall jene Medikamente mitnehmen, an die man gewöhnt ist.

Krankenhäuser - in den größeren Städten befinden sich viele öffentliche oder private Kliniken, die Ärzte sind vielfach an amerikanischen oder europäischen Universitäten ausgebildet.

Sprache:

Es wäre zu viel verlangt, eine der 22 Indiosprachen zu lernen, aber Spanischkenntnisse sind erforderlich, Englisch allein genügt nur in den Fremdenverkehrsorten. Man kommt allerdings mit Spanisch-Grundkenntnissen einigermaßen gut zurande, weil auch die Indios selbst oft die Landessprache nur unzureichend beherrschen.

Mein erprobter Tip: Einen Spanisch-Tonbandkurs mit auf die Reise nehmen und bei langen Fahrten anhören: So gehen viele nützliche Phrasen in Fleisch und Blut über.

Kleidung:

O Tiefland: Langärmelige Kleidung ist wegen der Moskitos im Tiefland anzuraten. Auch wenn es noch so heiß ist, sollte man wegen Parasitengefahr nicht barfuß gehen.

O Hochland: Ein warmer Pullover oder eine Überjacke sind notwendig; im Winter gibt es Temperaturen unter Null Grad, Frost und Schnee. Während der Regenzeit schwanken die Temperaturen stark je nach Tageszeit. Regenschutz sollte man im Sommer (Regenzeit) immer dabei haben. Nützlich sind weiter: Ein Halstuch für zugige Busfahrten und feste, einigermaßen wasserdichte Schuhe.

Gepäck:

Wenn man auf eigene Faust reisen will, braucht man möglichst leichtes und unempfindliches Gepäck (Rucksack oder Umhängetasche). Wegen der Höhe ist man mit schwerem Gepäck rascher erschöpft als sonst. Koffer sind in den überfüllten Bussen absolut ungeeignet. Das größere Gepäck wird meist auf dem Dach transportiert, daher ist eine kleine zusätzliche Umhängetasche für die notwendigsten Dinge empfehlenswert.

Am Markt um den Hauptbahnhof in Ciudad de Guatemala kann man geeignete einfache Gepäckstücke kaufen.

Elektrizität:

110 Volt und die üblichen amerikanischen Elektrostecker (Zwischenstecker besorgen!). In den einfachen Quartieren ist das Licht meist ziemlich schlecht - deshalb am besten aus der Hauptstadt eine stärkere Glühbirne im Gepäck mitnehmen!

Geld:

○ 1 Quetzal = 100 Centavos;
Wechselkurs Januar 1991: 1 US$ = 4,95 (zur Zeit als das Buch verfaßt wurde, 1987, betrug der Wechselkurs 1 US$ = 2,50 Qu. Es besteht keine Beschränkung für die Ein- und Ausfuhr von Devisen.

○ In der Hauptstadt und in größeren Fremdenverkehrsorten wechselt man günstiger (auch Schwarzmärkte) als in kleineren Orten und Hotels.

○ US$ werden meist auch als Zahlungsmittel akzeptiert. Empfehlenswert: Reiseschecks in US$ ausgestellt (z.B. American Express oder Bank of America).

○ Geschäftszeiten:
Behörden: Mo-Fr. 8.00-16.00 Uhr
Geschäfte: Mo-Fr. 9.00-13.00/15.00-18.00, Sa. 9.00-13.00 Uhr
Banken: Mo-Fr. 9.00-15.00 Uhr

○ Filme sind wesentlich teurer als in Europa.

Souvenirs:

Huipiles (Blusen) je nach Qualität 50 - 100 Qu; in der Hauptstadt und in Panajachel gibt es Boutiquen, in denen Mode aus den

Stoffen der Indios angeboten wird. In Panajachel kann man auch für wenig Geld nach eigenen Vorstellungen nähen lassen. Die Stoffe sind sehr fest und eignen sich als Mitbringsel auch gut für Möbelbezüge.

Fajas (Gürtel), manchmal aus Seide

Decken - die feinsten webt man in Momostenango

Hängematten - je mehr Knoten in der Breite, desto teurer und besser; eine gute Hängematte soll mindestens 90 Doppelfasern in jedem Knoten haben (Puerto Barrios)

Monja Blanca, eine reinweiße Orchidee, gibt es in Cobán

Holzmasken und Holzfiguren (Chichicastenango); sie sind allerdings ziemlich roh geschnitzt und man kann sich des Eindruck nicht erwehren, daß sie vor allem für Touristen hergestellt werden. Bei ihren Tänzen tragen die Indios selbst meist viel leichtere Papmaché-Masken.

Auf den Straßen in den Touristenorten werden viele hübsche Souvenirs meist von Kindern für wenige Quetzales angeboten: **Pulseros** - Makramee-Armbänder, **Tonfiguren und -flöten**, allerlei **Täschchen und Taschen** aus handgewebten Stoffen, **Ketten** aus eingefärbten Bohnen, etc..

Viele der selbstständig Reisenden finanzieren sich mit den attraktiven Mitbringseln aus Guatemala einen Teil der Reise, indem sie diese dann zu Hause auf den Flohmärkten verkaufen. Für die Indios ist der Verkauf ihrer Handarbeiten ein wichtiger Teil ihres Einkommens.

Post:

Luftpostbrief nach Europa bis 10 g: 1 Qu, 20 g: 1,80 Qu (1991), Luftpostbriefe brauchen 2 - 4 Wochen; Flugpost: 1 kg = 3,85 Qu, 10 kg = 31,40 Qu; Schiff: 1 kg = 1,40 Qu, 20 kg = 19,20 Qu (dauert ca. 2 Monate)

Manche Postämter verpacken auch

Telefongespräche nach Europa: 1 Minute 34 Qu (Direktwahl) 7% MWSt. (1991), Teure Hotels verlangen oft erhebliche Aufschläge bei Briefmarken und Telefon.

Post kann man sich über seine jeweilige diplomatische Vertretung nachschicken lassen (siehe dort) oder postlagernd (lista de correos): Correos Centrales, 7 Av, Ca 12, zona 1, Ciudad de Guatemala

Verkehrsmittel:

Das wichtigste Verkehrsmittel ist der Autobus - Abfahrt ist meist rund um die Märkte. Überland muß man die Fahrpläne jeweils aufs Neue erfragen, man erlebt dennoch bisweilen unangenehme Überraschungen. Die Busse sind immer sehr voll, daher nur das Notwendigste mitnehmen. In den klimatisierten Ersterklasse-Bussen, die es nur auf wenigen Routen gibt, reist man ab der Hauptstadt auf reservierten Plätzen. Man kann sie, wie andere Busse auch, unterwegs stoppen, muß aber stehen - in den einfachen Bussen rücken die Leute immer zusammen, damit möglichst jeder sitzen kann. Ein einsamer Wanderer wird meist auch von Autos oder LKW mitgenommen. Zu manchen Orten verkehren kleine Sammeltaxis.

Die beiden Eisenbahnlinien von Guatemala zur Karibik und an den Atlantik sind bestenfalls Kuriosa - die Fahrten dauern viel länger als mit dem Bus.

Binnenflüge vor allem nach Tikal

Leihwagen kann man in den großen Hotels und Reisebüros in der Hauptstadt buchen. Sie sind nicht teuer, man sollte sich aber genau nach dem Tankstellennetz erkundigen!

Landkarten

○ INGUAT (7a Av. 1-17, Centro Civico, Zona 4 sowie in einigen größeren Städten): Hier gibt es Landkarten - sie sind nicht sehr gut, daher sollte man bessere Karten schon zu Hause kaufen. Prospekte; Liste der Überlandbusse; Liste der Vulkane; Auskünfte über Fiestas, Markttage, etc.; die Tourismus-Zeitschrift "La Guia" mit ungewöhnlicheren Ausflugsvorschlägen; Hoteladressen und -preisen.

○ **Landkarten** gibt es auch im Militärgeographischen Institut, Avenida Las Americas, 5c, 213 Zona 14 (Nähe Flughafen); die Übersichtskarte Guatemala ist aber auch nicht besser als die INGUAT-Karte (5 Qu); bessere Detailkarten kosten 10 Qu.

○ **National Geographic** hat im Oktoberheft 1989 mit dem Artikel "La Ruta Maya" eine ausgezeichnete Karte herausgegeben. Sie ist gut lesbar und enthält eine Fülle von Informationen über Bevölkerung, Naturreservate, Geschichte, Verkehrswege etc.

○ **Reiseführer** zu Hause kaufen! Der Reiseführer von Muños (Literaturverzeichnis) bringt viele Details über Dörfer und Kultur, die erste Auflage stammt aber von 1940, die letzte von 1975.

Unterkünfte:
Die Übernachtungsmöglichkeiten sind bei den einzelnen Orten angegeben. Außer in den Touristenzentren, wo es internationalen Standard zu verhältnismäßig moderaten Preisen gibt, sind die Hotels und Pensionen überland oft äußerst einfach, dafür aber spottbillig. Allenfalls ein Vorhängeschloß und Insektenspray mitnehmen! Die Toiletten sind auch in den billigsten Quartieren einigermaßen sauber, Duschmöglichkeiten und ein Waschstein für die Wäsche sind meist vorhanden.

Wenn man einen Ausflug plant, sollte man immer vorher fragen, ob es am Ziel Übernachtungsmöglichkeiten gibt. Die Ankunft so planen, daß noch bei Tageslicht genügend Zeit bleibt, um ein Quartier zu suchen.

Bei teuren Hotels kann man über den Preis verhandeln.

Essen und Trinken:
Feinschmecker sollten sich ein anderes Land zum Reisen aussuchen oder in der Landeshauptstadt bzw. in den Fremdenverkehrszentren bleiben, wo es ausgezeichnete Spezialitätenrestaurants und internationale Küche gibt.

Die guatemaltekische Küche unterscheidet sich wenig von der mexikanischen. In Flores (Tikal), an der Karibik und an der großen Brücke über den Rio Dulce gibt es ausgezeichneten Fisch, Meerestiere und handtellergroße Krebse.

Snacks, Früchte und Getränke werden vielfach von Frauen und Kindern in den Bus gebracht. An den großen Bus-Haltestellen gibt es Grillfleisch oder Fleisch in Saucen, verschiedene Bananensorten, Äpfel, Avocados, Tomaten, Gebäck, Enchiladas (Tortillas mit Bohnen und weißem Käse oder Fleisch), Tamales (fleischgefüllte Teigklöße in Maisblättern gekocht), gebratene Maiskolben. Ähnliches gibt es auch auf den Märkten.

In entlegenen Gebieten kann das Essen zum großen Problem werden. Fleisch ist vielfach ungenießbar. Huhn, Tortillas und lilafarbene Bohnenpaste (Frijoles) gibt es allerdings fast überall, manchmal ist es aber ratsam, sich mit tropischen Früchten und Avocados zu begnügen.

Das typische Frühstück besteht aus Bohnenpaste, Tortillas, Rührei, weißem Käse und tropischen Früchten.

Zu Trinken gibt es sehr gutes Bier, Cola, und die üblichen amerikanischen Softdrinks. Im Hochland wird man wegen der dünneren Luft kaum durstig, man muß aber dennoch viel trinken, um fit zu bleiben. Kaffee ist zwar eines der Hauptexportprodukte Guatemalas, vielfach wird er aber nur als eine sehr dünne, teeartige Brühe serviert. Acquardiente - den guatemaltekischen Schnaps - konsumieren die Indios ausgiebig im Zusammenhang mit kultischen Riten.

Sicherheit:

Am besten ist es, in Gesellschaft zu reisen. Wenn man allein Ausflüge in entlegene Gebiete unternimmt, sollte man im Hotel Bescheid sagen. Im allgemeinen haben Touristen nichts zu befürchten, weil sich die internen Feindseligkeiten nicht gegen sie richten.

Wertgegenstände soll man auf mehrere Plätze im Gepäck verteilen und nach Möglichkeit immer nur einen Teil des Geldes mit sich führen, Kopien der wichtigsten Dokumente, Rückflugticket und eiserne Reserve in einem Hotelsafe deponieren.

Daß man in ärmlichen Gebieten nicht mit kostbarem Schmuck behängt spazieren geht, ist in erster Linie eine Frage des Takts und in zweiter Linie eine Frage der Sicherheit.

Diebstahl ist besonders im Indiogebiet eher die Ausnahme, aber Vorsicht schadet nicht!

Massenmedien:

Die Pressefreiheit ist zwar eingeschränkt, über Zusammenstöße des Militärs mit Guerillatruppen oder Terroraktionen wird jedoch berichtet, ebenso über gewerkschaftliche Aktivitäten und die Menschenrechtsgruppe GAM. Die größte Tageszeitung ist Prensa libre (Auflage ca. 65.000) - sie bezeichnet sich selbst als unabhängig. El Gráfico (50.000) gehört einem erbitterten Gegner des Präsidenten Cerezo.

Rundfunk und TV stehen unter staatlicher Kontrolle, aber es gibt viele Privatsender und Untergrundradio.

Verhalten:

Die Indios sind leider daran gewöhnt, als minderwertig behandelt zu werden. Touristen sollten sich bemühen, diese üble Tradition des Kolonialismus nicht durch anmaßendes und rücksichtsloses Verhalten fortzusetzen. Die Indios verdienen als Menschen und als Träger einer alten Kultur Achtung. Besonders bei religiösen Zeremonien ist Respekt angebracht und Fotografier-Verbote sind unbedingt zu beachten. Die Kirche von Chichicastenango ist ein besonderes Heiligtum und darf von Nicht-Indios nur durch das Seitentor betreten werden - unwissende Touristen halten sich leider meist nicht daran.

Aus religiösen Gründen wollen Indios nicht fotografiert werden (es bedeutet den Verlust ihrer Seele). Wo mehr Touristen verkehren, haben sie meist nichts mehr dagegen, verlangen aber oft dafür einen Quetzal - dies ist wirklich nicht viel, wenn man bedenkt, welche Gagen bei uns Foto-Models erhalten!

Staatliche Feiertage:

Feiertage, die auf einen Samstag oder Sonntag fallen, werden entweder am Freitag vorher oder am Montag danach begangen.

1. Januar, die Osterwoche ab Mittwoch Mittag bis Samstag, 30. Juni (Tag der Armee), 15. August (Mariä Himmelfahrt), 15. September (Tag der Unabhängigkeit), 12. Oktober (Bankfeiertag), 20. Oktober (Tag der Revolution), 1. November (Allerheiligen), 24. Dezember halbtags, 25. Dezember, 30. Dezember (Bankfeiertag), 31. Dezember halbtags.

Daneben gibt es unzählige Fiestas, bei denen folkloristische Tänze aufgeführt werden (Genaueres bei INGUAT erfragen). Bei manchen Fiestas wird eine "Indiokönigin" gewählt.

Es empfiehlt sich, die Dörfer an den jeweiligen Markttagen zu besuchen.

Wichtige Adressen und Telefonnummern:

○ **Botschaft der Bundesrepublik Deutschland:**
   Edificio Plaza Maritima, 6 Av 20-25, Zona 10, Guatemala;
   Tel. 37-00-28, 37-00-31

○ **Botschaft der Schweiz:**
   Edificio Seguros Universales, Nivel 5, 4 Ca 7-73, Zona 9,

Appartado postal 1426, Guatemala; Tel. 36-57-26, 31-37-25, 34-07-43/4
- **Österreischiches Honorarkonsulat:** 5a. Avenida 10-52, Zona 9, Guatemala; Tel. 36-20-19, Fax: 34-84-81
- **Rettung:** 125
- **Polizei:** 120

Ärzte:

Dr. Mario Garcia Bravatti, Hospital y Clinicas Herrera Llerandi, 6a. Av. 8-71, Zona 10. Tel. 32-04-44, 36-67-71, 32-48-12.
Dr. Manuel Caceres Figueroa, 6a, Av. 8-92, Zona 9, Edif.
Centro del Asma, nivel 1, Tel. 32-15-06, 31-23-07.
Dr. Mariano Guerrero (spricht Deutsch), 5a. Av. 3-09, Zona 1, Clinicas Medicas, nivel 2, Tel. 82-157, 27-265, 20-061.

Bei Unfall unbedingt die Einlieferung ins Hospital Herrera Llerandi veranlassen!

Fluglinien:

- Zona 9
  Air France (Tel. 36-73-71) Representaciones Ricardo Quezada Quinonez (Tel. 31-20-70/3) Av. La reforma 9-00, Edif. Plaza Panamericana 80,
  American Airlines (Tel. 34-69-15) Av. Reforma 15-64,
  British Airways (Tel. 31-25-55) und Iberia (Tel. 37-39-14/5)
  Av. Reforma 8-60, Edif. Galerías Reforma,
  Japan Airlines (Tel. 81- 85-31) 7a av. 15-45
  Lacsa (Tel. 37-39-05) 7a av. 14-44, Edif. La Galería,
  Taca (Tel. 31-69-79) 7a av. 14-35
- Zona 10:
  KLM (Tel. 33-59-17) und Lufthansa (Tel. 37-01-13-6) 6a av. 20-25, Edif. Plaza Marítima,
  SAM (Tel. 36-68-01) av. Reforma 12-01,
- Zona 13
  Aeroquetzal (Tel. 33-52-14)
  Aerovias (Tel. 32-56-86)
  Aviateca (Tel. 31-82-22/27/30/40)
  Aviones Comerciales (Tel. 31-58-21)
  Continental Airways (Tel. 31-20-51/5)

Traslados (Tel.31-51-15) Im Flughafen La Aurora,
Av. Hincapiè und 18 ca.
In den großen Bürogebäuden (besonders Edificio Maritima), in denen sich einige der Fluglinien befinden, sind auch Schiffahrtbüros.

Ciudad de Guatemala

Städtische Busse

Die Busse Nr. 2, 5 und 6 verkehren auf der Hauptachse zwischen Zona 1 und Zona 9, auf der 5. und 6. Avenida, wo die meisten für Touristen interessanten Ziele liegen: Flughafen, Zoo, Universität, Geographisches Institut, internationale Hotels in der Zona 9, INGUAT (Fremdenverkehrsamt), Theater, Hauptpost, Nationalpalast, Relief.

Überlandbusse

In Ciudad Guatemala fahren die Busse meist pünktlich ab, sonst gilt bei allen Auskünften: Lieber dreimal fragen und auch dann der Auskunft noch nicht ganz trauen!
Die Angaben - Fahrtzeiten, Preise - sind aktualisiert (März 1991):

O Antigua (über San Lucas Sacatepequez): Transportes unidos, 15 ca. zwischen 3. und 4. av., Zona 1, jede halbe Stunde von 7.00 bis 19.00 Uhr, 45 km, 60 min., 1 Qu.
O Chichicastenango (über San Lucas, Chimaltenango, Los Encuentros): Veloz Quichelense, Terminal de Buses, Zona 4, jede halbe Stunde von 5.00 - 18.00 Uhr, 146 km, 3 1/2 Std., 4,75 Qu.
O Cobán und Biotopo del Quetzal (über Purulhá, Tactic, San Christobál): Escobar/Monja Blanca, 8a Av. 15-16, Zona 1, Tel. 51-18-78; 5.00, 7.00, 8.00, 9.00, 10.00, 12.00, 14.00, 14.40, 16.00 und 16.30 Uhr, 219 km, 4 Std., 6,10 Qu. (Pullman) und 4,50 Qu.
O Esquipulas (über El Rancho, Rio Hondo, Zacapa, Chichimula): Rutas Orientales, 19 ca. 8-18, Zona 1, Tel. 53-72-82/51-21-60,

jede halbe Stunde von 4.00 - 18.00 Uhr, 222 km, 4 Std., 6,35 Qu. (Pullman) und 4,50 Qu.

○ Flores, Tikal, Peten (über Morales, Rio Dulce, San Luis, Poptún): 506 km, 14 Std., in der Regenzeit auch mehr, bei beiden Linien muß man vorher reservieren.

○ Fuente del Norte, 17 ca. 8-46, Zona 1, Tel. 86-0-94/51-38-17; 1.00, 2.00, 3.00, 7.00 und 21.00 Uhr, 30 Qu. (Pullman) und 14 Qu.

○ Maya Express, Av. Elena, 5-15, Zona 1, Tel. 28-74-5, 17.00 und 21.00 Uhr, Klimaanlage, 55 Qu.

○ Huehuetenango - Zaculeu (über Chimaltenango, Patzicía, Tecpan, Los Encuentros, San Christóbal Totonicapán): Los Halcones, 15 ca. 7-66, Zona 1, Tel. 81-97-9, 7.00 und 14.00 Uhr, 270 km, 5 Std., 7 Qu.

○ La Democracia (über Esquintla, Siquinalá, La Democracia, La Gomera, Sipacate): Chatia Gomerana, Muelle Central, Terminal de Buses, Zona 4, jede halbe Stunde von 6.00 - 16.30 Uhr, 92 km, 2 Std., 3 Qu.

○ Puerto San José (über Esquintla): Transportes Unidos, 4a av. 1a ca., Zona 9, Tel. 56-21-66, alle 20 Min. von 5.30 - 18.00 Uhr, 110 km, 2,25 Qu.

○ Puerto Barrios (über El Rancho, Teculután, Rio Hondo, Los Amates, Abzweigung nach Quirigua): Litegua, 15 ca. 10-42, Zona 1 Tel. 27-57-8, jede Stunde von 6.00 - 17.00 Uhr, 8,50 Qu., Pullman: 10.00 - 17.00 Uhr, 307 km, 6 Std., 10,00 Qu.

○ Panajachel (über Chimaltenango, Patzicía, Tecpán, Los Encuentros, Sololá): Rebulli, 3a av. 2-36, Zona 9, jede Stunde von 6.00 - 15.00 Uhr, 147 km, 5 Std., 4,00 Qu

○ San Vicente Pacaya (über Amatitlán): Cuquita, Muelle Central, Terminal de Buses, Zona 4, 7.00 und 16.00 Uhr, 46 km, 2 Std., 1,25 Qu.

○ Monterrico (über Escuintla, Taxisco, La Avellana): Cubanita, Muelle Central, Terminal de Buses, Zona 4, 10.30, 12.30 und 14.30 Uhr, 124 km, 5 Std., 4,00 Qu.

○ Quetzaltenango (über Chimaltenango, Los Encuentros, Totonicapán): Transportes Galgos, 7a av. 14-44, Zona 1, Tel. 23-66-1; 5.30, 8.30, 11.00, 14.30, 17.00, 19.00 und 21.00 Uhr, 204 km, 4 Std., 5,70 Qu.

○ San Salvador, El Salvador (über Cuilapa, Oratorio, Jalpatagua, Valle Nuevo-Grenze): Melva Internacional, 4a av. 1-20, Zona 9,

Tel. 36-72-48; 6.00, 7.30, 9.00, 10.00, 11.00, 12.00 und 13.00
Uhr, 268 km, 5 Std., 7,00 Qu.
O El Florido (Copán - Honduras) (über El Rancho, Rio Hondo,
Zacapa, Chiquimula): Rutas Orientales, 19 ca. 8-18, Zona 1,
Tel. 53-21-82, 51-21-60. Alle 20 Min. von 4.00 - 18.00 Uhr (in
Chiquimula beim Park in den Bus Vilma umsteigen), 222 km, 4
Std., 6,35 Qu. (Pullman) und 4,50 Qu.
O La Mesilla (über Los Encuentros, Totonicapán, Huehuetenan-
go): El Condor, 19 ca. 2-01, Zona 1, Tel. 28-50-4; 4.00, 8.00,
10.00, 13.00 und 17.00 Uhr, 7 Std., 7,00 Qu.
O El Carmen (Talisman) (über Esquintla, Mazatenango, Retalhuleu, Coatepeque): Galgos, 7a av. 19-44, Zona 1, Tel. 23-66-1, 53-
48-68; 5.45, 10.00, 12.00, 15.30 und 17.30 Uhr, 278 km, 5 Std.,
7,00 Qu.
O Tecun Uman (über Esquintla, Mazatenango, Retalhuleu, Coatepeque): Fortaleza, 19 ca. 8-70, Zona 1, Tel. 51-79-94, 5.30 und
9.30 Uhr, 253 km, 5 Std., 6,00 Qu.

Reisebüros die besondere Touren anbieten:
Archäologie, kultureller Schwerpunkt:
O Casa Tokio: 7a av. 15-45, Zona 9, Tel. 31-85-31.
O Clark Tours: 7a av. 6-53, Zona 4, 20 Nivel, Ed. El Triángulo, Tel.
31-02-13/16.
O Maya Tours: 6a Ca. 1-36, Zona 10, 3er Nivel, Ed. Valsari, Of.
304, Tel. 31-35-75.
O Ney's Viajes y Turismo: 13 ca. 0-56, Zona 10, Tel. 68-09-59.
O Servicios Turisticos del Petén: 2a av. 7-78, Zona 10, Tel. 34-62-
36.
O Sun travel: 8a ca. 7-01, Zona 9, Tel. 31-15-18.
O Tropical Tours: 4a "A" 2-51, Zona 10, Tel. 32-37-48.
O Turismo Kim' Arrin: Ed. Maya Vía 4-20, Zona 4, Tel. 32-49-31,
Maya Route.
besondere sportliche Aktivitäten und Natur:
O Excursion Spross: 2a av. 3-25, Zona 9, Tel. 36-65-94, Rio Dulce
und Belize Keys.
O Expediciones Maya, S. A.: 3a av. 16-52, Zona 10, Tel. 68-30-10,
Abenteuertouren.
O Izabal Adventures Tours: 7a av. 14-44, Zona 9, Ed. La Galería,
Local 35, Tel. 34-03-23/4 (Rafting, Vulkane, Höhlen).

○ Panamundo/Expedicion: 3a av. 16-52, Zona 10, Tel. 68-30-10,
   Abenteuertouren (Trekking, Rafting), Vögel beobachten, Bota-
   nik, Archäologie.
   Manche Reisebüros bieten auch Reittouren ins Hochland, Pa-
ragleiten in den Bergen um den Atitlán- und Amatilán-See, Fahr-
radtouren und sogar Wallfahrten zum schwarzen Christus von
Esquipulas.

Hotels

Die meisten internationalen Hotels befinden sich in der Nähe des
Flughafens in der Zona 9, ebenso in der Zona 1 um den Zentralpark.
z.b. Hotel El Dorado, 7a ave 15-45, Zona 9:

1-Bett-Zi:	80 US$
2-Bett-Zi:	90 US$

Swimming-Pool, Sauna, Massage, Gymnastik, Aerobic: frei
Tennis, Squash: 5 Qu/Std.
Conquistador-Sheraton Hotel, Via 5, 4-68, Zona 4:

1-Bett-Zi:	100 Qu
2-Bett-Zi:	150 QU (sehr laut!)

Hotel del Centro, 13 ca. 4-55, Zona 1:

1-Bett-Zi:	55 Qu
2-Bett-Zi:	70 Qu

In der Zona 1 befinden sich zwischen der 5. und 10. Avenida, 13 -
19 Calle (in der Nähe der Busterminals) sehr viele einfachere Hotels und Pensionen.
z.B. Posada Belém, 13a ca. 10-30, Zona 1:

1 Person:	38,10 Qu (mit Bad)
3 Pers.:	50,60 Qu (mit Bad)

ruhige Nebengasse, angenehme Atmosphäre
Hotel Berlin, 11 ca. 6/1 ave., Zona 1:

1 Person:	12,00 Qu (ohne Bad)
1 Person:	18,00 Qu (mit Bad)

Chalet Suizo, 14 ave.6-82, Zona 1:
3-Bett-Zi (das einzige mit Bad): 23,65 Qu
Pension Calle 13, 13 ca. 10 ave.,:
Doppelbett mit Bad: 10,00 Qu
Zu den angegebenen Preisen kommen 17% Steuern

Fiesta in Guatemala Ciudad:

Semana Santa	Osterwoche
Fronleichnam	Juni
Mariä Himmelfahrt	14. - 16. August
Unabhängigkeitstag	15. September
Allerheiligen	1. November
Allerseelen	2. November
Unbefleckte Empfängnis Mariä	8. Dezember

Markt: Mo - Sa

Sehenswürdigkeiten
○ **Zona 2:**
  Reliefkarte: (Bus 1, 18, am Ende der 6. Av.) 1905 wurde im Minerva-Park Guatemala im Maßstab 1 : 10.000 (horizontal) und 1 : 2.000 (vertikal) dargestellt.
  Jocotenango: (mit dem städtischen Autobus 1 und 18 erreichbar, zwischen Parque Morazón und Relief), Fiesta 15. August bei der Kirche Nuestra Señora de la Asunción (Patronin der Hauptstadt); Volkstänze; Markt mit besonderen Süßigkeiten und Kunsthandwerk
  Cerro del Carmen: (am Nordende der 10. ave., Zona 2), ursprünglich 1620 erbaute Kapelle auf einem Hügel für das Gold- und Silberbildnis der "Jungfrau Del Carmen", das aus Spanien kommen soll

○ **Zona 1:**
  Parque Central
  6. Avenida: Richtung Süden - Einkaufsstraße
  Nationalbibliothek
  Palacio Nacional: (1943, Architekten: Rafael Peréz de León, Enrique Rivera und Luis Angel Rodas) Präsidentschaftskanzlei und Exekutive, Repräsentationsräume, imposante Wandgemälde von Mayas und spanischen Kolonisatoren.
  Kathedrale: (1782 - 1868) klassizistisch; renoviert 1915 nach dem großen Erdbeben; dahinter Zentralmarkt
  Kirche La Merced: Spanische Gemälde und vergoldeter Altar aus der Kirche La Merced in Antigua; am Karfreitag wird von

6.45 bis 15.00 Uhr die kostbare Figur des Jesus von Nazareth aus dieser Kirche auf einem großen Boot von 50 Trägern in violetten und schwarzen Kutten durch 53 Blocks getragen.
Basilica Santo Domingo: (1792) spanisch-kolonialer Kirchenschatz; berühmte Figuren "Rosenkranzjungfrau" und der "gestürzte Christus" - berühmte Prozession am Karfreitag

○ **Achse zwischen dem alten und dem neuen Guatemala**: Hier befindet sich das Verwaltungszentrum mit zahlreichen modernen Bauten, z.B.:
Centro Civico: Architekten: Marco Vinicio Asturias Montenegro und Efraín Recínos
Nationaltheater: auf einem Hügel zwischen Zona 1 und 4 neben der ehemaligen Festung San José; Architekt: Efraín Recínos; außergewöhnliche moderne Architektur; 2.285 Plätze; Freilufttheater
Museo Heráldico: Waffen, Fahnen, etc. von 1871 - 1944
Rathaus: (1958) Architekten: Roberto Aycinena und Pelayo Llarena; Reliefs und Mosaiken
IGSS: Sozialversicherungsgebäude
Nationalbank: 1964
Hypothekenbank: 1966; Mosaiken von Carlos Mérida
Justizpalast (1975) und **Finanzministerium** (1975)
Museum für Volkskunde: (10. Av. 10-72, Zona 1); Di - Fr 9.00 - 16.30 Uhr, Sa u. So 10.00 - 12.00 / 14.00 - 16.00 Uhr
Nationalmuseum für Geschichte: (9 Ca. y 10. ave, Zona 1); Mo. - Fr. 9.00 - 16.00 Uhr
Fray Francisco Vásquez Museum: (13 ca. 6-34, Zona 1, in der San Francisco-Kirche); Museum über einen Maler des 18. und 19. Jahrhunderts. Di. - Sa. 8.00 - 12.00 / 15.00 - 18.00 Uhr, So. 15.00 - 18.00 Uhr

○ **Zona 4:**
INGUAT: Staatliches Reisebüro (7a Av. 1-17, Zona 4, Centro Civico)
Santuario Expiatorio Del Sagrado Corazon de Jesus: Sehr eindrucksvoller moderner Kirchenbau

○ **Zona 7:**
Kaminal Juyu: (Bus 17); Ausgrabungen; diese Kultstätte
stand im Zusammenhang mit Teotihuacán in Mexico; Pyramiden, Gräberfunde. Die Fundstücke (Töpferware, Grabbeigaben,
Stelen) befinden sich im ethnologischen Museum. Mo. - So.
9.00 - 16.00 Uhr

○ **Zona 9:**
Torre Del Reformador: "kleiner Eiffelturm" (1935) zu Ehren
des Generals J. Rufino Barrios errichtet, der aus Ciudad de
Guatemala ein zweites Paris machen wollte
Plazuela España: 7. Avenida
Obelisk: (Unabhängigkeitsdenkmal) an der Prachtstraße
Avenida La Reforma (Fluglinien, internationale Konzerne)
Popol Vuh Museum: Archäologisches Museum; Edif. Calerías
Reforma, 6. Stock (Av Reforma 8-60, Zona 9); Mo - Sa 9.00 -
17.30 Uhr

○ **Zona 10:**
Ixchel Museum für indianische Kostüme: (4. Av. 16-27,
Zona 10); Mo - Sa 9.00 - 17.30 Uhr
Nationalmuseum für Geschichte & Botanischer Garten:
(Calle Mariscal Cruz 1-56, Zona 1); Mo - Fr 8.00 - 12.00 / 14.00 -
18.00 Uhr
Zentrum für Volkskunde: (Ave. La Reforma 0-09 Zona 10);
Mo - Fr 8.00 - 16.00 Uhr

○ **Zona 13:**
La Aurora-Park: (Busse 2 und 5) mit dem **Zoologischen
Garten** (frei); Flughafen
Ethnologisch-Archäologisches Museum: Besitzt die fein-
sten Sammlungen von Kunstwerken der Maya aus allen
bedeutenden Ausgrabungsstätten; Di - So 9.00 - 16.00 Uhr
Naturhistorisches Museum: (Tierwelt Guatemalas, Schlan-
gensammlung); Mo - Fr 9.00 - 16.00 Uhr
Kunstmuseum: Di - Fr 9.00 - 16.00, Sa., So. 9.00 - 12.00 /
14.00 - 16.00 Uhr
Stierkampfarena und **Velodrom**

Ausflugsmöglichkeiten von Ciudad de Guatemala aus

O **Provinz Guatemala:**
   San Juan Sacatepéquez , 1.700 m, Fiesta: 22. - 24. Juni
   San Pedro Sacatepequéz , 2.300 m, Fiesta: 15. Januar, 28. -
   31. März, 28. - 29. Juni, 25. Dezember;
   Markt: So, Do
   Chinautla , 10 km, Ruinen, Pocomames; Töpferei;
   Fiesta: 6. Dezember
   San Raimundo, Fiesta: 21. - 23. Januar, 1. Juli;
   Markt: So
   Mixco, Fiesta: 4. August, Volkstänze
   Churrancho, Fiesta: 29. Juni
   Palencia, Fiesta: 26. April
   San José Del Golfo, Fiesta: 19. März
   San Miguel Panan, Fiesta: 4. Februar
   Villa Canales, Fiesta: 6. - 14. März
   Villa Nueva, Fiesta: 8. Dezember
   Park der Vereinten Nationen: 18 km, schöner Blick auf den
   Amatitlán-See, 22 km, 1.210 m, eleganter Erholungsort,
   Wochenendhäuser, keine Übernachtungsmöglichkeit; gute
   Restaurants und Restauranthütten am Strand; Ruinen; Fiesta:
   1. - 5. Mai
   Fuentes Termales, Termalbad
   Santa Caterina Pinula, Fiesta: 25. November

O **Provinz Santa Rosa:**
   Cuilapa (Hauptstadt), Fiesta: 25. Dezember
   Barberena, Fiesta: 6. Januar
   Hotel Barberena, 1 Pers. 2,75 Qu, 2 Pers. 5,00 Qu
   Hospedaje Centroamericano 1 Pers. 2,00 Qu, 2 Pers. 4,00 Qu
   Santa Rosa de Lima nahe Vulkan Jumaytepeque, Fiesta:
   28. - 31. August
   Santa Cruz Naranjo, Fiesta: 3. Mai
   Santa Maria Ixhuatán, Fiesta: 16. Dezember
   Oratorio, Fiesta: 3. Februar
   Casillas, Fiesta: 15. Januar
   Ayarza See, Hochland-Kratersee, 1.000 m tief
   Pueblo Nuevo Viñas, Fiesta: 15. Januar

Ixpaco See, bei der Hazienda El Progreso Richtung El Salvador (2 1/2 Std. von Guatemala auf der Panamericana) am Fuß des Vulkans Tecuamburro, Medizinalquellen, tropische Vegetation

Guazacapán, Fiesta: 8. Dezember

Taxisco, Fiesta: 15. Januar

Hotel Jeresol (Taxisco) 1P/6,00 Qu 2P/9,00 Qu

Reserva Monterrico für Wasserschildkröten und Mangle (Mangrovenart), man gelangt dorthin mit Booten von **Taxisco**

San Rafael Las Flores, Fiesta: 24. Oktober

Chiquimulilla, Fiesta: 3. Mai

Hotel San Carlos 1P/Qu 5,00 2P/Qu 10,00

Hotel Uruyala 1P/Qu 3,50 2P/Qu 7,00

Hotel Galex 1P/Qu 3,00 - 4,00 2P/Qu 6,00 - 8,00

Pension Juan de Letran 1P/Qu 2,00 - 2,50 2P/Qu 3,00 - 4,00

Pension Galicia 1P/Qu 1,50 2P/Qu 3,00

San Juan Tecuaco, Fiesta: 25. Januar

○ **Provinz Esquintla**

ist die Provinz mit dem reichsten Farmland (Rinder, Kaffee, Zucker, Bananen, Tabak, Kakao, Baumwolle, tropische Früchte).

Esquintla (Hauptstadt)54 km, 347 m, Fiesta: 4. - 8. Dezember, heiße Heilquellen "Aguas Vivas" und "Aguas de Zarza"

Hotels:	1P/Qu	2P/Qu
Hotel Sarita	20,00	35,00

Restaurant Satita - regionale und internationale Küche

	1P/Qu	2P/Qu
Hotel Texas	15,00	25,00
Hotel la Villa	7,00	10,00
Hotel Campo Real	4,00 - 5,00	5,00 - 7,00
Hospedaje Colonal	1,50 - 2,50	3,00 - 5,00

Vulkan Pacaya 2.522 m, Aufstieg von San Francisco de Sales, **San Vincente Pacaya**, Fiesta: 22. Januar

Palín, 37 km, Fiesta: 29. - 30. Juli, 15. Oktober, Markt: Mi., Fr. unter einem der größten Ceibabäume der Welt (54 m Durchmesser, 400 Jahre alt)

San Pedro Martír, Höhlen nahe Palín

Guanagazapa, Fiesta: 15. Februar

Siquinalá, Fiesta: 25. November
Hotel Conacaste 1P/Qu 5,00 2P/Qu 5,00 - 10,00
La Democrazia, Olmekenköpfe auf dem Hauptplatz
(6.Jh.v.Chr.), Museum, Ruinen: Monte Alto. Olmekenköpfe wurden auf den Fincas El Baúl und El Tránsito gefunden, Fiesta:
31. Dezember
Finca Honduras, (30 km von El Baúl) den hier gefundenen
fettleibigen Monolithen nennen die Indios "El Rey", Kulthandlungen von Schamanen
La Gomera, Fiesta: 12. November
Santa Lucia Cozumalguapa, 32 km westlich von Esquintla,
im Südwesten "Izuintlán", wichtigste Ausgrabungsstätte der
frühzeitlichen, noch geheimnisvollen Cozumalhuapa-Kultur,
(mexikanisch, keine Maya-Kultur), religiöses Zentrum des Panatacatl-Volkes, fettleibige Großskulpturen, Reliefs, Keramiken aus 1500 v.Chr., Fiesta: 25. Dezember.
Prähistorische Funde auf den Fincas **Bilbao-Las Illusiones**
(66 mit Reliefs geschmückte Monolithen, die meisten befinden
sich in Berlin), **Pantaleon, Santa Rita**

Hotels:	1P/Qu	2P/Qu
Camino Hotel Santaguito	15,00	25,00
Hotel El Camino	10,00 - 18,00	15,00 - 28,00

San José, 104 km, wichtigster Pazifikhafen, rund um San José
befinden sich zahlreiche Badeorte mit guten Hotels, die Strände
an der Südküste zeichnen sich aus durch schwarzen vulkanischen Sand (die Sonnenbrandgefahr ist daher besonders groß!)

Hotels		
Balneario Chulamar	40,00	70,00
Turicentro El Tigre km 62 auf der Straße zum Hafen		
San José	10,00	15,00
Chalet Marbella	6,00	10,00
Barrio Miramar		
Hotel Viñas Del Mar	10,00	10,00 - 20,00
Balneario Bella Aurora	3,00	6,00
Iztapa Fiesta: 24. Oktober		
Hotel El Hotelito	10,00 - 12,00	10,00 - 20,00
Turicentro Likin bei km 113,5 nach Iztapa		
	30,00	37,00 - 52,00

Canal de Chiquimulilla mit dem Motorboot von San José, tropische Vegetation

Tiquisate - hier hatte die "United Fruit Company" die zweite große Plantage neben jener bei Quirigua, Ruinen: Zunfl, Fiesta: 24. Dezember

Hotel Viajero	8,00	15,00
Pension Blanguita	5,00	10,00
Hospedaje El Oasis	4,00	8,00

Tikal und Provinz Petén

Anreise

O **Mit dem Bus:** (beschrieben unter Ciudad de Guatemala), sehr beschwerlich wegen des heißfeuchten Dschungelklimas, in der Regenzeit ist die Straße manchmal überflutet und die Fahrt kann einen ganzen Tag dauern; unterwegs besteht 200 km vor Flores eine Übernachtungsmöglichkeit 3 km vor Poptún, man muß den Busfahrer aufmerksam machen, daß man bei der Finca Ixobel aussteigen möchte (Baumhäuser, Swimming-Pool, Bücherei)

O **Mit dem Flugzeug:** (ca. 1 Stunde Flug). Man kann Tikal an einem Tag besichtigen und am selben Tag zurückfliegen. Z.B. Aviateca (1991): US$ 65/one way), Abflug 7.00 Uhr, Rückflug 17.00 Uhr. Außerdem fliegen Aerovias, Aeroquetzal (1991: US$ 85 hin-retour, nur Fr.und So.) und Tapsa diese Route. Abflug ab Heimatflughafen auf der Rückseite des internationalen Flughafens, Av. Hincapie 18 ca. Zona 13.

Im San Juan Hotel (Flores) gibt es manchmal Rückflüge zu buchen (meist ein wenig teurer als in der Hauptstadt). Man kann es aber auch stand-by direkt auf dem Flughafen Santa Elena versuchen.

Vom Flughafen 2 km nach Santa Elena und 2 km nach Flores.

Ausflüge von Flores aus

Über Ausflüge nach anderen Ausgrabungsstätten im Petén erkundigt man sich am besten in der Hauptstadt bei INGUAT, in

einem Reisebüro oder im Hotel Maya Internacional in Santa
Elena.
Der öffentliche Bus zu den Ruinen von Tikal braucht drei Stun-
den, der Minibus fährt eine Stunde und holt vom Hotel ab.
Kleidung: Dünne, aber lange Hosen und lange Ärmel wegen der
Moskitos, Turnschuhe, in der Regenzeit: Regenschutz
Malariavorbeugung ist wichtig!

Flores und unmittelbare Umgebung

O Fiesta: 15. Januar
O **Tayasal** hieß die Insel, auf der heute Flores liegt
O **Museum Sylvanus G. Morley** archäologisches Museum in Ti-
kal
O **Naturmuseum** in Santa Elena
O **3-stündige Rundfahrt** um den See im Hotel buchen (Alligato-
ren, Wasserschildkröten).
O **Cerro Cahui-Biotop** am nördlichen Ufer des Itza-Sees zum
Schutz des hier beheimateten Wildtruthahnes
O **Actún Kan** (Schlangenhöhlen) in Santa Elena
O **Jobitzinaj**, 4 km südöstlich des Itza-Sees, Tropfsteinhöhlen,
die zu den schönsten der Welt gehören sollen
O **Aussichtspunkt** des Königs Canek, Blick über den See
O **San Benito**, Fiesta: 3. Mai
O **San Francisco**, Fiesta: 4. Oktober
O **Santa Ana**, Fiesta: 18. - 26. Juli

Norden
O **Uaxactún**, 25 km nördlich von Tikal, die älteste bekannte
Mayastadt, hier soll der Kalender entwickelt und die Hierogly-
phen-Schrift perfektioniert worden sein, polychrome Töpferei,
Wandmalereien
O **El Mirador**, mexikanische Grenze, die massivsten und zahl-
reichsten religiösen Bauten im Mayagebiet werden jetzt er-
schlossen, Sondergenehmigung für den Besuch ist notwendig

Süden und Südwesten
O Expeditioncharakter hat eine Reise zu einer Reihe bedeutender Mayastätten entlang der schiffbaren Flüsse Rio de la Pa-

sión (reiche Dschungel-Flora und -Fauna, die Lagune soll Reservation werden) und Usumacinta
○ **Sayaxche**, von hier aus ist der Fluß in beiden Richtungen schiffbar, man kann Kanus mit Außenbordmotor mieten, Fiesta: 13. Juni

von Sayaxche nach Südosten
○ **Ceibal**, 65 km südlich von Flores, ähnlich bedeutende Stelen wie Quirigua und Copán
○ **Aguateca** mit dem Boot von Sayaxche erreichbar, Stelen, Petexbatún-Lagune, einfache Unterkünfte
○ **Dos Pilas Ruinen**
○ Von Sayaxche führt eine sehr schlechte Straße weiter nach Süden, nach **Cobán**

von Sayaxche nach Westen und Norden
○ **Altar de Sacrificios**
○ **Bonampak** auf mexikanischer Seite, erst 1946 entdeckt, berühmt wegen Wandmalereien über das Leben der Maya
○ **Piedras Negras** eine der bedeutendsten Kultstätten der Klassik, der hier lebende Stamm der Lacandones zählt nur mehr ca. 200 Menschen
○ **Yaxchilán** (Mexico - gegenüber Piedras Negras), Skulpturen

Süden
○ **Poptún**, Fiesta: 1. Mai, in der Nähe
○ **Naj Tunich**, Höhle der spätklassischen Inschriften
○ **Dolores**, Fiesta: 28. Mai
○ **San Luis**, Fiesta: 16. - 25. August

Westen
○ **El Naranjo**, Schiffsverbindung nach Palenque (Mexico) über den San Pedro-Fluß

Osten

○ **Yaxjá** und zu der heiligen Insel **Topoxté** 80 km, ca. 1 1/2 bis 2 Stunden auf der Straße nach Belíze (primitive Übernachtungsmöglichkeit), Stadtanlage, mehrere noch überwachsene Ruinenstätten, abenteuerliche Dschungelfahrt

○ **Belíze:** Ebenfalls sehenswerte Maya-Stätten, besonders Altun Ha

Hotels

Hotel Petén, direkt am See, sehr angenehm und sauber,
Qu 12 (ohne Bad), Qu 16,50 (mit Bad)

Hotel Yun Kax	1P/Qu 8	2P/Qu 15

San Benito

	1P/Qu	2P/Qu
Hotel Bella Guatemala	2,00	4,00
Hotel del Lago	2,00	4,00

Santa Elena

Hotel Diplomatico	3,00	5,00
Hotel Maya Internacional	16,00	25,00
Hotel Monja Blanca	5,00	10,00
Hotel Tziquinaha	25,00	30,00

Tikal

Hotel Jaguar Inn	30,00	30,00
Hotel Jungle Lodge	20,00	

Auf dem Campingplatz (gebührenfrei) kann man seine eigene Hängematte in offenen, gedeckten Hütten aufknüpfen oder eine Hängematte mit Moskitonetz für Qu 3,50 mieten. Allerdings ist das Netz für Fliegen kein Hindernis, daher vor dem Schlafen mit Repellent (z.B. Autan) einreiben. Tische, WC und Duschen sind vorhanden.

Antigua und die Provinzen Sacatepequez und Chimaltenango

Antigua

Sehenswürdigkeiten

- ○ **Plaza De Armas,** Hauptplatz
- ○ **Palacio del Ayuntamiento,** Rathaus, 1763, mit dem städtischen Museum (Gemälde, Kleider, Waffen aus der Kolonialzeit), hier befindet sich das INGUAT
- ○ **Buchmuseum,** älteste Druckerpresse Mittelamerikas, 1660, Di-So 9.00 - 17.00 Uhr
- ○ **Kathedrale** 1543, neu erbaut 1669 - 1680
- ○ **Palacio De Los Capitanes Generales,** Palast der Kolonialregierung, 1763
- ○ **Universität San Carlos** im maurischen Stil, zweitälteste Universität auf dem amerikanischen Kontinent, 1678
- ○ **Kolonialmuseum,** Kunst und Architektur des 16. und 17. Jahrhunderts, Di-So 9.00 - 17.00 Uhr
- ○ **Santiago Museum,** Kriegsgerät aus der Eroberungszeit, Di-So 9.00 - 17.00 Uhr
- ○ **Museum für Volkskunde,** Di-So 9.00 - 17.00 Uhr
- ○ **Museum für koloniale Keramik**
- ○ **Casa Popeone,** Herrschaftshaus von 1634
- ○ **Casa De Las Campanas** 1700, 1940 renoviert
- ○ **Kirche und Kloster Santa Clara** 1717
- ○ **Kirche und Kloster San Francisco,** 1543 mit der
- ○ **Kapelle De La Tercera Orden,** Kapelle des Pedro de Bethancourt, den die Indios besonders verehren
- ○ **Museum für religiöse Reliquien,** Di-So 9.00 - 17.00 Uhr
- ○ **Posada Belem,** Kloster der Bethlehemiten, 1653
- ○ **Kirche La Merced,** 1552, mit dem "Fischerbrunnen"
- ○ **Kloster La Recolleción,** 1708, beeindruckende Ruinen
- ○ **Kirche und Kloster De La Compania de Jesus,** 1626, beherbergt heute den Markt
- ○ **Kirche und Kloster Santa Catalina,** 1606, mit dem Katharinenbogen 1773, in dem die Nonnen die Straße vom Kloster in die Kirche überquerten
- ○ **Kirche und Kloster De Capuchinas,** 1726, mit dem

- **Torre De Retiro**, die meistbesuchten Ruinen Antiguas
- **Reliquienmuseum**, Di-So 9.00 - 17.00 Uhr
- **Kirche De Nuestra Senora Del Carmen**, 1686, renoviert 1728, schönes Pflaster
- **Kirche De La Cruz Del Milagro**, 1731
- **Kirche und Kloster De La Escuela De Christo**, 1664, das Gemälde "La Adoración De Los Reyes" wird Murillo zugeschrieben
- **Estipite Galeria de Arte**, 3a av. Norte 9a. Die deutsche Galeristin vertritt 100 international anerkannte bis völlig unbekannte Künstler aus sämtlichen Ländern Zentralamerikas. Hauptgewicht liegt auf abstrakter und figurativer Malerei sowie Skulpturen. (Preise 1991: 500 - 2.000 Qu.). Erlöse aus Kunstauktionen werden der "Fundacion Tecnica y vocacional" zur Verfügung gestellt, die in 3- bis 5-wöchigen Kursen Handwerker ausbildet.

- **Fiesta**: Berühmteste Feiern der Semana Santa (Karwoche), 25. Juli, Hl. Santiago, Volkstänze, Kulturveranstaltungen, November: Internationale Kunstaustellung
- **Markt**: Mo, Do, Sa
- **Souvenirs**: Silber- und Jadeschmuck, Keramik, Holzschnitzereien, Webereien
- **Bevölkerung**: Cakchiqueles

Hotels

	1P/Qu	2P/Qu	Suite
Hotel Antigua	120,00	150,00	225, - 245
Hotel Ramada Antigua			
	78,00-125,00	90,00-125,00	250,00

Supersave Weekend US$ 14,95/Person, Kinder bis 18 zahlen im Zimmer der Eltern nichts

Hotel Posada De Don Rodrigo			
	45,00	60,00	
Hotel Aurora	16,00-25,00	18,00- 30,00	
Hotel Casa Del Patio	18,00	24,00	
Hospedaje Casa de Santa Lucia			
	6,00	12,00	

Hotel El Rosario Lodge
                    6,00-8,00   10,00-12,00
Hotel Los Capitanes
                    5,00   8,00-10,00
Posada Las Rosas   5,00   9,00-10,00
Hotel Posada de Dona Angelina
                    4,00-10,00   7,00-10,00
Posada Refugio   2,00   4,00

Spanischkurse

Individuelle Intensiv-Spanischkurse für Anfänger und Fortgeschrittene, jeder Schüler wird von einem Lehrer unterrichtet, Studienmaterial ist im Preis inbegriffen, die Kurse werden wochenweise gebucht

Stunden täglich	Vollpension bei Familie	nur Kurs
4	Qu 140/Woche	Qu 90
5	Qu 155/Woche	Qu 105
6	Qu 170/Woche	Qu 120
7	Qu 185/Woche	Qu 134

Auskünfte: Instituto Antigueño, 1ra. Calle Poniente No 33, Antigua Guatemala, Apartado 456, Guatemala C.A.

Ausflüge von Antigua aus

Provinz Sacatepequez

Sehenswerte Orte

O **San Juan Alotenango**, Fiesta: 24. Juni

O **San Miguel Dueñas**, Fiesta: 29. September

O **Santa Catarina Barahona**, Fiesta: 15. Januar

O **San Antonio de Aguas Calientes**, berühmt für seine "Nadelweberinnen", die einzigen in Guatemala, Fiesta: 20. Januar, 10. - 13. Juni

O **San Juan Obispo**, 6 km von Antigua, Ruinen des Palastes von Bischof Maroquin

O **Santa Maria de Jesus**, 16 km von Antigua, in der Kirche befindet sich ein 400 Jahre altes Gemälde über die Beschneidung des Jesuskindes, sehr selten, da Rom im 16. Jahrhundert anordnete, derartige Bilder von öffentlichen Plätzen und Kirchen zu entfernen, 2. Januar: "Fiesta Dulce Nombre de Jesus", 15. Januar: "Fiesta Christo de Esquipulas",

- O **Ciudad vieja**, 5 km südwestlich von Antigua, alte Hauptstadt, 1527, Fiesta 8. Dezember
- O **San Felipe**, typisch auf dem Markt sind spezielles Konfekt und Tonvögelchen
- O **Termalquellen Medina**, El Cubo und San Lorenzo
- O **Sacatepequez**, Fiesta: 18. Oktober
- O **Sumpango**, Ruinen Los Piños, Fiesta: 28. August
- O **San Bartolomé Milpas Altas**, Fiesta:; 24. August
- O **San Andres Itzapa**, Fiesta: 25. - 30. November
- O **Santo Domingo Xenacoj**, Fiesta: 2. - 9. August, Volkstänze
- O **Santiago Sacatepequez**, Fiesta: 1. - 2.Februar, 23. - 25. Juli, Volkstänze
- O **Magdalena Milpas Altas**, Fiesta: 22. Juli
- O **Santa Lucia Milpas Altas**, Fiesta: 13. Dezember
- O **Jocotenango**, Fiesta: 15. August
- O **Patores**, Fiesta: 9. Oktober

Vulkane
- O Den Vulkan **Agua** (3.765 m) kann man von Santa Maria Jesus aus in 5 Std. besteigen, im Ort findet man Führer mit Pferden, zu Fuß zwei Stunden, Panoramablick auf das westliche Hochland und den gesamten Süden Guatemalas
- O Die Vulkane **Acatenango** (3.975 m) und **Fuego** (3.763 m) westlich von Antigua kann man bei einem Ausflug besteigen, Aufstieg von La Soledad oder Concepción Calderas über Yepocapa zum Acatenango, Übernachtungsmöglichkeit in einer Hütte zwischen den beiden Kegeln des Acatenango, am nächsten Tag zum Fuego.

Provinz Chimaltenango

Sehenswerte Orte
- O **Chimaltenango**, Fiesta: 22. - 27. Juli, Volkstänze und Zeremonien "El Encuentro de las Candelas" der über 4oo Jahre alten Brüderschaft Santa Ana, Prozession mit riesigen Kerzen, die

50 Jahre lang immer für diese Zeremonien verwendet werden,
Markt: Mo, Do, Fr, in der Nähe:

- **Parque nacional Los Aposentos**
- **El Tejar**, Fiesta: 20. Januar
- **Parramos**, Fiesta: 28. Dezember
- **San Andres Itzapa**, Fiesta: 30. November
- **San Martin Jilotepeque**, Fiesta: 24. Mai, 11. November,
  Markt: So, Do
- **Mixco Viejo** (880 m), Ruinen (Pocomamas), zwei große Bleiku-
  gelhallen, zurück über
- **Patzicia**, Fiesta: 22. - 27. Juli
- **Zaragoza**, Fiesta: 12. Oktober
- **Acatenango**, Fiesta: 11. Juni
- **Yepocapa**, Fiesta: 29. Juni
- **Patzún** schöne Kolonialkirche, kostbarer Altar, schöner Brun-
  nen aus der Kolonialzeit, Fiesta: 20. Mai
- **Comalpa**, Fiesta: 24. Juni, 16. - 20. Dezember,
  Markt: So
- **Tecpán** 2.250 m, alte Kolonialkirche mit Silberaltar,
  Fiesta: 1. - 4. Oktober,
  Markt: So, Do , Korbwaren, kostbarer Altar
- **Iximché** alte Hauptstadt der Cakquicheles und 1. spanische
  Hauptstadt 1524-26, Grabungsarbeiten seit 1956, Festung auf
  einer Bergspitze mit Festungsgraben und Kanonenkugelhalle
- **San José Poaquil**, Fiesta: 19. März
- **Santa Apolonia**, Fiesta: 9. Februar

Chichicastenango

Chichicastenango liegt auf 2.250 m Seehöhe (alter Name: Chuvilá).Der Markt gilt als der bedeutendste und bunteste Indiomarkt,
(So und Do), am besten schon am Abend vorher anreisen, besondere Stimmung! Textilien aus dem ganzen Land, Holzmasken, Holz-
und Tonfiguren

Fiestas:

- 19. März: San José
- Semana Santa (Karwoche), christl. und indian. Riten
- 2. Mai: Dia de la Crúz

- Pfingstsonntag
- 29. Juni: San Pedro
- 1. November: Allerheiligen, 2. November Allerseelen
- 12. Dezember: Jungfrau von Guadelupe
- 15. - 21. Dezember: Santo Tomás, Prozessionen der vielen Co-fradias, Brüderschaften, mit dem "Tsijolán", einer Reiterfigur, Raketen, Pálo Voladór (der "fliegende Mast") Maurentänze
- 31. Dezember: Neubestellung des Indianischen Bürgermeisters entsprechend dem rituellen Maya-Kalender

Sehenswürdigkeiten:
- **Riten** der Indios in und vor der Kirche Santo Tomás, Rauch- und Kerzenopfer
- **Besondere Trachten der Männer**, die ihren gesellschaftlichen Status und ihre kultische Rolle angeben
- **Steinidol von Pascual Abaj** (="Mumuz", Gott der Fruchtbarkeit, Turkaj), großer steinerner Kopf auf dem Berg La Democracia 3 km außerhalb von Chichicastenango, bei dem die Indiopriester Rauchopfer bringen. Hier bringen auch die Brujos, die bösen Zauberer (=alitz), ihre Opfer dar. Die guten Zauberer heißen ajkih
- **Kirche Santo Tomás**, 1540 über den Resten eines Maya-Tempels errichtet
- **Kalvarien-Kirche** (gegenüber)
- **Museum für Archäologie**, Gemeindehaus, hier gefundene Jade- und Keramik-Gegenstände, 9.00 - 17.00 Uhr

- **Ausflüge**: Siehe Panajachél und Santa Cruz del Quiché
- **Hotels**

	1P/Qu	2P/Qu
Hotel Santo Tomás	70,00-110,00	85,00-140,00
Hotel Maya Inn	30,00-40,00	36,00-46,00
Hotel Maya Lodge	10,00-12,00	16,00-18,00
	3 Pers. 27,00	
Pension Chuguila	6,00-12,00	10,00-20,00
Casa de Huspedes Girón	6,00-10,00	6,00-10,00
Hospedaje Salvador	3 Pers. 10,50	

Atitlán-See und die Provinzen Sololá und Panajachél

Ausflugsmöglichkeiten, Fiestas und Markttage

○ INGUAT Panajachél, Ca. Principal y Esquina Santander, bei der Busstation, Auskünfte auch im Buchladen daneben

○ Der **Atitlán-See** ist der zweitgrößte Süßwassersee Guatemalas, 1.562 m Seehöhe, 125 qkm, 26 km lang, 8,5 km breit und 318 m tief, kein Abfluß, Schwefel- und Heilquellen, jedes der 18 Dörfer um den See hat aufgrund der (eng benachbart lebenden) verschiedenen Indio-Stämme (Quiché, Cakchiqueles und Tzutuhiles) einen eigenen Charakter

○ Aussichtspunkt Las Trampas bei km 124 der Interamericana CA-1, prachtvolle Sicht über den See

○ Aussichtspunkt Sololá bei km 121 der Staatsstraße zwischen Sololá und Panajachél

○ **Sololá** 2.110 m (Cakchiqueles), Provinzhauptstadt, malerischer Turm aus dem 19. Jahrhundert, Marienaltar aus Silber; besonders beeindruckende Tracht; bewegliche Provinzfeiertage an den letzten vier Tagen vor der Karwoche, Fiesta:13. - 19. August (Hauptfeiertag 15. August, Mariä Himmelfahrt), 12. Dezember; bedeutender Markt: Di, Fr

○ **Santa Caterina Ixtahuacán**, Fiesta: 25. November

○ **Panajachél**, (Tzutuhiles) Badeort direkt am See, Wasserfall, beweglicher Provinzfeiertag wie Sololá, Fiesta: 12. - 13. Juni Fest der Cofradias, der Laienbruderschaften, 1. - 4. Oktober, Markt: So

○ **Nahualá** (oberhalb Sololá), besonders ursprüngliches Indiodorf ähnlich wie Chichicastenango; die Bewohner verlassen selten ihren Ort, bis vor 30 Jahren durfte kein Weißer in diesem Dorf übernachten, angeblich leben hier noch Abkömmlinge der alten Maya-Priesterkaste, Fiesta: 23. - 25. November, Markt: So

○ **Santa Lucia Utatlán** (bei Sololá), Fiesta: 12. - 14. Dezember

Vulkane

○ **Atitlán** 3.975 m, Aufstieg von Santa Lucas Tolimán, 6 - 8 Std.

○ **Tolimán** 3.134 m, Doppelkrater, Aufstieg von Santiago Atitlán, 4 - 6 Std., weniger beschwerlich

○ **San Pedro** 3.020 m

Die Dörfer um den See (von Panajachél westwärts)

○ **San Jorge La Laguna**, auf dem Weg nach Sololá geht es durch eine tiefe Schlucht zu dem Dorf am Seeufer, Fiesta: 15. Januar

○ **Santa Cruz La Laguna**, besonders schön gelegen, Fiesta: 10. Mai

○ **Tzununa**

○ **San Marcos La Laguna**

○ **San Pablo La Laguna** (Tzutuhiles), 500 m oberhalb des Sees, Straßenverbindung nach Sololá, Netztaschen und Hängematten, Fiesta: 25. Januar

○ **Santa Maria Visitatión**, Höhlen, Fiesta: 1. - 4. Juli, Volkstänze

○ **Santa Clara La Laguna**, Fiesta: 10. - 13. August, Volkstänze,"Palo Volador" (fliegender Mast), Markt: Di, Fr

○ **San Juan La Laguna**, Korbwaren, Fiesta: 22. - 24. Juni

○ **San Pedro La Laguna** (Tzutuhiles), an der Westflanke des Vulkans San Pedro, hellhaarige und hellhäutige Indios, Fiesta: 29. Juni, Markt: Do, So; von hier aus gibt es eine Straßenverbindung (Bus), vorbei an der Südseite des Vulkans San Pedro

○ **Santiago Atitlán** (Tzutuhiles), größter Ort am See, am Abhang des Vulkans Tolimán, alte Kirche und Kloster, 1541, Schiff von Panajachél - 1 Stunde, Straßenverbindung nach Süden (Mazatenango, Esquintla), Fiesta: Semana Santa (Am Karfreitag wird der "Maximón" herumgetragen), 23. - 27. Juli, Volkstänze, Markt (nur Frauen!): tägl. 11.00 - 14.00 Uhr, bes. Di, So

○ **Reservation** des Pop (Schwimmvogel =Zambullidor), im Aussterben, auf einer Santiago vorgelagerten Insel **Cerro de Oro**

○ **San Lucas Tolimán** (Tzutuhiles), am Abhang des Vulkans Tolimán in einer tiefen Bucht, bedeutendes Handelszentrum, koloniale Kirche mit schönem Altar und Heiligenfiguren, Strand, Café Tolimán am See, kaum Touristen, Fiesta: 15. - 18. Oktober, Markt: Di, Fr, Straßenverbindung an die Südküste

○ **Agua Escondida**

○ **Godínez**, Fiesta: 24. - 25. Dezember, Straßenverbindung nach Osten (Chimaltenango, Antigua)

○ **San Andres Semetabaj**, koloniale Kirche, Markt: Di, Fiesta: 30. November, zurück nach Panajachél

Von Agua Escondida aus gibt es auch einen Fußwanderweg nach:
O **San Antonio Palopó** (Cakchiqueles), schöne alte Kirche und Klosterruinen, Fiesta: Gründonnerstag, Karfreitag, 12. - 13. Juni, 10. September,
O **Santa Caterina Palopó** (Cakchiqueles), Fiesta: 24. - 25. November

Hotels und Restaurants

Manche Hotels haben teurere "Feria"-Preise vor besonderen Festen, in den teuren Hotels kann man über den Preis verhandeln!

	1P/Qu	2P/Qu	3P/Qu
Hotel Atitlán (direkt am See, außerhalb des Ortes), schöner			
Garten	135,00	155,00	175,00
Hotel del Lago, Swimming-Pool			
	80,00-175,00	125,00	175,00
Hotel Playa Linda	25,00-100,00	35,00-100,00	
Hotel Cacique Inn	45,00	50,00	
Hotel Tzanjuyu	34,00	44,00	
Hotel Vision Azul	28,00	34,00	
Bungalows Guayacan			
	25,00	30,00	

	1P/Qu	2P/Qu	3P/Qu
Hotel Regis (Besitzerin spricht deutsch)			
	20,00	35,00	50,00
Paradise Inn(abgelegen am See), schöne Zimmer mit Kamin			
	20,00		
Hotel Rancho Grande Inn			
	18,00	30,00	
Hotel Galindo	12,00-16,00	25,00-30,00	
Bungalows Los geranios	45,00	45,00	
Hotel Monterrey	12,00	18,00	
Hotel Palacio Maya	10,00	18,00	
Hotel Riva Bella	10,00	15,00	
Hospedaje Santa Isabel	10,00	16,00	
Bungalows bei Rosario (am See)			
	13,00	32,00 (Feria)	
Bungalows El Aguacatal (nahe zum See, hinter Hotel del Lago)			
	8,00-10,00	16.00-20.00	
		28,00- 37,00(Feria)	

Hotel Posada del Camino

	7,00	13,00
Hotel Maya Kranek	7,00- 8,00	12,00-15,00
Hotel Las Casitas	6,00	7,50-15,00
Hotel Fonda del Sol	5,00-7,50	10,00

Hospedaje Cabana Country Club

	4,00	8,00
Bungalows Ramos (am See)		4,00-5,00(Feria)

Bungalows Garcia (Dusche: 1,00)

	3,50	
Hotel Panajachél	2,50	5,00

Ferienhäuser für längere Mietdauer vermittelt Doris O'Kelly, Tel. 62 15 77, je nach Ausstattung: Qu 25,00 - 400,00/mtl.

O **San Antonio Palopó**

Hotel Terrazas del Lago	15.00-30.00	25,00-45,00

Essen

In Panajachél gibt es sehr viele Restaurants und Lokale aller Kategorien, besonders auf der Straße von der Bushaltestelle zum See, z.B.:

O gepflegte und original italienische Küche in "La Fontana" (geführt von einem Südtiroler)

O Fondo del Sol, angenehme Atmosphäre

O El Patio, Gastgarten an der Hauptpromenade

O House of Crepes, Omeletts mit Früchten und Joghurt

O Comedor el Cisne, neben Hotel el Lago, Fische

O 4 einfache Fischrestaurants am See

O Indisch-vegetarische Restaurants im Ort u.v.a.m.

O **Galeria Nan Cruz**, Kunstgalerie, interessante Architektur, hier kann man auch Kaffee trinken,

O in der Straße gegenüber **Fahrradverleih**:
   BMX/Tag/Qu 9,00
   Herrensportrad/Tag/Qu 15,00
   Mountainbike/Tag/Qu 16,00-Std./Qu 2,50 - 3,50
   Motorrad/Tag/Qu 45,00-Std/Qu 9,00
   ein zweiter Verleih befindet sich im Ort

O **Book-Reading-Room**:
   Man kann Bücher und Zeitschriften kaufen, verkaufen und

lesen (meist engl.), es stehen auch mehrere Reiseführer im Regal und man trifft immer jemanden, der Tips geben kann. Hier kann man auch das Gepäck deponieren, bevor man auf Zimmersuche geht.

O In Panajachél wird man häufig auf **Schwarzwechseln** angesprochen, da die Guatemalteken um 10 bis 20 Centavos mehr pro Dollar auf der Bank bezahlen müssen, als ein Ausländer.
O **Billardsalon**, 1 Block unterhalb der Kirche, 1 Std.: Qu 1,50

Verkehrsmittel
Man bekommt unterschiedlichste Auskünfte, mehrmals fragen!
O Boote nach Santiago, San Pedro und San Antonio (sehr früh!)
O Bus nach Guatemala (3 Stunden): mehrmals täglich
O Bus Richtung Mexico: Bus nach Guate nehmen und bei Los Encuentros in den Bus El Condor (siehe Kapitel "Überlandbusse", S. 45) nach La Mesilla umsteigen.

Souvenirs
O In Panajachél kann man besonders vielfältige Souvenirs kaufen - neue und alte Huipiles aus allen Landesteilen, aber auch Boutiquenware aus den schönen handgewebten Stoffen, Bettüberwürfe, Decken aus Momostenango, Hängematten, Macheten, Taschen, Körbe, Schnitzereien, Tonwaren...(großer Antiquitätenladen im Zentrum, großer Markt bei der Kirche)
O es gibt viele Werkstätten, wo man für wenig Geld nach eigenem Entwurf nähen lassen kann
O Etwas unterhalb des Postamtes kann man bei "Pink Box" Pakete zum Verschicken verpacken lassen.

Provinzen El Progreso, Jalapa, Baja Verapáz und Zacapa

Die "Carretera del Atlantico" ist eine gut ausgebaute Straße entlang des Rio Montagua, des dritt- oder viertgrößten Flusses der westlichen Hemisphäre. Wenig Siedlungen

Provinz El Progreso
O **San Antonio La Paz**, Fiesta 13. Juni

- ○ **Sanarate**, Fiesta 14. November
- ○ **Sansare**, Fiesta 25. September
- ○ **San Augustin Acasaguastián**, Ruinen (Tulumajillo, Manzanotal), Fiesta 24. - 30. August
- ○ **San Christobal Acasaguastián**, Fiesta: 23. - 26. Juli
- ○ **El Jícaro**, Fiesta 25. Dezember
- ○ **El Progreso**, Fiesta: 15. Januar
- ○ **Morazán**, Fiesta: 25. Dezember

Provinz Jalapa
- ○ **San Luis Jilotepeque**, prähispanische Keramik der Pokomames, Fiesta: 25. August, Volkstänze, 15. Dezember
- ○ **San Pedro Pinula**, Fiesta: 2. Februar
- ○ **Jalapa**, Ruinen, Vulkan Jumay, Fiesta: 3. Mai

	1P/Qu	2P/Qu
Hotel Villa del Rio	7,00	14,00
Pension Casa del Viajero	2,50-5,00	3,50- 8,00
Pension Centroamericana	2,00-4,00	4,00-8,00

- ○ **Mataquescuintla**, Fiesta: 25. Juli
- ○ **San Carlos Alztate**, Fiesta: 15. März
- ○ **Monjas**, Fiesta 7. Februar
- ○ **San Manuel Chaparrón**, Fiesta: 10. März

Provinz Baja Verapáz
- ○ **Salama**, trocken-heißes Klima, kleine Provinzhauptstadt mit riesiger Kolonialkirche (12 äußerst kostbare geschnitzte und vergoldete Altäre, berühmte Christusfigur, alte Gemälde und Möbel), 81 km von El Rancho, ca. 2 1/2 Std., Fiesta: 15. Januar, 12. - 16. September

Hotel Tezulutlan	4,00-8,00	7,00-15,00
Hospedaje Caballeros	2,50	5,00

- ○ **San Miguel Chicaj**, Fiesta: 29. September
- ○ **Rabinal** (Pocomchí) 105 km von Salama, bekannt für seine bemalten Kürbisse und Jícaras, Keramiken, eigenartige Instrumente, Fiesta: 25. - 29. Januar, 29. Juni

Hospedaje Juarez	2,00	3,50
Pension Montagua	1,00	2,00
Hospedaje Caballeros	2,50	5,00

- ○ **Purulha**, Fiesta: 13. Juni

○ **Cubulco**, Fiesta: 20. - 25. Juli, Palo Volador, Tänze: Die 5 Stiere, Teufel, El Chico Mudo, Mauren, Schlangentanz u.a.
○ **San Jeronimo**, Ruinen Xubalbal, Fiesta 30. September
○ **Biotop Mario Dary Rivera** in der Sierra Chuacús, 160 km von Guate, Lebensraum des Quetzal, feuchtkühles Klima
Hotel Posada Montaña del Quetzal, km 156,5 auf der Straße nach Cobán   1P/Qu 8,00   2P/Qu 15,00-20,00
○ **Granados**, Fiesta: 3. Mai

Provinz Zacapa
○ **Cabañas**, Fiesta: 19. Januar
○ **Usumatlán**, Fiesta: 24. Juni
○ **San Diego**, Fiesta: 12. November
○ **Teculután** an der Atlantikstraße, Fiesta: 25. Februar

	1P/Qu	2P/Qu
Hotel Longarone,km126	15,00-30,00	20,00-40,00
Hotel del Camino, km 123	6,00	10,00
Hotel Letty's, km 121	4,00	8,00
Hospedaje Posada del Viajero	2,50-3,50	5,00-7,00

○ **Rio Hondo Ruinen**, Fiesta: 26. Februar
Motel Nuevo Pasabien, Sta Cruz, R.H.

	1P/Qu	2P/Qu
	8,00-12,00	15,00-18,00
Motel Rio, km 136	6,00	10,00
Hospedaje Posada Del Rio, km 137		
	5,00-6,00	9,00-10,00

○ **Gualán**, Fiesta: 8. Mai

Posada Doña Maria, km 181	5,00	10,00
Hospedaje Sigui	3,00-4,50	5,00-7,00

○ **Zacapa**, Fiesta: 8. Dezember

Hotel Wong	4,00-5,00	8,00-10,00
Hotel Central	2,50	5,00
Hotel de Leon	2,50-3,50	5,00-7,00

○ **Estanzuela** - hier wurden prähistorische Tierskelette gefunden (Museum), Fiesta: 25. November
○ **La Union**, Fiesta 25. April

Quetzaltenango und die Provinzen Quetzaltenango, San Marcos, Retalhuleu und Suchitepequez

Quetzaltenango "Xela"

Zweitwichtigste Stadt, wichtigste Stadt im Indiogebiet im Massiv der Sierra Madre, kolonialer Charakter, 2.330 m Seehöhe, kühles Klima (bes. Oktober - Januar), Herbstkleidung. Xela hat selbst wenig Interessantes zu bieten, ist aber ein guter Ausgangspunkt für viele Ausflüge in die Umgebung, in der Provinz Quetzaltenango befinden sich die ältesten kolonialen Bauten, weil hier die Spanier eindrangen. Die Provinzstadt besitzt ein öffentliches Krankenhaus und ein modernstes Privatkrankenhaus.

Bevölkerung: 91.000 Ew, stetiger Zuwachs, Quiché

Fiesta: Karwoche, 12. - 16. September, Unabhängigkeitstag

Markt: Täglich

Anreise: Auf den Bussen steht "Xela" (gesprochen: Schela), Aussteigen beim Busterminal am Markt, wo auch alle Busse für Ausflüge abfahren, Bus Nr. 6 ins Zentrum

INGUAT: Im Theatergebäude am Hauptplatz

O **Kathedrale:** alte Fassade, Schiff Anfang dieses Jahrhunderts, "Rosenkranzmadonna"

O **Theater, Kalvarienkirche, Kirche San Nicolo, Kirche Sagrada Corazón, gotischer Tempel, Minervatempel, Markt** unterhalb des Theaters

O **Spaziergang** auf einen Hügel im Osten der Stadt (20 Min), vor dem Theater stehend nach links stadtauswärts, guter Blick über die Stadt

Vulkane

	Höhe/m	Aufstieg von
O **Tacaná**	4.092	Sibinal (San Marcos)
O **Tajumulco**	4.220	San Sebastián (San Marcos)
O **Santa Maria**	3.772	Llanos de Pinal
O **Siete Orejas**	3.370	Llanos de Pinal
O **Cerro Quemado**	3.197	Llanos de Pinal
O **Zunil**	3.524	Zunil
O **Santo Tomás**	3.505	Zunil
O **Chicabal**	2.900	San Martin Sacatepéquez

○ **Santiaguito**   2.510   San Martin Sacatepéquez

Hotels

	1P/Qu	2P/Qu
Pension Bonifaz, Hauptplatz, Dachgarten		
	45,00-55,00	54,00-70,00
Hotel del Campo, außerhalb, km 224 Straße nach Cantel		
	24,00-36,00	32,00-48,00
Hotel Kiktem-Ja	15,00	20,00
Hotel Modelo	14,00	24,00
Hotel C.A.Inn	14,00	20,00
Hotel Virginia, außerhalb bei km 220 auf der Pazifikstraße		
	10,00	16,00
Hotel Cortijo Don Jose Anexo	8,00	15,00
		Suite 25,00-35,00
Pension Casa Suiza	7,00-9,00	13,00-15,00
Hotel Posada de Occiente	7,00-10,00	10,50-15,00
Hotel los Alpes	6,00-8,00	10,00-15,00
Pension Beachi	5,00	10,00
Hotel Europa	5,00	10,00
Hotel Canada	5,00	9,00
Hotel Casa Kaehler	5,00-10,00	9,00
Hotel Casa de Viajero	4,00-6,00	8,00-12,00
Hotel Maryshen	3,50-5,00	7,00-10,00
Posada Santander	3,00-5,00	6,00-8,00
Hospedaje Residencial	2,00-5,00	3,00-10,00
Hospedaje el Centro	3,00-4,00	5,00-7,00
Pension el Quichote	2,00	4,00
Pension Horiani	2,00	4,00
Pension Auyon	2,50	5,00
Hospedaje el Viajero	2,00	4,00

Provinz Quetzaltenango

El Baúl, Aussichtsberg im Nordosten, Disco, zu Fuß 2 - 3 Stunden, Taxi vom Hauptplatz Qu 6,00, bei Saljaca

○ **Saljaca**, 2.329 m, San Jacinto soll die älteste spanische Kirche sein, "Caldo de Frutas" (Likör nach Geheimrezept)

"Jaspe"-Weberei, das Garn wird vor dem Verweben in verschiedenen Farben eingefärbt - in den Straßen sieht man die Färber bei der Arbeit, Fiesta: 6. Januar, 21. - 25. August, wichtigster Tag 25. 8., Tänze, Markt: Di

O **La Esperanza**, Fiesta: 3. Mai

O **San Andrés Xecúl**, Kirche mit eigenartiger naiver Fassade, Fiesta: 30. November

O **San Francisco la Unión**, Fiesta: 4. Oktober

O **Olintepeque**, 2.454 m, hier fand die Entscheidungsschlacht zwischen Alvarado und Tecún Umán statt. Baumwoll- und Seidenweberei, esoterischer Kult in San Pascual Bailón, Fiesta: 24. Juni, Tänze, Markt: Di

O **San Mateo**, Fiesta: 21. September

O **San Miguel Siquilá**, Fiesta: 29. September

O **San Juan Ostuncalco**, 2.495 m, 16 km von Xela, Straße nach San Marcos, spezialisiert auf die Erzeugung von Korbmöbeln, Fiesta: 1. - 2. Februar, Markt: So, (Do), Keramik, Decken, Textilien, Matten, Strohhüte, Gewürze

O **Cajolá**, Ruinen Xacaná, Fiesta: 3. Mai

O **Huitán**, Fiesta: 24. Dezember

O **Sibilia**, Fiesta: 13. Januar

O **San Martin Sacatepequez**, Fiesta: 11. November

O **Concepción Chiquirichapa**, 12 km westlich von Xela, Fiesta: 8. Dezember

O **San Martin Chile Verde**, 2.377 m, die Sprache der hier lebenden Indios wird von keinem anderen Stamm verstanden, sie sind größer als andere Indios und von reinster Rasse. Der Indio-Bürgermeister vermittelt Führer und Pferde zum "Chicabal-Kratersee", an dem sich viele Kreuze und Altäre, Kultstätten der Indios, befinden (3 Std.), Fiesta: 2. Mai, Zeremonien zur Einführung der Brujos (böse Zauberer), 11. November beim Kratersee. Übernachtungsmöglichkeit neben dem Centro Salud

O **Almolonga**, 2.310 m, 4 km südöstlich von Xela, heiße Mineralquellen, Thermalbäder "Cirilio Flores" und "El Recreo", Fiesta: 29. Juni, Volkstänze, 15. - 18. August, Markt: Mi, Sa

O **Zunil**, 2.075 m, 16 km von Almolonga, Heißwassergeysire, sehr schöne kleine Kirche, Fiesta: 25. November, Volkstänze, Markt: Mo

- **Fuentes Georginas**, besonders wirksame radioaktive Heißwasser-Heilquellen, der Weg führt 9 km von Zunil durch eine üppige Dschungelvegetation mit schöner Aussicht auf das Tiefland an der Pazifikküste und durch das Tal des Samalá-Flusses auf eine Bergspitze
  Turicentro Las Georginas (Pool) 1P/Qu 6,00 2P/Qu 12,00
- **Aguas Amarguas**, 12 km von Zunil, heiße Heilquellen gegen Paralyse, Nieren und Leberinfektionen, die zu den wirkungsvollsten der ganzen Welt zählen sollen
- **Cantel**, 2.405 m, eine der größten Textilfabriken, Fiesta: 12. - 15. August, Volkstänze, Markt: So
- **San Jose Chiquilaja**, 2.329 m, Fiesta: 15. Januar, Christo de Esquipulas, Tänze
- **San Carlos Sija**, Fiesta: 15. Dezember
- **Los Vahos**, heiße Schwefel und radioaktive Quellen, 15 Min. von Xela
- **El Palmar**, ganz im Süden, Fiesta: 24. - 25. Juli, Tänze
- **Colomba**, Fiesta: 15. Januar
- **Coatepeque**, Fiesta: 15. März, 25. Juli
  Hotel Virginia km 220 an der Straße zum Pazifik
  Hotel Europa
- **Flores Costa Cuca**, Fiesta: 2. Februar
- **Génova**, Fiesta: 8. Dezember

Provinz San Marcos
Beeindruckende Fahrt mit Ausblick auf die höchsten Vulkane Guatemalas
- **San Marcos** (Mames) 56 km von Xela, Fiesta: 25. - 30. April, Karwoche, Hotel Peréz
- **Palo Gordo**, Fiesta: 15. Januar
- **San Rafael Pe de la Cuesta**, Fiesta: 24. Oktober
- **Catarina**, Ruinen El Sitio, Fiesta: 25. November
- **San Pablo**, Fiesta: 25. Januar
- **Malacatán**, Fiesta: 12. Dezember
  Hotel América
  Hotel Santa Lucia
- **Nuevo Progreso**, Fiesta: 12. Dezember
- **Pajapita**, Fiesta: 7. Dezember
- **El Rodeo**, Fiesta: 19. März

- **El Tumbador**, Fiesta: 6. Dezember
- **San Pedro Sacapetequez**, 2.300 m, 2 km vor San Marcos, eines der größten Textilzentren, Textilien in Gelb und Orange, die es nur hier gibt, Fiesta: 22. - 27. April, 27. - 29. Juni, größter Markt der Region: Do, Fr
  Hotel Del Valle
  Hotel Bagod
- **San Lorenzo**, Fiesta: 7. - 11. August
- **Comitancillo**, Fiesta: 3. Mai
- **San Lorenzo San Lucas**, Fiesta: 10. August
- **Conceptión Tutuapa**, Fiesta: 8. Dezember
- **Sipacapa**, Fiesta: 22. - 25. August
- **San Miguel Ixtahuacán**, Ruinen, Fiesta: 29. September
- **El Quetzal**, Fiesta: 13. November
- **San Antonio Sacatepequez**, Fiesta: 17. - 20. Januar, 12. - 13. Juni
- **Tajumulco** (Mames), 37 km nordwestlich von San Marcos, zweithöchster Vulkan, 60 m hoher Wasserfall des Rio Cuzulchimá, Thermalbäder, Korbwaren, Fiesta: 30. Juni - 3. Juli, Tänze: Die 7 Pairs von Frankreich u.a.
- **Tuinimá**, 12 km von Tajumulco, 2 Seen, 175 m und 145 m Durchmesser, die von fünf 40 m hohen Hügeln umgeben sind
- **Tolash**, Weiler in der Nähe von Tajumulco, riesige Höhle "del Negro"
- **Sibinal**, Aufstieg zum Vulkan Tacaná, Fiesta: 27. - 30. August, Tänze
- **Tacaná**, nördlich von Tajumulco, Fiesta: 12. - 15. August, Tänze: Die 7 Pairs von Frankreich
- **San Christobál Cucho**, 8 km südlich von San Marcos in der Sierra Madre, schöne Aussichtspunkte: Cerro Ixtagel, La Pierna del Venado, Cerro de las Nubes, Bäder: La Castilia, natürliches Dampfbad in einer Höhle, und La Simareona, Fiesta: 22. - 27. Juli, bes. 25. 7., Tänze: Los Tinecos, Markt: Mo, Fr
- **Tejutla**, 30 km nördlich San Marcos, von hier aus und von San Sebastian werden Touren auf den Tajumulco organisiert, Fiesta: 22. - 27. Juli, bes. 25. 7., Tänze: De la Paach u.a.
- **Ixchiguán**, 38 km nördlich San Marcos, Ursprungsgebiet des Suchiate und Usumacinta, sehr kühl, beste Zeit: Juni - September, Fiesta: 28. Juli - 2. August

O **San José Ojetenan,** Fiesta: 19. März
O **Piedra Partida,** 3 km von Ixchiguan, Kultplatz für Brujos
und Schamanen

Provinz Retalhuleu
O **Retalhuleu** (Quiché), Ruinen San Juán Noi Noj no, Fiesta: 6. -
10. Dezember
Hotel de la Colonia, bei km 178 an der Pazifikstraße
Don José Inn
Hotel Modelo
Hotel Astor
O **San Sebastian,** Fiesta: 20. Januar
O **Champerico,** Fiesta: 4. - 8. August
Hotel Maritita
Hotel Miramar
O **Coatepeque,** Fiesta: 25. Juli
O **Nuevo San Carlos,** Fiesta: 31. Dezember
O **San Andrés Villa Seca,** Fiesta: 30. November
O **San Felipe,** Fiesta: 11. Mai
O **San Felipe Retalhuleu,** Fiesta: 25. November
O **San Martín Zapotitlán,** Fiesta: 11. November

Provinz Suchitepequez
Matzatenango, Fiesta: 20. - 26. Februar
Hotel Liberty
Hotel Alba
Hotel Roma
Hotel La Gran Tasca
Hotel Costa Rica
Hotel Jumay
Hotel Gloria
O **Santo Domingo,** Fiesta: 4. - 5. August, Tänze
O **Chicacao,** Fiesta: 19. Dezember
O **Cuyotenango,** Fiesta: 15. Januar
Posada del Sol
O **Patulul,** Fiesta: 25. Januar
Rancho San Christobal
O **San Antonio Suchitepequez,** Fiesta: 13. Juni
Hotel Belmont

- **Pueblo Nuevo**, Fiesta: 15. Januar
- **Samayac**, Fiesta: 8. Dezember
- **San Bernardino**, Fiesta: 20. Mai
- **San Francisco Zapotitlán**, Ruinen Chocolá, Fiesta:
  25. Dezember
- **San Gabriel**, Fiesta: 22. April
- **San José El Idolo**, Fiesta: 19. März
- **San Juan Bautista**, Fiesta: 24. Juni
- **San Lorenzo**, Fiesta: 2. Februar
- **San Miguel Panán**, Fiesta: 29. September
- **San Pablo Jocopilas**, Fiesta: 25. Januar
- **Santa Bárbara**, Fiesta: 4. Dezember
- **Santo Tomás La Unión**, Fiesta: 21. Dezember
- **Zunilito**, Fiesta: 25. November

Provinzen Huehuetenango und Alta Verapáz

Provinz Huehuetenango
Die Provinz Huehuetenango ist sowohl landschaftlich, als auch
ethnisch äußerst interessant, aber wenig besucht. Die Hauptstadt
liegt am Abhang des höchsten Gebirgszuges Guatemalas (Chuchu-
matanes - Gipfel über 3.500 m). Ab Huehuetenango führt die Panamericana steil abwärts zur mexikanischen Grenze.
- **Gemäßigtes Klima**, in den Bergen kalt (Frost, Schnee in den
  Wintermonaten), Frühlingskleidung, warme Kleidung für Aben-
  de, Nächte und im Gebirge
- **Bevölkerung**: 400.000 (Provinz), 35.000(Stadt), Mames, im
  Norden und Westen werden in einzelnen Gemeinden seltene
  Mam-Dialekte gesprochen: Aguateca, Jacalteca, Kanjobal, Chuj
  und Ixil
- **Anreise**: Der Bus aus Guatemala (274 km) und Xela (2 Stunden) bleibt am Hauptplatz gegenüber dem Hotel Zaculeu ste-
  hen, Busse für Ausflüge fahren rund um den Marktplatz und
  die angrenzenden Gassen ab.
- Im Park auf dem Hauptplatz befindet sich ein Relief der Provinz Huehuetenango, ähnlich wie in Ciudad de Guatemala.

○ **Fiesta**: Osterwoche, Marimbaserenade am Aschermittwoch, 12. - 17. Juli, Tänze
○ **Markt**: Mo - Sa, Merinowolldecken (diese webt nur die Familie Ajanel aus Huehue)

Hotels

	1P/Qu	2P/Qu
Hotel Zaculeu	10,00-15,00	16,00-20,00
Hotel Mary	4,50-6,00	9,00-12,00
Auto Hotel Vasquez	3,00-4,00	8,00
Hotel Posada Familiar	3,00-4,00	6,00-8,00
Pension Astoria	2,50-3,50	3,50-7,00
Hotel Shinula	2,50	4,00
Hotel Roberto's		2,00-2,50 4,00-5,00

Ausflüge von Huehuetenango aus

○ **Zaculeu**, 5 km südöstlich von Huehue, Ruinen, Hauptfestung der Mames auf einem Plateau, sehr strenge Architektur, von der United Fruit Company leider zu perfekt restauriert, kleines Museum (Skelett einer Frau in einer Tonurne), 2-Stunden-Ausflug mit dem Minibus.

In die Berge nördlich von Huehue (rauhes Klima)

○ Bus vom Marktplatz, 11.30 Uhr, nach Todos Santos über
○ **Chiantla**, 7 km von Huehue, Wallfahrtszentrum, silberne Marienstatue mit ziselierten Kleidern, hier kann man Pferde für einen Ritt in die Berge mieten, Fiesta: 1. - 2. Februar, Wallfahrten, Karwoche
○ **Aussichtspunkt "Dieguez Olaverri"**, 2 km auf der Straße nach Chiantla, imponierender Blick auf die "Andes Range" mit 32 Vulkanen und die Chuchumatanes
○ **La Ventosa**, Paß: 3.500 m, breite Hochebene mit bizarrem Baumbewuchs
○ bei **Morcar** Umsteigestelle nach:
○ **Jacaltenango**, Fiesta: 2. Februar, Jacalteca-Indios wie in
○ **Nenton**, Fiesta: 15. Januar und **San Antonio Huista**, Fiesta: 12. Dezember, wohin man aber von der Panamericana aus gelangt
○ **San Mateo Ixtatán** (Chuj-Indios), Fiesta: 2. September

- ○ **Santa Eulaia, San Pedro Salomá** und **Barrillas**, Fiesta: 3. Mai, Kanjobal-Indios
- ○ **San Rafael Independencia**, Fiesta: 24. Oktober
- ○ **San Juan Ixcoy**, Fiesta: 24. Juni
- ○ **San Sebastian Coatán**, Fiesta: 20. Januar
- ○ **San Miguel Acatan**, Fiesta: 29. September
- ○ **Todos Santos Chuchumatan** (Mames) 2.470 m, 60 km von Huehue, rauhes Klima, warme Kleidung notwendig, bes. im Winter, auffallende Trachten der Männer, Ruinen von Cumanchúm (Ixcan), heute Ritenplatz
  Der Bus zurück nach Huehue geht um 4.00, 5.00, 6.00 Uhr früh, Fiesta: 1. Januar, Wechsel der Bürgermeister, Umzug mit der Caja Real, einer Zeremonienkiste, Tänze, 12. oder 15. März Fest der Schamanen (Neujahrsfest), 1. - 2. November; Reiter reißen lebende Truthähne von aufgespannten Seilen
  Pension "3 Olgitas", auch einfaches Essen (Frijoles...) Qu 1,50 eine 2. Pension an der Hauptstraße Qu 1,50

Panamericana nach Mexico:
- ○ **Steine von Kapsim**, gewaltige geologische Formation, die zur Legendenbildung Anlaß gab, entlang der Panamericana in den Chuchumantanes
- ○ **Santa Barbara**, Fiesta: 4. Dezember
- ○ **San Sebastian Huehuetenango**, Fiesta: 18. Januar
- ○ **San Rafael Petzal**, Fiesta: 24. Oktober
- ○ **Colotenango**, Fiesta: 12. - 15. August
- ○ **Santiago Chimaltenango**, Fiesta: 22. - 26. Juli, Tänze
- ○ **San Gaspar Ixil**, Fiesta: 6. Januar
- ○ **Ixtahuacán**, Fiesta: 23. Januar
- ○ **Cuilco**, Fiesta: 28. November
- ○ **Santa Ana Huista**, Tiefland, hübsche kleine Kirche, tropische Vegetation, über einem tiefeingeschnittenen Flußbett Ruinen einer älteren Periode, eine Festung auf einer Halbinsel, Höhlen mit Steinidolen, bei der Finca Nojoya die etwas jüngeren Ruinen "Pueblo Viejo", Fiesta: 25. - 27. Juli, Tänze
- ○ **La Mesilla**, Grenzstadt zu Mexico, INGUAT im Zollgebäude
- ○ **La Libertad**, Fiesta: 15. Januar
- ○ **Tectitán** (Sierra Madre nahe San Marcos und Mexico), Fiesta: 19. - 21. Juli, Tänze

Nach Süden:
○ **Malacatancito**, Fiesta: 23. - 30. Juli
○ **Sipacapa San Marcos**, Fiesta: 22. - 25. August

Nach Osten Richtung Cobán:
○ **Aguacatán** (Aguateca-Indios), 23 km von Huehue, Schwimmen, Picknicks, Fiesta: 15. - 18. Oktober, Markt: So
○ **San Juan Ixcoy** und Quelle des San Juan-Flusses, Fiesta: 24. Juni, Grenze zur Provinz Quiché
○ **Sacapulas**, 1.210 m, 60 km von Huehue an einer Brücke über den Rio Negro, Reste der steinernen, von Las Casas erbauten Brücke sind noch zu sehen, 16. Jhdt., warmes Klima, Fiesta: 4. August, Markt: Do, Sa unter einer riesigen Ceiba.
Weiter nach Norden leben in drei Dörfern noch Ixil-Indios, diese sind sehr reinblütig und konservativ bei ihren Riten, hier wurden und werden die Indios grausam verfolgt (besonders im Ixcan nördlich der drei Dörfer):
○ **Nebaj**, 25 km von Sacapulas über einen hohen Paß, eines der interessantesten Indio-Dörfer, in den Wäldern (Bromelien) sollen Quetzales leben, angenehmes Klima, Wasserfälle, Flüsse, Seen, Fiesta: 15. August, Markt: Do (soll einer der schönsten Märkte Guatemalas sein)
Hotel Las Gemelitas
Hotel Santa Maria
○ **San Juan Cotzal**, 8 km von Nebaj, sehr schöne Fahrt, Fiesta: 24. Juni
○ **Chajúl**, 12 km von Cotzal, der "Christus auf Golgatha" genießt weit über die Grenzen Guatemalas einen wundertätigen Ruf, Pilger kommen am 2. Fastenfreitag von Mexico, Honduras und el Salvador

Weiter auf der Hauptverbindungsstraße:
○ **Cunen**, 1.707 m, Höhlen, Fiesta: 2. Februar
○ **Uspantán**, 101 km von Huehue auf einer Hochebene (einfache Übernachtungsmöglichkeit), Fiesta: 8. Mai
○ **El Palacio Chicamán**, 111 km von Huehue, tiefe Schlucht des Rio Negro neben der Straße

○ Brücke über den Rio Negro an der Grenze zu Alta Verapáz, 133 km von Huehue, sehr schlechtes, steil auf einen Paß führendes Straßenstück mit prächtiger Fernsicht
○ **San Christobál Verapáz** (Pocomchí-Indios), schöne Kolonialkirche, Fiesta: 21. - 26. Juli, Tänze, Markt: Di, So, Sisal- und Lederprodukte
○ **Santa Cruz Verapáz**, Fiesta: 3. Mai

Provinz Alta Verapáz

Die "Verapaces" (Alta und Baja Verapáz) werden auch "Zone der Generäle" genannt, weil hier führende Militärs Großgrundbesitzer sind, hier wächst der beste Kaffee, gemäßigtes Klima, warme Kleidung für Abend und Nacht ist erforderlich.

○ **Cobán**, 250 km von Guate, 40 km von Salamá, die hellhäutigen Kekchi-Frauen gelten als die schönsten des Landes, alte koloniale Kirche, 1548, 1651 restauriert und Kloster, hier lebte Las Casas; Kalvarienkirche, 1602, über einen steilen "Kreuzweg" erreichbar, berühmtes Kruzifix von Zúñiga; in den Bergen um Cobán wächst die "Monja Blanca" (weiße Nonne), die einzige reinweiße Orchidee.
Fiesta: 1. - 4. August, bei der Fiesta von Cobán wird unter der Patronanz des Präsidenten die Indiokönigin aus allen Dorfköniginnen gewählt - diese sind verpflichtet, zur Fiesta nach Cobán zu kommen

Hotels

	1P/Qu	2P/Qu
Hotel Cobán Imperial	15,00	20,00
Hotel la Posada	15,00	20,00
Hotel Motor Inn San Vicente	8,00	8,00
Hotel la Coloni	7,00	12,00
Hotel el Recreo	6,00	12,00
Hotel Oxib Peck	5,00-6,50	11,50-13,00
Hotel la Provindenzia	5,00	10,00
Hotel Central	5,00	10,00
Hotel Chipi Chipi	4,00	8,00
Hotel La Paz	4,00	8,00
Hospedaje Maya	3,00-5,00	6,00-9,00
Hotel Santo Domingo	2,50-5,00	5,00-9,00

| Pension Monja Blanca | 2,50 | 4,50 |
| Pension Norte | 2,00 | 4,00 |

San Juan Chamelco (Kekchi), 12 km südlich von Cobán, Höhlen: Größeres System als in Lanquin aus Galerien, Flüssen, Kanälen, Textilien nach der "tzu'bil"-Technik, Fiesta: 22. - 24. Juni, Markt: Täglich 14.00 - 17.00 Uhr

Anreise:
- ○ **Von Guatemala über Montagua-Tal,** el Rancho, durch die Provinzen El Progreso und Baja Verapáz (dort beschrieben)
- ○ **von Huehuetenango** (dort beschrieben), beeindruckende Route, beschwerlich, besonders zur Regenzeit
- ○ **Von Tikal über Sayaxché,** sehr beschwerlich;
- ○ **Chisec** (Kekchi), 133 km nördlich Cobán, archäologische Stätten San Vicente und Yalpemech, Fiesta: 29. Juni
- ○ **Candelaria Complex** (südlich Chisec), eines der bedeutendsten Höhlensysteme der Welt, über 200 Höhlen und Cavernen z.T. mit 120 m Durchmesser und 80 m Höhe, Funde von Fossilien und Maya-Keramik, Grotten: Bibipec, Julik, Lagune Sapalán
- ○ **Von Castillo de San Felipe,** abzweigen bei Toquelá Creek bzw. Modesto Mendez (Grenze zu Belize)

Ausflüge von Cobán aus

Nach Nordosten:
- ○ **San Pedro Carcha,** 12 km östlich von Cobán, Silberfiligranschmuck, Fiesta: 27. - 29. Juni

	1P/Qu	2P/Qu
Hotel Shanghai	2,50-5,00	5,00-9,00
Hospedaje Central	2,00	4,00

Ein Geheimtip stammt von der Leserin Christina Waschkowitz: Im Hostal Michels, Las Islas (apartado postal 79-16-09, Cobán) kann man eine vier- bis fünftägige (sehr anstrengende) Wandertour durch die Sierra Chamba buchen (50 US$). Gute Wanderschuhe sind unbedingt erforderlich. Der Pfad führt durch Kaffee-Fincas, Bananenplantagen und Maisfelder über den Rio Cahabon und den Rio Oqueba zur Finca Arenal, nach Semuc Champey bis Lanquin. Hier trifft man Indios, die kaum noch Touristen begegnet sind.

- ○ **Höhlen von Lanquin,** 63 km östlich Cobán, 6 Stunden Fahrt, Nationalpark, Stalagmiten, unterirdischer Fluß, eine 75 km lange Strecke ist befahrbar, Maya-Altäre, eine besondere Fischart, Übernachtungsmöglichkeit, Campingplatz, Fiesta: 22. - 28. August, Tänze
- ○ **Höhlen von Semuc Champey,** einige km südlich von Lanquin
- ○ **Cahabon,** Fiesta: 6. September

Nach Osten zum Zabal-See:
- ○ **Tac-Tic** (Pocomchi-Indios), 2 km südlich von Cobán, schöne Kolonialkirche, eindrucksvoller Aussichtsplatz beim Tempel Chixim, Fiesta: 11. - 16. August, Tänze, Markt: Do, So
  Pension Central 1P/Qu 2,00-3,00 2P/Qu 3,00-5,00
- ○ **Tamahú,** 48 km von Cobán, Fiesta: 22. - 25. Januar, 29. Juni, Markt: Mi, Sa
- ○ **San Miguel Tucurú,** 16 km von Tamahú, Fiesta: 29. - 30. September, Markt: Do
- ○ **Panzós** (Kekchi-Indios), am 29. Mai 1978 wurden 106 Campesinos beim "Massaker von Panzos" niedergemetzelt, weil man Öl gefunden hatte und sie vertreiben wollte, das Massaker war Anlaß zur Gründung des CUC, des Bauernwiderstandes, Fiesta: 23. - 30. August, Tänze, von hier aus kann man eine Bootsfahrt durch den Fluß Polochic zum Izabal-See arrangieren
- ○ **El Estor** (Kekchi-Indios), wichtiger Hafen am Izabal-See, war früher Schlupfwinkel britischer Piraten, Fiesta: 29. Juni
  Hotel Vista al Lago 1P/Qu 6,00-8,00 2P/Qu 11,00-15,00
- ○ **Provinz Totonicapán**

Momostenango: Fiestas, Tänze, Sehenswürdigkeiten

2.220 m Seehöhe, 27.500 Einwohner
- ○ **Anreise:** Panamericana: Von Quattro Camiones über San Francisco el Alto - 33 km (1 Stunde) nach Momostenango (Ausflug von Xela oder hier übernachten)

○ **Markt**: So; in Momostenango werden besonders weiche Wolldecken und Teppiche gewebt und in Schwefelquellen gewalkt
(ca. Qu 60)
○ **Fiesta**: "Octavia de Santiago" 28. Juli - 2. August (bewegliches
Fest), Tänze, 10. - 11. Oktober:
Guajxaquip-Bats (Zeremonie der acht Affen): In Momostenango wird der Beginn des rituellen "Tzolkin"-Jahres (260 Tage)
besonders begangen. Das Datum wird jedes Jahr neu errechnet. Rund 20.000 Indios kommen zu diesen Feiern aus der Umgebung. Das Fest beginnt am Vortag (Tag der 7 Hunde) in der
Kirche (Kerzen und Blumen, Weihrauch), am nächsten Tag Prozessionen aller Teilnehmer zum
Chuti-Mesabal (kleiner Beichtstuhl), Ritenplatz mit über 200
Altären, ("Porobial"), die Chuch-Cajaus (Männer und Frauen)
sprechen die Gebete und Bitten für die Pilger, an diesem Tag
wird auch der Alcalde, Indio-Bürgermeister, gewählt. Abends
geht es weiter zum
Nim-Mesabal (großer Beichtstuhl)
○ **Los Riscos**, Sandsteinpyramiden, mehrere Meter hoch, rund
um das Dorf
○ **Friedhof** auf einem steilen Hang im Wald gelegen
○ **Ritenplatz Paclóm** mit dem Altar Uaj Chop und mehreren
anderen Altären und schwarzen Kreuzen

Hotels
1P/Qu
Pension Paclóm (Bushaltestelle), Restaurant verhältnismäßig
sauber   2,50
Pension Roxane   2,00
          warme Dusche 0,50

Allgemeines über Fiestas und indianische Tänze
Fiestas spielen im gesellschaftlichen und religiösen Leben der
Indios eine große Rolle, sie werden aus verschiedenen Anlässen
gefeiert und dauern oft mehrere Tage. die meisten Feste sind ein
Gemisch aus indianischem und christlichem Brauchtum.
Anlässe für Fiestas sind:

- der Tag des Patrons eines Ortes, einer Kirche oder anderer Heiliger, viele derartige Fiestas finden um den 25. Juli (Santiago, San Christobal) und den 15. August (Mariä Himmelfahrt) statt
- die Karwoche (Semana Santa)
- der Unabhängigkeitstag am 15. September (Ladino-Fest)
- In manchen Orten (z.B. Momostenango und bei den Chorti-Camotán, Jocotán, Quetzaltepeque-Chiquimula) wird der Beginn des rituellen Tzolkin-Jahres besonders gefeiert.
- Bei mehrtägigen Fiestas gibt es gesellschaftliche, kulturelle und sportliche Aktivitäten, vor allem aber die verschiedensten rituellen Tänze ("Bailes") der Indios, die mit großem Ernst oft monatelang in den Nächten nach der Arbeit geprobt werden. Die Kostüme und Masken sind kostbar und werden von großen Leihhäusern - Morerias - (das größte befindet sich in Totonicapán) ausgeliehen. Deren Besitzer sind glühende Verteidiger der alten Tradition. Tänzer sind meist nur Männer. Die Cofradias (Brüderschaften) spielen bei der Organisation eine große Rolle. Die Texte, Tanzschritte und Melodien werden mündlich weitergegeben.

Vier Kategorien von Tänzen
- Rein präkolumbianische Tänze sind sehr rar (Rabinal Achí; Palo Volador)
- Tänze alten Ursprungs aber mit spanischem Einfluß
- Tänze, die unter den Kolonialherren entstanden sind und meist einen historischen Inhalt besitzen (Conquistadoren-Tanz)
- Tänze rein okzidentalen Ursprunges (Mauren und Christen)

Häufige Tänze
- El Baile de la Conquista - der Tanz über die Eroberung Guatemalas wird am häufigsten getanzt
- Baile de Moros y Cristianos (Mauren und Christen)
- Baile de los Pastores (Hirtentanz)- Weihnachtstanz
- Baile de los Diablos (Teufelstanz), als Missionierungshilfe eingeführt
- Baile de Pach - Fruchtbarkeitstanz (San Marcos)
- Danza de los Gigantes - Sonnenritus bei den Chortis (Chiquimula)
- Baile de la Culebra - Schlangentanz

- Baile del Toro - Stiertanz
- Danza del Venado - Hirschtanz, bei den Quiché wird dieser Tanz dem Herrn der Welt gewidmet, bei den Tzutohiles den Göttern der Bergspitzen
- Palo Volador: Von den "Monos" bzw. "Voladores" (Hauptdarstellern) wird auf dem Marktplatz ein hoher Mast aufgestellt, an der Spitze befindet sich ein Rad mit aufgewickelten Seilen. Die Voladores befestigen sich daran und schweben, während sich das Rad dreht, zu Boden. Dieser "Tanz" ist nur mehr selten zu finden, weil er wegen seiner Gefährlichkeit bisweilen verboten war (Chichicastenango, Quiché, Verapaces, Huehuetenango)

Provinz Totonicapan

2.534 m Seehöhe, 206 km von Guatemala, 30 Minuten von Quetzaltenango, 52 km von Sololá, umsteigen bei "Los Encuentros", sehr schöne Fahrt über die Pässe "Maria Tecún" und "Desconsuelos" (3.200 m), eine der höchstgelegenen und kältesten Provinzen.

Händler aus Toto ziehen nach Mexico, Honduras und El Salvador. Wichtigstes Textilzentrum, Verleihhäuser und Erzeuger von Tanz-Kostümen für die Fiestas, Erzeuger von Marimbas.

- **Fiestas**: 5. Januar; "Escofer" 2. - 9- August, derartige Messen gibt es in allen Departements, dabei zeigen Schüler ihre Arbeiten, gleichzeitig auch Volkstänze; letzte Septemberwoche (bewegliches Fest)
- **Markt**: Di, Sa, Textilien, Keramik, Holzmasken
- **Koloniale Kirche**
- **Schwefelbäder**
- **Centro artesanal**
- **Kulturhaus**
- **Keramikwerkstätte für Majoliken** - ähnlich jenen von Antigua. Die Technik stammt von den Balearen und wurde von den Spaniern in die neue Welt mitgebracht: Heute gibt es in Guatemala nur mehr wenige derartige Werkstätten
- **Theater**

Hotels

	1P/Qu	2P/Qu
Auto Hotel la Gruta (San Christobal)		
	10,00	10,00
Hostel Vista Hermosa	4,00-5,00	8,00
Hospedaje Reforma	3,00-3,50	5,00-6,00
Hotel San Christobal	3,00	4,00

Orte in der Umgebung von Totonicapán

○ **San Francisco el Alto** (2.534 m), 18 km von Xela, Fiesta: 1. - 5. Oktober, Markt: Fr (einer der wichtigsten Märkte des Hochlandes), Decken aus Momostenango und San Christobal, Rockstoffe aus Totonicapán, der größte Viehmarkt des Landes
○ **Santa Maria Chiquimula**, Fiesta: 15. Januar
○ **Santa Lucia La Reforma**, Fiesta: 21. Januar
○ **San Christobal Totonicapan** (2.319 m), 14 km von Xela, Koloniale Franziskanerkirche, Teile des Altars, Heiligenfiguren aus Silber, einzigartiger Altar aus venetianischem Kristallglas, wichtigstes Textilzentrum (leichtgewebte Wolldecken), Fiesta: 23. - 26. Juli, Volkstänze, Markt: So
○ **San Bartoló Totonicapan**, Fiesta: 18. - 25. August, Tänze

Provinz Santa Cruz del Quiché

34 km von "Los Encuentros" auf der Straße nach Chichicastenango, sehr schöne Landschaft, tiefe Schluchten
○ **Fiesta:** 14. - 19. August, Tänze
○ **Markt:** So

Hotels
Hotel San Pascal1P (grand lit mit Bad)Qu 7,70
American House2PQu 2,00
Posada Calle Real
Restaurant "Lago Azul", empfehlenswert
Café Literarico auf dem Hauptplatz

Ausflüge

O **Sierra de Chuacús**, südlicher Teil der Provinz, Mineralbäder um Santa Cruz und Sacapulas, Schwefelquellen, Saline

Nach Westen:

O **Ciudad simbolica Cumarcaáh** (= Utatlán), vom Hauptplatz links nach Westen stadtauswärts, 75 Min. (Wegweiser), sehr schöner Spaziergang, kleines Museum, die ehemalige Hauptstadt des Quiché-Reiches ist nicht renoviert und nicht besonders beeindruckend, liegt aber sehr schön

O **San Antonio Ilotenango**, Fiesta: 17. Januar

Nach Osten:

O **Chiché**, Ruinen, Fiesta: 28. Dezember
O **Chinique**, Fiesta: 15. Januar
O **Joyabaj**, östlich Santa Cruz, Maskenschneiderei, Fiesta: 8. - 15. August, bes. 14. und 15., Palo Volador und Tänze
O **Zacualpa**, 12 km nach Norden, Ruinen
O **Canilla**, 20 km nach Norden, Fiesta: 8. Dezember
O **San Andres Sajcabajá**, Fiesta: 28. November

Nach Norden:

O **San Bartolomé Jocotenango**, Fiesta: 22. - 24. August, Tänze
O **San Pedro Jocopilas**, Fiesta: 29. Juni
O **Sacapulas, Nebaj**, etc unter "Huehue" beschrieben

Nach Süden:

O **Patzité**, Fiesta: 8. Februar

Nach Copán in Honduras - ein Abstecher durch die Provinzen Chiquimula und Jutiapa

Copán (in der gleichnamigen Stadt und Provinz in Honduras) ist neben Tikal die wichtigste Ruinenstätte der Mayas. Es wurde angeblich 460 n.Chr.gegründet. Sehenswert sind außer den zahlreichen Pyramiden und Gebäudekomplexen u.a. die vielen sehr kunstvollen Skulpturen und Stelen, die "Treppe der Hieroglyphen" und ein Ballspielplatz. Die Anreise führt durch eine sehr ansprechende Landschaft.

Man kann in der Hauptstadt organisierte Touren nach Copán buchen. Bei Selbstorganisation: mindestens eine Übernachtung in Copán (Städtchen neben den Ruinen) ist erforderlich, die Anreise ist ziemlich beschwerlich und kompliziert.

Anreise

Die **Anreise** ist unter dem Kapitel "Überlandbusse" (S. 44) beschrieben. Unterwegs besteht Übernachtungsmöglichkeit in Zacapa und Chiquimula. An der Grenze kann man wechseln: 1 US$ = 2 Lempira (1991). Auf honduranischer Seite warten Minibusse für die Fahrt in die Stadt Copán. Zu den Ausgrabungen geht man 1/2 Stunde, geöffnet ist ab 8.00 Uhr, es gibt deutschsprachige Fremdenführer (13 - 15 US$). Man sieht hier sehr viele Reiter, vermutlich kann man auch Pferde mieten.

Hotels

	1P/Qu (Lem)	2P/Qu(Lem)
○ **Zacapa** siehe Quirigua		
○ **Chiquimula**		
Posada Perla de Oriente	11,00	20,00
Hotel Chiquimulja	9,00	15,00
	12,00	18,00
Hotel Dario	4,50	8,50
	bis 6,00	11,00
Pension Hernandéz	4,00	6,00
	bis 6,00	10,00
Hotel España	3,00	3,00
		bis 6,00
Hotel Copán	3,00	6,00
○ **Copán**, Provinzstadt in Honduras		
Hotel Honduras	8,00	
Hotel Patty		30,00

Provinz Chiquimula

425 m Seehöhe; mittlere Temperatur: 26,3°C. In Chiquimula gibt es mehrere Chorti-Gemeinden. Die Chortis sind die direkten Nachkommen der alten Maya. Hier werden zahlreiche Riten befolgt, die einen direkten Zusammenhang mit dem "Popol Vuh" erkennen

lassen. Die Folklore von Chiquimula ist einerseits ausgesprochen spanisch (Stierkämpfe), andererseits besonders "indianisch" - Riten, Tänze (Moros, Huaxtecos, Gigantes).

○ **Kalvarienkirche**, wird auch für Chorti-Riten benutzt
○ **Chorti-Tempel** gegenüber; präkolumbianischer Charakter
○ **Chorti-Tempel** im Indioviertel, "El Torito" (Winteranfangs-Zeremonien und Riten der Regenzeit)
○ **Fiesta**: 11.-18. August
○ **Markt**: täglich, aber besonders Fr und So

Ausflüge
○ **Camotan** (Chorti-Indios), F: 8. Dezember
○ **Concepcion Las Minas**, 1384 m, F: 25. Februar
○ **Jocotán** (Chorti), F: 22.-25. Juli, Tänze
○ **Olopa**, 2511 m, F: 15. März
○ **Quetzalpeque** (Chorti), F: 8. Februar - Beginn des 360-Tage Jahres und des 260-Tage Tzolkin (Riten), 25. April-Riten zum Beginn der Regenzeit, 12. November
○ **San Jacinto**, F: 8. Februar
○ **San José La Arada**, F: 19. März
○ **San Juan Eremita**, Grotten, F: 29. August
○ Ipala, Vulkan, 1650 m, Kratersee

Esquipulas
960 m Höhe, 60 km von Chiquimula, 260 km von Guate
○ Über die Grenzen hinaus bedeutendster Wallfahrtsort und riesige **Basilika von Mittelamerika** (1759), mit dem berühmten "schwarzen Christus" (aus Orangenholz, 1595), Fest am 15. Januar, bes. alle Fastentage und Karwoche
○ **Kirche Santiago**, 17. Jhdt.
○ **Grotte de las Minas**
○ **El Cerrito de Morola**, ein Hügel mit dem **Kloster der** Betlehemiten
○ **Friedensplatz** mit modernem Kreuzgang
○ **Piedra de los Compadres**, 3 km, **Acueducto Colonia Los Arcos** (2 Blocks weiter)
○ **Fiesta**: 2.- 15. Januar, Karwoche 23.-25. Juli
○ **Markt**: Do, So, Kunstgegenstände und -handwerk, Devotionalien, spezielles Konfekt (dulces de colacion, dulces de toronja)

Esquipulas hat als berühmter Wallfahrtsort eine Vielzahl von Hotels und Pensionen in allen Preiskategorien.

Rückreise
1. über Honduras: über San Pedro Sula (Überachtungsmöglich-keit) - Puerto Cortés, mit dem Schiff nach Puerto Barrios (Guate-mala) oder Punta Gorda (Belize)

2. nach Guatemala: von 5.00 - 11.00 fährt jede Stunde ein Bus zur Grenze, der letzte um 12.30 Uhr. Man kann aber auch nach einem "Espresso" fragen - diese Kleinlaster-Sammeltaxis bringen einen für 2.00 Lem zur Grenze. Fahrtzeit für 12 km: 30-45 Min. Von der Grenze 5.00 - 11.00 Uhr fährt stündlich ein Bus, der letzte um 12.30 Uhr, nach Chiquimula (1,5 Std.). Angeblich gibt es aber auch später immer wieder Fahrzeuge, die einen gegen Bezahlung mitnehmen. Von Chiquimula zurück nach Guate.

3. nach Puerto Barrios: "Rutas Oriente" 5.00, 7.00, 9.00, 11.00 Uhr direkt, andernfalls mit dem Guatemala-Bus oder Taxi (12.00 Qu) nach Rio Hondo, dort in die Gegenrichtung umsteigen (4.00 Qu). Der letzte Bus nach Puerto Barrios startet in Guate um 17.00 Uhr. Der Pullmann ist schneller und besser gefedert, dafür bekommt man, wenn man umsteigt, aber kaum mehr einen freien Sitzplatz.

Provinz Jutiapa
O **Jutiapa**, 123 km von Guate, 900 m Seehöhe,
    Fiesta: 13. November
    Posadas Belén, España, Ordoñez, Selvia, Rudy
O **Atescatempa**, Fiesta: 3. November, Laguna des Atescatempa
O **Asunción Blanca**, Fiesta: 6. Januar
O **Comalpa**: Fiesta: 15. Dezember
O **Conguaco**, Fiesta: 8. Dezember
O **El Adelantado**, Vulkan Suchitán, 2041 m, Fiesta: 15. Januar
O **Jalpatagua**, Fiesta: 21. Dezember
O **Jerez**, Fiesta: 5. März
O **Moyuta**, Fiesta: 13. März
O **Quezada**, Fiesta: 28. November
O **San Jose Acatempa**, 1342 m, Fiesta: 4. Februar
O **Santa Catarina Mita**, Fiesta: 25. November
O **Zapotitlan**, Fiesta: 18. Februar

Die Karibik - Provinz Izabal

Puerto Barrios
Guatemala 269 km, Haupthafen, karibische Bevölkerung, Anreise
auch mit der Bahn möglich (11 Stunden)
- O **Fiesta**: 19. Juli
- O **großer Markt** im Zentrum (Hängematten, Strohhüte)

Hotels

	1P/Qu	2P/Qu
Hotel Europa	9,00-15,00	9,00-25,00
Hotel Reformador	8,00	16,00
Hotel del Norte	7,00-20,00	12,00-30,00
Hotel Canada	7,00	7,00-12,00
Hotel Internacional	6,00	11,00
Hotel Español	5,00-15,00	10,00-20,00
Pension Nineth	5,00-8,00	10,00-16,00
Hotel Quinto	4,50	8,00
Hotel Caribeña	3,50-5,50	6,50-10,00
Hotel Tacana	2,50	5,00
Hotel Xelajú	2,25	4,50
Pension Xelajú	2,00	4,00

Boote
- O **P. Barrios-Livingston**: tägl. 10.30, 17.00 Uhr, (0,80 Qu), die
  Überfahrt dauert über eine Stunde (Mietboote nur 15 Min)
- O P. **Barrios-Punta Gorda** (Belize): Di, Fr 8.00 Uhr
  (Qu 10,70 ret.)
- O **Punta de Manabique** - Badeort am Ende der Landzunge ge-
  genüber Punta Gorda, Boote von Puerto Barrios aus
- O **Punta de Palma** - westlich gegenüber Puerto Barrios in der
  Bucht
- O **Santo Tomas de Castilla** zw. P. Barrios und P. Palma, touristi-
  sche Einrichtungen (Poza Azul, la Playa, Ramoncito)
  Hotel Puerto Libre bei km 292, 1P/Qu 20,00-36,00, 2P/Qu
  26,00-42,00
- O **Los Amates** (b. Quirigua), Fiesta: 3. Mai

Livingston

Durchschnittstemperatur 29 Grad - heißfeucht, karibische Bevölkerung

O **Fiesta:** 12. Dezember, Jungfrau von Guadelupe, 28. Dezember, die Menschen tanzen verkleidet auf den Straßen, afrikanische Musik, "Pasito", Tanz mit besonderem Rhythmus
O **Höhle la Cocha**
O **Höhle La Vaca**

Hotels

	1P/Qu	2P/Qu
Hotel Ducan Tucu: offiziell	135,00	155,00

(handeln möglich: inoffiziell 3P Qu 93,00)
African Place (maurischer Stil, gutes Restaurant)
    3P 20,00

Hotel Casa Rosada (gehört einer Amerikanerin, man kann

	1P/Qu	2P/Qu
handeln)	7,50-10,00	15,00
Hotel Don Humberto	7,00	13,00

Hotel Rio Dulce (große Zimmer, schöne Aussicht, 2-Bett Bungalows, auf dem Balkon kann man auch in der Hängematte übernachten)   3P 12,00

Hotel Caribe	3,50-5,00	6,00-7,00
	3P 12,00	
Hotel del Mar	1,50	3,00

Ausflüge

O Livingston - P.Barrios: Di, Sa, So 5.00, 14.00, 17.00 Uhr oder Privatboot
O Livingston - "7 Altäre", Felsbecken, über die das kristallklare Wasser eines Flusses ins Meer fließt (sehr sehenswert), 15 Minuten mit dem Boot oder zu Fuß am Ufer entlang, Bademöglichkeit
O Livingston - Rio Blanco: Badestrand gegenüber
O Livingston - Rio Sarstún, Grenzfluß zu Belize
O Livingston - Punta Gorda (Belize): Fr 9.00 Uhr, zurück 17.00 Uhr, Visum beim Hotel Rio Dulce

Rio Dulce, Izabal See, Fort San Felipe

O **Livingston - Rio Dulce - Fort San Felipe** (36 km): Di, Fr
9.30 Uhr, Qu. 10, Mietkanu: ca. Qu. 20 je Person (je nach Zahl)
am Hafen nach Edgar Campell oder anderen Vermietern fragen, die Kanus machen Station beim

O **Biotop Cecan Usac** am Rio Chochón Machacas: Urwaldlehrpfad, hier leben die seltenen Manatis, Seekühe, Campingmög-
lichkeit

O **Fort San Felipe de Lara** am Izabal-See, 1652 gegen Piraten
errichtet

O **Izabal See**, größter See Guatemalas, 48 km lang, 24 km breit,
Kanus am Hafen von Panzós für den malerischen Urwaldfluß
Polochic, der bis zur Straße nach Cobán schiffbar ist (Postboot
Panzos - Livingston: Di)

Hotels

Hotel Castillo de San Felipe km 245 ab von der Atlantik-Straße,
30 km, Motorboote und Wassersportgeräte können gemietet werden

	1P/Qu	2P/Qu
Hotel Catamaran, 1 km vom Fort		
	27,00-75,00	33,00-75,00
Hotel del Rio	30,00	50,00
Hotel Marimonte, km 274 auf der Straße nach Flores		
	15,00	25,00
Turicentro		

Morales

O Hotel los Viajeros	5,00	5,00

O **Fiesta**: 19. März

O Auf der Nordwestseite der Brücke, wo die Kanus anlegen, kann
man preiswert übernachten, die teureren Hotels befinden sich
auf der Südostseite der Brücke.

O Auf der Nordostseite der Brücke befinden sich viele einfache
"Comedores", wo man ausgezeichneten Fisch und Flußkrebse
essen kann. Hier bleiben die Busse stehen. Um 13.00 Uhr
kommt der Bus von Guate nach Flores hier vorbei, der - je nach
Wetter - gegen Mitternacht in Flores ankommt (unterwegs
übernachten in Poptún).

Literatur

○ Abel Wolfgang: Guatemala und Belize, Praktische Reiseinformationen, Oase-Verlag, Badenweiler, 2. Aufl. 1991
○ Asturias, Miguel Angel: Der grüne Papst, Roman, Lamuv Verlag, Göttingen, 1989
○ Asturias, Miguel Angel: Die Maismenschen, Lamuv Verlag, Göttingen, 1989
○ Asturias, Miguel Angel: Sturm, Lamuv Verlag, Göttingen, 1990
○ Asturias, Miguel Angel: Die Maismenschen, Lamuv Verlag, Bornheim Merten 1985
○ Asturias, Miguel Angel: Legenden aus Guatemala, Suhrkamp Verlag, Frankfurt 1973
○ Asturias, Miguel Angel: Weekend in Guatemala, Rotpunktverlag, Zürich 1983
○ Boris, Dieter und Rausch, Renate: Zentralamerika, Pahl-Rugenstein, Köln 1983
○ Cordan, Wolfgang: Popol Vuh, Diederichs, Gelbe Reihe, München 1987
○ Crowter, Geoff: Mittelamerika, Travel Infos für Abenteurer Band 11, Schettler Travel Publikationen 1985
○ El Gráfico, (period.), Guatemala Juli/August 1987
○ Enfoprensa (period.), Agencia Centroamericana de Noticias, Zürich
○ Entwicklungsperspektiven. Den Haag-Resolution. Eine alternative Politik für Zentralamerika und die Karibik. Resümee und Schlußfolgerungen eines vom ISS (Institute of Social Studies) in Den Haag organisierten Workshops vom 6. bis 25. Juni 1983. Ia dok 12
○ Entwicklungspolitik, Spiegel der Presse (period.), BM für wirtschaftliche Zusammenarbeit, Bonn
○ Gabriel, Leo: Aufstand der Kulturen, Hofmann und Campe, Hamburg 1987
○ Gatehouse, Mike und Reyes, Miguel Angel: Soft Drink, Hard Labour, Guatemalan Workers Take on Coca-Cola, Latin America Bureau, London 1987
○ Girard, Rafael: Die ewigen Mayas, Zivilisation und Geschichte, Emil Vollmer Verlag, Wiesbaden (1969?)
○ Gross, Horst-Eckart: Guatemala, Bericht über einen verdeckten Krieg, Weltkreis Verlag, Köln 1985
○ Grupo de Apoyo Mutuo (GAM), Boletin No 4, Febrero, Marzo, Abril (period.), Guatemala 1987
○ Guatemala, Efforts in Development. Visit of the Minister of Public Finance and the President of the Central Bank, Washington D.C. März 1987
○ Hagen, Victor W. von: World of the Maya, The New American Library 1960
○ Helfried, Hans: Guatemala, Honduras, Belize. Die versunkene Welt der Mayas, Kunst-Reiseführer Du Mont Dokumente, Köln 1977
○ Hellmuth, Nicholas M.: Monster und Menschen in der Maya-Kunst, eine Ikonographie der alten Regionen Mexicos und Guatemalas, Adeva-Verlag, Graz
○ Hohmann, Hasso und Vogrin, Annegrete: Die Architektur von Copán, Akademische Druck- und Verlagsanstalt Graz, 1982
○ Hippler, Jochen (Hg.): Intervention in Mittelamerika und der Karibik. Materialien und Dokumente, Edition Nahua, Wuppertal 1984

○ Journalisten-Handbuch Entwicklungspolitik 1984, Hg. BM für wirtschaftliche Zusammenarbeit, Bonn

○ Kliche, Lutz (Hg.): Pulverfaß Zentralamerika. Daten, Berichte, Dokumente, Peter Hammer Verlag, Wuppertal 1983

○ Komitees der Solidaritätsbewegungen zu Nicaragua, el Salvador und Guatemala (Hg.): Antiinterventionsbewegung, Edition Nahua, Wuppertal 1981

○ La Guia (period.), Turismo, Cultura y Diversión, Hg. INGUAT, Guatemala 1987

○ Lateinamerika anders report (period.), Hg. Informationsgruppe Lateinamerika, Wien 13. Jgg. 1988

○ Lateinamerika Nachrichten (period.), Berlin-West

○ Machete (period.), Hg. Machete-Verein zur Förderung der Kultur- und Medienarbeit zu Lateinamerika, Innsbruck 1. Jgg. 1988

○ Memorandum a todos los Guatemaltecos de Presidente de la Republica, Guatemala, Marzo 1987

○ Molina, Diego F.: Guatemala Sensacional. Editorial Everest, S.A. Madrid Mexico, Buenos Aires 1986

○ Möller, Gerd und Elfriede: Zentralamerika, Goldstadt-Studienreiseführer, Pforzheim 1977

○ Morley, Sylvanus G.: Guide Book to the Ruins of Quirigua, publ. by the Carnegie Institution of Washington 1935

○ Muños, Joaquin: Guatemala, from where the rainbow takes its colors, Guatemala-Washington 1975

○ Namuth, Hans: Los Todos Santeros, Fotoband, Verlag Dirk Nishen, Berlin 1989

○ National Geographic (period.), Okt. 1989, Nr. 176, S. 424: "La Ruta Maya". Dazu erschien die Karte Nr. 4, "Land of the Maya".

○ Noticias de Guatemala (period.), Nr. 139, Mexico 1987

○ Oakes, Maud: Beyond the Windy Place. Life in the Guatemalan Highlands, Ferrar, Straus and Young, New York 1951

○ Painter, James: Guatemala, False Hope, False Freedom. The Rich, the Poor and the Christian Democrats, CIIR, Catholic Institute for International Relations, Latin America Bureau, London 1987

○ Payeras, Mario: Wie in der Nacht... die Morgenröte, Tagebuch einer guatemaltekischen Guerilla, Rotpunktverlag, Zürich 1985

○ Powers, Thomas: CIA, die Geschichte, die Methode, die Komplotte - ein Insider-Bericht, Hoffmann und Campe, Hamburg 1980

○ Prensa libre, und periodismo independente (period.), Guatemala Juli/August 1987

○ Publikationen (diverse) der Informationsstelle Guatemala, Bonn

○ Roys, Ralph L.: The Book of Chilam Balam of Chumayel, Hg. Carnegie Institution of Washington 1933

○ Schlesinger, Stephen und Kinzer, Stephen: Bananen-Krieg, das Exempel Guatemala, DTV, München 1986

○ Spahni, Jean-Christian: Los Indios de América Central, Editorial Piedra Santa, Guatemala 1981

○ Stierlin, Hans: Architektur der Welt, Maya, Benedikt Taschen Verlag, Berlin

Hannelore Rudisch-Gissenwehrer

Studierte in Wien und Budapest Geschichte, Germanistik, Sprachen und Architektur, lebt heute mit ihrem Mann Norbert (Architekt) und Sohn Dominik in Innsbruck/Österreich. Journalistin mit Schwerpunkt Politik und Wissenschaft, Korrespondentin von "Der Standard" Wien. Lehrt am Institut für Politologie und an der Sozialakademie Insbruck. 1980 Kardinal Innitzer-Preis für wissenschaftlich fundierte Publizistik, 1981 Mobil-Aspekte weltweit-Preis für Journalisten.

Zahlreiche Reisen und längere Aufenthalte in vielen Ländern Europas, des Ostblocks, Südostasiens, China, Japan, USA, Mexico und Guatemala.

Index

A gua 31
Aguateca 305
AIDS 167
Alcalde 133
Alkalde 216
Alkohol 79
Allspice 43
Almolonga 31
Alta Verapáz 232
Altar de Sacrificios 305
Altiplano 233
Alvarado 282
Alvarados de Pedro 229
Alvaredo 32, 205
Amigos de bosque 24, 28
ANACAMPRO 99
Annalen der Cakchiqueles 223
Antigua 50, 51, 307
Arana 103
Arbenz 105, 107, 112, 282
Arévalo 282
Arévalo Bermejo 104
Armas 108, 112
Asturias 19, 20
Atitlán 313
Atitlán-See 241
Austriaco 24
Avendaño 41

B aile de la Conquista 210, 212
Baja Verapáz 20, 213
Bananen-Krieg 21
Bananera 100
Bananero 114
Bandegua 112
Barrancos 224
Barrio 98
Barrios 48, 136
Bartolomé de las Casas 254
Baumkreuz-Symbol 212
Befreiungstheologie, katholische 18
Belize 47, 306

Betlehemiten 339
Bevölkerungswachstum 29
Biotop Cerro Cahui- 304
Biotop Mario Dary Rivera 72
Blattschneider-Ameisen 44
Bonampak 305
Brasseur Abbé 212
British Honduras 48

B romelien 43

C abot Lodge 109
Cabrera 102
Cabreras 20
CACIF 273
Cakchiqueles 254
Cakquicheles 129
Castillo Armas 106
Catherwood 118
Cecan Usas 267
Ceiba 42
Ceibal 305
Cerezo 35, 39, 99, 126, 130
135, 273, 276, 280, 283, 290
Charti 259
Chichicastenango 79, 245, 291
Chimaltenango 32, 54, 56, 223
Chimánes 199
Chortí 117
Chortis 338
Chuch-Cajau 69, 76
Chuch-Cajaus 78
Chuchumatanes 24
Chuchumatanes-Gebirge 229
CIA 17, 85, 105, 106
108, 110, 272, 282
Ciudad de Guatemala 22, 29, 31
32, 140, 286, 293
Ciudad Vieja 31
Cobán 206, 229, 232, 287

Coca Cola	112	
Codex Dresdensis	214	
Colegio Austriaco	22	
Comal	63	
Contras	272, 275	
Copals	76	
Copán	40, 117, 337	
Cortés	72	
Costumbres	155, 215	
Creoles	48	
CUC	234, 282	
Cumarkááh	229	

Del Monte 112
Dengue-Fieber 266
Die Karibik - Provinz Izabal 341
Die Provinzen Quiché, Sololá,
Sacatepequez 336
Dolores 305
Doña Beatriz 32
Dos Pilas Ruinen 305
Dulles 108

Ecomienda-System 136
EGP 226, 233, 234, 282
El Naranjo 305
El Quiché 20, 234
El Verbo 88
ELIM 236
Enchiladas 289
Epiphytenbewuchs 67
Esquipulas 272, 339
Esquipulas II 274
Evangelikale 87
Evangelisten 83
Export 136

FAR 226
Fiestas 14
Finca 9
Fincas 127
Finqueros 137
Flores 289, 303
Flughafen, La Aurora 274

GAM 18, 35, 36, 182, 283, 290
Geburtenrate 28
Geographisches Institut 143, 144
Gewerkschafter 112
Gigantes 339
Girón 99
Grab, heiliges 96
Großgrundbesitzer 127, 276
Guatemala, Caballeros de 32
Guatemala Ciudad 48, 100
Guerilla, guatemaltekische 233
Guerillero 12
Guerilleros 98

Haab-Jahr 124
Heiliger Simon 97
Hieroglyphen 119
Honduras 337
Huaxtecos 339
Huehue 162
Huehuetenango 173
Huipiles 11, 15, 60, 71, 92, 286

Ibarra, Edgar 233
INAFOR 27
Indigena 9
Indio-Salz 62
INGUAT 47, 92, 134, 140, 288
Instituto Austriaco 30
Instituto Linguistico de Verano 85
INTA 233
Irangate 273
IRD 84
Itza 37
Ixcan 190, 232
Ixoc 9
Izabal-See 265

Jacobo Arbenz 103
Judas Ischariot 97
Judenbärte 43

Kaminal Juyú 48
Kekchi 129
Kjell 27

Kleider   60, 68
Klima   281
Kooperative   134
Kooperativen, landwirtschaftliche   233
Kreolen   261

La Aurora   31, 50, 143
La Mano Blanca   86
Lacandones   305
Ladinos   13, 280
Leydener Platte   40
Livingston   261
Long Count   124
Los Encuentros   65
Los Riscos   217

Maisanbau   64
Malaria   40, 284
Mames   129, 196
Manati Chocon Machacas   267
Marimba   37
Marimba-Musik   52
Marroqin, Francisco   211
Masken   71
Maudslay
      A.P.   230
      Alfred Percival   118
Maximón   96
Maya   58, 72, 116, 280, 282
      Ausgrabungsstätte   31
      Dialekte   155
      Feste   211
      Forschung   254
      Gebiet   40
      Gottheit   96
      Hieroglyphen   40
      Jahr   97
      Kalender   123
      Kultur   20, 124
      Nachkommen   338
      Reich   37
      Ruinenstadt   204
      Schriftsystem   122
      Siedlung   48
      Stadt   304

      Städte   75
      Stätte   37
      Zahlensystem   123
      Zeit-Rechnung   124
Maya-Kreuz   77
Maya-Quiché-Überlieferung   20
MCCA   137
Mecapal   56
Medellin   83
Menchú   20, 234, 277
Mestizen   261
Mestizo   133
Mestizos   280
Mexico   282
Milpa-   117
Milpas   132
Mindestlohn   116, 281
Missionierung, evangelikale   232
Missionierungskampagnen   18, 85
Modelldörfer   87
Momostenango   215
Monja Blanca   232
Monoliten   119
Montagua   67
Montagua-   119
Montagua-Tales   118
Montagus-Tal   205
Montezuma   230
Montt   283
Moral, sexuelle   97
Mordkommandos   86
Morenos   261
Morley   124
Moros   339
Mulatten   261

Nagual   58
Nahual   58
Naturales   97
Nineth de Garcia   276
Nineth Montenegro de Garcia   35

Oakes, Maud   198
Operation Success   21, 106
                                          113, 282

ORPA   227, 282
Ostuncalco   158

Pacaya   31
  Paclóm   215, 216
Panajachel   286
Panamerikana   56, 67
panza verde   64
Pedro de San Bethancourt   254
Petén   39
PGT   273
PGT-N   36
Piedras Negras   305
Plaza de Mayo   276
Popol Vuh   20, 68, 71, 79
                                      223, 229, 338
Poptún   305
Prensa libre   34, 36
Provinz
        Alta Verapáz   206, 326, 330
        Baja Verapáz   72, 317, 318
        Chimaltenango   56, 307
        Chiquimula   337, 338
        El Progreso   317
        Esquintla   301
        Guatemala   300
        Huehuetenango   326
        Izabal   24, 267, 341
        Jalapa   317, 318
        Jutiapa   337, 340
        Panajachél   313
        Pelén   303
        Petén   26, 40, 47, 281
        Quetzaltenango   320, 321
        Quiché   62, 67
        Retalhuleu   320, 325
        Sacatepequez   41, 307, 309
        San Marcos   320, 323
        Santa Cruz del Quiché   336
        Sololá   82, 313
        Suchitepequez   320, 325
        Totonicapán   208, 332, 335
        Zacapa   317, 319
PTG-ND   227
Puerto Barrios   100, 108, 114

                                      259, 261, 341
Pulseros   94, 241

Quetzal   59, 72
  Quetzaltenango   130, 142
                                          151, 156
Quiché   9, 13, 15, 67
                        129, 155, 205, 213, 223
Quirigua   40, 114, 117, 119

Rabinal   213
  Rabinal Achî   213
Rache Montezumas   141
Recinos, Efrain   144
Regenwald   26
Rio Dulce   265, 289
Rio Mantagua   100
Rio Negro   232
Rios Montt   232
Riten   69

Sacapulas   62, 231
  Salama   20
San Andrés Xecúl   175
San Felipe   265
San Felipe de Lara   268
San Luis   305
San Pedro   313
Santa Cruz del Quiché   236
Santa Rosa   300
Santiago   97
Sapotillbaum   43
Sayaxche   305
Schmerzensmutter   96
schwarzer Christus   339
Sekten   18, 85
Siera de las Minas   100
Somoza   110
Somoza García   106
Sonnenjahr   124
Sprache   285
Sprachen   19
St. Helena   37
Stele   119
Stephens, John Lloyd   118

Steuern 280
Subversivos 18, 225, 267

Tacaná 33
Tajumulco 281
Teatro Vivo 13, 14, 16
Tecpán 32
Tecúm 155
Theologie der Befreiung 84
Tigers von Ixcan 234
Tikal 31, 37, 40, 41, 44
78, 288, 303
Todesschwadrone 54, 86, 112
143, 223, 282
Todos Santos 194, 200
Tolimán 313
Topoxté 306
Tortillas 62
Totonicapán 223
Trachten 190
Tropfsteinhöhlen 304
Tsité-Bohne 78
Tzolkîn 215

Uaxactún 304
Uayeb 97
Umán 155
UNESCO 41, 52
United Fruit Company 20, 102, 103
105, 110, 111, 119, 205, 282, 327
URNG 227, 275, 277, 283

USAID 99
Uspantán 231
Utatlán 229

Violenzia 55
Vulkane 90, 281
Atitlán 90
Ipala 339
Santa Clara 90
Suchitán 340
Tolimán 90
Vulkane Guatemalas 208

Wirtschaft 280
World Vision 85
Wycliff Bibelübersetzer 85

Xela 152
Xelajú 150, 205, 229
Ximenéz 79

Yaxchilán 305
Yaxjá 306
Yximché 32

Zacapa 102
Zaculeu 198, 204
zentralamerikanische
Föderation 282
Zivilpatrouillen 67
Zoomorphen 122

Reisebücher von aragon